T 55
b 2852.

DIEU
ET LE PEUPLE.

PARIS. — IMPRIMERIE DE W. REMQUET ET Cie,
rue Garancière, 5, derrière St-Sulpice.

DIEU
ET LE PEUPLE.

APPEL

A LA FRANCE ET A L'EUROPE

SUR LES VÉRITABLES PRINCIPES DE LEUR CONSTITUTION SOCIALE
ET POLITIQUE, ET SOLUTION PAR LA RELIGION CATHOLIQUE DES PROBLÊMES
POSÉS PAR L'ÉTAT ACTUEL DE LA CIVILISATION ;

PAR G.-B. BATTUR,

DOCTEUR EN DROIT, AVOCAT A LA COUR D'APPEL DE PARIS.

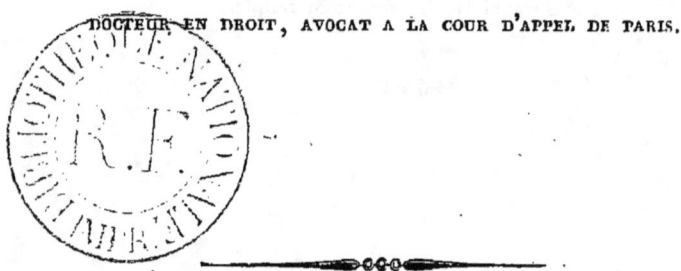

PARIS.

SAGNIER ET BRAY, LIBRAIRES-ÉDITEURS

RUE DES SAINTS-PÈRES, 64.

1850

DIEU ET LE PEUPLE.

INTRODUCTION.

Celui qui veille au salut temporel et spirituel des peuples, qui compâtit à leurs souffrances, qui les dirige par ses conseils, les console et les fortifie par l'onction de la charité de son cœur paternel, le saint et vénérable Pie IX, mû par le spectacle des dangers imminents dont la propagande socialiste et la contagion des mauvais livres qu'elle distribue, menacent la société européenne, vient dans son encyclique adressée aux archevêques et aux évêques de l'Italie, de faire un appel *aux hommes de science distinguée et saine, pour qu'ils composent des livres de même volume pour l'édification de la foi et la salutaire éducation du peuple*, et pour qu'ils les répandent parmi les populations des villes et des campagnes.

« Il sera très-utile, vénérables frères, pour arrêter la

contagion des mauvais livres, que des livres de même volume, écrits par des hommes de science distinguée et saine, et préalablement approuvés par vous, soient publiés pour l'édification de la foi et la salutaire éducation du peuple. Vous aurez soin que ces mêmes livres, et d'autres livres de doctrine également pure, composés par d'autres hommes, selon que le demanderont les lieux et les personnes, soient répandus parmi les fidèles. »

D'un autre côté, une voix unanime s'élève en France, pour réclamer l'extension de l'enseignement du droit parmi les classes moyennes et populaires; et un ouvrage spécial est demandé, qui offre aux populations la source abondante et pure du droit naturel, du droit divin et du droit humain et positif.

Plus forts de la pureté de nos intentions, de l'ardeur de nos désirs et de la bénédiction de Dieu qui s'attache toujours aux travaux qui ont pour objet le bonheur des peuples, que de notre propre mérite et de la puissance de nos paroles, nous répondons à ce double appel du souverain Pontife et du vœu national. Car nous avons appris, dès notre enfance, dirons-nous avec un savant et pieux prélat, Mgr. l'évêque de Chartres, *que le fils de Dieu, après s'être joué dans la création de l'univers, soutenait par sa miséricorde les nations inclinées vers leur ruine.* Voilà ce qui enflamme notre courage et soutient notre confiance. La voix du vicaire de Jésus-Christ qui nous appelle, n'est-elle pas, en effet, le présage de miséricordes nouvelles que, par l'intercession de son auguste mère, protectrice de la France, ce Sauveur des hommes est prêt à répandre encore sur la terre, et des secours abondants que son bras tout-puissant sait toujours proportionner à l'étendue et à la gravité du mal?

Hélas! ce mal est horrible. Les notions des vérités morales les plus élémentaires, le sentiment du *droit*, honneur et force des sociétés humaines, la conscience du devoir et de la justice qui les font vivre, tendent à s'effacer parmi les hommes. Une nuée de barbares, sortis de l'officine matérialiste, sceptique et révolutionnaire, qui, depuis plus de deux siècles, attaque directement les assises mêmes du monde moral, s'est abattue sur la France et sur l'Europe. Étrangère à toute pudeur, à tout sentiment naturel et légitime, elle remplace la liberté *par la servitude du vice et de la corruption;* elle fait, de l'égalité, *l'abolition des affections les plus saintes, de la famille et de la propriété,* c'est-à-dire *un niveau destructeur et homicide;* elle transforme la fraternité *en un droit d'insurrection, de meurtre et de vol.* Et ainsi sont sur le point de s'accomplir ces paroles en quelque sorte prophétiques d'un homme de sainteté et de génie, de M. de Bonald, qui écrivait il y a trente ans, en parlant des progrès effrayants de l'éclectisme philosophique : *il n'y aura bientôt plus en Europe que des chrétiens et des athées,* et quand ce moment sera venu, *il n'y aura plus que des assassins et des victimes.*

Cette horde de forcenés, ne l'entend-on pas, en effet, chaque jour, évoquer tous les monstres que l'orgueil, l'envie et une brutale sensualité peuvent faire sortir des mystérieuses profondeurs des cœurs dégradés d'où Dieu a disparu?......

La société européenne en est arrivée à ce point *d'être ou de ne pas être* : que dis-je? profondément minée, dissoute dans son principe de vie, devenue, dans ce qu'elle a de plus respectable, l'objet de la dérision, des ricanements sinistres, et des insolentes menaces de ces furieux, d'un moment à l'autre elle peut être précipitée au fond des abîmes.

Dans cette lutte suprême, qui donc serait assez lâche pour rester neutre ou muet? Tout ordre est renversé; l'ambition et l'intrigue prennent la place du mérite et de la vertu; la médiocrité ose aspirer à la suprématie du pouvoir; nul ne sait s'effacer ou sacrifier ses prétentions au salut de la patrie. Le *personnalisme* joue, sur un coup de dé, l'existence même de son pays et l'avenir des générations. Quoi! plus de patrie! plus d'honneur! plus d'intelligence des intérêts moraux d'une nation et des conditions de sa grandeur!... quel sort est donc réservé à l'humanité?...

Ah! si, dans les temps ordinaires, tout honnête homme doit aux peuples la vérité et le tribut de ses convictions, si le bonheur du genre humain et de sa patrie, leur dignité, leur gloire, leurs immortelles destinées, doivent être la règle constante de ses pensées, le mobile de ses actions, l'objet de tous ses écrits; c'est dans les grandes commotions révolutionnaires, et au milieu des cataclysmes sociaux, que ce devoir devient pour lui plus impérieux et plus sacré. Alors, en effet, la seule voie de salut consiste à présenter aux peuples la vérité dans toute sa force, la règle dans toute sa sévérité, les lois et les mœurs dans toute la beauté de leur perfection. Les nations éprouvent par-dessus tout le besoin de l'estime d'elles-mêmes; elles méprisent les flatteurs de leurs passions et de leurs vices; elles louent et finissent par suivre les hommes courageux qui flétrissent le crime, rehaussent l'éclat de la vertu, et leur proposent sans réserve les mesures régénératrices d'une politique grande et forte.

En France, surtout, il n'y a qu'un pas de la perfection proposée à la perfection accomplie. Dans les grandes crises, a-t-on dit, avec vérité, notre nation s'anime d'une pensée unique; tous ses sentiments se fondent dans un seul; elle parle, elle se meut, elle combat comme un seul homme.

De plus, c'est le propre de la vérité, qu'après avoir assuré la vie morale et intellectuelle des peuples, elle est encore le seul chemin qui les conduise à la solution de toutes les difficultés qui touchent à leur bien-être matériel.

Telles sont les considérations qui m'ont inspiré ce travail. Dieu m'est témoin que je ne veux ni révolutions, ni violences, ni le triomphe d'un parti, mais l'action pacifique de la souveraineté nationale dans sa plénitude, *ou le gouvernement de la nation par la nation*. Je suis convaincu que, lorsqu'elle exerce véritablement sa souveraineté qui n'est que la pratique des lois éternelles de Dieu, l'anarchie, le mépris des lois, le refus d'obéir aux pouvoirs existants, les tentatives d'usurpation, et la guerre civile sont absolument impossibles.

Mais, paraître plus jaloux que sa nation elle-même, de la souveraineté, et la forcer de subir indéfiniment les étreintes d'un régime qui rendrait l'observation de ces lois éternelles, et l'action de ces volontés impossibles, ce ne serait pas seulement de la démence, ce serait un parricide..... Il ne pourrait être donné à un tel système de prévaloir, qu'autant que la société serait bouleversée et jetée hors de ses voies.

Il faut donc, avant tout, reprendre et rendre inébranlables les fondations mêmes de l'édifice social : la religion, la vraie philosophie, la famille, la propriété, l'autorité, la liberté, et ces lois générales, communes à tous les gouvernements réguliers et à tous les peuples civilisés.

C'est ce que j'ai essayé de faire ; j'ai voulu ramener la société à son principe, à sa source, et empêcher qu'on ne coupât le fleuve pour en détourner le cours et en corrompre les eaux. Après avoir démontré que le désordre des idées par le scepticisme et l'incrédulité est la cause de tous les bouleversements sociaux, j'ai voulu ramener l'ordre dans les idées par la raison et par la foi unies ensemble, pour rétablir l'ordre dans les faits. Tout se lie, tout s'enchaîne dans le monde moral. Une fois les bases essentielles rétablies, les dissidences politiques s'évanouiront ; l'union sera faite entre tous les hommes de probité et de valeur ; les problèmes sociaux se résoudront comme d'eux-mêmes à l'ombre d'une autorité et de lois conformes à la nature de l'homme et au génie de la nation.

Si la force, en effet, triomphe des désordres révolutionnaires, la vérité, la raison, la justice triomphent seules des causes qui les font naître; et si les intérêts et l'ambition divisent les hommes, s'ils nourrissent leurs passions et leurs haines, l'intelligence et la pratique des grandes bases de l'ordre et des vertus chrétiennes les unissent en quelque sorte malgré eux, et finissent par les confondre dans un seul sentiment, dans une seule affection, dans une seule pensée politique et sociale.

Plaise au ciel, dirai-je avec un magistrat éminent (1), que ces enseignements avancent l'heure où les principes éternels des sociétés humaines reprendront leur empire, *et où notre malheureuse patrie dont le sang coule par tant de blessures, ralliera à un sentiment commun de dévouement à sa gloire, toutes les fortes intelligences, tous les cœurs pleins d'ardeur, que nous voyons se consumer en stériles agitations!*

(1) M. Bérenger.

LIVRE PREMIER.

DES VÉRITÉS NÉCESSAIRES ET DES LOIS GÉNÉRALES QUI ASSURENT LE BONHEUR DES PEUPLES.

CHAPITRE PREMIER.

Dieu et le peuple.

Dieu et le peuple ! Dualité sainte, féconde, indivisible; loi douce, toute-puissante, mais terrible à ses infracteurs ! Le premier et le dernier mot de toute religion, de toute langue, de toute philosophie, de toute société, de toute politique. Dieu et le peuple ! Mystère de vérité et de justice, de miséricorde et de paix, de sacrifice et d'expiation, d'union et d'amour, d'abaissement et de grandeur, de souffrances et de joies, de pauvreté et de gloire ! Sublime anneau de cette chaîne qui, du haut du ciel, retient la terre sur la pente de l'abîme ! Ancre du vaisseau de l'État dans la tempête, son gouvernail et son guide dans le gouvernement et dans la législation ! Échelle mystérieuse de Jacob par où l'ange du peuple monte et descend sans cesse pour porter à Dieu le tribut de son travail et de ses larmes, et rapporter au peuple la force et les trésors du ciel ! Dualité sacrée, comment la France et l'Europe ont-elles pu t'oublier, et comment as-tu cessé d'être la règle de leurs conseils ? Tu les avais enfantées à la vie, tu avais posé chez elles les bases de la société domestique, civile et politique, et elles semblent te méconnaître pour courir après l'ombre d'un pouvoir et d'une liberté, d'un progrès et d'un bonheur qui n'étaient qu'en toi !!

Ah ! qu'elles expient cruellement cette séparation fatale ! Le pouvoir, sans Dieu, n'a plus d'autorité. *Omnis potestas à Deo :* toute souveraineté est en Dieu, et tout pouvoir vient de Dieu qui est la source de toute paternité au ciel et sur la terre, *ex quo*, dit l'apôtre des nations, *omnis paternitas in cœlo et in terrâ nominatur.* — Le peuple, sans Dieu, n'a d'autre règle que la passion, le caprice, la violence. Ses nobles instincts sont ceux de la brutalité et d'une férocité sauvage. Jouet des vices et de l'ambition de quelques tribuns, séduit par l'appât de liberté et d'égalité mensongères qu'ils lui présentent, il a perdu cette force véritable, cette félicité réelle, qui s'attachaient à son ministère de génie tutélaire de la société, d'interprète fidèle de la loi de Dieu, de miroir de sa justice, d'écho de sa volonté sainte.

Les faux amis du peuple, pour mieux le perdre, et s'en servir comme d'un instrument aveugle de leurs desseins, l'ont séparé de Dieu. Ils lui ont dit : « DIEU, C'EST LE MAL !... C'est un être cruel et fantastique qui te trompe, ô peuple, en te recommandant la patience, la résignation et l'espoir dans la souffrance.... Brise cette idole, détruis tout ce qui s'oppose à tes jouissances. La terre est ton domaine ; LA PROPRIÉTÉ, C'EST LE VOL ! Le capital, un ennemi cruel, car il pressure ton travail et s'interpose entre les biens de la terre et toi. Anathème à l'épargne, car elle t'appartient comme à celui qui l'a formée ; contrains-le de la partager avec toi. Étends la main, et, au besoin, arme ton bras d'un mousquet ou d'un glaive, et tu cueilleras le fruit de l'arbre de la science sociale ; tu seras l'égal de Dieu sur la terre et le réformateur de sa providence et de sa justice ! » — Et le peuple a écouté la voix du tentateur, et tous les systèmes qui devaient le faire vivre lui ont donné la mort. L'ignorance et l'envie ont détruit ses facultés, éteint son ardeur. Son travail est devenu stérile, car les capitaux ont disparu avec l'épargne qui les créait. La richesse s'est enfuie, et les biens de la terre n'ont pu le nourrir. Sa cupidité, bien loin d'être calmée par ces doctrines sauvages, s'en est irritée. L'or et l'argent, qu'on lui disait d'inutiles intermédiaires, ont été l'objet de ses plus ardentes convoitises, et la soif de la richesse, qui se dérobait comme le flot aux lèvres desséchées de Tantale, s'est emparée plus profondément, plus cruellement de son cœur... Cette communauté fraternelle qu'on lui vantait s'est changée en un dénuement irremédiable, en un égoïsme barbare, prêt à tous les crimes, en une menace incessante de guerre fratricide... La famille a été dissoute dans son principe; son chef, au lieu du travail et du salaire qui devaient la faire vivre, ne lui a offert pour aliments que l'envie du bien d'autrui et le désespoir, que la jalousie et la misère, que la haine de ceux qui possèdent et le mépris de toutes les lois... Plus de devoirs, plus de droits, plus de limites sacrées, plus de justice, plus d'ordre ni de liberté, plus de paix, plus d'amour ni de pudeur, plus de famille. Grand Dieu! qui tirera le monde social de cet abîme? Qui rompra les mailles de cette trame infernale dont un petit nombre de malfaiteurs enveloppe la famille et la société publique, les mœurs et la civilisation?...

Dieu et le peuple! Oui, Dieu et le peuple rendus à leurs rapports vrais, profonds, intimes; Dieu et le peuple réconciliés, étroitement unis et confondus. Dieu et le peuple! Voilà le signe de l'alliance qui seule peut dissiper ces noirs orages amoncelés à l'horizon, rendre au ciel sa sérénité, et à la terre la paix et le bonheur.

De cette union sacrée dérivent :

L'ensemble des lois générales et des vérités nécessaires à la conservation de l'homme et à l'accomplissement de ses destinées;

La famille et ses affections légitimes, la sainteté et l'indissolubilité du mariage;

La puissance paternelle et maritale; le lien indissoluble qui unit le père, la mère et les enfants, ou l'indivisibilité de la famille; le droit de propriété et l'hérédité qui en est inséparable;

La société publique et ses lois;

Le pouvoir : ses caractères essentiels, son unité, et ses ressorts variés, séparés sans se combattre, limités sans s'affaiblir ;

Les libertés morales et politiques ;

Le droit des communes et des provinces d'administrer leurs biens ;

La décentralisation administrative ;

L'allégement de l'impôt, sa spécialité et celle des dépenses, la prospérité de l'agriculture, du commerce et de l'industrie ;

Le crédit et la richesse qui s'engendrent l'un l'autre ; qui ne font, de l'or et de l'argent, qu'un moyen de circulation plus rapide, un signe fixe de liberté dans l'appréciation des choses ; l'expression certaine et volontaire des rapports mobiles et variables des produits entre eux, appropriés ainsi, par l'échange, aux besoins de tous les peuples ;

Le soulagement de la misère et du chômage par la circulation et la distribution naturelle du travail ;

L'autonomie des États ; leur équilibre ; le droit international, continental et maritime, qui, bien réglé par la loi divine et par la loi positive, est la source de la prospérité et de la paix des nations.

CHAPITRE DEUXIÈME.

De la véritable nature de Dieu et de l'homme, ou des vrais fondements de la philosophie et de la religion, de la société et de la législation.

Un sophiste blasphémateur, qui aspire à enseigner le peuple, et qui abuse déplorablement contre le peuple, contre Dieu et contre lui-même, des talents que le Créateur de toutes choses lui a départis avec la liberté pour les tourner au bien et à sa gloire, a osé dire : « Un Dieu qui gouverne et qui ne s'explique pas est un Dieu que je nie et que je hais par-dessus toute chose. — Plus d'autorité, liberté absolue de l'homme et du citoyen, parce que la démocratie est l'abolition de tous les pouvoirs spirituel et temporel, législatif, exécutif, judiciaire et propriétaire. — La véritable forme du gouvernement, c'est l'anarchie. — Quiconque met la main sur moi pour me gouverner est un usurpateur, et je le déclare mon ennemi (M. Proudhon, dans *les Confessions d'un révolutionnaire*) »

Ainsi, cet homme dont les écrits circulent parmi le peuple, nie à-la-fois l'autorité divine et l'autorité humaine, la société, la famille, la propriété, la justice, et le gouvernement domestique, civil et politique, la religion et l'église.

Bien que ces monstrueux blasphèmes révoltent de prime-abord la conscience droite et naturellement élevée du peuple, le premier de nos devoirs toutefois, en commençant un ouvrage qui lui est destiné, c'est de montrer au peuple : 1° que Dieu gouverne et s'explique par les paroles les plus énergiques et les plus précises, par les lois les plus claires et les plus parfaites ; 2° qu'il a créé l'homme pour la société, et qu'elle est une conséquence nécessaire de la société éternelle qu'il a, dès le commencement, déclarée et établie entre le genre humain et lui; 3° que l'ordre, la justice, la perfection morale, forment cette langue et cette union primitives de Dieu et de l'homme; 4° que l'autorité humaine n'est dès lors qu'un écoulement de l'autorité divine, et qu'elle renferme conséquemment la nécessité du gouvernement, de l'ordre, des lois, de la justice, de la famille et de la propriété.

Nous prouverons, en un mot, que la véritable forme du gouvernement, c'est l'ordre, et que la véritable liberté est celle qui est réglée par la raison et par les lois.

Nous traiterons donc d'abord de la véritable nature de Dieu et de l'homme, et des liens qui unissent l'homme à Dieu, ou de la religion vraie.

Nous partagerons cette matière en sept arguments :

1° Preuve intérieure de la spiritualité de la nature de Dieu et de l'homme, de l'immortalité de l'âme et de la nécessité de l'union de l'homme avec Dieu par un *médiateur*.

2° Preuve extérieure et historique de la vérité de la religion révélée.

3° Preuve rationnelle et philosophique de la connaissance nécessaire de Dieu parmi les hommes, et de la nécessité d'un *médiateur* ou de l'Homme-Dieu comme source et sanction de toutes les lois générales et particulières indispensables à la formation et à la conservation des sociétés humaines.

4° Le catholicisme ou la liberté catholique est le principe et la sauvegarde de la liberté civile et politique des peuples.

5° Nécessité logique d'imiter dans les constitutions humaines, l'unité et la stabilité de la constitution de l'Église.

6° Du gouvernement temporel de la Providence.

7° A l'inverse du socialisme et du communisme, le christianisme apporte un remède à tous les genres de maux et de misères.

8° Les établissements et les ordres religieux sont les fondements du bonheur des peuples.

CHAPITRE TROISIÈME.

Preuve intérieure de la spiritualité de la nature de Dieu et de l'homme, de l'immortalité de l'âme, et de la nécessité de l'union de l'homme avec Dieu par un médiateur.

Tous les mécomptes, tous les malheurs de l'homme viennent de ce qu'il ne se connaît pas lui-même, ou la vérité qui est l'ensemble de ses rapports avec lui-même, avec ses semblables et avec Dieu.

Que devrait-on penser de philosophes et d'économistes qui présenteraient à l'intelligence et au cœur de l'homme un aliment contraire à sa nature, faute de l'avoir connue ou de la lui avoir fait connaître? On dirait avec raison que ce sont des empoisonneurs publics.

Eh bien! les matérialistes, les panthéistes et les socialistes sont dans ce cas : ils partent d'un principe qui est tout ce qu'il y a de plus contraire à la nature de l'homme, à savoir qu'il peut trouver le bonheur dans la satisfaction de ses sens et de ses passions, et que sa puissance et sa grandeur consistent à renverser tous les obstacles qui s'opposent à la jouissance sans limites des biens de la terre.

SECTION I.

L'homme livré à ses sens et à ses passions est l'être le plus misérable de la création.

Pour démontrer ce qu'il y a de faux dans ce système, supposons un instant qu'il soit mis en pratique, et que les hommes soient établis en possession de tous les fruits naturels et industriels, si toutefois ces fruits sont possibles avec cette promiscuité de possession et de jouissance; qu'ils puisent sans réserve dans ce trésor commun, et que tous leurs appétits, tous leurs désirs, toutes leurs passions puissent s'y plonger et s'y désaltérer.... l'homme sera-t-il heureux à ce prix? Non, il sera l'être le plus misérable de la création. Ses sens ne sont pas faits pour une satisfaction sans mesure; la dissolution de ses organes est la peine de cet abus; il en est comme de ses facultés et de son intelligence, l'excès les tue, et elles ne peuvent vivre et se déployer que dans un milieu. Mais, indépendamment de cette faiblesse de ses sens, j'en appelle à l'expérience de chacun, ce n'est ni l'estomac, ni la main, ni le palais, ni le bras, ni la chair, qui sentent le plaisir en lui, c'est quelque chose d'immatériel. Au milieu de cette possession de la jouissance matérielle, ce quelque chose s'ennuie. Oui, l'homme s'ennuie de la volupté, des saveurs les plus exquises et des plaisirs les plus raffinés, de la possession même du pouvoir qui les lui assure : le plaisir, la puissance elle-même et tous les honneurs, toutes les satisfactions qui l'accompagnent, laissent dans son cœur un trait empoisonné, un vide affreux; et l'homme se trouve misérable de ce qui semblait devoir assurer son bonheur !...

Il y a donc en lui une cause de misère qui n'est pas la privation des biens de la terre, et un principe de grandeur qui se montre par le sentiment même de cette misère, et auquel ne peuvent répondre ni les richesses, ni les plaisirs, ni les honneurs.

Ce n'est pas tout : l'homme ne peut se résigner à vivre sans l'estime de ses semblables, et s'il cherche dans une fausse opinion publique une fausse gloire, toujours est-il que sa félicité consiste dans cette estime d'autrui.

Or, le bien qu'il cherche, ainsi que ceux-là même qui le corrompent, ne suppose-t-il pas chez lui une grandeur qui a sa source ailleurs que dans la possession matérielle et dans le partage des biens de la terre?

Mais à une telle créature offrez pour unique aliment de tels biens, vous l'arrachez alors à elle-même, vous la ravalez au-dessous de la bête, vous méconnaissez son âme, sa grandeur, ses destinées, vous la livrez en proie aux convulsions d'un égoïsme brutal et de la démence. Vous avez détrôné, déshérité sa raison, et votre crime est d'autant plus grand, qu'au lieu de faire chercher à l'homme, qui a naturellement horreur de se trouver seul avec lui-même, la cause de ce mal et son remède, vous l'excitez à se fuir, à s'étourdir, au moyen de jouissances et de passions qui le torturent et brisent son âme.

Ou bien, par une autre sorte de mensonge, vous lui faites entrevoir le repos et le bonheur après l'agitation, comme la récompense de cette agitation même. Car les hommes, outre l'instinct secret qui les porte à chercher le divertissement et l'occupation au-dehors, qui vient du ressentiment de leur misère continuelle, ont, dit Pascal, « *un autre instinct secret qui reste de la grandeur de leur première nature, qui leur fait connaître que le bonheur n'est, en effet, que dans le repos; et de ces deux instincts contraires, il se forme en eux un projet confus qui se cache à leur vue dans le fond de leur âme, qui les porte à tendre au repos par l'agitation, et à se figurer toujours que la satisfaction qu'ils n'ont point leur arrivera si, en surmontant quelques difficultés qu'ils envisagent, ils peuvent s'ouvrir par-là la porte au repos.* — *Ainsi s'écoule toute la vie. On cherche le repos en combattant quelques obstacles, et si on les a surmontés, le repos devient insupportable, car l'on pense aux misères qu'on a et à celles dont on est menacé. Et quand on se verrait même assez à l'abri de toutes parts, l'ennui, de son autorité privée, ne laisserait pas de sortir du fond du cœur où sont ses racines naturelles et de remplir l'esprit de son venin...* C'est pourquoi lorsque Cinéas disait à Pyrrhus, qui se proposait de jouir du repos avec ses amis après avoir conquis une grande partie du monde, qu'il ferait mieux d'avancer lui-même son bonheur, en jouissant de ce repos, sans l'aller chercher par tant de fatigues, il lui donnait un conseil qui recevait de grandes difficultés, et qui n'était guère plus raisonnable que le dessein de ce jeune ambitieux. L'un et l'autre supposait que l'homme se pût contenter de soi-même et de ses biens présents, sans remplir le vide de son cœur d'espérances imaginaires, ce qui est faux; Pyrrhus ne pouvait être heureux ni devant, ni après avoir conquis le monde. Et peut-être que la vie molle que lui conseillait son ministre, était encore moins capable de le satisfaire, que l'agitation de tant de guerres et de voyages qu'il méditait. *On doit donc reconnaître que l'homme est si malheureux, qu'il s'ennuierait même sans une cause étrangère d'ennui, par le propre état de sa condition misérable.* »

Oui, l'homme s'ennuie; les riches et les pauvres, les faibles et les puissants, les rois et les nations s'ennuient de leur misère et de leur corruption, même au milieu de tous les plaisirs, de toutes les jouissances, de toutes les séductions du pouvoir souverain, de toutes les pompes de la gloire et des grandeurs. De là leurs agitations, leurs guerres et leurs révolutions incessantes. L'homme, hors de lui-même, ainsi que les nations, a le besoin de se tromper et de tout bouleverser. Son activité dévorante se change en malice et en ruines, et rien n'est comparable à la misère et aux périls pour les autres, de cette nature abandonnée, d'où la raison et Dieu ont disparu.....

Cette inféodation de la nature immortelle de l'homme au cadavre de la volupté et de la jouissance matérielle, est le plus sûr moyen de pervertir les nations et de ruiner les empires les mieux affermis. « Je crois, dit Montesquieu, que la secte d'Epicure qui s'introduisit à Rome vers la fin de la république, contribua beaucoup à gâter le cœur et l'esprit des Romains. Les Grecs en avaient été infatués avant eux; aussi avaient-ils été plus tôt corrompus. Cynéas en ayant discouru à la table de Pyrrhus, Fabricius souhaita que les ennemis des Romains pussent tous prendre les principes d'une pareille secte. »

Mais les doctrines nouvelles du socialisme, qui ne s'inspirent que de la haine et de l'envie, ajoutent encore à la dégradation de l'homme, à son malheur, et, mises en pratique, elles le rendent encore plus misérable. Alors il se baignera dans le sang pour une jouissance fausse et passagère qu'au fond il méprise et qu'il déteste. Il cherchera dans le crime à fuir cette horreur de lui-même ; il se livrera aux démons ou aux puissances extérieures qui le possèdent, avec lesquelles il a fait un pacte homicide dans les clubs, dans les sociétés secrètes et dans les autres de la démagogie (1). Preuve à-la-fois de sa misère, de sa faiblesse et de sa grandeur, car le repos ne peut lui suffire comme à la brute ; l'appétit satisfait, les sens enivrés ne le contentent pas ; il faut ou qu'il rentre en soi, ou qu'il se lance dans de nouvelles perturbations, pour s'échapper à lui-même.

SECTION II.

Les malheurs des peuples viennent de la fausse idée qu'on leur a donnée de Dieu.

Pour comble de malheur, après l'avoir trompé sur sa propre nature, on lui donne de Dieu une idée mensongère : on en fait ou le complice de ses désordres, ou un monarque fainéant qui s'en inquiète peu. On lui fait stérilement contempler ce Dieu dans l'économie de l'univers, dans le spectacle de la nature matérielle avec laquelle on l'identifie, ou dans les réponses et le progrès de cette faible raison humaine que l'on érige en Verbe fait chair, et aux égarements de laquelle on subordonne le Dieu tout-puissant, *faisant de la nature l'image de Dieu*, et en quelque sorte sa mesure, et de son action providentielle la fatalité, le *fatum, dans la régularité puissante de l'action de la nature* (2), au lieu de le lui faire contempler dans sa puissance infinie, dont le monde physique n'est qu'un jeu, la goutte d'eau dont parle l'Écriture, et qu'il eût pu créer mille fois plus immense et plus beau, bien loin que sa puissance y soit enchaînée, et *dans le genre*

---

(1) Les journées de juin 1848 et 1849, les saturnales de la république romaine, et l'imminence de nouveaux attentats, en sont la triste preuve.

(2) M. Cousin.

humain toujours sous la main de son créateur, dit Bossuet, *conservé par sa bonté, gouverné par sa sagesse, délivré par sa miséricorde et toujours assujetti à sa puissance,* et dans l'homme lui-même, dans sa grandeur et dans sa chute originelles, dans le besoin qu'il a de Dieu pour relever cette grandeur, pour soutenir sa faiblesse et pour remédier à sa misère. On achève ainsi de briser le lien de dépendance nécessaire, de communication essentielle, le lien de vie qui existe entre Dieu et l'homme, en assimilant, en confondant la nature physique et la nature morale, en introduisant l'*idéalisme* dans les sciences physiques, et le *réalisme* dans les sciences morales (1), ou dans l'histoire, que l'on suppose toujours identique, de l'humanité, en prétendant assujettir le monde moral à des vicissitudes et à des variations comme le monde physique, le faire relever de la critique et des systèmes comme les faits de l'ordre matériel, en niant les vérités générales elles-mêmes, ces vastes et sublimes notions d'ordre, de raison, de justice, fondement de toutes les théories qui rapprochent de l'intelligence divine les intelligences humaines qui les conçoivent (2), en ne reconnaissant l'existence d'aucun fait moral distinct des faits physiques, en substituant le fait accompli et le fatalisme au libre arbitre, et en faisant, par ce panthéisme qui est le fond de l'eclectisme philosophique de nos jours, l'intelligence divine de la nature matérielle, et l'intelligence humaine de l'organisation corporelle.

Ce système philosophique si erroné et si funeste aux générations, n'est-il pas tout entier dans les propositions suivantes de M. Cousin :

La raison humaine est Dieu et homme tout ensemble (*Fragments philosophiques*, t. 1, p. 78). Dieu est tout à-la-fois Dieu, nature et humanité (T. 1, préface de la 1re édition, p. 76). Il n'y a pas plus de Dieu sans monde que de monde sans Dieu (Préface de la 2e édition, p. 20).

L'auteur auquel Spinosa ressemble le plus est l'auteur inconnu de l'Imitation de Jésus-Christ (T. 2, p. 166).

---

(1) Schelling et M. Cousin, *Fragments phil.*
(2) M. de Bonald, *Législation primitive*, t. III, p. 263.

Le Koran est une 2ᵉ édition de l'Evangile (T. 2, p. 442).

La science n'est pas en mesure d'aborder la question de l'immortalité de l'âme (*Esquisses de philosophie morale*, par Dugald Stewart, traduite par Charles Jouffroy, préface du traducteur, p. c. XXXVI).

Or, n'est-ce pas anéantir toute idée de la divinité et saper la société par ses fondements, que de vouloir ainsi détruire les croyances transmises par la tradition universelle du genre humain, que la société a de tout temps et partout regardées comme nécessaires à son bonheur, en ne les faisant plus relever que de la raison individuelle, et en les ramenant à un *idéal* qui n'est plus la parole de Dieu? c'est se rendre coupable d'athéisme, car le panthéisme n'est pas autre chose. Or, sait-on comment J.-J. Rousseau traitait l'athéisme dans son *Contrat Social?* Il le mettait hors la loi de la tolérance générale qu'il accordait à toutes les opinions religieuses, et il en punissait la profession publique par l'exil et même par la mort.

Certes, bien loin de souhaiter l'exil et la mort à l'homme supérieur dont nous avons signalé les doctrines dangereuses, nous faisons des vœux ardents pour son retour à la vérité, dont il pourrait être, dans l'état actuel de la société surtout, l'un des plus utiles défenseurs. L'ardeur de son génie, l'énergie de sa pensée, l'éclat et l'originalité de son talent l'ont emporté au-delà des bornes de la sagesse et de la raison. C'est ce qui arrive toujours aux esprits éminents qui ne savent pas arrêter cette raison aux limites de son domaine, et qui ne soumettent point leur philosophie aux irrécusables témoignages de l'éternelle vérité : il s'est perdu dans le désert des systèmes et de l'erreur, et il a entraîné à sa suite des générations qui n'y trouvent que la mort..... Ah! qu'excité par d'illustres exemples, il n'hésite pas à s'immortaliser par un noble désaveu ; et que les inépuisables trésors de philosophie, que son âme inspirée par la lumière d'en haut fera sortir de la vérité catholique, lui servent tout ensemble à payer la rançon du mal incalculable qu'il a fait, sans le vouloir, à sa patrie qu'il aime, et à jeter les fondements d'un avenir heureux pour son pays, et d'une gloire impérissable pour lui !

SECTION III.

L'homme, en descendant en lui-même, y trouve les traces de sa grandeur perdue, et de la nécessité de son union avec Dieu pour la recouvrer.

L'homme, quand il descend en lui-même, et qu'il observe le mouvement de ses idées et de ses pensées, y découvre, au contraire, un fonds inépuisable de lois éternelles, de vastes notions d'ordre, de raison, de justice, de religion, de morale, de proportions de convenances, de beautés intellectuelles, qui échappent à la perception des sens, une idée incompréhensible de sa grandeur, de son origine, qui met son intelligence en communication avec l'intelligence divine, à tel point, dit Bossuet, « *que l'esprit de l'homme ne peut égaler ses propres idées, tant celui qui nous a formés a pris soin de marquer son infinité.* » — Et, a côté de cette sublimité de pensées, de cette grandeur native qui le rapproche d'un être souverain et créateur, il se sent une faiblesse, une contradiction de volonté et d'action, une bassesse de penchants qu'il ne peut de lui-même surmonter, et qui font sa misère et son désespoir. D'une part, on le voit s'élever jusqu'aux cieux, et de l'autre, abaissé jusqu'au fond des abîmes....

« L'homme, dit Pascal, n'est qu'un roseau, mais c'est un roseau pensant. Il ne faut pas que l'univers s'arme pour l'écraser, une vapeur, une goutte d'eau suffit pour le tuer. Mais quand l'univers l'écraserait, l'homme serait encore plus noble que ce qui le tue, parce qu'il sait qu'il meurt, et cet avantage que l'univers a sur lui, l'univers n'en sait rien... Tous les corps, le firmament, les étoiles, et tous les royaumes, ne valent pas le moindre des esprits, car il connaît tout cela et lui-même, et le corps, rien. »

Or, la spiritualité de l'âme humaine si faible, si imparfaite, si dévoyée, ne présuppose-t-elle pas l'existence et la spiritualité d'un être parfait? Quand tant d'idées éternelles, de beautés morales et intellectuelles remplissent cet esprit infirme de l'homme, poussera-t-il l'aveuglement, la démence, jusqu'à nier une vérité souveraine, une perfection incréée, un Dieu éternel, source de toutes les idées, de toutes les vérités, de toutes les beautés? Comment entendre le néant si ce n'est par l'être, ou l'imperfection si ce n'est par la perfection dont elle déchoit; le déréglement autrement que comme une déviation de la droiture et de la vertu? « Il y a donc, dit Bossuet (1re et 2e *Élévation*), primitivement une intelligence, une science certaine, une vérité, une fermeté, une inflexibilité dans le bien, une règle, un ordre, avant qu'il y ait une déchéance de toutes ces choses. En un mot, il y a une perfection avant qu'il y ait un défaut; avant tout déréglement, il faut qu'il y ait une chose qui est elle-même sa règle et qui, ne pouvant se quitter soi-même, ne peut non plus ni faillir, ni défaillir. Voilà donc un être parfait : voilà Dieu nature parfaite et heureuse; le reste est incompréhensible, et nous ne pouvons même pas comprendre jusqu'où il est parfait et heureux, pas même jusqu'à quel point il est incompréhensible. »

Je pense, donc j'existe, a dit un philosophe; nous pouvons dire avec tout autant de raison : *Je pense et j'existe*, donc le Dieu parfait, éternel, immuable, tout-puissant, existe. Le Dieu parfait qui s'est défini lui-même, *Je suis celui qui suis* (*Exode*, 3, 14), en qui le non-être, le changement, n'ont point de lieu, qui par conséquent est toujours et toujours le même; — *Je suis le Seigneur*, dit-il par la bouche de Malachie, et *je ne change pas*. Le Dieu qui, par conséquent ne peut rien ignorer, ni douter de rien, souverainement heureux parce qu'il connaît son infinie perfection, et pour cette raison appelé *le Dieu bienheureux* par son prophète et par les apôtres, dès lors source de tout bonheur pour l'homme qui espère en lui; le Dieu *un*, dont la prescience et la providence s'étendent sur toutes choses, et par conséquent sur les empires et sur l'homme, édictant leurs lois et leurs destinées, comme il a fait de Cyrus qu'il a *pris par la main pour lui assujettir les nations; je t'ai présenté, je t'ai figuré tel que tu es. Tu ne me connaissais pas, et moi je te revêtais de puissance afin que du levant jusqu'au couchant on sache qu'il n'y a de Dieu que moi* (*Isaïe*, XLV, 1, 2, 4, 5, 6, 7). Ainsi parlait Isaïe; et deux cent cinquante ans après, Cyrus, vainqueur selon cet oracle, vit la prophétie et publia cet édit : voici ce que dit Cyrus, roi de Perse : *Le Dieu du ciel, le Seigneur, m'a livré tous les royaumes de la terre et m'a commandé de rebâtir sa maison dans Jérusalem.* Le Dieu exerçant sur l'homme et sur les puissances de la terre une toute-puissante protection, le Dieu bon, dont l'Écriture a épuisé le génie de la plus riche et de la plus énergique des langues à peindre l'amour infini pour les hommes : c'est un père, c'est une mère, c'est une nourrice ; *une mère peut-elle oublier son enfant qu'elle a porté dans son sein, et quand elle l'oublierait, je ne vous oublierai pas,* dit le Seigneur (*Isaïe*, XLIX, 15) ; *Le Seigneur ton Dieu t'a porté sur ses bras comme un petit enfant* (*Deutéronome*, I. 31), *comme un aigle qui porte ses petits, qui étend ses ailes sur eux, qui vole sur eux et les provoque à voler* : ainsi Dieu ne détourne point ses regards de dessus son nid et *le garde comme la prunelle de son œil. Il nous porte à sa mamelle pour nous allaiter, il nous met sur ses genoux,* et, non content de nous nourrir, il joint à la nourriture les tendresses et les caresses ; *comme une mère caresse son enfant qui suce son lait, ainsi je vous consolerai,* dit le Seigneur (*Isaïe*, l. XVI, 12, 13). Le Dieu saint et qui veut que les hommes soient saints comme il est saint lui-même ; *saint et sanctificateur, juste et justifiant le pécheur,* comme dit saint Paul ; incompatible avec les pécheurs et les rejetant de devant lui par toute sa sainteté et par toute son essence (2ᵉ *Élévation*) ; sainteté inviolable au milieu des impiétés, des blasphèmes, des impuretés dont l'univers est rempli par la malice des hommes et des démons (*ibid.*) ; mais sainteté active qui, tantôt livre le pécheur à son aveuglement, tirant toujours un bien excellent du mal qu'il souffre et qu'il permet, et tantôt purifie les justes par mille épreuves ; *seul saint, seul Seigneur, seul Jésus-Christ,* seul pouvant purifier les hommes et effacer leurs plus grandes iniquités : *Si vos péchés sont rouges comme l'écarlate, je les blanchirai comme la neige* (*Isaie*, l. 18).

La vérité, c'est donc que l'union de Dieu, source de tout être, et de l'homme, sa créature intelligente faite à son image, a été rompue ; c'est que la misère de l'homme vient de la séparation qu'une prévarication originelle a établie entre Dieu et lui, de l'orgueil qui soustrait l'homme à Dieu et de la concupiscence qui, l'attachant à la terre, lui fait chercher le bonheur hors de Dieu. Car il sent en lui la volonté du bien et il n'a pas le pouvoir de l'accomplir; il ne fait pas le bien qu'il veut et il fait le mal qu'il ne veut pas (*saint Paul*). — La vérité, c'est que, par une suite de cette misère, l'homme est incapable, par lui-même, de connaître Dieu, bien loin, comme a dit un philosophe, *que la connaissance de l'homme commence la vraie connaissance de Dieu* (1), et qu'il a fallu dès-lors que le Verbe éternel ou le Dieu rédempteur, unissant en lui les deux natures, divine et humaine, retirât les hommes de l'ignorance et de la corruption du péché pour les réconcilier à Dieu dans sa personne divine.

De là l'humilité, vertu sublime qui donne à l'homme la connaissance de sa bassesse, de son impuissance, de son néant et le sentiment de sa grandeur perdue, en le portant à l'expiation du péché par son union à la passion et à la mort de N. S. J.-C. et par l'assistance de sa grâce qui combat la nature corrompue et triomphe de ses plaisirs; cette humilité divine qui a fait dire à saint Paul (2) : « Et ainsi je sens de la satisfaction et de la joie dans les faiblesses, dans les outrages, dans les nécessités où je me trouve réduit, dans les persécutions, dans les afflictions pressantes que je souffre ; *car lorsque je suis faible, je suis fort* ». — L'homme se sent guéri, transformé par la puissance du médiateur qui ne lui impute point sa justice *ex opere operato* comme par une sorte de transposition et d'application mécanique, comme l'entendent les protestants, c'est-à-dire sans la foi qui justifie, mais qui impute à l'homme sa foi et sa justice par sa grâce comme un don purement gratuit (3) qui l'aide à redevenir juste et semblable à Dieu, par le baptême, par le sacrement de pénitence, par l'eucharistie, par l'effusion du Saint-Esprit, par la participation et l'initiation à ses souffrances et à sa passion.

---

(1) M. Cousin.
(2) *Épitre 2e aux Corinthiens*, ch. 12, v. 10.
(3) Saint Paul, *Épitre aux Romains*, ch. 4, v. 3, 4, 5, 6, 7, 8, 9.

CHAPITRE QUATRIÈME.

Preuve extérieure et historique de la vérité de la Religion catholique.

Cette vérité, c'est la vérité et le culte catholique qui remonte à la création du monde, qui se manifeste et se prouve par l'histoire et la loi de Moïse, fondement et point de départ de tous les autres livres sacrés, bien qu'ils soient d'origine et d'auteurs divers, livres sacrés que présente à l'univers le peuple juif dispersé et par eux condamné ; par les prophéties et les miracles de ce prophète législateur attestant la divinité et l'immutabilité de ses doctrines ; par la chaîne des événements prédits par les autres prophètes qui tous ont invoqué Moïse ; par les destinées diverses du peuple juif, littéralement prédites et accomplies comme figures de la rédemption du genre humain ; par les faits éclatants de l'incarnation, de la vie, des miracles, de la passion, de la mort et de la résurrection de N. S. J.-C. ; par la correspondance constante et dans les moindres détails, jusqu'à l'*iota*, de cette vie et de cette mort divines aux prédictions de Moïse, de David et des autres prophètes ; par la réponse divine, à chaque date indiquée par les prophètes, des faits accomplis aux faits annoncés dans le cours de quatre mille ans ; par l'accord parfait de l'Ancien et du Nouveau Testament qui reportent les promesses et la foi à l'origine du monde ; par l'établissement de l'Eglise (qui est la fin et le couronnement de tous les miracles) ; par le ministère de douze pauvres pêcheurs ; par la conversion de la gentilité en face de la ruine irrévocable du temple de Jérusalem et de la dispersion du peuple déicide, également prédites et peu avant par N. S. J.-C. lui-même ; par ces trois siècles de persécution et d'une effusion sans égale du sang des martyrs, semence divine de l'Eglise, qui l'a rendue plus féconde et plus majestueuse, ce qui a fait dire à saint Augustin que l'Église établie sans miracles serait le plus grand de tous les miracles ; par cette perpétuité de l'assistance toujours présente et chaque jour renouvelée de l'Esprit saint qui, depuis plus de dix-huit siècles, assure la durée et le triomphe de cette Église contre toutes les erreurs, toutes les hérésies, toutes les persécutions.

SECTION I.

Conséquences de cette vérité.

Le bien réel, fait pour la nature de l'homme, le remède à ses maux, le moyen de sa grandeur et de sa vie, c'est dès-lors cette ineffable et auguste communication de son médiateur avec lui-même par la confession, institution divine par laquelle J.-C., représenté par son ministre, a voulu que, sur l'aveu sincère et sur le remords du pécheur, il fût prononcé un pardon précis et une absolution formelle qui rendît le repos à l'âme et la ramenât à Dieu par la miséricorde, le repentir et l'amour ; par l'oblation et l'aliment que reçoit l'homme réconcilié d'une manière certaine avec son Dieu, du corps et du sang de son Rédempteur pour le guérir, le fortifier et l'élever jusqu'à lui.

« Je suis le pain vivant qui suis descendu du ciel, dit ce Sauveur adorable ; — si quelqu'un mange de ce pain, il vivra éternellement ; et le pain que je donnerai, c'est ma chair *que je dois donner* pour la vie du monde. — En vérité, en vérité, je vous le dis, si vous ne mangez la chair du Fils de l'homme et ne buvez son sang, vous n'aurez point la vie en vous. — Celui qui mange ma chair et boit mon sang a la vie éternelle et je le ressusciterai au dernier jour ; — car ma chair est véritablement une nourriture et mon sang est véritablement un breuvage. — Celui qui mange ma chair et boit mon sang demeure en moi et je demeure en lui (1). — Jésus prit du pain et l'ayant béni, il le rompit et le donna à ses disciples en disant : Prenez et mangez, ceci est mon corps; et prenant le calice il rendit grâces et le leur donna en disant : Buvez-en tous, car ceci est mon sang (2). »

Si donc l'homme écoute cette vérité qui lui parle par l'Ecriture

---

(1) Saint Jean, ch. 6, v. 51, 52, 54, 55, 56 et 57.
(2) Saint Matthieu, ch. 26, v. 26, 27 et 28.

et par la révélation, il verra que rien n'est plus vrai que ces paroles de l'Évangile : *Bienheureux les pauvres, bienheureux les humbles, les doux, les pacifiques, les miséricordieux, ceux qui ont le cœur pur; bienheureux ceux qui pleurent, ceux qui souffrent persécution pour la justice, parce qu'ils seront consolés, parce qu'ils verront Dieu, parce qu'ils posséderont la terre, parce que le royaume du ciel est à eux, etc., etc.* L'homme voit renaître ainsi la liberté de son âme, et par elle sa grandeur. Son âme n'est pas libre par l'orgueil du pouvoir, de l'esprit et des sens : la vérité seule peut l'affranchir. — En un mot, *il y a oubli et oppression de l'homme partout où il n'y a pas connaissance, adoration et culte de l'Homme-Dieu* (1).

Les souffrances de cet Homme-Dieu qui a racheté le genre humain donnent un prix infini aux souffrances de l'homme, et l'homme les unit à celles de Jésus crucifié ; il voit qu'en offrant à Dieu ses peines, ses douleurs, ses sacrifices, comme un retour à l'ordre et comme un gage du repentir de la perturbation causée dans l'homme et dans l'univers par le péché; qu'en acceptant comme expiation les maux qui lui viennent de lui-même et d'un monde dissous et corrompu, il rentre dans sa grandeur naturelle et dans la vie.

SECTION II.

Nécessité de l'enseignement de la Religion et des éléments des sciences morales au peuple.

La Religion est dès-lors pour lui le premier des biens; elle appartient à tous, elle est la vie de tous, elle doit être enseignée à tous, et faire, avec les éléments de l'histoire, de la langue nationale et des sciences morales, le fonds de l'éducation de tous. Sous ce rapport, l'égalité, la communauté d'enseignement entre les hommes est un devoir sacré. Mais quant aux sciences physiques et mathématiques, aux belles-lettres, aux arts, à la philosophie, il est absurde de vouloir que l'État distribue à tous les hommes un enseignement égal et gratuit. Est-ce qu'il n'existe

---

(1) De Bonald, *Législation primitive.*

pas, en effet, une variété de vocations et de fonctions dans la nature? Les hommes trouveraient-ils le bonheur dans cette communauté, dans ce prétendu nivellement des connaissances et des biens matériels? Non. Ils n'y trouveraient que destruction de leurs facultés, qu'abus, que désordres, que confusion, que passions mauvaises, qu'excitation au crime. Ils y perdraient ce *bon sens*, maître des affaires humaines, ce sublime attribut de la nature de l'homme bien ordonnée. Nous indiquerons plus bas comment la sainte liberté des associations chrétiennes peut d'ailleurs appeler tous les enfants du peuple, sans distinction, à essayer leurs facultés et à marquer leurs aptitudes spéciales, sans rien refuser au talent et au génie que Dieu départit à tous les rangs.

« Tout le monde ne peut être savant : si la science se répandait hors de certaines limites, dit un vertueux et habile prélat (Mgr l'évêque de Chartres), elle lierait les bras qui déchirent et fécondent la terre. Tous les esprits cultivés par l'étude, livrés à des méditations abstraites et aux travaux de l'intelligence, verraient dépérir leur corps par l'inaction et la famine, et le genre humain entier cesserait de vivre et de peupler le monde. »

« La science proprement dite a peu d'efficacité pour l'organisation de la société (1); il convient surtout de le lui rappeler dans les temps modernes, où elle se montre si orgueilleuse de sa prétendue fécondité. Elle attribue à ses travaux ce qui est le fruit du cours des siècles, du droit instinct des peuples, et quelquefois des inspirations du génie : or, ni l'instinct des peuples, ni le génie n'ont rien qui ressemble à la science. »

M. le comte Joseph de Maistre, dans des communications intimes avec un homme d'État russe, qui lui demandait les moyens d'implanter la science par l'éducation publique en Russie, lui écrivait (2) : « On s'est cruellement trompé dans le siècle dernier; on a cru que l'éducation scientifique était l'éducation, tandis qu'elle n'en est que la partie, sans comparaison, la moins intéressante, et qui n'a de prix qu'autant qu'elle repose sur l'éduca-

---

(1) *Le Protestantisme comparé au catholicisme*, t. I, ch. 14, p. 217. Par M. le docteur Jacques Balmès, publiciste espagnol du premier ordre.
(2) *Lettres inédites sur l'éducation publique en Russie.*

tion morale. On a tourné tous les esprits vers la science et on a fait de la morale une espèce de *hors-d'œuvre*, un remplissage de pure convenance. Ce système, adopté à la destruction des jésuites, a produit, en moins de trente ans, l'épouvantable génération qui a renversé les autels et égorgé le roi de France. »

Là, en effet, où n'est plus le discernement des fonctions, des missions diverses dans l'ordre de la nature et de la société, il y a vice, dérèglement nécessaire. Les nations, comme les individus, trompées par de faux biens et par une fausse gloire, roulent d'abîmes en abîmes. Arrachées aux lois de leur nature, et ployant tout à leur amour-propre déréglé, elles n'ont d'autre partage que le crime, le désespoir et la mort.

Car l'amour des choses de la chair, dit saint Paul, est une mort, au lieu que l'amour des choses de l'esprit est la vie et la paix. — Si donc l'esprit de celui qui a ressuscité Jésus-Christ d'entre les morts, habite en nous, celui qui a ressuscité Jésus-Christ d'entre les morts donnera aussi la vie à nos corps par son esprit qui habite en nous. — Si nous vivons selon la chair, nous mourrons ; mais si nous faisons mourir par l'esprit les œuvres de la chair, nous vivrons. — Tous ceux qui sont poussés par l'esprit de Dieu sont enfants de Dieu. — Aussi n'avons-nous point reçu l'esprit de servitude pour nous conduire encore par la crainte ; mais nous avons reçu l'esprit d'adoption par lequel nous crions : *Mon père! mon père!* Si nous sommes enfants de Dieu, nous sommes aussi héritiers de Dieu et co-héritiers du Fils, pourvu, toutefois, que nous souffrions avec lui, afin que nous soyons glorifiés avec lui. Car je suis persuadé, ajoute saint Paul, que les souffrances de la vie présente n'ont point de proportion avec cette gloire qui sera un jour découverte en nous. — Après cela, que devons-nous dire? Si Dieu est pour nous, qui sera contre nous? Lui qui n'a pas épargné son propre Fils, mais qui l'a livré à la mort pour nous tous, que ne nous donnera-t-il point après nous l'avoir donné? — Qui donc nous séparera de l'amour de Jésus-Christ? Sera-ce les afflictions ou les déplaisirs, ou la persécution, ou la faim, ou la nudité, ou les périls, ou le fer et la violence? — Je suis assuré que ni la mort, ni la vie, ni les anges, ni les principautés, ni les puissances, ni les choses présentes, ni les futures, ni la puissance *des hommes,* ni tout ce qu'il y a de plus haut ou de plus profond, ni toute autre créature, ne pourra jamais nous séparer de l'amour de Dieu en Jésus-Christ, Notre-Seigneur (1).

SECTION III.

La Religion catholique grandit l'homme et le rend heureux pour les luttes de l'abnégation et de la vertu contre l'injustice et l'adversité.

Les limites de cet ouvrage ne me permettent pas de développer cette preuve, mais j'en ai dit assez pour montrer que le matérialisme et la jouissance exclusive des biens de la terre, dont le socialisme fait son élément et son principe, rendent seuls l'homme malheureux, parce qu'ils sont contraires à sa nature véritable.

La doctrine chrétienne, au contraire, a établi sur ces vérités, tirées de la nature de l'homme et de Dieu, les véritables fondements de la société civile. Les anciens plaçaient le bonheur dans la modération des désirs, ou plutôt dans cette égalité de l'âme, accoutumée à ne rien désirer. — L'Évangile a placé le bonheur dans les promesses faites à la vertu qui lutte, qui reçoit de ses combats et de ses sacrifices *je ne sais quoi d'achevé,* dit Bossuet, *que le malheur ajoute à la vertu* pour la rendre ainsi digne de Dieu, et qui ne trouve qu'en Dieu sa récompense. L'Évangile a placé le seul malheur de l'homme dans le mépris de la loi de Dieu et dans les peines réservées à ses infractions. Et c'est ainsi qu'en vertu d'une autorité supérieure, placée hors de lui-même, hors de la guerre intestine de ses penchants, l'homme subit facilement le joug de l'autorité civile qui soumet ses appétits et sa soif de bonheur à la règle et au respect des droits d'autrui, à l'inégalité naturelle des conditions. La société ne peut vivre sans le dévouement de ses membres. Or, comment ce dévouement se trouverait-il dans la poursuite commune des choses propres à assouvir ces besoins matériels, et dans cette avidité de jouissances terrestres qui livrent les hommes aux concurrences

---

(1) Saint Paul, *Épître aux Romains*, ch. 7, v. 4, 6, 13, 14, 15, 17, 18, 31, 32, 35, 38 et 39.

d'ambition et de fortune, aux rivalités d'amour et de talent, à la haine, à l'envie, et à tous les crimes qu'elles traînent après elles? Sans l'oubli et le sacrifice de soi, il n'y a pas plus de société que de vertu.

« C'est au contraire, dit M. de Bonald (1), l'alliance de la vertu et du malheur qui forme le beau idéal dans l'ordre moral ; et les peuples éclairés ont tous, dans leurs représentations dramatiques, montré les plus grandes vertus aux prises avec de grandes infortunes : idée vraie et naturelle dont toutes les religions ont fait un dogme, et particulièrement la Religion chrétienne, qui n'est tout entière que le *beau idéal* de la morale mise en action, et qui, après avoir composé la vie comme un drame, du long combat de la vertu contre le vice, a placé au dénouement le triomphe de la vertu. »

SECTION IV.

Les novateurs socialistes divisent et dénaturent la vérité chrétienne.
Intégrité de la doctrine catholique.

Mais les ennemis de la Religion et de l'ordre social s'emparent des maximes mêmes de l'Évangile, et les dénaturent en les isolant les unes des autres, pour mieux ébranler et renverser la société. Il faut maintenir contre ces novateurs qui divisent la vérité même, pour l'affaiblir et s'en faire un moyen de combat, l'intégrité des principes de la Religion chrétienne.

« Ces hommes, disent les pères du Concile provincial de Paris (2), abusent des maximes évangéliques sur le désintéressement, sur la pauvreté volontaire, sur la charité fraternelle, et les séparant des autres maximes où l'obéissance, le respect de tous les droits, l'humilité, la lutte perpétuelle contre les passions sont ordonnées ; ils anathématisent au nom du Christ, non-seulement les vices et les désordres de la société actuelle, mais encore les principes sur lesquels repose l'ordre social tout entier.

« Comme l'homme, la société a besoin de travailler sans cesse

---

(1) T. ix, p. 409.
(2) *Lettre synodale par eux adressée au clergé et aux fidèles, le* 27 octobre 1849.

à son perfectionnement. Mais, pas plus que l'homme, elle ne peut changer sa nature. Il y a des lois qui lui sont essentielles, il y a aussi des faits dont il faut tenir compte. Les utopies étaient autrefois des jeux d'esprit qu'on permettait aux philosophes. Ce sont aujourd'hui des rêves coupables, à l'aide desquels on trompe le peuple et l'on tourmente la société. En promettre la réalisation au nom de l'Évangile, c'est un crime et un danger de plus. Il n'est pas de doctrine plus pratique, plus sociale que la doctrine de Jésus-Christ; mais il faut la prendre tout entière, avec son mépris des choses périssables, avec ses destinées immortelles, avec ses éternelles compensations. Jésus-Christ, sans doute, est venu restaurer l'homme; mais l'homme, de son fonds, ne peut rien, il n'est que misère et néant. Ce n'est qu'en luttant, avec le secours de la grâce, contre lui-même, contre ses passions et ses vices, ce n'est qu'en luttant même contre le monde extérieur, qu'il se perfectionne et qu'il grandit. *Militia est vita hominis super terram.* (*Job.* VII, I.)

« Sont-ce là les idées que donnent de l'homme et de sa destinée tous les novateurs téméraires qui parlent de l'Évangile sans le connaître ? Ils se sont fait un évangile à eux, qui ne ressemble pas plus à celui de Jésus-Christ que les ténèbres ne ressemblent à la lumière.

« .... Les uns accusent l'Église de flatter le peuple, et les autres de flatter les grands. C'est ainsi que les partis voudraient lui prêter tour-à-tour leurs passions. Nous en serions peu émus pour elle, elle est accoutumée à être méconnue et calomniée ; mais quelques-uns des reproches qu'on lui adresse, de notre temps, sont tellement odieux, tellement de nature à lui aliéner le cœur des peuples, qu'il nous a paru indispensable de les relever et de les repousser dans le Concile.

« Oui, on calomnie l'Église, ses institutions et son histoire, on calomnie les sentiments les plus intimes de son cœur, quand on dit qu'elle est insensible aux souffrances des pauvres et des malheureux. Mère tendre, elle aime sans doute d'un égal amour tous ses enfants ; mais pour qui réserve-t-elle donc ses soins les plus empressés, ses plus affectueuses caresses, si ce n'est, à l'exemple de Jésus-Christ, pour les faibles et les petits, pour tous ceux qui souffrent, pour les ouvriers infortunés qui, trop souvent, manquent de travail et de pain? Mais qui donc inspire à des femmes héroïques, à de pieux jeunes hommes tant d'amour pour les malheureux, tant de dévouement? Qui fonde, qui soutient tant d'œuvres de bienfaisance? Qui a formé le patrimoine des pauvres dans les siècles écoulés? Qui leur a ouvert tant d'asiles, préparé tant de secours pour l'âme, pour l'intelligence, pour le corps? Enfin, qui a formé le cœur, qui a nourri et enflammé le zèle de tant de vierges chrétiennes qui, chaque jour, sous nos yeux, se consacrent aux pauvres et s'immolent pour eux? C'est l'Église. Elle a toujours mis sa gloire à être la mère des pauvres, de tous les orphelins que la nature a abandonnés; elle les réchauffe dans son sein, et, non contente de panser les plaies de leurs corps, elle verse dans leur âme, avec amour, des paroles de consolation et d'espérance.

« Oui, on calomnie l'Église quand on lui attribue, sur l'inégalité des conditions, ici-bas, des doctrines qui feraient des hommes deux classes, dont l'une serait, en quelque sorte, fatalement condamnée à un état misérable, et l'autre verrait s'ouvrir devant elle, par un inique privilége, la carrière de la fortune et des honneurs. Le paganisme pensait ainsi quand il formait et maintenait des castes vouées au mépris, quand il déclarait l'esclavage nécessaire, quand il attachait l'esclave à une misère sans espoir. Mais l'Église repousse ces inhumaines théories. Que fait-elle depuis dix-huit siècles, si ce n'est de travailler à procurer le bien-être aux hommes et à l'accroître de plus en plus? Ne leur dit-elle pas à tous qu'ils sont frères et égaux à ses yeux, comme aux yeux de Dieu, par leur nature et par leur destinée? A-t-elle posé des limites que les pauvres ne peuvent pas franchir? Ne les excite-t-elle pas tous, au contraire, à l'activité, au travail, à la prévoyance, à la sobriété, à l'économie, et à toutes les vertus domestiques qui seules peuvent sûrement améliorer et changer leurs conditions?

« L'Eglise sait, ainsi que le dit l'Evangile, qu'il y aura toujours des pauvres parmi nous. Elle sait que souvent la pauvreté est le résultat des vices et des passions de l'homme. Mais de même qu'en constatant les vices et les passions de la nature humaine, elle ne les aime pas pour cela, et qu'elle les poursuit bien plutôt de toutes ses forces et travaille à les diminuer; de même, en constatant la misère, elle n'entend pas en consacrer la nécessité, elle la combat, au contraire, dans ses causes et dans ses résultats; elle tend sans cesse la main à ceux qui sont devenus ses victimes, pour les arracher à tous les maux qu'elle traîne à sa suite.

« Sans doute aussi l'Eglise apprend à tous les malheureux à tirer le bien du mal même. Elle prêche l'amour des souffrances, et elle indique les trésors de vertu et de perfection cachés dans la pauvreté et la douleur. Mais cette sainte et sublime doctrine, qui a cicatrisé tant de plaies et enfanté tant de pauvres volontaires, est précisément ce qu'il y a de plus efficace contre les maux de la vie présente. La misère, à ses yeux, n'en est pas moins un mal, une des plus douloureuses suites du péché, et elle apprend à ses enfants à élever chaque jour la voix vers leur père qui est dans le ciel, pour lui demander de les en délivrer.

« Enfin, on calomnie l'Eglise quand on assure qu'elle est ou indifférente, ou hostile à tous les efforts que la science politique et sociale peut tenter pour l'amélioration des classes souffrantes. Elle applaudit, au contraire, à toutes les sages tentatives qui ont un si louable but. Elle ne demande qu'à y être associée et à y apporter l'esprit du christianisme, le seul qui soit à ses yeux le véritable esprit consolateur et réparateur.

« L'Eglise ne cache pas les épines de la vie sous des fleurs. Donnée à l'humanité pour être son ange conducteur, elle la mène par la main à travers les rudes sentiers de cette vallée de larmes; elle la soutient, elle la fortifie, elle verse sur ses blessures le baume de ses célestes consolations; puis, pour ranimer son cœur, elle lui montre le but du voyage, la céleste patrie où tous les maux seront finis.

« Voilà l'Eglise, la voilà dans ses rapports avec les misères de ce monde. Nous tenions à la montrer sous ses traits véritables et à déchirer ce tissu de calomnies dont ses ennemis voilent sa face pour la rendre odieuse au peuple. »

SECTION V.

De l'encyclique de N. S. P. le Pape Pie IX, adressée aux archevêques et évêques d'Italie sur la conjuration protestante et socialiste formée contre l'Église catholique.

Ecoutons maintenant la voix du pasteur des pasteurs, du saint pape Pie IX. Il s'adresse particulièrement à l'Italie, dans son encyclique du 8 décembre 1849 ; mais il est évident que ce langage paternel retentira par toute la terre, comme autrefois les paroles de son divin Maître firent écho de la Judée dans tout l'univers. Ces paroles sont la consécration de celles qui précèdent : elles dévoilent l'abîme de maux où la conjuration protestante et *socialiste* contre l'Eglise catholique précipiterait les peuples.

« Vénérables frères,
« Salut et bénédiction apostolique.

« Vous savez et vous voyez comme nous, vénérables frères, par quelle perversité ont prévalu en ces derniers temps certains hommes perdus, ennemis de toute vérité, de toute justice, de toute honnêteté, qui, soit par fraude et par des artifices de toute espèce, soit ouvertement et jetant comme une mer en furie son écume, la lie de leurs confusions, s'efforcent de répandre de toutes parts, parmi les peuples fidèles de l'Italie, la licence effrénée de la pensée, de la parole, de tout acte audacieux et impie, pour ruiner dans l'Italie même la religion catholique, et, si cela pouvait jamais être, pour la renverser jusque dans ses fondements. Tout le plan de leur dessein diabolique s'est révélé en divers lieux, mais surtout dans la ville bien aimée, siége de notre pontificat suprême, où, après nous avoir contraint de la quitter, ils ont pu se livrer plus librement pendant quelques mois à toutes leurs fureurs. Là, dans un affreux et sacrilége mélange des choses divines et des choses humaines, leur rage monta à ce point que, méprisant l'autorité de l'illustre clergé de Rome et des prélats qui, par notre ordre, demeuraient intrépides à sa tête, ils ne les laissèrent pas même continuer en paix l'œuvre sacrée du saint ministère, et que sans pitié pour de pauvres malades en proie aux angoisses de la mort, ils éloignaient d'eux tous les secours de la Religion et les contraignaient de rendre le dernier soupir entre les bras des prostituées.

« Bien que depuis lors la ville de Rome et les autres provinces du domaine pontifical aient été, grâce à la miséricorde de Dieu, rendues, par les armes des nations catholiques, à notre gouvernement temporel ; bien que les guerres et les désordres qui en sont la suite aient également cessé dans les autres contrées de l'Italie, ces ennemis infâmes de Dieu et des hommes n'ont pas cessé et ne cessent pas leur travail de destruction ; ils ne peuvent plus employer la force ouverte, mais ils ont recours à d'autres moyens, les uns cachés sous des apparences frauduleuses, les autres visibles à tous les yeux.

« . . . Entre les fraudes sans nombre que les susdits ennemis de l'Église ont coutume de mettre en œuvre pour rendre odieuse aux Italiens la foi catholique, l'une des plus perfides est cette opinion, qu'ils ne rougissent pas d'affirmer et de répandre partout à grand bruit, que la religion catholique est un obstacle à la gloire, à la grandeur, à la prospérité de la nation italienne, et que, par conséquent, pour rendre à l'Italie la splendeur des anciens temps, c'est-à-dire des temps païens, il faut mettre à la place de la religion catholique, insinuer, propager, constituer les enseignements des protestants et leurs conventicules. On ne sait ce qui, en de telles affirmations, est le plus détestable, la perfidie de l'impiété furieuse ou l'impudence du mensonge éhonté.

« Le bien spirituel par lequel, soustraits à la puissance des ténèbres, nous sommes transportés dans la lumière de Dieu, par lequel, la grâce nous justifiant, nous sommes faits les héritiers du Christ dans l'espérance de la vie éternelle, ce bien des âmes, émanant de la sainteté de la Religion catholique, est certes d'un tel prix, qu'auprès de ce bien toute gloire et tout bonheur de ce monde doivent être regardés comme un pur néant : *Quid enim prodest homini si mundum universum meretur, animæ vero suæ detrimentum patiatur ! aut quam dabit homo commutationem pro animâ suâ.* Mais bien loin que la profession de la vraie foi ait causé à la race italienne les dommages temporels dont on parle, c'est à la religion catholique qu'elle doit de n'être pas tombée, à la chute de l'empire romain, dans la

même ruine que les peuples de l'Assyrie, de la Chaldée, de la
Médie, de la Perse, de la Macédoine. Aucun homme instruit n'ignore en effet que non-seulement la très-sainte Religion du Christ
a arraché l'Italie des ténèbres de tant et de si grandes erreurs
qui la couvraient tout entière, mais encore qu'au milieu des
ruines de l'antique empire et des invasions des barbares ravageant toute l'Europe, elle l'a élevée dans la gloire et la grandeur
au-dessus de toutes les nations du monde, de sorte que par un
bienfait singulier de Dieu, possédant dans son sein la Chaire
sacrée de Pierre, l'Italie a eu par la Religion divine un empire
plus solide et plus étendu que son antique domination terrestre.

« Ce privilége singulier de posséder le Siége apostolique et de
voir par cela même la Religion catholique jeter dans les peuples
de l'Italie de plus fortes racines, a été pour elle la source d'autres bienfaits insignes et sans nombre ; car la très-sainte Religion du Christ, maîtresse de la véritable sagesse, protectrice
vengeresse de l'humanité, mère féconde de toutes les vertus, détourna l'âme des Italiens de cette soif funeste de gloire qui avait
entraîné leurs ancêtres à faire perpétuellement la guerre, à tenir
les peuples étrangers dans l'oppression, à réduire selon le droit
de la guerre alors en vigueur, une immense quantité d'hommes
à la plus dure servitude, et en même temps, illuminant les Italiens des clartés de la vérité catholique, elle les porta par une
impulsion puissante à la pratique de la justice, de la miséricorde,
aux œuvres les plus éclatantes de piété envers Dieu et de bienfaisance envers les hommes.

« . . . Vous n'ignorez pas, vénérables frères, que les principaux auteurs de cette détestable machination ont pour but de
pousser les peuples, agités par tout vent de perverses doctrines,
au bouleversement de tout ordre dans les choses humaines, et
de les livrer aux criminels systèmes du nouveau *socialisme* et
du *communisme*. Or, ces hommes savent et voient, par la longue expérience de beaucoup de siècles, qu'ils ne doivent espérer
aucun assentiment de l'Église catholique, qui dans la garde du
dépôt de la révélation divine, ne souffre jamais qu'il soit rien retranché aux vérités proposées de la foi, ni qu'il y soit rien ajouté.

« Aussi ont-ils formé le dessein d'attirer les peuples italiens aux opinions et aux conventicules des protestants, dans lesquels, répètent-ils sans cesse, afin de les séduire, on ne doit voir autre chose qu'une forme différente de la même vraie Religion chrétienne, où l'on peut plaire à Dieu aussi bien que dans l'Eglise catholique. En attendant, ils savent très-bien que rien ne peut être plus utile à leur cause impie que le premier principe des opinions protestantes, le principe de la libre interprétation des saintes Ecritures, par le jugement particulier de chacun. Ils ont la confiance qu'il leur deviendra plus facile, après avoir abusé d'abord de l'interprétation en mauvais sens des lettres sacrées pour répandre leurs erreurs comme au nom de Dieu, de pousser ensuite les hommes, enflés de l'orgueilleuse licence de juger des choses divines, à révoquer en doute même les principes communs du juste et de l'honnête.

« Puisse l'Italie, vénérables frères, puisse l'Italie, où les autres nations ont coutume de puiser les eaux pures de la saine doctrine, parce que le siége apostolique a été établi à Rome, ne pas devenir pour elles désormais une pierre d'achoppement et de scandale ! Puisse cette portion chérie de la vigne du Seigneur ne pas être livrée en proie aux bêtes ! puissent les peuples italiens, ayant bu la démence à la coupe empoisonnée de Babylone, ne jamais prendre des armes parricides contre l'Eglise-Mère ! Quant à nous et quant à vous, que Dieu, dans son jugement secret, a réservés pour ces temps de si grand danger, gardons-nous de craindre les ruses et les attaques de ces hommes qui conspirent contre la foi de l'Italie, comme si nous avions à les vaincre par nos propres forces, lorsque le Christ est notre conseil et notre force, le Christ, sans qui nous ne pouvons rien, mais par qui nous pouvons tout. Agissez donc, vénérables frères, veillez avec plus d'attention encore sur le troupeau qui vous est confié, et faites tous vos efforts pour le défendre des embûches et des attaques des loups ravisseurs.

« Communiquez-vous mutuellement vos desseins, continuez, comme vous avez déjà commencé, d'avoir des réunions entre vous, afin qu'après avoir découvert, par une commune investigation, l'origine de nos maux, et, selon la diversité des lieux, les sources principales des dangers, vous puissiez y trouver, sous l'autorité et la conduite du Saint-Siége, les remèdes les plus prompts, et qu'ainsi, d'un accord unanime avec nous, vous appliquiez, avec l'aide de Dieu et avec toute la vigueur du zèle pastoral, vos soins et vos travaux à rendre vains tous les efforts, tous les artifices, toutes les embûches et toutes les machinations des ennemis de l'Eglise.

« Pour y parvenir, il faut prendre une peine continuelle, de peur que le peuple, trop peu instruit de la doctrine chrétienne et de la loi du Seigneur, hébété par la longue licence des vices, ne distingue qu'à peine les embûches qu'on lui tend et la méchanceté des erreurs qu'on lui propose. Nous demandons avec instance de votre sollicitude pastorale, vénérables frères, de ne jamais cesser d'appliquer tous vos soins à ce que les fidèles qui vous sont confiés soient instruits, suivant l'intelligence de chacun, des très-saints dogmes et des préceptes de notre religion, et qu'ils soient en même temps avertis et excités par tous les moyens à y conformer leur vie et leurs mœurs. Enflammez pour cette fin le zèle des ecclésiastiques, surtout de ceux qui ont charge d'âmes, afin que, méditant profondément sur le ministère qu'ils ont reçu dans le Seigneur et ayant devant les yeux les prescriptions du Concile de Trente, ils se livrent avec la plus grande activité, selon que l'exige la nécessité des temps, à l'instruction du peuple, et s'appliquent à graver dans tous les cœurs les paroles sacrées, les avis de salut, leur faisant connaître, dans des discours brefs et simples, les vices qu'ils doivent fuir pour éviter la peine éternelle, les vertus qu'ils doivent rechercher pour obtenir la gloire céleste.

«... Du reste, en toutes ces choses, vos soins et ceux des prêtres vos coopérateurs tendront particulièrement à faire concevoir aux fidèles la plus grande horreur pour ces crimes qui se commettent au grand scandale du prochain. Car vous savez combien, en divers lieux, a grandi le nombre de ceux qui osent publiquement blasphémer les saints du ciel et même le très-saint nom de Dieu, ou qui y sont connus comme vivant dans le concubinage et y joignant parfois l'inceste, ou qui, les jours fériés, se livrent à des œuvres serviles leurs boutiques ouvertes, ou qui, en présence de plusieurs, méprisent les préceptes du jeûne et de l'abstinence, ou qui ne rougissent pas de commettre de la même manière d'autres crimes divers. Qu'à la voix de votre zèle le peuple fidèle se représente et considère sérieusement l'énorme gravité des péchés de cette espèce, et les peines très-sévères dont seront punis leurs auteurs, tant pour la criminalité propre de chaque faute que pour le danger spirituel qu'ils ont fait courir à leurs frères par la contagion de leur mauvais exemple. Car il est écrit : *Væ mundo à scandalis !.... Væ homini illi per quem scandalum venit !*

« Parmi les divers genres de piéges par lesquels les plus subtils ennemis de l'Église et de la société humaine s'efforcent de prendre les peuples, un des principaux est assurément celui qu'ils avaient préparé déjà depuis longtemps dans leurs criminels desseins, et qu'ils ont trouvé dans l'usage dépravé du nouvel art de la librairie. Ils s'y donnent tout entiers, de sorte qu'ils ne passent pas un jour sans multiplier, sans jeter dans les populations des libelles impies, des journaux, des feuilles détachées, pleins de mensonges, de calomnies, de séductions. Bien plus, usant du secours des Sociétés Bibliques, qui depuis longtemps déjà ont été condamnées par le Saint-Siége, ils ne rougissent pas de répandre de saintes Bibles, traduites, sans qu'on ait pris soin de se conformer aux règles de l'Église, en langue vulgaire, profondément altérées et rendues en un mauvais sens avec une audace inouïe, et, sous un faux prétexte de religion, d'en recommander la lecture au peuple fidèle.

« Vous comprenez parfaitement dans votre sagesse, vénérables frères, avec quelle vigilance et quelle sollicitude vous devez travailler pour que les fidèles fuient avec horreur cette lecture empoisonnée, et se souviennent, pour ce qui est nommément des divines Écritures, qu'aucun homme, appuyé sur sa propre prudence, ne peut s'arroger le droit et avoir la présomption de les interpréter autrement que ne les a interprétées et que ne les interprète la sainte Église notre mère, à qui seule Notre-Seigneur le Christ a confié le dépôt de la foi, le jugement sur le vrai sens et l'interprétation des livres divins.

« Il sera très-utile, vénérables frères, pour arrêter la contagion des mauvais livres, que des livres de même volume, écrits par des hommes de science distinguée et saine, et préalablement approuvés par vous, soient publiés pour l'édification de la foi et la salutaire éducation du peuple. Vous aurez soin que ces mêmes livres, et d'autres livres de doctrine également pure, composés par d'autres hommes, selon que le demanderont les lieux et les personnes, soient répandus parmi les fidèles.

« Tous ceux qui coopèrent avec vous dans la défense de la foi, auront spécialement en vue de faire pénétrer, d'affermir, de graver profondément dans l'esprit de vos fidèles la piété, la vénération et le respect envers ce siége suprême de Pierre, sentiments par lesquels vous vous distinguez éminemment, vénérables frères. Que les peuples fidèles se souviennent qu'ici vit et préside, en la personne de ses successeurs, Pierre, le prince des apôtres, dont la dignité n'est pas séparée de son héritier indigne. Qu'ils se souviennent que Jésus-Christ, Notre-Seigneur, a placé sur cette chaire de Pierre l'inébranlable fondement de son Eglise, et qu'à Pierre il a donné les clefs du royaume des cieux, et que pour cela il a prié, afin que la foi de Pierre ne faillît jamais, et ordonné à Pierre de confirmer ses frères dans cette foi ; de sorte que le successeur de Pierre, le Pontife romain tenant la primauté dans tout l'univers, est le vrai vicaire de Jésus-Christ, le chef de toute l'Eglise, le père et le docteur de tous les chrétiens.

« Quant à cette doctrine de dépravation et à ces systèmes, tout le monde sait déjà qu'ils ont pour but principal de répandre dans le peuple, en abusant des mots de liberté et d'égalité, les pernicieuses inventions du *communisme* et du *socialisme*. Il est constant que les chefs soit du *communisme*, soit du *socialisme*, bien qu'agissant par des méthodes et des moyens différents, ont pour but commun de tenir en agitation continuelle et d'habituer peu-à-peu à des actes plus criminels encore les ouvriers et les hommes de condition inférieure, trompés par leur langage artificieux et séduits par la promesse d'un état de vie plus heureux. Ils comptent se servir ensuite de leur secours pour attaquer le pouvoir de toute autorité supérieure, pour piller, dilapider, envahir les propriétés de l'Eglise d'abord, et ensuite celles de tous les autres particuliers, pour violer enfin tous les droits divins et humains, amener la destruction du culte de Dieu et le bouleversement de tout ordre dans les sociétés civiles. Dans un si grand danger pour l'Italie, il est de votre devoir, vénérables frères, de déployer toutes les forces du zèle pastoral pour faire comprendre au peuple fidèle que s'il se laisse entraîner à ces opinions et à ces systèmes pervers, ils le conduiront à son malheur temporel et à sa perte éternelle.

« Que les fidèles confiés à vos soins soient donc avertis qu'il est essentiel à la nature même de la société humaine que tous obéissent à l'autorité légitimement constituée dans cette société ; et que rien ne peut être changé dans les préceptes du Seigneur qui sont énoncés dans les Lettres sacrées sur ce sujet.

« . . . . Qu'ils sachent encore que, dans les conditions des choses humaines, il est naturel et invariable que, même entre ceux qui ne sont point dans une autorité plus élevée, les uns l'emportent sur les autres, soit par diverses qualités de l'esprit ou du corps, soit par les richesses ou d'autres biens extérieurs de cette sorte : et que jamais, sous aucun prétexte de liberté et d'égalité, il ne peut être licite d'envahir les biens ou les droits d'autrui, ou de les violer d'une façon quelconque. A ce sujet, les commandements divins, qui sont gravés çà et là dans les livres saints, sont fort clairs et nous défendent formellement non-seulement de nous emparer du bien d'autrui, mais même de le désirer.

« Que les pauvres, que les malheureux se rappellent surtout combien ils doivent à la Religion catholique, qui garde vivante et intacte et qui prêche hautement la doctrine de Jésus-Christ, lequel a déclaré qu'il regarderait comme fait à sa personne le bien fait aux pauvres et aux malheureux. Et il a annoncé d'avance à tous le compte particulier qu'il demandera, au jour du jugement, sur les œuvres de miséricorde, soit pour récompenser de la vie éternelle les fidèles qui auront accompli ces œuvres, soit pour punir de la peine du feu éternel ceux qui les auront négligées.

« De cet avertissement du Christ, Notre-Seigneur, et des avis très-sévères qu'il a donnés touchant l'usage des richesses et leurs dangers, avis conservés inviolablement dans l'Église catholique, il est résulté que la condition des pauvres et des malheureux est de beaucoup plus douce chez les nations catholiques que chez toutes les autres. Et les pauvres obtiendraient dans nos contrées des secours encore plus abondants si, au milieu des récentes commotions des affaires publiques, de nombreux établissements fondés par la piété de nos ancêtres pour les soulager n'avaient été détruits ou pillés. Du reste, que nos pauvres se souviennent, d'après l'enseignement de Jésus-Christ lui-même, qu'ils ne doivent point s'attrister de leur condition, puisque, en effet, dans la pauvreté le chemin du salut leur est préparé plus facile, pourvu toutefois qu'ils supportent patiemment leur indigence, et qu'ils soient pauvres non-seulement matériellement, mais encore en esprit. Car il est dit : *Beati pauperes spiritu, quoniam ipsorum est regnum cœlorum.*

« . . . . Enfin, que les fidèles confiés à nos soins et aux vôtres reconnaissent que la liberté et égalité vraies et parfaites des hommes ont été mises sous la garde de la loi chrétienne, puisque le Dieu tout-puissant qui a fait le *petit et le grand,* et qui *a un soin égal de tous*, ne soustraira au jugement la personne de qui que ce soit, et n'aura égard à aucune grandeur ; il a fixé le jour où il jugera l'univers dans sa justice en Jésus-Christ, son Fils unique, qui doit venir dans la gloire de son Père avec ses anges, et qui rendra alors à chacun selon ses œuvres.

« Si les fidèles, méprisant les avis paternels de leurs pasteurs et les préceptes de la loi chrétienne que nous venons de rappeler, se laissent tromper par les promoteurs des machinations du jour, s'ils consentent à conspirer avec eux dans les systèmes pervers du *socialisme* et du *communisme*, qu'ils sachent et qu'ils considèrent sérieusement qu'ils amassent pour eux-mêmes auprès du divin Juge des trésors de vengeance au jour de la colère, et qu'en attendant il ne sortira de cette conspiration aucun avantage temporel pour le peuple, mais bien plutôt un accroissement de misères et de calamités. Car il n'est pas donné aux hommes d'établir de nouvelles sociétés et des communautés opposées à la condition naturelle des choses humaines ; et c'est pourquoi le résultat de pareilles conspirations, si elles s'étendaient en Italie, serait celui-ci : l'état actuel des choses publiques serait ébranlé et renversé de fond en comble par les luttes de citoyens contre citoyens, par des usurpations, par des meurtres, puis quelques hommes enrichis des dépouilles du grand nombre saisiraient le souverain pouvoir au milieu de la ruine commune.

« . . . . L'Église de Dieu retire des monastères, lorsqu'ils sont bien conduits, une immense utilité et une grande gloire, et le clergé régulier vous porte à vous-mêmes, dans votre travail pour le salut des âmes, un secours précieux, c'est pourquoi nous vous demandons, vénérables frères, d'abord d'assurer, de notre part, aux familles religieuses de chacun de vos diocèses, qu'au milieu de tant de douleurs nous avons particulièrement ressenti les maux que plusieurs d'entre elles ont eus à souffrir dans ces derniers temps, et que la courageuse patience, la constance dans l'amour de la vertu et de leur religion dont un grand nombre de religieux ont donné l'exemple, a été pour nous une source de consolation d'autant plus vive qu'on en a vu d'autres, oubliant la sainteté de leur profession, au grand scandale des gens de bien, et remplissant d'amertume notre cœur et le cœur de leurs frères, prévariquer honteusement.

« . . . . Après vous avoir ainsi parlé du clergé régulier, nous tenons à recommander à votre fraternité l'instruction et l'éducation des clercs mineurs ; car l'Église ne peut guère espérer trouver de dignes ministres que parmi ceux qui, dès leur jeunesse et leur premier âge, ont été, suivant les règles prescrites, formés à ce ministère sacré. Continuez donc, vénérables frères, à user de toutes vos ressources, à faire tous vos efforts pour que les recrues de la milice sacrée soient autant que possible reçues dans les séminaires ecclésiastiques dès leurs plus jeunes ans, et pour que, rangées autour du tabernacle du Seigneur, elles grandissent et croissent comme une plantation nouvelle dans l'innocence de la vie, la religion, la modestie, l'esprit ecclésiastique, apprenant en même temps de maîtres choisis, dont la doctrine soit pleinement exempte de tout péril d'erreur, les lettres, les sciences élémentaires et les hautes sciences, mais surtout les lettres et les sciences sacrées.

« Mais comme vous ne pourrez que difficilement compléter l'instruction de tous les clercs mineurs dans les séminaires, *comme d'ailleurs les jeunes gens de l'ordre laïque doivent assuré-*

ment être aussi l'objet de votre sollicitude pastorale, veillez également, vénérables frères, *sur toutes les autres écoles publiques et privées*, et, autant qu'il est en vous, mettez vos soins, employez votre influence, faites vos efforts pour que dans ces écoles les études soient en tout conformes à la règle de la doctrine catholique, et pour que la jeunesse qui s'y trouve réunie, instruite dans les lettres, les arts et les sciences, n'ait que des maîtres irréprochables sous le rapport de la religion et des mœurs, qui, lui enseignant aussi la véritable vertu, la mettent en mesure de reconnaître les pièges tendus par les impies, d'éviter leurs funestes erreurs et de servir utilement et avec éclat la société chrétienne et la société civile.

« C'est pourquoi vous revendiquerez *la principale autorité, une autorité pleinement libre* sur les professeurs des disciplines sacrées et *sur toutes les choses qui sont de la Religion ou qui y touchent de près. Veillez à ce qu'en rien ni pour rien, mais surtout en ce qui touche les choses de la Religion, on n'emploie dans les écoles que des livres exempts de tout soupçon d'erreur.* Avertissez ceux qui ont charge d'âmes d'être vos coopérateurs vigilants en tout ce qui concerne les écoles des enfants et du premier âge. Que les écoles ne soient confiées qu'à des maîtres et à des maîtresses d'une honnêteté éprouvée, et que pour enseigner les éléments de la foi chrétienne aux petits garçons et aux petites filles, on ne se serve que des livres approuvés par le Saint-Siége. Sur ce point, nous ne pouvons douter que les curés ne soient les premiers à donner l'exemple, et que, pressés par vos incessantes exhortations, ils ne s'appliquent chaque jour davantage à instruire les enfants des éléments de la doctrine chrétienne, se souvenant que c'est là un des devoirs les plus graves de la charge qui leur est confiée. Vous devrez de même leur rappeler que dans leurs instructions, soit aux enfants, soit au peuple, ils ne doivent jamais perdre de vue le catéchisme romain publié, conformément au décret du Concile de Trente, par l'ordre de saint Pie V, notre prédécesseur d'immortelle mémoire, et recommandé à tous les pasteurs des âmes par d'autres souverains Pontifes, notamment par Clément XIII, comme *un secours on ne peut plus propre à repousser les fraudes des opinions per-*

versés, à propager et à établir d'une manière solide la véritable et saine doctrine.

« Vous ne vous étonnerez pas, vénérables frères, si nous vous parlons un peu longuement sur ce sujet. Votre prudence, assurément, a reconnu *qu'en ces temps périlleux, nous devons, vous et nous, faire les plus grands efforts, employer tous les moyens, lutter avec une constance inébranlable, déployer une vigilance continuelle pour tout ce qui touche aux écoles, à l'instruction et à l'éducation des enfants et des jeunes gens de l'un et de l'autre sexe.* Vous savez que, de nos jours, les ennemis de la Religion et de la société humaine, poussés par un esprit vraiment diabolique, s'attachent à pervertir par tous les moyens l'intelligence et le cœur des jeunes gens dès le premier âge. C'est pourquoi il n'y a pas de moyen qu'ils ne mettent en œuvre, *il n'y a pas d'entreprise audacieuse qu'ils ne tentent pour soustraire entièrement à l'autorité de l'Église et à la vigilance des sacrés pasteurs les écoles et tout établissement destiné à l'éducation de la jeunesse.*

« Nous avons donc la ferme espérance que nos très-chers fils en Jésus-Christ, tous les princes de l'Italie, aideront votre fraternité de leur puissant patronage, afin que vous puissiez remplir avec plus de fruit les devoirs de votre charge que nous venons de rappeler. Nous ne doutons pas non plus qu'ils n'aient la volonté de protéger l'Eglise et tous ses droits, soit spirituels, soit temporels. Rien n'est plus conforme à la Religion et à la piété qui est un héritage de leurs ancêtres et dont ils se montrent animés. *Il ne peut pas échapper à leur sagesse que la cause première de tous les maux dont nous sommes accablés n'est autre que le mal fait à la religion et à l'Eglise catholique dans les temps antérieurs, mais surtout à l'époque où parurent les protestants. Ils voient, par exemple, que le mépris croissant de l'autorité des sacrés pontifes, que les violations chaque jour plus multipliées et impunies des préceptes divins et ecclésiastiques, ont diminué dans une proportion analogue le respect du peuple pour la puissance civile, et ouvert aux ennemis actuels de la tranquillité publique une voie plus large aux révoltes et aux séditions.*

« Ils voient de même que le spectacle souvent renouvelé des biens temporels de l'Église envahis, partagés, vendus publiquement, *quoiqu'ils lui appartinssent en vertu d'un droit légitime de propriété*, et que l'affaiblissement, au sein des peuples, du sentiment de respect *pour les propriétés consacrées par une destination religieuse*, ont eu pour effet de rendre un grand nombre d'hommes plus accessibles aux assertions audacieuses du nouveau *socialisme* et du *communisme, enseignant que l'on peut de même s'emparer des autres propriétés et les partager ou les transformer de toute autre manière pour l'usage de tous*. Ils voient de plus retomber peu-à-peu sur la puissance civile toutes les entraves multipliées jadis avec tant de persévérance pour empêcher les pasteurs de l'Eglise d'user librement de leur autorité sacrée. *Ils voient enfin qu'au milieu des calamités qui nous pressent, il est impossible de trouver un remède d'un effet plus prompt et d'une plus grande efficacité que la Religion, et l'Eglise catholique refleurissant et reprenant sa splendeur dans toute l'Italie, l'Eglise catholique, qui possède, on n'en saurait douter, les moyens les plus propres à secourir les indigences diverses de l'homme dans toutes les conditions.*

« Et, en effet, pour employer ici les paroles de saint Augustin, « l'Eglise catholique embrasse non-seulement Dieu lui-même, mais encore l'amour et la charité pour le prochain, de telle sorte qu'elle a des remèdes pour toutes les maladies qu'éprouvent les âmes à cause de leurs péchés. Elle exerce et enseigne les enfants d'une manière appropriée à leur âge, les jeunes gens avec force, les vieillards avec tranquillité, chacun, en un mot, selon que l'exige l'âge, non pas seulement de son corps, mais encore de son âme. Elle soumet la femme à son mari par une chaste et fidèle obéissance, non pour assouvir le libertinage, mais pour propager la race humaine et conserver la société domestique. Elle met ainsi le mari au-dessus de la femme, non pour qu'il se joue de ce sexe plus faible, mais afin qu'ils obéissent tous deux aux lois d'un sincère amour. Elle assujettit les fils à leurs parents dans une sorte de servitude libre, et l'autorité qu'elle donne aux parents sur leurs enfants est une sorte de domination compatissante. Elle unit les frères aux frères par un lien de religion plus fort, plus étroit que le lien du sang, elle resserre tous les liens de parenté et d'alliance par une charité mutuelle qui respecte les nœuds de la nature et ceux qu'ont formés les volontés diverses. Elle apprend aux serviteurs à s'attacher à leurs maîtres, non pas tant à cause des nécessités de leur condition que par l'attrait du devoir ; elle rend les maîtres doux à leurs serviteurs par la pensée du maître commun, le Dieu suprême, et leur fait préférer les voies de la persuasion aux voies de la contrainte. Elle lie les citoyens aux citoyens, les nations aux nations, et tous les hommes entre eux, non-seulement par le lien social, mais encore par une sorte de fraternité, fruit du souvenir de nos premiers parents. Elle enseigne aux rois à avoir toujours en vue le bien de leurs peuples ; elle avertit les peuples de se soumettre aux rois. Elle apprend à tous, avec une sollicitude que rien ne lasse, à qui est dû l'honneur, à qui l'affection, à qui le respect, à qui la crainte, à qui la consolation, à qui l'avertissement, à qui l'exhortation, à qui la discipline, à qui la réprimande, à qui le supplice, montrant comment toutes choses ne sont pas dues à tous, mais qu'à tous est due la charité et à personne l'injustice. . . . . »

PIUS PP. IX.

CHAPITRE CINQUIÈME.

Preuve rationnelle et philosophique de la connaissance nécessaire de Dieu parmi les hommes, et de la nécessité du médiateur ou de l'Homme-Dieu comme source et sanction de toutes les lois générales et particulières indispensables à la formation et à la conservation des sociétés humaines.

Passons à la preuve rationnelle et philosophique de la révélation ou du médiateur : jointe à la preuve historique et traditionnelle que nous venons d'exposer, elle protégera l'homme contre les erreurs d'une fausse philosophie, en les repoussant par des vérités générales invincibles, comme la preuve historique le met à l'abri des assertions mensongères des sophistes qui ont travesti les faits particuliers.

La vraie philosophie est inséparable de la religion révélée. C'est l'aiguille aimantée qui se dirige sans cesse vers le pôle de toute vérité, vers l'axe de l'éternité de *Dieu seul*. C'est en ce sens que sont vraies ces belles paroles qu'a prononcées M. Thiers dans la discussion de la loi d'enseignement, à la tribune de l'Assemblée législative : « La philosophie et la Religion sont deux sœurs immortelles, qui sont nées le même jour, qui sont sorties toutes deux de la main de Dieu quand il a créé l'âme humaine : il a placé la Religion dans le cœur de l'homme, la philosophie dans son esprit. Au moment du danger, les deux sœurs combattent ensemble. »

SECTION I.
De la création de l'univers.

Dieu, souverainement libre et indépendant, a créé de rien l'univers et tout ce qu'il contient. Il n'y a été contraint ni par une matière soi-disant éternellement existante, ni par *cette force adéquate à sa substance, par cette force divine toujours en acte*, qui fait qu'*essentiellement actif et créateur*, on ne peut, *à moins de la dépouiller de sa nature et de ses perfections essentielles, admettre que cette puissance, essentiellement créatrice, n'a pas pu ne pas créer* (1). Cette prétendue nécessité, tirée de sa nature, n'est qu'un sophisme ou le panthéisme déguisé, elle n'est point l'un des attributs de Dieu. Sa toute-puissance, sa liberté, sa justice, sa sagesse, sont au-dessus de la création. « Le récit de la création, tel qu'il est fait par Moïse, dit Bossuet (2), nous découvre ce grand secret de la véritable philosophie, qu'en Dieu seul réside la fécondité et la puissance absolue. Heureux, sage, tout-puissant, *seul suffisant à lui-même*, il agit *sans nécessité*, comme il agit *sans besoin ;* ja-

---

(1) *Fragments philosophiques* de M. Cousin.
(2) *Histoire universelle.*

mais contraint ni embarrassé par sa matière, dont il fait ce qu'il veut, PARCE QU'IL LUI A DONNÉ PAR SA SEULE VOLONTÉ LE FOND DE SON ÊTRE. Par ce droit souverain, il la tourne, il la façonne, il la meut sans peine. Tout dépend immédiatement de lui ; et, si selon l'ordre établi dans la nature, une chose dépend immédiatement de l'autre ; par exemple, la naissance et l'accroissement des plantes de la chaleur du soleil, c'est à cause que ce même Dieu, qui a fait toutes les parties de l'univers, a *voulu* les lier les unes aux autres, et faire éclater sa sagesse par ce merveilleux enchaînement.....

« Le Dieu de nos pères, le Dieu d'Abraham, le Dieu dont Moïse nous a décrit les merveilles, n'a pas seulement arrangé le monde, il l'a fait tout entier dans sa matière et dans sa forme. AVANT QU'IL EUT DONNÉ L'ÊTRE, RIEN NE L'AVAIT QUE LUI SEUL. Il nous est représenté comme celui qui fait tout, et qui fait tout par sa parole, tant à cause qu'il fait tout par raison, qu'à cause qu'il fait tout sans peine ; et que pour faire de si grands ouvrages, il ne lui en coûte qu'un seul mot, c'est-à-dire QU'IL NE LUI EN COUTE QUE DE LE VOULOIR..... Moïse nous a enseigné que ce puissant architecte, *à qui les choses coûtent si peu,* a voulu les faire à plusieurs reprises, et créer l'univers en six jours, *pour* MONTRER QU'IL N'AGIT PAS AVEC NÉCESSITÉ, ou par une impétuosité aveugle, comme se le sont imaginé quelques philosophes. Le soleil jette d'un seul coup, sans se retenir, tout ce qu'il a de rayons ; mais Dieu, qui agit par intelligence et AVEC UNE SOUVERAINE LIBERTÉ, applique sa vertu où il lui plaît, et *autant qu'il lui plaît ;* et comme en faisant le monde par sa parole, il montre que rien ne le peine ; en le faisant à plusieurs reprises, il fait voir qu'il est le maître de sa matière, de *son action,* de *toute son entreprise,* et qu'il n'a, en agissant, d'autre règle que sa volonté toujours droite par elle-même. »

SECTION II.

De la création de l'homme.

« Mais tout ce que nous enseigne l'Ecriture sainte sur la création de l'univers, continue Bossuet, n'est rien en comparaison de ce qu'elle dit de la création de l'homme. — Jusqu'ici, Dieu avait tout fait en commandant..., mais quand il s'agit de produire l'homme, Moïse lui fait tenir un nouveau langage: *Faisons l'homme*, dit-il, *à notre image et ressemblance*.... Dieu tient conseil en lui-même, comme pour nous faire voir que l'ouvrage qu'il va entreprendre surpasse tous les ouvrages qu'il avait faits jusqu'alors. *Faisons l'homme*. Dieu parle en lui-même, il parle à quelqu'un qui fait comme lui, à quelqu'un dont l'homme est la créature et l'image, il parle *à un autre lui-même,* il parle à celui par qui toutes choses ont été faites, à celui qui dit dans son évangile : *tout ce que le père fait, le fils le fait semblablement*. En parlant à son fils ou avec son fils, il parle en même temps avec l'Esprit tout-puissant, égal et coéternel à l'un et à l'autre.... Ainsi l'homme est produit d'une façon toute nouvelle. La trinité commence à se déclarer en faisant la créature raisonnable, dont les opérations intellectuelles sont une image imparfaite de ces éternelles opérations par lesquelles Dieu est fécond en lui-même.

.... « Mais la manière dont il produit l'âme est beaucoup plus merveilleuse ; il ne la tire point de la matière, il l'inspire d'en haut ; c'est un souffle de vie qui vient de lui-même.... Le souffle que Dieu inspire, et qui porte en lui-même l'image de Dieu, n'est ni air, ni vapeur. Ne croyons pas que notre âme soit une portion de la nature divine, comme l'ont rêvé quelques philosophes. Dieu n'est pas un tout qui se partage.... Quand Dieu aurait des parties, elles ne seraient pas faites, car le créateur, l'être incréé ne serait pas composé de créatures. L'âme est faite, et tellement faite qu'elle n'est rien de la nature divine, mais seulement une chose faite à l'image et ressemblance de la nature divine ; une chose qui doit toujours demeurer unie à celui qui l'a formée.... Voilà donc l'homme formé. Dieu forme encore de lui la compagne qu'il veut lui donner. Tous les hommes naissent d'un seul maître, afin d'être à jamais, quelque disposés et multipliés qu'ils soient, UNE SEULE ET MÊME FAMILLE. »

Ce sublime récit de la création de l'homme établit le fondement de l'égalité des hommes devant Dieu, sans distinction de race et de condition, et démontre que l'esclavage ne fut qu'une malédiction jetée sur le péché, et non la conséquence de la différence de l'homme et de la femme, ou des hommes entre eux, ainsi que le prétendit la misérable philosophie de Platon et d'Aristote, ou le préjugé généralement accrédité parmi les païens. Le Christianisme rappela la créature humaine à la dignité de son origine en infirmant ce faux principe, en dégageant l'âme du chrétien et son droit à l'égalité devant Dieu, des chaînes de l'esclavage, qui pesaient encore, comme une suite de cette malédiction, sur l'espèce humaine. L'Eglise s'appliqua d'abord à alléger ces chaînes et à favoriser, par tous les moyens possibles, les affranchissements, et elle parvint ainsi, insensiblement et par les voies de la douceur et de la régénération morale des hommes, à guérir cette lèpre de l'humanité. Elle approuvait si peu l'esclavage comme un droit, dérivant de la différence des natures ou des races, que saint Augustin (*De civit. Dei*, l. XIX, ch. 14, 15, 16), après avoir parlé de l'obligation imposée à tout homme qui commande, père, mari ou maître, de veiller au bien de celui à qui il commande, et posé comme un des fondements de l'obéissance l'utilité même de celui qui obéit, s'écrie : « Ainsi le veut l'ordre de la nature, ainsi l'homme a été créé de Dieu ; Dieu a dit à l'homme de dominer sur les poissons de la mer, sur les oiseaux du ciel et les reptiles qui rampent sur la terre ; *il a voulu que la créature raisonnable, faite à sa ressemblance, ne dominât que sur la créature privée de raison; il n'a point établi la domination de l'homme sur l'homme, mais celle de l'homme sur la brute.* » .... « Les premiers justes, ajoute saint Augustin, furent plutôt établis pasteurs des troupeaux que rois des autres hommes ; par quoi Dieu nous donne à entendre ce que demandait l'ordre des créatures et ce qu'a exigé la peine du péché : car la condition de l'esclavage a été, avec raison, imposée au pécheur. Aussi, ne trouvons-nous pas dans les Ecritures le mot *esclave* avant ce jour où le juste Noë le jeta comme un châtiment sur son fils coupable : *d'où il suit que ce mot est venu de la faute, non de la nature.* » — Aussi l'apôtre des nations répète-t-il sans cesse aux fidèles qu'il n'y a point de différence entre l'esclave et l'homme libre : « Nous avons tous été baptisés dans le même esprit pour n'être tous ensemble qu'un même corps, soit juifs, soit gentils, soit esclaves ou hommes libres. » (1re *aux*

Corinth. Ch. 12, v. 13.) « Vous êtes tous enfants de Dieu par la foi qui est en Jésus-Christ. Car vous tous qui avez été baptisés en Jésus-Christ, vous avez été revêtus de Jésus-Christ : il n'y a plus de juifs ni de grecs, *il n'y a plus d'esclave ni de libre,* il n'y a plus d'homme ni de femme, mais vous n'êtes tous qu'un en Jésus-Christ. » (*Aux Galat.* ch. III, v. 26, 27, 28.)

Cette doctrine régénératrice donna le signal, non de la suppression violente de l'esclavage, mais de l'action continue de l'Eglise pour l'adoucir, comme elle fait des chaînes expiatoires que la société inflige aux condamnés. Il n'est pas un docteur, pas un pape, pas un concile qui n'ait fait respecter la liberté chrétienne de l'homme dans l'esclavage, et qui n'ait favorisé son émancipation physique. Grégoire-le-Grand imprima surtout ce mouvement, et tous s'appliquèrent à mettre l'appareil sur ce que saint Thomas-d'Aquin appelait, non point une différence de race, une infériorité imaginaire ou un moyen de gouvernement, mais *une plaie apportée à l'humanité par le péché du premier homme.*

Ainsi en est-il de la pauvreté, de la misère, de ces grandes plaies qui, depuis l'abolition de l'esclavage par l'action de l'Eglise, continuent encore d'affliger l'humanité. La violence ne les guérirait point, elle ne ferait que les aigrir. A l'action seule de la charité chrétienne et des institutions de l'Eglise il appartient de les soulager, sinon de les détruire ; et la guérison, ou plutôt l'atténuation de ces maux sera l'effet progressif de la régénération des peuples par la Religion catholique.

SECTION III.

Comment la connaissance de Dieu s'est répandue parmi les hommes.

La connaissance de Dieu, sans être également parfaite chez tous, s'est perpétuée parmi les hommes par le seul fait qu'ils ont trouvé en naissant, chez toutes les nations, le nom articulé et l'idée d'un être supérieur, venue primitivement par la parole de Dieu même à l'homme, et transmise par l'homme à ses descendants par la parole et avec la parole (1), et qu'il a conçu dès-lors,

---

(1) M. de Bonald, *Législation primitive.*

avec facilité, la pensée d'une volonté qui a produit la généralité des êtres et du pouvoir qui les conserve, comme il concevait en lui-même la pensée de sa propre volonté qui reproduit les êtres particuliers, et de son pouvoir particulier sur les êtres subordonnés (1).

Les vérités, même les plus intellectuelles, en effet, ont besoin d'expression pour devenir l'objet de notre croyance, *Fides ex auditu*, dit saint Paul : « La foi vient de l'ouïe, et comment entendraient-ils si on ne leur parle ? »

« Les hommes, dit M. de Bonald, ont naturellement l'idée de l'être, cause universelle, créatrice et conservatrice, non que cette idée soit *innée* dans l'homme moral, de la même manière que le besoin de boire ou de manger est *inné ou natif* dans l'homme physique, *mais parce qu'elle est naturelle à notre esprit*, je veux dire qu'elle entre *naturellement* dans notre entendement, dès que l'expression qui lui est propre, transmise par les sens, vient la *représenter* ou la *rendre présente*, et qu'une fois reçue elle se coordonne naturellement aux perceptions les plus élevées de notre raison, et dirige nos actions vers le but le plus utile, en sorte que de toutes les vérités, *la plus naturelle* est la *nécessité* d'une cause qui fait et qui conserve : idée aussi nécessaire à la perfection de l'homme social que les aliments sont nécessaires au soutien de l'homme physique ; idée, enfin, qu'on ne retrouverait pas chez tous les peuples si elle n'était pas naturelle à tous les hommes.

.... « Il est donc physiquement et métaphysiquement impossible que les hommes aient inventé l'idée de la divinité ou de la cause générale de tout ce qui est : car, ou l'inventeur ne se serait jamais entendu lui-même s'il avait inventé le mot avant d'avoir l'idée, ou il n'aurait jamais été entendu des autres s'il leur avait adressé des mots auxquels ils n'eussent pu attacher aucune idée (2). »

Descartes a prouvé d'un seul mot la nécessité de l'existence de Dieu : « Dieu est possible, dit-il, donc il est. » Car Dieu étant

---

(1) M. de Bonald, *Législation primitive*.
(2) T. III, *Législ. prim.*

éternel comme cause première, s'il n'était pas et s'il n'existait pas de toute éternité, il serait impossible qu'il fût jamais.

Un autre argument non moins péremptoire est développé par M. de Bonald, en ces termes (1) : « Dieu est nommé, donc il est connu, car l'*inconnu* ne peut être nommé. — Dieu est connu, donc il existe ; car ce qui n'existe pas *ne peut être connu*.... L'homme, avons-nous dit, considéré comme être pensant, est tout à la fois, et inséparablement, entendement, imagination, sensibilité ; car c'est l'âme, quel que soit en nous ce principe de nos déterminations, et l'âme toute seule qui connaît, qui imagine, qui sent. L'homme ne peut donc connaître que par ses idées, ses images, ses sentiments, et il ne peut manifester ses connaissances que par le discours, qui est l'expression nécessaire des idées, par des figures qui sont l'expression propre des images, par des actions qui sont l'expression infaillible de ses sentiments. Or, les hommes ont-ils parlé de la divinité ? Les hommes se sont-ils fait des images ou des figures de la divinité ? Les hommes ont-ils fait des actions qui émanent nécessairement d'un sentiment de la divinité ? Il faut nier ces trois faits ou convenir que les hommes ont eu la connaissance de la divinité, puisqu'ils ont manifesté cette connaissance par tous les moyens qui ont été donnés à la nature humaine pour exprimer sa faculté de connaître, et même par les seuls moyens qui lui aient été donnés, et que par conséquent la cause première de l'univers *n'a pas été pour toujours dérobée à leur investigation* (2). »

.... « Et combien cette connaissance universelle de la divinité, rendue publique et extérieure dans toutes les nations par ces expressions générales de leurs idées, de leurs images, de leurs sentiments, ne l'emporte-t-elle pas en autorité sur l'opinion contraire de quelques individus ? Qu'on y prenne garde, les idées, les images, les sentiments d'un homme ne passent pour vrais, et ne sont approuvés des autres hommes, qu'autant qu'ils sont conformes aux idées, aux images, aux sentiments de tous ou du plus grand nombre. Un homme qui a des idées et des senti-

---

(1) *De la cause première.*
(2) Prétention de l'auteur des *Rapports du physique et du moral.*

ments différents de ceux du reste des hommes, ou qui se fait des images des objets autres que celles qu'ils ont, passe, avec raison, pour avoir un esprit bizarre, un caractère insociable, une imagination déréglée, souvent même pour un maniaque et un fou. *Le génie lui-même n'a point de pensées différentes de celles du commun des esprits.* Il n'a fait que leur révéler leurs propres pensées... Aussi le plus bel éloge qu'on puisse faire et qu'on fasse communément d'une pensée juste et profonde, rendue dans le style qui convient, est de dire : « Cela est vrai, et il me sem-« ble que j'ai toujours eu la même idée, et que je ne l'aurais pas « exprimée autrement. » — Aussi lorsqu'il se trouve des écrivains qui nient Dieu, l'âme, la religion, la distinction du juste et de l'injuste, c'est-à-dire tout ce que les hommes considérés dans leur généralité la plus absolue ont cru et croient encore, on est en droit de les regarder comme des esprits fous, c'est-à-dire des cerveaux faibles, quels que soient d'ailleurs leurs talents pour d'autres objets, leurs connaissances en toute autre matière, leurs succès en d'autres genres.... Je vais plus loin, et je ne crains pas de dire qu'il n'y a pas en morale de connaissances plus certaines que les connaissances générales... Parce que le genre humain tout entier, ou le plus grand nombre des hommes, ne peuvent être taxés de faiblesse d'esprit, d'égarement de cœur, de déréglement d'imagination sur les mêmes points, moins encore sur les points qui tiennent de si près à la conservation et à la stabilité des sociétés. *Omni in re,* dit Cicéron sur cette matière, *consentio omnium gentium lex naturæ putanda est....*

.... « C'est le fonds commun d'idées et de sentiments uniformes sur quelques vérités générales qui est proprement le *bon sens,* et si *l'opinion est l'âme du monde,* le bon sens est roi de la société, et comme dit Bossuet, le *maître des affaires;* et malheur aux peuples qui détrônent le bon sens, pour faire régner à sa place le bel esprit!... On doit même remarquer que c'est précisément sur cette opinion générale de la rectitude d'esprit et de cœur du plus grand nombre des hommes, que sont fondés les actes les plus importants de la société, la fonction de faire des lois et de les appliquer.... Ce n'est que dans les choses tout au plus utiles à la société et jamais nécessaires, les arts et les sciences physiques, que les connaissances les plus étendues se trouvent dans le plus petit nombre, ou du moins sont présumées s'y trouver; et il est assurément extraordinaire que les mêmes philosophes qui attribuent à chaque peuple la souveraineté, et placent la suprême raison politique dans ses volontés, traitent en morale le genre humain tout entier comme un enfant, et taxent de préjugés ses croyances les plus générales. »

SECTION IV.

Réfutation de l'éclectisme moderne, touchant la raison individuelle et la tradition universelle du genre humain.

C'est ici le lieu de réfuter une erreur de la philosophie éclectique moderne (1) qui repousse la croyance universelle comme preuve des vérités générales, pour en établir le principe dans la raison individuelle, ou qui place la raison universelle dans la raison de chacun. C'est priver la vérité divine de la force irrésistible qu'elle a acquise comme vérité générale établie chez tous les peuples et dans tous les temps. C'est dépouiller la vérité de la puissance de son règne successif et universel sur les générations, et de son caractère de légitimité, de nécessité, par la possession qu'elle a toujours eue de son autorité. Le consentement universel des peuples aux vérités fondamentales de la morale est la preuve la plus sensible et la plus décisive de ces mêmes vérités. Sans doute la raison, même individuelle, doit adopter ces vérités nécessaires, mais ce n'est pas assez pour l'universalité, la catholicité de la vérité. Si la vérité générale ne prenait naissance pour chacun que de ses propres expériences, on verrait recommencer chaque jour de nouveaux systèmes philosophiques; ce seraient des terres qui, comme dit Bossuet, sans cesse remuées et devenues sans consistance, s'ouvriraient pour ne laisser apercevoir que des précipices et des abîmes. Il faut dire, au contraire, que la raison de l'homme reçoit, avec la parole, les lumières morales existantes dans la société humaine; qu'elle y adhère comme à des idées générales et primitives, comme à une nécessité

---

(1) *Fragments philosophiques* de M. Cousin.

sans laquelle la société n'aurait jamais pu marcher ni subsister. Car la croyance en la divinité et le culte qui en est la suite, sont rigoureusement nécessaires à la société. Si jamais la société n'a pu marcher ni subsister qu'avec la croyance de la divinité, et si jamais État, dit J.-J. Rousseau, ne fut fondé, que la religion ne lui servît de base ; on peut ajouter comme conséquence nécessaire qu'un État dont la religion n'est plus la base ne saurait subsister.

« Non, dit fort bien M. de Bonald (1), sans l'idée générale et primitive du pouvoir de l'Être suprême sur tous les hommes, sans les sentiments de dépendance que cette idée a inspirés à tous, jamais la pensée incompréhensible du pouvoir humain, le sentiment plus incompréhensible encore de l'obéissance, ces deux choses qui s'accordent si bien dans la société, et si peu dans le cœur de l'homme, n'auraient pu venir à l'esprit de ces hommes pour leur faire supporter la société.... Aujourd'hui que la société est si loin de son origine, si une nation depuis longtemps façonnée au joug de la religion et des lois, et vieillie dans l'habitude de l'ordre, venait tout à coup à oublier tout ce qu'il avait fallu d'enseignements et d'exemples pour la ployer à une règle sévère, et ce qu'elle devait à son institution religieuse de pureté morale, de perfection littéraire, de dignité même politique, comme sa discipline était admirable, le désordre serait prodigieux ; *plus elle aurait rompu de freins et repoussé de lumières, plus elle déchaînerait de passions, et accumulerait d'erreurs et d'ignorance ; et il faudrait des miracles pour lui rendre la raison dont elle aurait si indignement abusé et le bonheur qu'elle aurait si follement compromis.* » Paroles remarquables que l'état actuel des sociétés humaines, et particulièrement la situation de la France, rendent prophétiques.

Ainsi tous les peuples ont eu l'idée, la connaissance, le sentiment de la divinité. Il est vrai qu'ils n'en ont pas eu tous des notions également parfaites. « Le Christianisme seul donne de la divinité et de ses attributs l'idée la plus complète que les hom-

---

(1) *De la cause première.*

mes puissent recevoir, et inspire tous les sentiments dont elle doit être l'objet ; seule religion au monde qui n'ait pas séparé les attributs inséparables de la justice et de la bonté, et qui enseigne à aimer Dieu sans cesser de le craindre, et à le craindre sans cesser de l'aimer (1). »

Mais, dit l'auteur des rapports du physique et du moral, la cause première ne peut être connue, et les faits généraux ne peuvent être expliqués. — Mais les causes secondaires et les propriétés du feu, de l'air, de la lumière, le sont-elles suffisamment? A-t-on expliqué sûrement les causes particulières des faits particuliers, et les systèmes n'ont-ils pas succédé aux systèmes?

« Personne sans doute, dit M. de Bonald (2), ne peut connaître d'une connaissance d'imagination, et par les sens, la cause première qui se dérobe à tous les sens, car si elle était *sensible* comme cause première, elle serait finie, bornée, susceptible d'augmentation ou de diminution, et ne pourrait donc être cause première. Mais tous les hommes la connaissent autant qu'elle peut être connue, d'une connaissance d'entendement. L'auteur des *rapports* la connaît puisqu'il la *nomme,* et que le mot qui l'exprime, entendu par lui, est également entendu des autres. Il connaît *cause,* comme il connaît *ordre, puissance, volonté, liberté,* et généralement toutes les choses morales qui sont connues par des expressions et non par des impressions. Ainsi l'on peut bien dire : *La cause première est parce qu'elle est cause;* car si elle n'était pas cause première, elle serait effet ou cause seconde, et il faudrait chercher plus haut la cause première. Mais par cela seul qu'elle est cause, et cause première, il n'est pas possible à l'esprit de rien concevoir au-delà, ni au langage de le nommer. Aussi lorsque la cause première veut se faire connaître aux hommes, elle se nomme elle-même : *Je suis celui qui suis;* dans cette locution si extraordinaire, et hors des expressions humaines, elle s'élève elle-même, par cette multiplication de son être, *à la plus haute puissance* d'être. »

---

(1) *De la cause première.*
(2) *Ibid.*

SECTION V.

Distinction à établir entre les vérités générales qui constituent le monde moral, et les faits généraux et particuliers qui constituent le monde physique.

Les faits généraux ou particuliers constituent le monde physique ; la métaphysique est la région des vérités : deux ordres de choses diverses, distinctes, et que l'on ne peut confondre sans substituer les faits aux vérités générales, sans tarir et détruire d'un seul coup l'entendement humain, sans brouiller toutes les idées et ôter à la raison sa puissance ; car c'est dans la connaissance du premier principe de toutes choses que consiste la perfection de nos esprits ; la perfection d'un esprit fini consiste à assigner le fait général de la création et de la conservation de l'univers à une cause générale ou universelle, et à connaître ainsi le dernier terme de ses pensées sur un objet et celui où la raison s'arrête avec le raisonnement (1).

Ici se dévoile le faux du système philosophique de Schelling, de Hegel et de leur approbateur, M. Cousin, qui confondent deux choses absolument différentes, le monde physique et le monde moral, les faits généraux ou particuliers avec les vérités nécessaires ; les causes secondes avec les causes premières, prétendant que *la nature a en elle-même autant de valeur que l'homme, qu'elle a sa vérité au même titre que lui puisqu'elle existe au même titre, et qu'elle lui doit ressembler puisqu'elle dérive du même principe ; que l'esprit de l'homme doit avoir des lois aussi nécessaires que celles de la nature, et que le monde de l'humanité est aussi régulièrement fait que le monde extérieur ;* d'où il suit que l'humanité se manifestant dans l'histoire *doit, dans ses diverses époques et dans ses aberrations apparentes, former un système harmonique comme le monde extérieur ; comme le monde extérieur est un dans la diversité de ses phénomènes....* De là, pour la première fois, l'idéalisme introduit dans les sciences phy-

---

(1) *De la cause première.*

siques et le réalisme dans l'histoire; les deux sphères de la philosophie les plus ennemies, enfin réconciliées....

Je le demande à tout homme de bonne foi, l'humanité jetée dans le même moule que le monde matériel, les vérités générales du monde moral assimilées aux causes secondes du monde physique, et les hommes *fatalement* enchaînés aux mêmes faits comme les astres qui décrivent leur orbite; qu'est-ce autre chose que la négation de la cause première souverainement libre et de la liberté de l'homme fait à son image et ressemblance? « Sans doute l'existence de l'univers est aussi certaine que l'existence de Dieu est nécessaire, puisque effet universel et cause universelle sont corrélatifs, et que la cause supposée l'effet existe, et réciproquement; mais l'existence de tel ou tel fait particulier et local n'a pas la même certitude puisque non-seulement Dieu, mais l'univers lui-même, peut exister sans tel ou tel corps qui n'a pas toujours existé dans l'univers, qui n'y existera pas toujours et qui même aurait pu ne pas du tout y exister.....

. . . . « Il ne faut pas chercher ailleurs qu'en nous-mêmes la raison de l'inconséquence de nos jugements. Nous jugeons de la physique avec notre raison et de la morale avec nos passions. Nous admettons sans peine des opinions qui ne demandent d'effort que de la faculté de penser : les tourbillons de Descartes comme l'attraction de son rival; le système de Ptolémée comme celui de Copernic. Nous repoussons avec obstination des croyances qui exigent quelques sacrifices de la faculté de jouir, prêts à combattre les vérités physiques les mieux constatées si elles contrariaient nos penchants, ou à accueillir les opinions de morale les plus suspectes si elles ne répugnaient qu'à notre raison (1). »

Et voilà le danger du système philosophique que nous combattons : il anéantit les croyances, il donne à la conscience une fausse sécurité et met le destin à la place du gouvernement de la providence. Or il n'y a dans l'univers ni *hasard* ni *destin;* le hasard, dit Leibnitz, est l'ignorance des causes physiques; et le destin, dit M. de Bonald, n'est que l'ignorance des causes morales.

---

(1) *De la cause première.*

« Heureusement c'est dans un autre esprit (1) et avec d'autres connaissances que les vrais amants de la nature et les maîtres de la science, les Neuwton, les Leibnitz, les Haller, les Stahl, les Ch. Bonnet, ont étudié ses lois et observé les faits qu'elle nous présente. *Parvenus aux bornes qui séparent le monde physique du monde rationnel,* ils portaient un regard également assuré sur l'un et sur l'autre ; si par la force de leur intelligence ils découvraient les lois générales de la nature, ils croyaient, par la lumière de leur raison, au Législateur suprême, auteur et conservateur de la nature, comme *à une loi plus générale encore de l'ordre universel :* ces axiômes d'éternelle vérité : *Il n'y a pas d'effet sans cause ni de cause sans intelligence, nul corps ne peut se mouvoir lui-même,* étaient à leurs yeux plus certains que les lois mêmes du mouvement, les calculs de la géométrie ou les faits de la physiologie, et jamais ils ne pensèrent que pour établir un système de physique, il fût nécessaire de saper les fondements de la morale, et que pour expliquer l'homme il fallût renverser la société. »

Il faut donc se garder de confondre la cause première avec l'univers physique, et la vérité de l'Être créateur ou incréé avec les effets de la création. L'une ne parle qu'à l'entendement, les autres à l'imagination ; et si l'imagination ne peut se former aucune représentation, aucune figure de la création, l'entendement conçoit, et même avec clarté, que ce qui n'a pas d'existence par lui-même a dû nécessairement la recevoir, et n'a pu la recevoir que *d'une cause existante par elle-même ;* et c'est là que se montre la simplicité sublime du récit de Moïse qui jusque-là avait décrit avec de vives et pittoresques images les effets de la création ; lorsqu'il s'agit de l'acte de la création même, il se borne à dire : *Au commencement Dieu créa le ciel et la terre ; Dieu dit que la lumière soit, et la lumière fut.*

Il faut se garder de dire que Dieu *est l'identité absolue du moi et du non-moi,* c'est-à-dire, de l'humanité et de la nature physique ; car il n'y a pas de désordre dans les lois générales qui

---

(1) M. de Bonald, *De la cause seconde.*

assurent la durée du monde physique, tandis que le désordre moral, l'erreur, le crime, effets funestes de la liberté de l'homme, dégradée par sa chûte, sont à proprement parler le seul désordre de l'univers. La faculté même de ce désordre est une suite du libre arbitre de l'homme et la marque de sa grandeur, de ses mérites et de son immortalité.

SECTION VI.

Confirmation de cette distinction par la lettre synodale des Pères du concile provincial de Paris dans leur lettre synodale adressée au clergé et aux fidèles de leurs diocèses.

« Quel siècle, disent les Pères du concile provincial de Paris dans leur lettre synodale adressée au clergé et aux fidèles de leur diocèse, a été plus fécond que le nôtre en faux systèmes, en théories décevantes et en monstrueux égarements ? Ils tendent à renverser de fond en comble la société religieuse et la société civile, ils attaquent Dieu, l'homme, le ciel, la terre, l'ordre moral et l'ordre matériel. Quand a-t-on vomi contre la divinité de plus effroyables blasphèmes ? Quand a-t-on osé professer des maximes plus audacieusement subversives de la société ? L'individualité de l'homme et sa responsabilité morale disparaissent avec tous les systèmes qui ont le panthéisme pour but ou pour résultat. Que deviennent alors et la liberté humaine, et la distinction du juste et de l'injuste, et l'existence du bien et du mal, et les peines comme les récompenses d'une autre vie ? Une fatalité aveugle préside à nos destinées ; nos devoirs ne sont plus réglés que par nos appétits. La voix de la conscience est l'écho d'anciens préjugés. L'intérêt, voilà le maître et le précepteur du monde ; l'homme n'est plus une intelligence, ce n'est plus un cœur, ce n'est plus une âme, c'est une machine grossière destinée à consommer. O honte et crime de ces saturnales de la raison ! Pour punir les peuples si jamais ils suivaient en masse ces voies funestes dans lesquelles des insensés les poussent, Dieu n'aurait qu'à laisser faire : la société humaine se changerait d'elle-même en enfer. — Tous ces désordres sont enfantés par un orgueilleux rationalisme, c'est une nouvelle tour de Babel, l'homme essaie d'escalader le ciel pour détrôner Dieu et prendre sa place. — Le monde moral tel que Dieu l'a créé pour l'homme repose sur deux fondements : le visible et l'invisible, le temps et l'éternité, le fini et l'infini, la matière et l'esprit, le naturel et le surnaturel, la grâce et la liberté.

« Le travail du rationalisme impie, le but constant de ses efforts est d'ôter tout ce qu'il y a de divin dans la création. Si après cela le monde, privé d'une de ses bases nécessaires, penche et menace ruine, que lui importe ? Dieu l'importune, il n'admet aucune intervention, aucune influence de sa part dans les doctrines humaines ; *l'ordre surnaturel tout entier disparaît.* Le christianisme devient une pure philosophie, il mutile ses monuments. A l'aide d'une interprétation humaine, ou symbolique ou mythologique, il détruit tous les faits merveilleux, il leur enlève toute vérité historique, il traite nos livres saints comme s'il s'agissait de ces livres qui renferment les fables de l'antiquité. Cette science superbe prétend pénétrer dans nos plus profonds mystères ; elle les étudie, non au flambeau de la foi, mais aux faibles lueurs de la raison. Elle les dénature pour les rendre compréhensibles ; elle réduit la Trinité, le plus élevé de nos dogmes, à une formule philosophique, abstraction vaine qui met trois mots à la place de trois personnes divines.

« Tous ces systèmes, les uns enfantés par l'esprit germanique, les autres qui sont le produit malheureux de l'activité philosophique de notre propre pays, nous les avons, dans leurs points essentiels, réprouvés et flétris. »

SECTION VII.

Nécessité d'un Dieu-homme pour éclairer l'humanité sur la nature de ses rapports nécessaires avec Dieu, et d'un Homme-Dieu pour élever l'humanité jusqu'à Dieu.

Si l'existence et la connaissance de l'existence de Dieu sont une vérité nécessaire, ainsi que les lois générales qui en dérivent dans l'ordre moral, ce fut, par conséquent, une nécessité pour l'homme de connaître ses rapports avec Dieu, la véritable nature de Dieu, la véritable nature de l'homme ; et ces rapports n'ont pu lui être révélés que par le *moyen*, par le médiateur ou le verbe, qui unit la cause à l'effet et l'effet à la cause. Il a fallu un Dieu-homme pour se mettre en rapport avec l'humanité et rapprocher l'être infini de sa faible et bornée créature ; comme il a fallu un homme-Dieu pour élever l'homme jusqu'à Dieu.

« Ici, dit M. de Bonald (1), les faits s'accordent avec le raisonnement et nous montrent un être moyen ou médiateur, connu des nations du monde les plus éclairées dans la science des choses morales, comme le rapport nécessaire et le *moyen* d'union entre Dieu et l'homme ; nous le voyons dans les livres hébreux, promis au genre humain, et cette promesse toujours subsistante dans la société où Dieu et l'homme étaient le mieux connus, former le dogme fondamental et constitutif de ce peuple qui attendait le médiateur sous le nom de *Messie* ou d'*envoyé*, et qui l'attend encore après qu'il est venu..... »

« Ainsi, il se trouve, même dans la philosophie, ce médiateur ineffable entre Dieu et l'homme, ce ministre universel du pouvoir de Dieu sur les hommes, *moyen* par qui tout a été *fait et réparé;* et la raison montre la nécessité de l'être dont la religion enseigne l'existence. Qui n'admirerait cette doctrine sublime qui *humanise* Dieu, qui divinise l'homme, qui fait connaître comme Dieu, qui rend *présent, réellement,* comme homme, cet Être auguste, *Fils de Dieu et Fils de l'homme,* envoyé par l'un, venu pour l'autre ; *faisant,* dit-il lui-même, *la volonté de celui qui l'a envoyé, et à qui tout pouvoir a été donné* sur le monde des esprits et sur le monde des corps ; réunissant dans sa seule personne la nature divine et la nature humaine, toutes les grandeurs de la divinité, et toute l'infirmité corporelle de l'humanité ? Mais l'admiration n'est-elle pas à son comble, lorsqu'on voit cette substance des forts mise en lait pour nourrir les faibles, et la Religion chrétienne déduire de ces hautes vérités les conséquences usuelles les plus utiles au bonheur de l'homme, à la prospérité des familles, à la puissance des États, les plus propres à porter les hommes à la vertu, à les détourner du vice, à leur inspirer la modération dans la bonne fortune, la patience dans l'adversité, la fermeté dans le malheur, à leur enseigner les devoirs domestiques et les devoirs publics, l'amour de Dieu et l'amour de leurs

---

(1) *Législation primitive.*

frères? Et cependant on voit des hommes livrés à l'étude de quelques sciences particulières, et qui se disent amis de la sagesse, nier hardiment ces vérités, sur lesquelles ils n'ont arrêté que le regard du mépris et de la haine (1), et blasphémer ce qu'ils ignorent, détournés, comme dit Bacon, *par un peu de science*, du but et de l'objet de toute philosophie!

« Certes, lorsqu'on méconnaît, d'un bout de l'Europe à l'autre, ces vérités nécessaires et fondamentales de tout ordre social, *lorsqu'il n'y a plus de foi sur la terre*, c'est-à-dire de foi extérieure dans les sociétés (2), dont le plus grand nombre des gouvernants font de la religion *leur moyen*, au lieu de se regarder eux-mêmes comme ses ministres, serait-il besoin de se justifier devant des esprits timides et des âmes timorées, d'oser soulever un coin du voile qui dérobe les vérités aux regards inattentifs? Et y aurait-il des chrétiens d'une foi assez faible pour penser qu'elles seront moins respectées à mesure qu'elles seront plus connues (3)? »

« La fin d'une religion véritable étant d'adorer Dieu autant que le mérite un être infiniment parfait, et de sanctifier l'homme autant qu'un être imparfait et borné en a besoin, un culte qui adore Dieu et qui sanctifie l'homme par le ministère, le moyen, la médiation d'un *homme-Dieu*, est le seul qui honore Dieu et qui sanctifie l'homme d'une manière proportionnée à la grandeur infinie de l'un et aux besoins immenses de l'autre, puisqu'il réunit tous les hommes dans un homme pour l'adoration de Dieu, et qu'il fait servir Dieu lui-même à la sanctification de l'homme. Là est tout le Christianisme (4). »

« J'établis comme une vérité philosophique incontestable que ces trois idées générales, *cause, moyen, effet*, comprennent l'ordre universel des êtres et de leurs rapports, et l'on peut défier tous les savants de trouver ou même d'inventer un être qui soit hors de cette catégorie fondamentale. J'établis ensuite que ces

---

(1) Ou assigner un terme au règne du Christ!
(2) Cause des fléaux qui les déciment et des révolutions qui les déshonorent et les détruisent.
(3) *De la législation primitive*, p. 394, 395, 396.
(4) *Idem*, t. III, p. 46.

trois idées générales, *pouvoir, ministre, sujet,* comprennent l'ordre général des personnes et de leurs rapports, appelé *société,* et il ne saurait exister un homme, un seul homme hors de cette catégorie sociale....

« Cet ordre ou système universel des êtres, compris sous ces trois idées universelles, *cause, moyen, effet;* ce système général de la société compris sous ces trois idées moins générales, *pouvoir, ministre, sujet,* nous les avons retrouvés dans le système individuel de l'homme considéré en lui-même. Son opération intellectuelle et physique nous présente aussi dans sa volonté une *cause* ou *pouvoir,* dans ses organes un *moyen* ou *ministre,* et un *effet* ou un *sujet* dans les objets soumis à son action, et qu'elle modifie suivant l'ordre de sa volonté.... Ainsi la raison philosophique du Christianisme se trouve dans les perceptions de notre raison, telles que le langage, expression fidèle d'idées vraies, nous les présente, et qu'il renferme dans la catégorie la plus générale et la plus simple ; *catégorie,* mot célèbre, idée vaste, connue du plus fameux sage de l'antiquité païenne, mais dont, faute d'avoir entendu la *parole de vie,* il a fait un usage si arbitraire, si obscur et si inutile.

« Ainsi l'homme, la famille, l'État, la religion, l'univers, Dieu même, nous présentent chacun, dans l'ordre de son être et le système de ses relations, trois personnes, trois opérations ou trois rapports, partout la *trinité dans l'unité,* partout similitude, proportion, harmonie. Ainsi l'homme est contenu dans la famille, la famille dans l'État, l'État dans la religion, la religion dans l'univers, l'univers et tout ce qu'il renferme dans l'immensité de Dieu, centre unique auquel tout se rapporte, circonférence infinie qui embrasse tout, principe et fin, *alpha* et *oméga* des êtres.... C'est dans ces considérations générales, dont le langage nous présente la pensée et nous affirme la vérité, que nous avons trouvé la *nécessité* du médiateur, *moyen* universel entre les deux *extrêmes* de la société, Dieu et l'homme ; et appliquant à ces hautes recherches les règles des proportions générales ou *mathématiques,* comme le langage nous y autorise, NOUS EN AVONS CONCLU LA NÉCESSITÉ MÉTAPHYSIQUE DE CET ÊTRE INEFFABLE DONT LA RELIGION NOUS ENSEIGNE L'EXISTENCE ; et de qui l'on peut dire : *L'homme est au médiateur ce que le médiateur est à Dieu.* »

...... « Ainsi, je n'ai pas prouvé l'existence de la révélation, mais *la nécessité de la révélation,* qui emporte la certitude de son existence ; je n'ai pas prouvé l'authenticité matérielle des livres saints, mais *la nécessité des livres saints,* qui emporte la certitude de leur authenticité ; je n'ai pas prouvé la divinité de la mission du médiateur, mais *la nécessité même du médiateur,* qui emporte la certitude de sa divinité et de son humanité : *nécessité* qu'il ne faut pas entendre d'aucune contrainte, mais d'une conformité parfaite à la nature des êtres qui sont en rapport de société et en proportion de similitude. Ces preuves sont nouvelles, peut-être, mais si les nuages répandus sur la religion les demandent, les progrès de notre raison les permettent, et surtout les plus grands intérêts de la société les réclament (1). »

« On peut voir maintenant à quels termes simples se réduit la célèbre question, si la raison fournit des preuves suffisantes de l'existence de Dieu, de l'immortalité de l'âme, des peines et des récompenses de l'autre vie, ou si ces vérités fondamentales ne peuvent être prouvées que par la révélation ; car, comme il n'y a que deux espèces d'êtres, les êtres intellectuels et les êtres solides, et deux manières de les connaître, les idées et les images, tout ce qui ne peut pas être connu par une *image* ne peut être connu que par une idée, et *vice versâ.* Or, l'existence de Dieu, l'immortalité de l'âme, ne peuvent être l'objet d'aucune figure ou image ; donc elles ne sont perceptibles que par l'idée. Mais l'idée elle-même n'est perceptible que par son expression ou la parole, et nous avons prouvé que la parole était *révélée;* donc toutes les vérités morales ne nous sont connues que par la révélation, orale ou écrite, comme l'existence des corps ne nous est connue que par leur image.... Et remarquez que l'existence des corps absents, et qui ne nous transmettent point d'image directe, ne nous est connue que par l'autorité d'une révélation ; car, comment sais-je, autrement que par voie d'autorité et par le rapport qu'on m'en a fait, que César et Babylone ont existé, qu'Alexandre a

---

(1) *Législ. prim.*, t. III, p. 55, 56, 57, 58, 59 et 60.

vaincu Darius et qu'il y a des sauvages dans les forêts de l'Amérique? C'est ce qui fait qu'on se sert de l'expression *croire* pour rendre cette connaissance, et qu'on dit : *je crois qu'Alexandre a existé*, comme on dit : *je crois que Dieu existe*. Ainsi, demander si l'existence de Dieu, l'immortalité de l'âme, nous sont connues par la simple raison ou par la révélation, ce n'est pas proposer d'alternative, puisque la connaissance des vérités morales, *qui forme notre raison*, est une *révélation orale*, et que la révélation proprement dite est *la raison écrite* (1). »

« Ainsi (2), de l'idée intellectuelle, générale et théorique de la cause première, la Religion chrétienne a déduit la *réalité* de son existence et de sa présence à la société; de la spiritualité de l'homme elle a déduit, plus expressément et comme une conséquence naturelle, sa survivance immortelle : elle a, si l'on peut ainsi parler, placé Dieu dans le présent, l'homme dans l'avenir ; et le monde a eu un législateur, la société un pouvoir, et le genre humain un juge. La loi de l'amour des hommes, autre conséquence de ces mêmes vérités, généralisée pour de grands motifs, enseignée dans de hautes leçons, consacrée par les plus grands exemples, a introduit dans tout l'état social des rapports nouveaux, et bientôt des lois et des mœurs jusqu'alors inconnues ; la constitution naturelle de la société a été fondée ; l'état, même politique, de l'homme a été fixé, et sa civilisation, je veux dire sa perfection morale, source de toutes les autres, née du christianisme, a dû s'étendre avec le christianisme, et ne peut désormais périr qu'avec lui. »

---

(1) M. de Bonald, t. ix, *Considérations générales*, p. 423.
(2) T. iii, *Idem*.

CHAPITRE SIXIÈME.

La liberté de conscience et la liberté politique ont été et sont détruites par le protestantisme.

Les ennemis de la vérité religieuse, comme ceux de la vérité sociale, accusent l'Église catholique de tyrannie, d'intolérance, de monopole, pour la rendre odieuse aux peuples. Ils ne savent ni ne peuvent rien fonder, mais ils s'entendent admirablement à diviser et à détruire. C'est le génie du mal dont le premier mot fut le mensonge et la calomnie, et qui se montre impuissant à remplacer par rien le vide effrayant qu'il a fait dans le cœur de l'homme et les ruines qu'il a amoncelées parmi les peuples. L'Église catholique, attaquée avec fureur, calomniée avec persévérance par les impies et par les ambitieux, a perdu sa liberté par les attentats de ceux-là mêmes qui l'accusaient de despotisme; de sorte qu'il est vrai de dire que la liberté catholique et celle des associations religieuses, c'est-à-dire la liberté de conscience et la sociabilité humaine, ont péri par la main des protestants. La liberté catholique, bien loin d'être hostile aux empires, les vivifiait au contraire, elle leur donnait l'inébranlable force de l'obéissance conciencieuse aux lois. Ce n'est que depuis qu'elle a été violée par l'esprit de révolte ou par des princes aveuglés par leurs passions, que l'intolérance religieuse, qui ne fut d'abord que l'usurpation politique déguisée, et bientôt après le despotisme révolutionnaire, a désolé les nations et renversé leurs gouvernements.

Chose étrange! le protestantisme a fait son entrée dans le monde en invoquant la liberté de conscience, et il l'a constamment et partout violée afin de se rendre maître de la puissance temporelle.

SECTION I.

Effets politiques de la rupture de l'unité catholique.

On a vu l'Angleterre en proie à d'interminables et sanglantes révolutions, et la France, où la loi fondamentale de l'hérédité fut interrompue pendant cinq règnes consécutifs, n'être plus qu'un théâtre d'horreurs. Le feu de la révolte, comprimé sous les règnes vigoureux de François Ier et de Henri II, éclata dans la conjuration d'Amboise, que tous les monuments historiques démontrent n'avoir été qu'une affaire de religion, et une entreprise conduite par les réformés. Entre autres démonstrations, une circonstance remarquable le prouverait à elle seule : c'est que les princes du sang, *magistrats nés dans cette affaire*, furent réduits au seul prince de Condé, protestant déclaré, quoiqu'il y en eût cinq ou six autres, et entres autres le roi de Navarre, frère aîné du prince, et premier prince du sang, mais que le parti craignait plutôt qu'il n'en était assuré, circonstance qui ne laisse pas le moindre doute, que le dessein de la nouvelle réforme ne fût d'être maîtresse de l'entreprise. Ainsi l'invasion à main armée du palais du roi pendant la nuit, la violence employée contre le roi, son conseil et la famille royale, le mépris de la loi fondamentale qui fixait à quatorze ans la majorité du roi, du consentement de tous les ordres du royaume, le dessein de prendre les armes dans tout le royaume, et de ne les poser que lorsqu'on aurait forcé le roi à faire tout ce qu'on voulait ; cet audacieux attentat fut le premier pas de la réforme en France, dès qu'elle se sentit forte. A ce premier coup, la royauté et la société étaient ébranlées jusque dans leurs fondements, et cela, d'après les avis des plus doctes *théologiens* réformés, *et des jurisconsultes du plus grand renom*. Calvin approuva cette conjuration, quoiqu'il parût la blâmer lorsqu'il la vit manquée : son empressement à se mettre deux ans après à la tête des rebelles le démontre assez. Cette doctrine était celle de tous les synodes, et on regardait dans la réforme comme un acte si chrétien et si héroïque de faire la guerre à son souverain pour la Religion, qu'on fit un crime à un ministre de s'en être repenti, et d'avoir demandé pardon à la reine. Vainement les réformés ont-ils voulu justifier leurs guerres par l'exemple des catholiques sous Henri III et Henri IV. On leur répond d'abord que ces excès ne les excusent pas, parce qu'il n'appartient point, dit Bossuet, à cette Jérusalem de se défendre par *l'autorité de Tyr et de Babylone;* ensuite qu'un parti fort considérable de catholiques les détesta toujours, et demeura fidèle à ses rois ; au lieu que dans le parti huguenot on peut à peine compter deux ou trois hommes marquants qui aient persévéré dans l'obéissance. Tous les traités de paix et les édits de pacification dont le fond était toujours la liberté de conscience, et quelques autres priviléges, sont une preuve matérielle et sans réplique, que toutes leurs guerres n'avaient d'autre intérêt que celui de leur secte. On a cherché dans la conjuration d'Amboise à donner le change sur le motif de l'entreprise, en faisant accroire que le prince de Condé agissait comme second prince du sang, sur l'invitation de la reine-mère, tandis qu'il est évident que Catherine n'avait écouté le prince de Condé qu'un moment et par terreur, et qu'elle était rentrée entièrement dans les vues du roi de Navarre. Mais dans les autres guerres entreprises par les réformés, on n'a pas même l'ombre d'un prétexte de cette nature, puisque la reine concourait alors avec toutes les puissances de l'Etat. On n'allègue autre chose que des mécontentements et des contraventions, et l'on présuppose pour fondement d'une telle conduite, que des sujets ont le droit de prendre les armes contre leur roi pour la Religion, encore que la Religion ne prescrive que d'endurer et d'obéir.

La rupture de l'unité religieuse produite par l'orgueil, porta donc coup à toutes les doctrines et à toutes les institutions sociales. L'esprit du Christianisme, étant entièrement méconnu par les réformateurs, la société fut exposée partout aux commotions les plus violentes. A Dieu ne plaise que j'accuse tous les protestants d'avoir de tels sentiments : non, la droiture de leur cœur dément les conséquences de leur doctrine, et comme il arrive toujours, les hommes valent mieux que leurs opinions. La plupart en rougissent même, et, chose incroyable, ils persévèrent dans une séparation dont les fondements posés par Luther, Calvin et autres, leur font horreur, et sont formellement désavoués par eux !!! Convenons que le Christianisme, conservant son esprit chez la plupart des individus appartenant aux églises réformées, a fait naître et nourri chez eux des vertus sociales inconnues aux païens et aux infidèles : c'est que ces individus avaient perdu la trace des premiers principes de la réforme, essentiellement destructeurs, comme ils désavouaient la doctrine de leurs auteurs Luther et Calvin. L'esprit de l'Evangile tend toujours à l'unité et à la réconciliation des esprits, malgré l'aveuglement de ceux qui cherchent à le dénaturer et à détruire l'autorité légitime et une de l'Eglise.

SECTION II.
Le protestantisme, bien loin de fixer la constitution britannique, en a arrêté le développement.

Un historien illustre, examinant la question : *Pourquoi la révolution d'Angleterre a réussi*, en donne pour raison trois faits principaux : 1° l'abolition du pouvoir absolu, ou la royauté désormais inséparable du parlement ; 2° la chambre des communes prépondérante dans le parlement ; 3° enfin, à côté, *ou plutôt au-dessus,* dit-il, *de ces deux faits,* le fait religieux consommé par la révolution, *la domination complète et définitive du protestantisme en Angleterre*.

« Certes, dit M. Guizot, l'origine de l'Eglise anglicane, née à la voix et élevée à l'ombre du pouvoir temporel, a été pour elle une grande infirmité, comparée à l'origine purement spirituelle et à la forte indépendance de l'Eglise catholique, mais l'Angleterre en a retiré cet avantage, *que toute lutte a cessé entre le gouvernement de l'Église et celui de l'État.* »

Si cet homme éminent s'était borné à dire que le protestantisme fut l'une des principales causes, ou plutôt la cause dominante de la révolution d'Angleterre, nous ne contredirions pas, cela est incontestable ; mais que le protestantisme ait formé l'un de ces grands intérêts nationaux dont la satisfaction a arrêté l'Etat sur la pente révolutionnaire, ceci nous paraît une erreur capitale. Quel Etat peut être consolidé par l'orgueil et par l'esprit de révolte !

Or la réforme offre un exemple éternellement mémorable des effets de l'orgueil, plus terrible encore lorsqu'il se couvre du masque de la religion : elle eut pour principe la haine du clergé et de l'autorité légitime, le mensonge et les variations pour auxiliaires. Les prétendus réformateurs, sous prétexte de détruire les abus qui s'étaient introduits dans l'Eglise, et dont les vrais fidèles gémissaient et demandaient la correction, remirent en question les dogmes les plus importants, ébranlèrent tous les fondements de la foi, et pour réussir, ils sacrifièrent sans cesse à l'intérêt politique de leur secte sans s'occuper au fond du mérite, de l'ensemble et de la durée de leurs opinions. Ils ne sauvèrent pas même les apparences ; car leurs confessions de foi, perpétuellement contradictoires, leurs transactions sur des points inconciliables pour se liguer contre l'Eglise catholique, le besoin et l'impuissance qu'ils éprouvaient de fixer par l'autorité tant de points controversés, et leur persévérance néanmoins dans une profession de foi extérieure que leur conscience démentait, le désaveu formel que les disciples de Luther et de Calvin ont fait des fondements mêmes de la réforme posés par ceux-ci, tels que la *justice imputée, l'inamissibilité de la justice, la certitude de la prédestination, Dieu auteur du péché,* etc.; l'horreur même que de tels fondements inspirent à ceux des protestants qui, malgré leur illusion, portent un cœur chrétien ; tout démontre que l'orgueil, timide d'abord, mais audacieux et insolent quand il a pris de l'accroissement, fut la cause unique de la rupture. Témoin Henri VIII, roi d'Angleterre, qui s'éleva, contre l'autorité du Saint-Siége, parce qu'il avait condamné son divorce avec Catherine d'Aragon, et son mariage avec Anne de Boleyn, et qui, par une entreprise inouïe parmi les chrétiens, se fit déclarer chef de l'Eglise anglicane, tant au spirituel qu'au temporel ; l'hypocrite Cranmer, qui justifia lâchement tous les crimes de son maître et qui mourut honteusement comme il avait vécu, parce que son abjuration ne put lui servir à lui conserver la vie. Témoin le landgrave de Hesse qui obtint de Luther, de Calvin, et autres réformateurs des mœurs et de l'Eglise, l'autorisation de prendre une seconde femme du vivant de la première, et son premier mariage subsistant ; témoin la dilapidation des biens de l'Eglise et des monastères ; l'audacieuse entreprise d'Edouard VI qui, succédant à Marie, corrigea de sa main ce qu'on avait laissé dans la première liturgie de favorable à la présence réelle ; l'entreprise plus étonnante encore d'Elisabeth qui, piquée des refus du Saint-Siége, se fit, quoique femme, chef de l'Eglise anglicane, corrigea les professions de foi et enveloppa les points les plus importants dans des termes ambigus qui laissent douter si les dogmes de la foi catholique n'y sont pas maintenus dans leur intégrité, qui offrent à toutes les opinions et à toutes les consciences une pâture, et font succéder le vague dans la foi aux variations qui avaient précédé ; de telle sorte, qu'à le bien prendre, la suppression du fameux serment du *Test* n'était autre chose, dans cet état de la foi anglicane, que la suppression d'une calomnie manifeste contre l'Eglise romaine.

' Voici le fameux serment du *Test*, tel qu'il avait été résolu au parlement, tenu à Londres en 1678 : « Moi N. je proteste, certifie et déclare solennellement et sincèrement en la présence de Dieu, que je crois que dans le sacrement de la cène du Seigneur, il n'y a aucune transsubstantiation des éléments du pain et du vin dans le corps et le sang du Christ, dans et après la consécration faite par quelque personne que ce soit ; et que l'invocation ou adoration de la vierge Marie, ou de tout autre saint, et le sacrifice de la messe de la manière qu'ils sont en usage à présent dans l'Église de Rome, est superstition et idolâtrie. » « Ce qu'il y a de particulier, dit Bossuet, dans cette profession de foi, c'est premièrement, qu'elle ne s'attaque qu'à la transsubstantiation, et non pas à la présence réelle, en quoi elle suit la correction qu'Élisabeth avait faite à la réforme d'Édouard VI. On y ajoute seulement ces mots *dans et après la consécration*, qui permettent manifestement de croire la présence réelle avant la manducation, puisqu'ils n'en excluent, comme on voit, que le seul changement de substance,

« Ainsi un Anglais bon protestant, sans blesser sa religion et sa conscience, peut croire que le corps et le sang du Christ sont réellement et substantiellement présents dans le pain et dans le vin aussitôt après la consécration. Si les luthériens en croyaient autant, il est certain qu'ils l'adoreraient. Aussi les Anglais n'y apportent-ils aucun obstacle dans leur *Test;* et comme ils reçoivent l'eucharistie à genoux, rien ne les empêche d'y reconnaître ni d'y adorer Jésus-Christ présent dans le même esprit que nous faisons ; après cela nous incidenter sur la transsubstantiation, est une chicane peu digne d'eux.

« Dans les paroles suivantes du *Test*, on condamne comme des actes de *superstition et d'idolâtrie* l'invocation, ou, comme ils l'appellent, l'*adoration* de la sainte Vierge et des saints, et le sacrifice de la messe ; non absolument, mais de la manière dont ils sont en usage dans l'Église de Rome. C'est que les Anglais sont trop savants dans l'antiquité pour ignorer que les Pères du quatrième siècle, sans maintenant remonter plus haut, ont invoqué la sainte Vierge et les saints. Ils savent que saint Grégoire de Nazianze approuve expressément dans la bouche d'une martyre la piété qui lui fit demander à la sainte Vierge *qu'elle aidât une vierge qui était en péril*. Ils savent que tous les Pères ont approuvé solennellement dans leurs homélies de semblables invocations adressées aux saints, et se sont même servis du terme d'invocation à leur égard. Pour le terme d'adoration, ils savent aussi qu'il est équivoque aussi bien parmi les Saints-Pères que dans l'Ecriture, et qu'il ne signifie pas toujours rendre à quelqu'un les honneurs divins ; que c'est aussi pour cette raison que saint Grégoire de Nazianze n'a pas fait de difficulté de dire en plusieurs endroits qu'on adorait les reliques des martyrs ; et que Dieu ne dédaignait pas de confirmer une telle adoration par des miracles. Les Anglais sont trop instruits dans l'antiquité pour ignorer cette doctrine et ces pratiques de l'ancienne Eglise, et trop respectueux envers elle pour l'accuser de superstition et d'idolâtrie : c'est ce qui leur a fait apporter la restriction qu'on voit dans leur *Test*, et supposer dans l'Église romaine une manière d'invocation et d'adoration différente de celle des Pères, parce qu'ils ont bien senti que sans cette précaution, le *Test* n'aurait non plus été souscrit en bonne conscience par les protestants habiles que par les catholiques.

« Cependant, dans le fait, il est constant que nous ne demandons aux saints que la société de leurs prières non plus que les anciens, et que nous n'honorons dans leurs reliques que ce qu'ils ont honoré. Si nous prions quelquefois les saints, non pas de prier, mais de donner et de faire, les savants anglais conviendront que les anciens l'ont fait comme nous, et que comme nous ils l'ont entendu dans le sens qui fait attribuer les grâces reçues, non-seulement au souverain qui les distribue, mais encore aux intercesseurs qui les obtiennent. De sorte qu'on ne trouvera jamais aucune véritable différence entre les anciens que les Anglais ne veulent pas condamner et nous qu'ils condamnent, mais par erreur, et en nous attribuant ce que nous ne croyons pas.

« J'en dis autant du sacrifice de la messe. Les Anglais sont trop versés dans l'antiquité pour ne savoir pas que de tout temps dans les saints mystères, et dans la célébration de l'eucharistie, on a offert à Dieu les mêmes présents qu'on a ensuite distribués aux peuples, et qu'on les lui a offerts autant pour les morts que pour les vivants. Les anciennes liturgies qui contiennent la forme de cette oblation, tant en Orient qu'en Occident, sont entre les mains de tout le monde, et les Anglais n'ont eu garde de les accuser ni de superstition ni d'idolâtrie. Il y a donc une manière d'offrir à Dieu pour les vivants et pour les morts le sacrifice de l'eucharistie, que l'Église anglicane protestante ne trouve ni idolâtrie ni superstition ; et s'ils rejettent la messe romaine, c'est en supposant qu'elle est différente de celle des anciens.

« Mais cette différence est nulle : une goutte d'eau n'est pas plus semblable à une autre que la messe romaine est semblable quant au fond et à la substance à la messe que les Grecs et les autres chrétiens ont reçue de leurs pères. C'est pourquoi l'Église romaine, lorsqu'elle les reçoit à la communion, ne leur propose pas une autre messe. Ainsi l'Église romaine n'a point au fond d'autre sacrifice que celui qu'on a offert en Orient et en Occident, dès l'origine du Christianisme, de l'aveu des protestants d'Angleterre.

« De là il résulte clairement que la doctrine romaine, tant sur l'invocation et l'adoration que sur le sacrifice de la messe, n'est condamnée dans le Test qu'en présupposant que Rome reçoit ces choses dans un autre sens, et les pratique dans un autre esprit que celui des Pères, ce qui visiblement n'est pas ; de sorte que sans hésiter et sans parler des autres raisons, on peut dire que l'abrogation du Test n'est autre chose que l'abrogation d'une calomnie manifeste contre l'Église romaine. » Bossuet, *Hist. des Var.*, t. 2, liv. 14, p. 489 et suivantes.

Or on ne peut, à coup sûr, voir le succès de la révolution d'Angleterre dans ces misérables subtilités, dans cette intolérance calculée de l'Église anglicane, instrument d'oppression dans la main de l'État, qui a profondément ébranlé et déplacé la propriété en Irlande et en Angleterre, accumulé ces richesses dont l'Église catholique et ses fidèles avaient été violemment dépouillés, dans les mains de quelques prélats et de quelques lords anglicans, et nourri par de grasses et impures prébendes cette foi mercenaire et ce dévouement mercantile du clergé anglican à la suprématie religieuse de l'État. — Cette exclusion tyrannique des catholiques anglais de toute participation aux droits politiques, cette atteinte aux droits fondamentaux de la famille, de la propriété, de la liberté politique, de toute société fondée sur des bases équitables, pouvaient-elles être un élément de succès ? L'expérience a démontré le contraire, car l'Angleterre n'a pu embrasser une politique intérieure et extérieure grande et forte, et résoudre d'une manière libérale les questions de liberté du commerce extérieur, d'émancipation coloniale, d'affranchissement de l'Irlande, de réforme financière, de réforme électorale, que depuis que cette intolérance de l'Église anglicane a cessé, et que les catholiques des trois royaumes ont été rendus à l'exercice de leurs droits politiques et à l'empire du droit commun. Nous ne nions pas que l'esprit de tradition, de sagesse intelligente de ses vrais intérêts, n'ait arrêté l'esprit révolutionnaire en Angleterre ; mais une nation ne vit pas seulement d'intérêts matériels, mais par-dessus tout d'une doctrine morale et religieuse, qui soit le fondement de ses mœurs. Or, cette doctrine morale a-t-elle existé en Angleterre depuis l'introduction du protestantisme ? Écoutons la profession de foi de l'Église anglicane : « Toutes les Églises se sont trompées, même dans la morale, même dans le dogme. Ainsi l'on n'est obligé d'en croire aucun. Ainsi il n'y a d'autre règle que la parole de Dieu, que chacun a le droit d'interpréter suivant sa conscience. » Un ministre protestant, professeur de l'université de Cambridge, disait dans un sermon prononcé devant cette université : « Je crains que les États protestants n'aient sur cet article plus de reproches à se faire qu'ils ne le croient peut-être, car toutes les productions impies, et la plupart immorales qui ont servi si puissamment à produire l'apostasie de nos jours, ont été composées et imprimées dans des pays protestants. »

Le protestantisme d'Angleterre a la même source que le calvinisme, le mépris de toute autorité. Un ministre genevois écrivait en 1797 : « Oui, ce sont les réformateurs qui, en sonnant le tocsin sur le pape et sur Rome, et en tournant les esprits des hommes vers la discussion des dogmes religieux, les ont préparés à discuter les principes de la souveraineté, et ont sapé de la même main le trône et l'autel. »

Bayle écrivait au cardinal de Polignac : « Je suis protestant dans la force du terme, car je proteste contre toutes les vérités et contre toute autorité ! »

« Dans une chose aussi sérieuse (le droit d'interpréter la parole de Dieu), disait Barbeyrac, si le souverain entreprend de contraindre ou d'égarer ses sujets, ils ont le droit de lui résister les armes à la main, comme celui de défendre leur vie. »

« Ce n'est pas, disait Melancton, qu'il ne soit utile d'avoir des confessions de foi pour le repos et la tranquillité publique, et pour maintenir la paix extérieure ; mais dans le fond ce ne sont point des professions de foi proprement dites, car toute profession de foi n'est bonne que pour le moment où l'on écrit ; et chaque article de foi peut être changé suivant les temps et les circonstances. »

Aussi, toutes les sectes protestantes ou réformées sont-elles sœurs, toutes ont le même principe, et il n'y a plus qu'une secte composée de toutes les autres, amalgamées et fondues dans le calvinisme (1), car les différences de dogme ont disparu.

Or voici comment s'exprimait sur le calvinisme le ministre anglican Jean Sortin, homme très-distingué parmi les théologiens anglicans : « C'est un système religieux qui présente des créatures humaines sans liberté, des dogmes sans raison, une foi sans mo-

---

(1) Quatrième lettre inédite du comte J. de Maistre *sur l'éducation publique en Russie*.

tifs et un Dieu sans miséricorde. » — « Le calvinisme, disait Voltaire, devait nécessairement enfanter des guerres civiles et ébranler les fondements des États ; il fallait qu'un des deux partis pérît par l'autre. Partout où l'école de Calvin dominera (et elle est le fond de tout le protestantisme), les gouvernements seront renversés. »

SECTION III.

La vraie philosophie a disparu devant le protestantisme.

Partout où cette secte protestante, qui est *un et plusieurs*, comme l'esprit de ténèbres, a exercé ses ravages en France, en Allemagne et en Angleterre, la vraie philosophie a disparu, et pour ne parler ici que de l'Angleterre, « pourrait-on nous dire quel est le système de philosophie qui est, je ne dis pas absolument universel, dit M. de Bonald (1), mais seulement dominant dans l'Angleterre, partagée à peu près en quatre doctrines, celle de Hume et celle de Berckley, celle de Reid, celle de Hartley ? Et quoique nous lisions dans le même ouvrage (2) « que la philosophie de Bâcon et de Locke est devenue sans délai comme sans effort *à peu près* dominante en Angleterre, » tous ces *à peu près* ne font pas disparaître les différences importantes qui se trouvent entre les opinions de Hume et celles de Bâcon, ou entre celles de Berckley et celles de Locke. Peut-on, sans faire violence à leur doctrine, voir dans Bâcon un sceptique comme Hume, ou dans Locke un pur idéaliste comme Berckley ? Et si l'Angleterre est partagée (entre autres opinions) entre la doctrine de Hume et celle de Reid, n'est-elle pas partagée entre deux doctrines contradictoires au moins sur des points importants ? Mais il faut entendre les Anglais eux-mêmes sur le cas qu'ils font de Locke, de ce philosophe qui a fait en France une si brillante fortune. « Un temps considérable s'est déjà écoulé, dit M. Dugald-Hewart, depuis que le principe fondamental du système de Locke a commencé à perdre de sa considération en Angleterre ; lorsque la théorie de Locke sur l'origine de nos idées était généralement admise dans

---

(1) *De la philosophie.*
(2) *L'histoire comparée des systèmes de philosophie.*

la Grande-Bretagne, elle était à peu près ignorée en France ; et aujourd'hui qu'après une longue discussion, *nos meilleurs esprits la réduisent à sa juste valeur*, on l'exagère en France à tel point qu'aucun philosophe anglais de la *moindre réputation*, n'a jamais rien imaginé de semblable. »

« Sera-ce enfin en Allemagne, ajoute M. de Bonald, où la philosophie leibnizienne déjà chancelante a été renversée par celle de Kant qui lui-même a passé à son tour et n'a laissé qu'une succession litigieuse dont chacun s'est approprié un lambeau ? »

C'est dans cette succession protestante de Kant qu'a puisé l'éclectisme philosophique français de nos jours. Or veut-on savoir quelle était la philosophie protestante de Kant? « L'ordre qui se montre dans l'univers, dit-il, ne prouve pas qu'il y ait un Dieu ; il en est de même du consentement de tous les hommes, car rien de ce qui existe hors de nous n'est certain. » « Et qu'on ne vienne pas nous dire, dit M. le comte de Maistre (1) que ces dogmes (protestants) sont surannés, ils sont au contraire plus vivaces et plus actifs que jamais. Au XVIe siècle il étaient *enfants*, et quelques pages du catéchisme sauvées de l'incendie leur en imposèrent encore ; aujourd'hui ils sont *adultes* et n'ont plus de frein d'aucune espèce. Cette épouvantable secte que l'on appelle *légion* n'a jamais été plus à craindre que dans ce moment, *surtout à cause de ses alliances*. »

A cette philosophie protestante opposons la philosophie catholique : « La souveraineté ne vient point du peuple, dit Suarez, jésuite fameux en qui on entend toute l'école de Bossuet (2), ou si elle en vient primitivement, dès qu'il l'a cédée, il n'a plus le droit de la reprendre. Dieu lui-même en est l'auteur et c'est à lui qu'on obéit dans la personne du souverain. Pour nulle raison on ne peut le juger et pour nulle raison on ne peut lui désobéir, sauf le crime, et s'il commande un crime il faut se laisser tuer ; mais la personne du souverain est sacrée et rien ne peut excuser une révolte. »

« Ce que j'appelle la philosophie, dit saint Clément d'Alexan-

---

(1) Même lettre.
(2) *De lege humana et civili*, lib. 3, ch. 4, § 6.

drie, n'est pas celle des stoïciens, de Platon, d'Épicure ou d'Aristote; mais le choix formé de ce que chacune de ces sectes a pu dire de vrai, de favorable aux mœurs, de conforme à la religion. » Sorte d'éclectisme, ajoute M. de Bonald, qui n'avait pas l'inconvénient de l'éclectisme purement philosophique, puisqu'il ne faisait que rallier des vérités éparses et particulières à une doctrine toute formée et à un système général de vérités, et rapprocher ainsi les conséquences de leurs principes.

Et maintenant que l'on compare et que l'on se demande de quel côté est le fondement, la vie, le progrès des sociétés humaines, du protestantisme ou du catholicisme? Il est manifeste que le vice dissolvant d'une constitution, et par conséquent de la constitution britannique, c'est le protestantisme ; que les constitutions révolutionnaires des autres États de l'Europe n'ont pas eu d'autre principe; que telle fut la cause de leur instabilité, de l'anarchie et du despotisme qui les ont tour à tour ravagés ; et que l'Angleterre n'arrivera à la perfection et à la stabilité politique, que lorsqu'elle aura neutralisé par une liberté catholique, ou, ce qui revient au même, par une liberté politique complète l'élément protestant de sa constitution.

« Le protestantisme, dit M. Balmès (1), intéressé à briser par tous les moyens le pouvoir des papes, exalta celui des rois dans les choses mêmes de l'ordre spirituel. En concentrant ainsi dans leurs mains les pouvoirs spirituel et temporel, il ôta toute espèce de contre-poids au trône. En détruisant l'espérance d'obtenir la liberté par des moyens de douceur, il précipita les peuples vers l'emploi de la force et ouvrit le cratère de ces révolutions qui ont coûté tant de larmes à l'Europe moderne. »

SECTION IV.

Les peuples ne peuvent vivre sans la vérité rendue certaine par une autorité spirituelle, irréfragable.

Une vérité incontestable, en effet, c'est que les peuples ne peuvent vivre sans la vérité morale et religieuse rendue certaine et

---

(1) *Le protestantisme comparé au catholicisme*, ch. 14.

sensible par l'autorité spirituelle. Que serait une philosophie, une morale, une religion qui ne remonterait pas la chaîne traditionnelle des temps et qui n'aurait pas son origine, son *critérium*, son point de départ dans une autorité infaillible ? Le droit de pratiquer la liberté religieuse est par conséquent un droit naturel et politique, car la politique ne peut rien avoir de contraire à la vérité ; elle doit la laisser libre, et c'est tout ce qu'on peut lui demander. Le clergé dès-lors n'est point un corps politique, mais une association exerçant un droit naturel et politique. Le droit social repose sur l'éternelle vérité ; c'est la morale, ce sont les mœurs formées par les croyances publiques ; on n'impose de croyances à personne, mais la liberté en assure le progrès, la prédominance et la perfection.

La liberté, ou la vérité religieuse, exclut nécessairement la croyance religieuse *politiquement imposée*, car le pouvoir humain et temporel ne peut se faire pontife. C'est exposer la religion à devenir un moyen de gouvernement, et la vérité et la morale à être dégradées. Mais le pouvoir humain doit s'approprier l'œuvre si précieuse de la liberté et de la foi par les mœurs ; son tact et son habileté doivent consister à ne rien faire ni dans les lois, ni dans l'administration, qui froisse cet esprit général.

Or l'Angleterre a agi en sens contraire de cette politique transcendante, et son gouvernement a manqué de l'autorité morale et de l'appui des mœurs religieuses. Un effroyable dévergondage d'opinions, de systèmes, de principes philosophiques, à contrarié la tendance naturelle et originairement catholique de cette nation. Le mercantilisme et cet esprit public dont la force principale était la négation, l'exclusion, une politique extérieure, aggressive et dissolvante, ont *seuls* maintenu chez elle un faisceau artificiel d'intérêts matériels plutôt que de volontés morales et intelligentes. Cette nation est trop habile et trop amie de la vérité pour ne l'avoir pas reconnu ; sa volonté a enfin brisé le réseau tyrannique qui enveloppait les consciences. Elle consolide et consolidera de plus en plus son gouvernement par des réformes puisées dans la liberté religieuse, et non par l'esprit étroit et exclusif de son établissement religieux ou de son Église épiscopale à laquelle manque l'autorité. Elle s'est rendue et elle se rendra de jour en jour plus attentive et plus docile à ces grands enseignements de Bossuet, prononçant l'éloge funèbre de la plus grande de ses reines :

« Ceux qui sont instruits des affaires, sont obligés d'avouer que le roi (Charles Ier) n'avait point donné d'ouverture ni de prétexte aux excès sacriléges dont nous abhorrons la mémoire, en accusant la fierté indomptable de la nation; et je confesse que la haine des parricides pourrait jeter les esprits dans ce sentiment. Mais quand on considère de plus près l'histoire de ce grand royaume, et particulièrement les derniers règnes, où l'on voit non-seulement les rois majeurs, mais encore les pupilles et les reines mêmes si absolues et si redoutées; quand on regarde la facilité incroyable avec laquelle la religion a été ou renversée, ou rétablie par Henri, par Édouard, par Marie, par Élisabeth ; on ne trouve ni la nation si rebelle, ni ses parlements si fous et si factieux ; au contraire, on est obligé de reprocher à ces peuples d'avoir été trop soumis, puisqu'ils ont mis sous le joug leur foi même et leur conscience.... Qu'est-ce donc qui les a poussés? quelle force, quel transport, quelle intempérie a causé ces agitations et ces violences? N'en doutons pas, chrétiens : la fausse religion, le libertinage d'esprit, la fureur de disputer des choses divines, sans frein, sans règle, sans soumission a emporté les courages. Voilà les ennemis que la reine a eus à combattre, et que ni sa prudence, ni sa douceur, ni sa fermeté, n'ont pu vaincre.

.... « Donc la source de tout mal, est que ceux qui n'ont pas craint de tenter, au siècle passé, la réformation par le schisme, ne trouvant point de plus fort rempart contre toutes leurs nouveautés, que la sainte autorité de l'Eglise, ils ont été obligés de la renverser. Ainsi les décrets des Conciles, la doctrine des Pères et leur sainte unanimité, l'ancienne tradition du Saint-Siége et de l'Église catholique n'ont plus été, comme autrefois, des lois sacrées et inviolables. Chacun s'est fait à soi-même un tribunal, où il s'est rendu l'arbitre de sa croyance ; et encore qu'il semble que les novateurs aient voulu retenir les esprits, en les renfermant dans les limites de l'Écriture sainte, comme ce n'a été qu'à condition que chaque fidèle s'en rendrait l'interprète et que le Saint-Esprit lui en dicte l'explication, il n'y a point de particulier qui ne se croie autorisé par cette doctrine à adorer ses inventions, à consacrer ses errreurs, à appeler Dieu tout ce qu'il pense. Dès-lors on a bien prévu que la licence n'ayant plus de frein, les sectes se multiplieraient jusqu'à l'infini, que l'opiniâtreté serait invincible ; et que tandis que les uns ne cesseraient de disputer, ou donneraient leurs rêveries pour inspirations, les autres, fatigués de tant de folles visions, et ne pouvant plus reconnaître la majesté de la religion déchirée par tant de sectes, iraient enfin chercher un repos funeste et une entière indépendance dans l'indifférence des religions, ou dans l'athéisme….

…. « Que si cet esprit d'indocilité et d'indépendance s'est montré tout entier à l'Angleterre, et si sa malignité s'y est déclarée sans réserve, les rois en ont souffert ; *mais aussi les rois en ont été cause*. Ils ont trop fait sentir aux peuples que l'ancienne religion se pouvait changer. Les sujets ont cessé d'en révérer les maximes quand ils les ont vues céder aux passions et aux calculs de leurs princes. Ces terres, trop remuées et devenues incapables de consistance, sont tombées de toutes parts, et n'ont fait voir que d'effroyables précipices…. Ne croyez pas que ce soit seulement la querelle de l'épiscopat, ou quelques chicanes sur la liturgie anglicane, qui aient ému les communes. Ces disputes n'étaient encore que de faibles commencements par où les esprits turbulents faisaient comme un essai de leur liberté. Mais quelque chose de plus violent se remuait dans le fond des cœurs : *c'était un dégoût secret de tout ce qui a de l'autorité, et une démangeaison d'innover sans fin, après qu'on en a vu le premier exemple*. (La démocratie et le socialisme de nos jours!)

« Ainsi les calvinistes, plus hardis que les luthériens, ont servi à établir les sociniens qui ont été plus loin qu'eux, et dont ils grossissent tous les jours le parti. Les sectes infinies des anabaptistes sont sorties de cette même source, et leurs opinions mêlées au calvinisme ont fait naître les indépendants, qui n'ont point eu de bornes…

« En vain les rois d'Angleterre ont cru les pouvoir retenir sur cette pente dangereuse, en conservant l'épiscopat ; car que peuvent des évêques qui ont anéanti eux-mêmes l'autorité de leur chaire, et la révérence qu'on doit à la succession en condamnant ouvertement leurs prédécesseurs, jusqu'à la source même de leur sacre, c'est-à-dire jusqu'au pape saint Grégoire et au saint moine Augustin son disciple, et le premier apôtre de la nation anglaise ? Qu'est-ce que l'épiscopat, quand il se sépare de l'Église, qui est son tout, aussi bien que du Saint-Siége qui est son centre, pour s'attacher, contre sa nature, à la royauté comme à son chef ? Ces deux puissances d'un ordre si différent ne s'unissent pas, mais s'embarrassent mutuellement quand on les confond ensemble ; et la majesté des rois d'Angleterre serait demeurée plus inviolable, si, contente de ses droits sacrés, elle n'avait point voulu attirer à soi les droits et l'autorité de l'Église.... Il ne faut point s'étonner s'ils perdirent le respect de la majesté et des lois, ni s'ils devinrent factieux, rebelles et opiniâtres. On énerve la religion quand on la change, et on lui ôte un certain poids qui seul est capable de tenir les peuples. Ils ont dans le fond du cœur je ne sais quoi d'inquiet qui s'échappe, si on leur ôte ce frein nécessaire.... C'est de là que nous est né *ce prétendu régne de Christ* (c'est encore aujourd'hui le rêve socialiste), inconnu jusqu'alors au Christianisme, et qui devait anéantir toute royauté et égaler tous les hommes ; songe séditieux des indépendants (dits socialistes), et leur chimère impie et sacrilége. Tant il est vrai que tout se tourne en révoltes et en pensées séditieuses, quand l'autorité de la religion est anéantie ! »

Ainsi le pouvoir temporel doit tendre sans cesse à avoir la sanction des consciences éclairées par la vérité et soumises à l'autorité de l'Église ; et pour obtenir cette sanction, il faut que l'Église catholique soit indépendante et libre.

SECTION V.

Le pouvoir temporel ne peut être consolidé que par la liberté catholique.

Il existe un culte, un ensemble de vérités qui a pris un corps visible : c'est l'Église et son chef. Il a transformé les mœurs, les gouvernements, le pouvoir, en les fondant sur le droit et sur la stabilité des convictions.

L'inséparabilité du pape et des évêques, des évêques et du pape, en est l'âme, ou il manquerait d'unité, et du caractère le plus essentiel de la vérité. Ce pouvoir est monarchique, mais non point absolu. Il repose sur l'éternelle vérité, il est ministre de cette vérité, il est charité et serviteur de tous. Il règne par la persuasion, il ne lutte pas, il déclare ce qui est vrai, il repousse ce qui est faux, comme organe de la vérité, à qui Dieu a promis le triomphe. Il ne peut ne pas avoir le consentement unanime des évêques, il est éclairé avec eux des lumières de l'Esprit saint, et l'Esprit saint fait leur communication et leur lien ; de telle sorte que leur simultanéité de pensée et d'action par l'onction divine, par la communication continuelle qui s'opère entre eux, fait leur force, leur unité ; cette opération est divine, elle a lieu malgré les hommes. Si le pape ne décidait point, où serait le centre de l'unité? S'il agissait par contrainte, où serait la coopération et l'union? *Reges gentium dominantur eorum, vos autem non sic.* C'est le serviteur des serviteurs, mais il sert par la vérité, et triomphe par la conscience de tous. C'est le foyer de l'esprit divin qui va à tous les siéges épiscopaux ; c'est le fleuve qui se répand par des canaux divers en communication avec lui ; s'il les brisait ces canaux, par la violence, où serait la circulation? Si ces canaux se fermaient à son action, où seraient l'abondance et la diffusion de la vérité? Dieu en a fait le *réservoir* de ses grâces ; il rend ce qu'il reçoit, comme saint Pierre qui disait au boiteux de la porte du Temple : « Je n'ai ni or, ni argent ; mais ce que j'ai, je vous le donne ; » c'est-à-dire, je ne tire rien des moyens humains, mais ce que j'ai reçu de Dieu, je vous le communique. Par moi-même je ne suis rien, par Dieu je suis tout.

C'est bien là le caractère de la vérité souveraine. Or que dirait-on d'une puissance temporelle qui voudrait poser des limites à cette communication de Dieu et des évêques ne formant qu'un tout indivisible ?

S'il faut respecter la puissance des autres États, que doit-il en être de celle du Saint-Siége et de la hiérarchie apostolique? Toute spirituelle, cette puissance, en tant qu'incarnée dans sa puissance temporelle qui fait son indépendance, a pour essence une inviolable neutralité. Il faut respecter, à l'un et à l'autre titre, sa liberté, car enfin elle existe, et le monde entier sans exception de croyances, reconnaît son existence. N'arrêtez point la lumière de ce phare; sans doute elle ne contraindra jamais, elle n'aura chez un peuple sa milice sainte qu'en vertu de la liberté de conscience, comme exerçant un droit naturel de liberté, une liberté politique qui ne doit jamais troubler l'ordre, qui est soumise aux lois d'ordre public; mais comme liberté politique, devant être respectée, être maintenue, et en vertu du droit des citoyens qui professent cette foi, et par la convention internationale du souverain pontife et du gouvernement de ce peuple. Le droit politique des gouvernés doit être assuré par la justice publique ou par les tribunaux. Le souverain pontife, organe de cette liberté qui est la vérité, laquelle a place dans un territoire, s'entend avec le gouvernement pour ce qui doit la garantir et non la restreindre.

Admirable traité entre la vérité qui nourrit et enrichit, et l'Etat qui lui doit sa vie et sa splendeur! Echange ineffable, donation céleste qui ne demande qu'à faire couler les trésors de la vérité, de la justice et de la paix, et qui, pour toute sanction, ne fait pas la guerre, mais *secoue la poussière de ses pieds* contre le prince ou le peuple qui viole ce pacte auguste, prête à toutes les condescendances comme charité, incorruptible et invincible comme vérité!

L'Église ne fera plus partie de l'État, il n'y a plus de bénéfices; mais son action sur le peuple sera l'exercice d'un droit naturel et politique. C'est ainsi que ses propriétés et ses établissements, se confondant avec sa liberté, seront inviolables.

Le droit d'association est inhérent à la vérité, à la religion surtout, car c'est la vérité mise en pratique et en possession des consciences. Les évêques, inséparables du pape, précisément parce qu'ils sont une association reposant sur la vérité, forment un tout infaillible. C'est l'Église, ou le pape et les évêques indivisiblement unis, qui est infaillible, et non le pape séparé des évêques, ou les évêques séparés du pape. Mais qui fait cette union? l'esprit saint; il l'a attachée à l'unité, et à la mystérieuse communication de ses dons entre le pape et les évêques.

Le concile œcuménique a pour objet, non de dominer le pape, mais de montrer aux peuples l'unanimité du pape et des évêques.

Le concile de Jérusalem, qui fut le modèle de tous les autres, a été réuni à cette fin de montrer avec plus d'éclat, aux esprits même les plus incrédules, l'unanimité absolue des apôtres. « C'est une monarchie parfaite, dit Gerson, la seule monarchie immuable qu'ait créée Dieu. Son pouvoir a été si immédiatement conféré de Dieu, que l'Église tout entière ne peut ni la détruire, ni la modifier, et si elle la détruisait, elle ne pourrait la relever. »

La liberté de l'Église catholique est une question capitale pour l'Europe et particulièrement pour l'Italie et pour la Suisse, où elle est si indignement violée ; car cette liberté implique la conservation de la liberté politique. Hors de là, ce n'est plus la liberté constitutionnelle, mais une liberté dégradée et sauvage : c'est la licence dans ce qu'elle a de plus hideux.

Il faut dès-lors regarder comme les plus grands ennemis de la liberté politique des peuples, les ennemis de la religion ou du catholicisme.

SECTION VI.

La liberté civile et politique des peuples n'existe que par le catholicisme et par l'indépendance temporelle du Saint-Siége.

On ne saurait trop insister sur cette grande thèse : que la liberté n'existe que par le catholicisme ; que la liberté catholique, c'est la liberté politique, et réciproquement.

M. de Montalembert a dit éloquemment, à la tribune de l'Assemblée nationale, que l'indépendance du pape est nécessaire à la liberté de conscience de 200 millions de catholiques, et que cette indépendance comprend à-la-fois sa sûreté, sa liberté personnelle et son autorité comme prince et souverain pontife. Cet orateur éminent a eu raison de soutenir que la puissance temporelle et la puissance spirituelle du pape ne peuvent se séparer. Le temps et la gravité des conjonctures ne lui ont pas permis de donner plus de développement à sa pensée. Nous osons la compléter en disant que ce n'est pas seulement la liberté de conscience de 200 millions de catholiques, mais la distribution et l'organisation du pouvoir politique, l'équilibre moral et matériel de l'Europe, et les destinées sociales du monde entier qui exigent le maintien et l'inséparabilité de l'autorité à-la-fois temporelle et spirituelle du Saint-Père, et qu'en se bornant à protéger la sûreté et la liberté individuelle de ce pontife, en distinguant entre le pape et le prince, entre l'autorité spirituelle du Saint-Siége et son autorité temporelle, en écartant la question des rapports du gouvernant et des gouvernés, et en abandonnant à l'insurrection le droit de modifier ou de détruire ces rapports, le gouvernement de la République aurait méconnu le premier de ses devoirs.

Jetons un regard sur l'histoire. Croit-on que l'établissement temporel du Saint-Siége, à Rome, ait été une institution purement arbitraire, un don ou une concession gratuite du puissant empereur Charlemagne? Ce serait une grande erreur. Ce fut, au contraire, une nécessité politique, plus encore que religieuse. Les empereurs d'Allemagne, et plus tard d'Autriche, voulurent constamment asservir cette puissance spirituelle, en s'arrogeant le droit d'élire les papes et d'instituer les évêques. Si une puissance spirituelle et temporelle à-la-fois n'eût repoussé et fini par vaincre ces prétentions, c'en était fait non-seulement du catholicisme, mais de l'ordre politique en Europe.

L'histoire prouve, avons-nous dit, que la liberté politique des peuples a péri par l'oppression de la liberté catholique du Saint-Siége. L'empereur d'Allemagne, Othon Ier, avait proclamé sa souveraineté sur l'Italie et sur le Saint-Siége, et l'on vit dès-lors, en l'absence de la liberté de l'Église, grandir l'oppression féodale. Bientôt les ducs, les princes firent la loi aux empereurs, et ces derniers furent réduits, en Allemagne, à une présidence nominale. Ils se jetèrent alors dans un autre extrême. Pour abattre ces barrières féodales et avec elles la papauté, ils créèrent la puissance temporelle des évêques, auxquels ils conférèrent des duchés et des comtés, s'efforçant, par ces amorces funestes, de se les assimiler, et de s'en faire un instrument de règne. Mais, par la force même des choses, les évêques et les princes s'unirent aux papes pour renverser la puissance des empereurs en Italie. Ce fut la source de la grandeur du pontificat de Grégoire VII qui finit par assurer l'indépendance du Saint-Siége, en interdisant aux empereurs de nommer les évêques et de leur donner l'investiture par la crosse et par l'anneau. Et malgré les efforts de Henri III et de ses successeurs, les empereurs d'Allemagne furent expulsés d'Italie.

Ainsi la liberté politique et l'émancipation finale de l'Italie ne furent que le résultat de l'indépendance temporelle du Saint-Siége. Sans cette autorité politique du Saint-Siége, elle eût continué de gémir sous l'oppression et la dévastation allemandes; car l'Allemagne, sans autorité et sans guide, resta elle-même, après cette émancipation de l'Italie, en proie à la plus effroyable anarchie. La suite de l'histoire le prouve. Jules II, Léon X, Clément VII, comme leurs prédécesseurs, travaillèrent constamment à l'affranchissement de l'Italie. La liberté politique ou l'indépendance temporelle des papes enfanta toujours la liberté politique des peuples.

On a vu le Saint-Siége, en 1801, tenter de faire renaître cette liberté catholique, et par elle, la liberté politique en France; mais la ruse et la tyrannie qui détruisirent la première par des articles organiques subreptices, ravirent en même temps la seconde aux peuples. C'est qu'il est de l'essence de la liberté catholique de préparer le triomphe du droit, et les usurpateurs de toute espèce ont horreur du droit comme de la liberté. Bientôt on vit l'autorité temporelle rendue au Saint-Siége en 1814 et 1815, faire renaître avec elle la liberté politique en France. On eut encore la lâcheté de ne point y maintenir la liberté catholique, et la liberté politique y périt de nouveau par la révolte et l'usurpation.

La succession des événements, qui sont la démonstration sans réplique des nécessités sociales, établit donc comme un axiome : que dans Rome l'autorité politique se confond avec la liberté catholique du souverain pontife; et c'est ce qui fait l'indivisibilité et l'inaliénabilité de la puissance ou de la souveraineté du pape dans les États romains. Les papes ne peuvent démembrer cette souveraineté, puisqu'ils la tiennent immédiatement de Dieu, à la différence des autres souverainetés qui peuvent partager avec leurs peuples la puissance législative. Mais la liberté politique est-elle pour cela exclue des États romains? C'est tout le contraire : elle y a un fondement plus inébranlable qu'ailleurs. Le pape Pie IX, par une inspiration d'en haut, a voulu unir la coopération de l'intelligence et de la volonté de ses peuples à la liberté politique et catholique du Saint-Siége, et offrir ainsi au monde l'exemple de la véritable liberté politique, puisée dans la liberté catholique, et de toutes les libertés réelles ayant leur racine et leur garantie dans la religion.

Comprend-on maintenant l'aveuglement et le crime de ces démagogues qui prétendaient séparer à Rome la puissance temporelle des prérogatives spirituelles de la tiare? Comprend-on l'ignorance et l'impéritie de prétendus hommes d'État qui croyaient pourvoir suffisamment aux besoins de la religion et de la civilisation chrétienne, en assurant la liberté personnelle du Saint-Père, comme homme et comme pontife?

Savez-vous ce qui arriverait d'une telle révolution consommée à Rome? Une effroyable conflagration et une anarchie sans terme en Italie, en Allemagne, en France et en Europe. Ce n'est pas en vain que l'on ébranle les fondements de l'ordre moral, et cette autorité, image de Dieu sur la terre, dépositaire des sources sacrées du droit et de la paix, dont la neutralité pacifique et sainte domine les passions et les discordes humaines. On a vu, comme nous l'avons dit, l'émancipation de l'Italie par Grégoire VII; et la liberté catholique continuant d'être méconnue en Allemagne, y faire place à une anarchie si épouvantable, qu'il n'y en a pas eu d'exemple dans les annales de l'humanité. Le clergé seul put en suspendre les horreurs, en y faisant proclamer la *trêve du Seigneur.*

Mais bientôt de nouvelles protestations s'élevèrent en Allemagne, qui fut le berceau de la réforme contre la liberté politique du Saint-Siége et des peuples. Le feu de la révolte gagna la France, et la féodalité ou les puissants seigneurs qui avaient méconnu l'autorité égalitaire et libérale du Saint-Siége, s'en firent les complices.

Saint Louis, par sa Pragmatique-Sanction, avait rétabli la véritable liberté catholique; car les fidèles et le clergé désignaient les évêques, et l'investiture n'appartenait qu'aux papes. Ce fut une grande question que celle de savoir si le concordat de François Ier subvint efficacement aux besoins de l'autorité et de la liberté, par le droit de la nomination royale. Toujours est-il que les concordats ne purent porter atteinte à l'autorité et à la liberté catholique du Saint-Siége, et qu'il n'a pu dépendre de la volonté d'aucun souverain temporel d'entraver ou de paralyser la liberté catholique des citoyens par des stipulations subreptices et par la violation de ces traités ; que les concordats doivent être une garantie, et nullement une loi arbitraire constitutive de la liberté catholique des peuples. — Ébranlez ces principes, ces vérités éternelles, et, par l'anarchie des intelligences et des consciences, par le pouvoir jeté en proie à des passions brutales et sauvages, par la politique du *poignard démocratique* et de la violence, vous arriverez au bouleversement radical et complet des sociétés humaines !

Que Dieu détourne à jamais ces orages, et les maux incalculables qu'ils attireraient sur l'humanité ! Le seul moyen de prévenir de tels fléaux, c'est de maintenir au pape la plénitude de son autorité temporelle et spirituelle, de considérer comme inséparables cette autorité et les libertés politiques qui y trouvent leur origine et leur sanction ; et cela non pas seulement dans l'intérêt de Rome et de l'Italie, mais dans celui du monde social pour qui la neutralité perpétuelle des possessions du Saint-Siége est devenue la base élémentaire et fondamentale du droit public et de la civilisation moderne.

SECTION VII.
Les institutions représentatives sont dues au catholicisme.

Est-ce le protestantisme, en effet, qui a introduit en Europe la monarchie représentative, la seule capable de maintenir l'accord du pouvoir et de la liberté? Ce serait une grande erreur de le croire.

« Est-il vrai, dit M. le docteur Balmès (1), que le catholicisme renferme au moins un certain penchant à restreindre la liberté? Qu'a produit en Europe le protestantisme par rapport aux formes politiques? En quoi a-t-il corrigé ou amélioré l'œuvre du catholicisme? Dans les siècles qui précédèrent le XVIe, l'organisation de

---

(1) *Le protestantisme comparé au catholicisme*, t. III, ch. 61, p. 284, etc.

la société européenne s'était compliquée de telle manière, le développement de toutes les facultés intellectuelles était parvenu à un tel point, la lutte des intérêts était si vive, enfin chaque nation s'étendait tellement par l'agglomération successive des provinces, qu'un pouvoir central, fort, énergique et dominant toutes les prétentions individuelles et de classes était de tout point indispensable pour le repos et la prospérité des peuples. De toute autre manière l'Europe ne pouvait espérer un jour de calme ; car là où existe un grand nombre d'éléments variés, opposés et tout puissants, il faut une action régulatrice pour prévenir les chocs, calmer les ardeurs excessives, modérer la vivacité du mouvement, empêcher une continuelle guerre qui entraînerait nécessairement à sa suite la destruction et le chaos. C'est pourquoi, dès que cela fut possible, *on vit une tendance irrésistible vers la* MONARCHIE ; et comme la même tendance s'est fait sentir dans tous les pays de l'Europe, dans ceux-là même qui avaient des institutions républicaines, c'est un signe QU'IL EXISTAIT POUR CELA DES CAUSES TRÈS-PROFONDES. — *Aujourd'hui il n'est pas un publiciste marquant qui mette en doute ces vérités.* Précisément, depuis un demi-siècle, il s'est passé des événements tout-à-fait propres à faire comprendre que la monarchie en Europe était quelque chose de plus qu'*usurpation et tyrannie*. Dans les pays même où les idées démocratiques s'étaient implantées, il a fallu les modifier, peut-être même les fausser tant soit peu *pour y pouvoir conserver le trône qu'on regarde comme la plus sûre garantie des grands intérêts de la société.* »

Maintenant, a-t-on dû au protestantisme les institutions représentatives propres à mettre les peuples à couvert des vexations et des excès ? « J'ouvre les fastes de l'histoire, continue le même auteur, j'examine les idées et les mœurs des peuples, les institutions dominantes, et je ne vois de tous côtés que *fueros*, priviléges, libertés, *Cortès*, États-généraux, municipalités, jurys. Tout cela m'apparaît dans une grossière confusion ; mais je le vois et je ne m'étonne pas que la régularité y manque, car c'est un monde nouveau qui vient de sortir du chaos. Je m'enquiers si le monarque a la faculté de faire seul la loi ; sur cette question, comme il est naturel, je trouve variété, incertitude, confusion ; mais j'observe que les assemblées représentant les diverses classes de la nation prennent part à la formation des lois. Je demande si elles ont une intervention dans les grandes affaires de l'État, et je trouve consigné dans les codes qu'elles doivent être consultées sur toutes les affaires graves et importantes ; je vois les monarques observer fréquemment ce précepte. Je demande si ces assemblées ont quelques garanties pour leur existence et leur influence ; les codes me répondent par les textes les plus décisifs, et mille faits viennent me rappeler combien ces institutions étaient profondément enracinées dans les coutumes et les mœurs des peuples. *Or quelle était la religion dominante ? Le catholicisme.* Les peuples étaient-ils fort attachés à la religion ? A tel point que l'esprit religieux dominait tout. Le clergé avait-il une grande influence ? Une influence très-grande. *Quel était le pouvoir des papes ? C'était un pouvoir immense....* Où voyez-vous agir le clergé dans la vue d'accroître les facultés des rois aux dépens des peuples ? *Où sont les décrets pontificaux contraires à telles ou telles formes ? Où sont les mesures et les calculs des papes pour restreindre un seul droit légitime ?*

« Point de réponse..... Quoi ! il aurait suffi d'une parole du souverain pontife pour frapper de mort toute forme populaire, et les formes libres se développaient rapidement ! Où est donc la tendance de la Religion catholique à rendre les peuples esclaves ? *Où est cette alliance impie des rois et des papes pour opprimer, vexer,* pour établir sur le trône un féroce despotisme et se délecter à son ombre des infortunes et des larmes de l'humanité ? Lorsque les papes avaient un différend avec quelque royaume, était-ce communément avec le prince ou avec les peuples ? Lorsqu'il fallait se décider contre la tyrannie ou contre l'oppression d'une classe, qui donc élevait plus haut et plus fortement la voix que le pontife romain ? N'étaient-ce pas les papes qui, de l'aveu de Voltaire, contenaient les souverains, *protégeaient les peuples,* mettaient fin aux querelles du temps par une sage intervention, rappelaient aux rois et aux peuples leurs devoirs, et lançaient des anathèmes contre les grands attentats qu'ils n'avaient pu prévenir ? »

Enfin, qui a donné le modèle de cet esprit de délibération qui contrastait si singulièrement avec l'inclination aux moyens violents, de ces assemblées où le mérite, le talent et la vertu avaient la prééminence? La Religion catholique seule. « Considérons, continue M. Balmès, les annales des nations de l'antiquité ou de celles des temps modernes, nous y verrons que toutes les assemblées délibérantes sont formées de personnes qui ont le droit de s'y asseoir par une disposition consignée dans les lois. *Mais y appeler l'homme de lumière uniquement parce qu'il est homme de lumière, c'est payer un magnifique tribut au mérite, c'est proclamer de la manière la plus solennelle que le soin de régler le monde appartient en propre à l'intelligence.* C'EST LA CE QU'A FAIT L'ÉGLISE ET L'ÉGLISE SEULE. »

Au contraire, qui a introduit le despotisme après avoir substitué la sanglante et sacrilège anarchie à la liberté? Le protestantisme. « On doit tout d'abord remarquer, ajoute M. Balmès (1), que le plus grand accroissement du pouvoir royal en Europe date précisément de l'époque du protestantisme. En Angleterre, à partir d'Henri VIII, ce qui prévalut ne fut pas même la monarchie; mais un despotisme si cruel que ses excès n'ont pu être déguisés par de vaines apparences de formes impuissantes. En France, après la guerre des huguenots, le pouvoir royal se montre plus absolu que jamais; en Suède, Gustave monte sur le trône, et dès cet instant les rois exercent un pouvoir presque illimité; en Danemark, la monarchie continue et se fortifie; en Allemagne, on voit se former le royaume de Prusse et prévaloir généralement les formes absolues; en Autriche, l'empire de Charles-Quint s'élève avec sa puissance et sa splendeur; en Italie, les petites républiques disparaissent peu à peu, et les peuples, sous un titre quelconque, se rangent à la domination des princes; en Espagne enfin, les antiques Cortès de Castille, d'Aragon, de Valence et de Catalogne tombent en désuétude, c'est-à-dire qu'au lieu de voir les peuples faire, par l'avènement du protestantisme, un pas vers les formes représentatives, nous remarquons, au contraire, qu'ils marchent rapidement vers le gouvernement absolu.... Cette

---

(1) *Le protestantisme comparé au catholicisme*, ch. 62.

coïncidence fut-elle purement accidentelle? y eut-il quelque connexion secrète entre le protestantisme et le développement, l'établissement définitif des formes absolues? Je le crois ; et j'ajouterai même que si le catholicisme eût gardé une domination exclusive sur l'Europe, le pouvoir royal se serait doucement limité, que les formes représentatives n'auraient peut-être pas complétement disparu, que les peuples auraient continué de prendre part aux affaires nationales, que nous nous trouverions infiniment plus avancés dans la carrière de la civilisation, plus formés à la véritable liberté, et que cette liberté ne se rattacherait pas dans notre pensée à des scènes d'horreur. — *Oui, la malencontreuse réforme a faussé la marche des sociétés européennes;* elle a altéré la civilisation, créé des nécessités qui n'existaient pas, et formé des vides qu'elle n'a pu combler; plusieurs éléments de bien furent détruits par elle; *elle changea par conséquent jusqu'aux racines les conditions du problème politique.* »

« Les peuples européens (1) ont-ils à se plaindre du pouvoir illimité qu'exercèrent les monarques? Doivent-ils regretter que toutes les formes représentatives qui pouvaient être une garantie de leurs libertés, aient péri sous l'ascendant du trône? Qu'ils s'en prennent au protestantisme qui, en répandant sur toute l'Europe des germes d'anarchie, créa la nécessité impérieuse, urgente, inévitable, de centraliser le commandement, de fortifier le pouvoir royal ; il fallut boucher toutes les issues par où les principes dissolvants pouvaient avoir accès ; il fallut contenir étroitement tous ces éléments qui, par le contact et le voisinage, étaient près de s'enflammer et de produire une conflagration funeste..... On ne peut sans effroi promener son regard sur l'Europe après le protestantisme : quelle effroyable dissolution ! quel égarement d'idées ! quel relâchement de mœurs ! quelle multitude de sectes ! que d'animosité dans les esprits ! quel acharnement ! quelle férocité ! Des disputes violentes, des débats interminables, des récusations, des récriminations sans fin : troubles, rébellions, guerres intestines, guerres étrangères, batailles sanglantes, sup-

---

(1) *Le protestantisme comparé au catholicisme*, ch. 63.

plices atroces, tel est le tableau que présente l'Europe..... Il en devait résulter ce qui en est résulté en effet ; l'instinct de conservation, plus fort que les passions et les désirs des hommes a dû prévaloir ; il a suggéré à l'Europe l'unique moyen qu'elle eut de se sauver ; le pouvoir royal, qui avait déjà acquis une grande puissance et qui touchait à son apogée, a dû finir par atteindre le faîte..... — Si l'on y fait attention, tel est le sens de l'évènement de 1680 en Suède lorsque ce pays se soumit entièrement à la libre volonté de Charles XI ; telle est le sens de l'évènement de 1669 en Danemark, lorsque la nation, fatiguée d'anarchie, supplie le roi Frédéric III de vouloir bien déclarer la monarchie héréditaire et absolue, ce qu'il fit en effet ; telle est enfin la signification de ce qui se passa en 1747 en Hollande et de la création d'un stathouder héréditaire. Si nous voulons des exemples plus éclatants, nous avons le despotisme de Cromwel en Angleterre et celui de Napoléon en France après la république. »

Enfin, qui a brisé l'action et l'unité de la civilisation européenne ; divisé ce faisceau des forces morales, intellectuelles et matérielles qui aurait porté dans les autres parties du monde déshéritées par l'idolâtrie et l'islamisme, le flambeau de la foi et de la civilisation chrétienne qui n'aurait fait de l'Europe qu'une magnifique unité politique capable par son énergie native, par son amour des grandes choses, de vivifier et de ressusciter l'Asie, l'Afrique et l'Amérique ? « Pour tout homme qui pense, dit M. Balmès (1), il est évident que l'Europe n'est point ce qu'elle aurait été sans l'apparition du protestantisme ; et à coup sûr il n'est pas moins évident que les résultats de son influence civilisatrice sur le monde n'ont pas répondu à ce que promettaient les premières années du xvie siècle. Que les protestants se glorifient d'avoir donné à la civilisation européenne une impulsion nouvelle ; qu'ils se vantent d'avoir affaibli le pouvoir spirituel des papes en faisant sortir du bercail sacré des milliers d'âmes ; qu'ils se glorifient d'avoir détruit les ordres religieux, d'avoir mis en pièces la hiérarchie ecclésiastique et jeté la Bible au milieu des foules ignorantes, avec l'assurance que, pour entendre le livre sacré, il suffit

---

(1) T. ii, ch. 45, p. 437.

de l'inspiration privée ou du jugement de la raison naturelle ; il n'en est pas moins certain que l'unité de la religion chrétienne a disparu parmi eux, qu'ils manquent d'un centre d'où puissent partir les grands efforts, qu'ils sont sans guide, errants comme un troupeau sans pasteur, flottants à tout vent de doctrine, et frappés d'une stérilité radicale pour enfanter la moindre de ces grandes œuvres que le catholicisme a produites et produit encore si abondamment ; il n'en est pas moins certain que, par leurs disputes éternelles, leurs calomnies, leurs attaques contre le dogme et contre la discipline de l'Église, ils ont obligé celle-ci à se tenir dans une attitude de défense, à combattre pendant trois siècles, lui dérobant par là un temps précieux et les moyens dont elle aurait pu profiter pour mener à bout les grands projets médités par elle, et déjà si heureusement mis à exécution. Est-ce un mérite de diviser les esprits, de provoquer des discordes, d'exciter des guerres, de changer des peuples frères en peuples ennemis, de faire d'une grande table de famille dressée entre les nations, une arène de combattants acharnés ? Est-ce un mérite de jeter le discrédit sur les missionnaires qui vont prêcher l'Évangile aux nations infidèles, de leur opposer tous les obstacles imaginables, d'employer tous les moyens pour rendre leur zèle inutile et leur charité sans résultat ? Si tout cela est, en effet, un mérite, je le déclare, ce mérite appartient au protestantisme ; mais si tout cela n'est que désastres et plaies pour l'humanité, c'est le protestantisme qui doit en être responsable. »

CHAPITRE SEPTIÈME.

Nécessité logique d'imiter dans les constitutions humaines l'unité et la stabilité de la constitution de l'Église.

Cette proposition est le corollaire de ce qui précède. On ne saurait trop combattre une idée fausse, accréditée parmi les peuples, par les ennemis de l'ordre et même par des esprits superficiels bien intentionnés, à savoir : que l'Etat doit être laïque, c'est-à-dire complétement étranger à toute croyance, et qu'il n'y a rien de commun entre la constitution de l'Eglise et la durée de l'empire. Ces hommes, quand on aborde la proposition contraire, se récrient aussitôt : « Mais vous voulez donc faire du gouvernement une théocratie ! Avez-vous oublié que J.-C., que vous invoquez, a dit : *Mon royaume n'est pas de ce monde. Rendez à César ce qui est à César, et à Dieu ce qui est à Dieu ?* »

Non, nous ne l'avons pas oublié. Mais nous savons aussi que la société fait partie du monde moral, du monde des intelligences, qu'elle a une âme, en même temps qu'un corps, que cette âme, comme celle de l'individu, a été enseignée par la parole de J.-C. et rachetée par son sang, que cette âme doit être régie par les lois éternelles du monde moral. Ah ! sans doute, la religion ne descendra jamais à se faire un moyen ou un instrument politique, ni elle ne recourra à la puissance physique pour s'établir et pour régner sur les intelligences et sur les cœurs. Sa puissance n'est pas de ce monde, elle n'est pas la puissance de ce monde ; mais la société qui ne peut vivre que par la spiritualité des doctrines philosophiques, par l'accomplissement des destinées morales de ses membres ; la société créée par Dieu même, a besoin de la religion, et elle lui emprunte nécessairement la force que la religion tire de sa constitution immuable, de ses dogmes, de sa discipline et de sa morale.

Il faudrait, au surplus, vouloir nier l'évidence des faits. Le Christianisme *seul* a relevé les débris de l'empire romain dissous, devenu la proie des barbares; il a ranimé et ressuscité ses membres épars, et conservé l'Europe à la vie morale et à la civilisation par l'ascendant des papes sur ces barbares, par le baptême de Clovis, par le génie et la piété de Charlemagne qui sut unir l'Eglise et l'Etat sans les confondre. Le Christianisme a fondé le pouvoir et le gouvernement politiques ; il a adouci et fini par détruire l'esclavage ; il a amorti et désarmé la violence féodale, aboli le divorce, épuré les mœurs publiques, créé l'autorité et la juridiction suprême par les admirables institutions du roi saint Louis, qui ont fait luire sur le monde l'ère de la civilisation dont nous avons recueilli les lumières et les bienfaits.

L'Eglise, selon les belles expressions de M. de Montalembert, forme dans l'âme du peuple le type d'un gouvernement bien ordonné ; elle crée le modèle du gouvernement dans l'âme humaine, elle rend les hommes gouvernables ; et comme l'a dit M. Guizot, elle a fondé la plus grande école de respect qui soit au monde.

Au contraire, le mépris de l'autorité de l'Eglise, suscité par l'hérésie et par le schisme, a ébranlé tous les fondements de l'ordre social, paralysé et rompu le travail de régénération politique de l'Europe. Plus tard le presbytérianisme et la constitution civile du clergé, coups directs portés en France à la constitution de l'Eglise, ont entraîné la ruine de tout ordre politique, celle des fortunes, de la paix publique, la spoliation des corps et des individus, l'épuisement de la société, sa démoralisation, son impuissance à résister à l'anarchie et au despotisme, et cette série de folies atroces et de forfaits qui ont épouvanté le monde. Car il n'y a pas de milieu pour le peuple, dit fort bien M. de Montalembert, il se précipite des sommets de la vérité dans les profondeurs de l'erreur.

Tel fut aussi le secret de ces perturbations, de ces guerres incessantes, de cette diplomatie matérielle et stérile pour le bien, qui, loin de constituer l'Europe depuis trois siècles, ont perpétuellement ajourné sa vie morale, son équilibre et sa loi de conservation. C'est la clef de cette agitation profonde qui remue encore aujourd'hui le monde social dans ses fondements, et qui le menace de l'invasion de nouveaux barbares, plus dangereux mille fois que les Huns et les Vandales qui désolèrent l'Occident.

« Si un jour, dit M. le docteur Balmès (1), qui a conquis l'un des premiers rangs parmi les penseurs et les publicistes de l'Europe, si un jour l'Europe était destinée à souffrir de nouveau quelque bouleversement général et effroyable, soit par débordement universel des idées révolutionnaires, soit par une violente irruption du paupérisme sur les pouvoirs sociaux et sur la propriété ; si ce colosse qui s'élève dans le nord, sur un trône assis parmi des neiges éternelles, portant l'intelligence dans sa tête et la force

---

(1) T. I, ch. 13.

aveugle dans ses mains, disposant à-la-fois des moyens de la civilisation et de ceux de la barbarie, et promenant sans cesse sur l'orient, le midi et l'occident, ce regard avide et astucieux qui est dans l'histoire le signe caractéristique de tous les empires envahisseurs ; si, épiant un moment favorable, il se précipitait dans quelque tentative contre l'indépendance de l'Europe, alors peut-être aurait-on une preuve de ce que vaut dans les grandes extrémités le principe catholique ; alors on toucherait de la main le pouvoir de cette *unité*, proclamée et soutenue par le catholicisme ; et, en se rappelant le moyen-âge, on viendrait à reconnaître une des causes de la faiblesse de l'orient et de l'énergie de l'occident. On se souviendrait d'un fait qui, quoique d'hier, commence à s'oublier ; c'est que le peuple dont l'héroïque courage a brisé le pouvoir de Napoléon, est appelé le peuple proverbialement catholique. Et qui sait si, dans les attentats commis en Russie contre le catholicisme, attentats que le vicaire de J.-C. a déplorés avec un si touchant langage ; qui sait s'il n'y a pas la secrète influence d'un pressentiment, peut-être même la prévision de la nécessité d'affaiblir ce sublime pouvoir qui, lorsqu'il s'agit de la cause de l'humanité, a été, à toutes les époques, le noyau des grands efforts ? »

Quelle est la conséquence de ces faits incontestables ? C'est que les sociétés civilisées ne pouvant subsister sans la religion catholique, doivent dès-lors fonder la stabilité de leur constitution sur la constitution même de l'Eglise. Or ce qui fait la force de la constitution de l'Eglise, c'est l'unité de son organisation par l'inébranlable et indivisible unité de son pouvoir, d'où dérivent la liaison, l'ensemble et le mutuel appui de toutes ses institutions.

Autant donc que les institutions humaines peuvent imiter les institutions divines, et l'art des hommes, l'art divin ; leur faiblesse, la puissance de Dieu ; autant doivent-ils modeler la constitution de l'Etat sur celle de l'Eglise, l'autorité civile sur l'autorité de l'Eglise, la hiérarchie sociale sur la hiérarchie de l'Eglise ; la liberté politique sur la liberté de l'Eglise. Et certes, c'est donner à l'autorité sur la terre une force, et à la liberté politique une fécondité, une étendue qu'elles ne recevront jamais des conventions humaines! Nous disons *modeler* et non pas identifier et confondre, car, quoi qu'on en puisse dire, c'est dans l'union sans confusion, et non point dans la séparation de l'Eglise et de l'Etat, que se trouve le salut des peuples.

Or veut-on savoir un moyen sûr de régler et de fortifier la société humaine sur ce divin modèle? C'est de laisser entièrement libre l'action de l'Eglise, de ne point combattre par des lois incompétentes et faussés sa force et sa liberté divine, de lui laisser répandre sur la terre ces richesses morales inépuisables, qui découlent de son autorité et de sa liberté respectées. C'est de vénérer, à l'égal de celle de Dieu même, l'autorité du Saint-Père, son indépendance spirituelle, et l'ascendant paternel qu'il exerce sur les nations confiées à ses soins, par son indépendance et sa neutralité temporelles ; c'est de laisser entièrement libres, comme on vient de le faire, les synodes, les conciles provinciaux et les conciles nationaux, saintes assemblées, inoffensives pour l'ordre public, qui montrent aux peuples par leurs décrets et par la communication de leurs travaux apostoliques, tout ce que l'autorité et la liberté ont de divin, tout ce que la charité donne de force aux institutions civiles.

Pour nous en convaincre, écoutons avec recueillement ce passage de la lettre synodale que les Pères du concile provincial de Paris viennent d'adresser au clergé et aux fidèles de leurs diocèses :

« Quoi de plus beau, même aux yeux de la sagesse humaine, que la constitution de l'Eglise! Elle est aujourd'hui ce qu'elle fut il y a dix-huit siècles, en sortant des mains de son divin Auteur. Les empires sont tombés, les nations se sont transformées, les peuples se sont fait un jeu des révolutions, l'humanité s'est agitée en tout sens comme un malade qui cherche le repos sans pouvoir le trouver. Au milieu de tous ces mouvements, de toutes ces ruines, de toute cette instabilité des choses humaines, l'Eglise est restée debout sur son roc inébranlable : *Super hanc petram ædificabo Ecclesiam meam* Sur cette pierre, je bâtirai mon Eglise (1).

---

(1) St. Matth., 18.

« Mêlée tantôt à des sociétés en décadence, tantôt à des peuples enfants, elle a vécu dans tous les âges, sous tous les climats, à tous les degrés les plus divers de civilisation, en gardant toujours intacts les principes constitutifs de son organisation. Quel grand spectacle et aussi quelle grande leçon donnée au monde ! A côté de toutes ces sociétés qui s'en vont en poussière, Dieu a voulu la placer comme un perpétuel enseignement, une société immuable : *Et portœ inferi non prœvalebunt adversus eam* (Et les portes de l'enfer ne prévaudront point contre elle (1).

« Mais comme cette société qui est d'institution divine existe pourtant sur la terre, et que ses membres sont des hommes, elle devait avoir, avec des principes invariables, un côté variable et contingent. L'organisation de l'Eglise se compose donc d'une constitution divine, que nul ne peut ni changer, ni modifier, et d'un ensemble d'institutions et de réglements qui, toujours dictés par le même esprit, sont cependant divers selon la diversité des temps et des lieux. Voilà la force et la beauté de l'Eglise : un élément immuable, des pouvoirs bien définis, et qui ne peuvent pas être contestés, une autorité dont la source, la distribution, les limites et les attributions sont certaines ; puis à côté, un élément variable, suivant et dirigeant, dans l'ordre religieux, la société humaine à travers toutes ses phases, s'adaptant à tous les besoins, permettant à l'Eglise de se faire toute à tous, pour gagner tout le monde à J.-C. (I, *Cor.*, ix, 22).

« Mais ces changements sont sans danger, et pourquoi ? D'abord, parce qu'ils ne touchent pas le fond, mais la forme seule des choses ; ensuite, parce qu'ils sont opérés par un esprit toujours le même, et en vertu de principes qui ne changent pas, enfin, parce qu'on les fait lentement, avec maturité, les yeux toujours tournés vers la tradition, ne cédant à aucun de ces besoins factices que les générations malades se créent, et mêlant même à des modifications devenues nécessaires, tous les éléments anciens qu'il est possible de conserver.

---

(1) St. Matth., 18.

« Quand on se demande, continuent ces Pères, ce qui fait la force de l'organisation de l'Eglise, on reconnaît sans peine que c'est son admirable unité, unité dans la foi, unité dans le gouvernement; tout ce qui sort de ce cercle formé d'une chaîne qui descend du souverain pontife au plus petit des fidèles, n'appartient plus à l'Eglise. L'Eglise est un corps dont la tête et les membres vivent de la même vie. La loi d'unité qui concentre l'autorité dans l'Eglise, est merveilleusement tempérée par la loi de charité.

« Comme l'harmonie de la nature résulte de deux forces égales que Dieu a placées dans son sein, et qui président ensemble à tous ses mouvements, ainsi pour cette autre création de sa sagesse, pour l'Eglise qui est la patrie des âmes, tout repose sur la double loi d'unité et de charité, de concentration et d'expansion, d'autorité et de liberté.

« De là, avec un pouvoir toujours un et indivisible, un ensemble d'institutions qui se soutiennent les unes les autres, et qui, loin d'entraver le gouvernement, éclairent sa marche et fortifient son action.

« La merveille du gouvernement de l'Eglise, c'est que tout ce qu'on accorde à la liberté n'entraîne aucun amoindrissement de l'autorité. Plus l'autorité est forte et inviolable, plus la liberté peut être étendue sans danger. C'est ce qui fait que dans l'Église l'autorité n'a jamais comprimé le légitime usage de la liberté. Où l'esprit humain s'est-il plus développé qu'au sein du Christianisme? Les enfants de Dieu sont libres pour toute espèce de bien, le mal seul est interdit. Ils peuvent déployer leurs ailes et parcourir librement les espaces infinis de la lumière; il n'y a que le royaume des ténèbres qui leur soit fermé.

« Mais autorité et liberté, tout est tempéré par la charité. Car si dans l'Eglise, la justice et le devoir règlent l'autorité des supérieurs et la liberté de ceux qui leur sont soumis, c'est aussi la charité qui empêche l'autorité d'être arbitraire et la liberté d'être abusive.

« Que les peuples le sachent, les constitutions, les lois, les combinaisons politiques les plus sages, la plus savante pondération des pouvoirs, tout cela est bien faible et bien impuissant, quand l'âme humaine n'est plus animée par le souffle divin et par le feu de la charité. La force matérielle est un fondement bien fragile; Rien, au contraire, n'est fort comme l'amour : *Fortis est ut mors dilectio* (1).

« Enfin, cette constitution de l'Église, si divine dans son origine, si inébranlable dans son organisation, si forte dans son unité, si belle dans cet esprit de mansuétude et d'amour qui l'anime, qu'est-ce qui achève de la perfectionner en lui faisant accomplir sa fin? C'est la foi que les fidèles ont dans son autorité divine. Cette foi est la mère du respect et de la soumission. En entendant la voix de l'Église, on entend la voix même de Jésus-Christ. On n'obéit pas par contrainte, mais par conscience. Quand la loi sainte parle au-dehors, le devoir parle dans le cœur. Sans cette correspondance, cette soumission, ce respect, la loi divine même serait impuissante ; et jugez ce qu'il en doit être de la raison humaine quand elle s'applique à des générations dont la foi s'est effacée, et qui n'obéissent plus que par force et par intérêt ! »

« Nous avons retracé dans les premiers décrets du concile, comme un salutaire enseignement pour tous, les principales lignes de cette admirable constitution, qui porte si visiblement le sceau de la divinité : elle repose sur le pape et sur les évêques. Au successeur de saint Pierre était dû le premier hommage de notre foi et de notre amour ; nos cœurs, d'ailleurs, s'inclinaient d'eux-mêmes vers le pontife méconnu et persécuté. Notre temps a vu s'élever contre la barque symbolique une furieuse tempête ; puissions-nous voir aussi, après les flots apaisés, la nef déposer sur la rive du Tibre, à l'ombre des vieilles basiliques qui gémissent de leur veuvage, un Père et un Pontife bien-aimé !

« L'Église de Dieu est régie par des évêques soumis au pape. Nous avons rappelé les textes de l'antiquité qui donnent une si haute idée de la dignité épiscopale et une idée si effrayante des obligations qui y sont attachées. Ah! puisse le sauveur et le consolateur de nos âmes nous aider à porter un si lourd et si redoutable fardeau ! »

---

(1) Cant., 8, 6.

» L'Église, dans les premiers siècles, a vu une tentative impuissante faite contre l'autorité et la prééminence des évêques (hérésies d'Aërius). L'esprit de révolte qui a soufflé dans les temps modernes, et qui a occasionné tant de ravages, a voulu aussi ébranler la hiérarchie, changer la constitution de l'Église et ruiner l'autorité de ses chefs. Les hérésies du XVIe siècle ont été condamnées comme celles du v. Mais, dans le sein même de l'Église, et sous le manteau de la piété et de l'orthodoxie, un parti s'était formé, qui joignait à toutes les apparences de la soumission toutes les réalités de la révolte. Ses systèmes, étayés sur une indigeste érudition, ressuscitaient le presbytérianisme et enfantait cette œuvre coupable, la constitution civile du clergé, de laquelle est sortie cette persécution qui a fait tant de martyrs. Quelques germes de ce mal sont restés dans notre législation. Ce sera le travail et la gloire de notre temps de les extirper.

« Mais indépendamment de ces germes funestes, dont le travail est intérieur, lent et ténébreux, il est venu du dehors des semences de discordes que l'esprit du mal s'efforce de féconder. Les enfants de l'Eglise ne sont pas séparés du siècle. Ils vivent dans cette atmosphère enflammée où se forment tant d'orages. Quoi d'étonnant que de temps en temps, l'inquiétude, la fièvre, le vertige en prennent quelques-uns, et qu'ils veuillent, oubliant que la constitution de l'Eglise est divine et invariable, appliquer au gouvernement de la société spirituelle les théories en vogue dans les autres sociétés !....

« Il nous importe, avant tout, de défendre l'Eglise contre l'envahissement de ces flots superbes, poussés contre elle par les tempêtes du dehors. Tant que les colonnes de l'Eglise seront fermes et assurées sur leurs bases, l'édifice restera debout. Ce sont les évêques qui forment les colonnes du temple élevé par Jésus-Christ. Nos décrets rappellent leur autorité, leur rang dans la hiérarchie, leurs rapports avec les prêtres et les fidèles. Notre vigilance pastorale, en en procurant l'exécution, assurera en même temps la paix et l'harmonie dans nos églises, bien sans lequel tout autre bien devient impossible. »

CHAPITRE HUITIÈME.

Du gouvernement temporel de la Providence.

Il n'y a point de hasard dans le gouvernement des choses humaines, et la fortune n'est qu'un mot qui n'a aucun sens, dit Bossuet (politique tirée de l'Ecriture). La vérité, la prudence, la sagesse, la justice, le travail, l'activité diligente dans l'ordre des lois de Dieu, voilà la règle infaillible de conduite dans ce monde; avec cette maxime consolante que nous avons reçue de la Religion catholique : *Que si, pour entretenir l'humilité dans leur cœur, ils doivent toujours être en crainte de leur côté, tout est assuré aux hommes du côté de Dieu, de sorte que leur repos, en cette vie, consiste dans une ferme confiance à sa bonté paternelle, et dans un parfait abandon à sa haute et incompréhensible volonté, avec une profonde adoration de son impénétrable secret* (Bossuet, *Histoire des variations*).

« Je ne sympathise nullement, dit M. l'abbé Balmès (t. I, ch. 13), avec cette école historique fataliste, qui est venue montrer de nouveau le Destin des anciens pesant sur le monde; école qui, si elle parvenait à étendre son influence, corromprait la plus belle partie des travaux historiques et étoufferait l'étincelle des inspirations les plus généreuses. Je vois, dans la marche de la société, un plan, un concert, mais non une nécessité aveugle ; je ne crois pas que les événements s'agitent et tournent confusément dans l'urne du Destin, ni que la fatalité tienne le monde toujours enfermé dans un cercle de fer. Mais je vois une chaîne merveilleuse tendue sur le cours des siècles, chaîne qui ne gêne en rien le mouvement des individus, ni celui des nations, et qui se balance doucement au flux et au reflux que demande la nature des choses ; à son contact jaillissent de la tête des hommes les pensées grandioses : cette chaîne d'or est suspendue à la main de l'Eternel ; elle est travaillée avec une intelligence infinie, et tenue avec un ineffable amour. »

C'est donc en vain que les aveugles enfants d'Israël « dressaient une table à la fortune et lui sacrifiaient (*Isaïe*, LV, 11). » Ils l'appelaient la reine du ciel, la dominatrice de l'univers, et disaient à Jérémie : « O prophète ! nous ne voulons point écouter vos discours, nous en ferons à notre volonté. Nous sacrifierons à la reine du ciel ; et nous lui ferons des effusions, comme ont fait nos pères, nos princes et nos rois ; et tout nous réussissait, et nous regorgions de biens (*Jérémie*, XLIV, 17). »

Les puissants ou les ambitieux de ce monde parlent aussi de leur étoile dominante et favorable, et, au lieu de suivre les lois fondamentales de leur pays, ils invoquent, pour légitimer leurs extravagants projets, l'*astre puissant et bénin* qui a éclairé leur naissance.

Mais il n'y a dans le monde ni fortune, ni astre dominant ; rien ne domine que Dieu et les lois qu'il a tracées à l'univers physique et à l'univers moral : « Les étoiles, comme son armée, marchent à son ordre ; chacune luit dans le poste qu'il lui a donné. Il les appelle par leur nom et elles répondent : Nous voilà. Et elles se réjouissent, et luisent avec plaisir pour celui qui les a faites (*Baruch*, III, 34, 35). »

Tout est sagesse dans le monde, rien n'est hasard : « Dieu a répandu la sagesse dans toutes ses œuvres ; Dieu a tout vu ; Dieu a tout mesuré ; Dieu a tout compté ; Dieu a tout fait avec mesure, avec nombre, avec poids. Rien n'excède, rien ne manque (*l'Ecclésiaste*, I, 10 ; *ibid.*, 9. *La Sagesse*, XI, 21). » A regarder le total, dit Bossuet, rien n'est plus grand, ni plus petit qu'il ne faut : ce qui semble défectueux d'un côté, sert à un autre ordre supérieur et plus caché, que Dieu sait. Tout est répandu à pleines mains ; et, pourtant, tout est fait et donné par compte. « Jusqu'aux cheveux de notre tête, ils sont tous comptés (*Matth.* x, 30). » « Dieu sait nos mois et nos jours, il en a marqué le terme, qui ne peut être passé (*Job*, XIV, 5). » « Un passereau même ne tombe pas sans votre père céleste. Ce qui emporterait d'un côté a son contre-poids de l'autre ; la balance est juste et l'équilibre parfait (*Matt.* x, 29). » Où la sagesse est infinie, il ne reste plus de place pour le hasard, conclut Bossuet (1).

Il y a une Providence particulière dans le gouvernement des choses humaines (2). « L'homme prépare son cœur et Dieu gouverne sa langue (*Proverbes*, xvi, 1). » « L'homme dispose ses voies ; mais Dieu conduit ses pas (*ibid.*, 9). »

On a beau, dit Bossuet, compasser dans son esprit tous ses discours et tous ses desseins, l'occasion apporte toujours je ne sais quoi d'imprévu ; en sorte qu'on dit et qu'on fait toujours plus ou moins qu'on ne pensait ; et cet endroit inconnu à l'homme dans ses propres actions et dans ses propres démarches, c'est l'endroit secret par où Dieu agit, et le ressort qu'il remue.

S'il gouverne de cette sorte les hommes en particulier (3), à plus forte raison les gouverne-t-il en corps d'état et de royaumes. « C'est aussi dans les affaires d'État que nous sommes principalement en sa main, nous et nos discours, et toute sagesse, et la science d'agir (*la Sagesse*, vii, 16). » « Dieu a fait en particulier le cœur des hommes, il entend toutes leurs œuvres (*Psalm.* xxxi, 15, 16). » « C'est pourquoi, ajoute le Psalmiste, le roi n'est pas sauvé par sa grande puissance ou par une grande armée, mais par la puissante main de Dieu. » « Comme la distribution des cœurs est entre les mains de celui qui les conduit, ainsi le cœur des rois est entre les mains de Dieu, et il l'incline où il lui plaît (*Proverbes*, xxi, 1). » Il gouverne particulièrement, dit Bossuet, le mouvement principal par lequel il donne le branle aux choses humaines ; car plus l'ouvrage des rois est grand, plus Dieu surpasse la faiblesse humaine, plus il se l'est réservé, et plus le prince qui le manie doit s'unir à Dieu et s'abandonner à ses conseils. — En vain un roi s'imaginerait qu'il est l'arbitre de son sort, à cause qu'il l'est de celui des autres ; il est plus gouverné qu'il ne gouverne, ajoute l'évêque de Meaux : « Il n'y a point de sagesse, il n'y a point de prudence, il n'y a point de conseil contre le Seigneur (*Proverbes*, xxi, 30). » « Les pensées des mortels sont

---

(1) *Politique.*
(2) *Ibid.*
(3) *Ibid.*

tremblantes, et leur prévoyance incertaine (*la Sagesse,* ix, 14). »
« Il s'élève plusieurs pensées dans le cœur de l'homme, elles le rendent timide et irrésolu. Les conseils de Dieu sont éternels. Ceux-là subsistent toujours, ils sont invincibles (*Prov.,* xix, 21). »

« Quand les classes que Dieu met à la tête de la société, dit le journal l'*Univers* (1), méconnaissent les devoirs qu'elles doivent remplir, lorsqu'elles oublient que leur privilége est une fonction; lorsqu'elles secouent toute autorité et s'affranchissent de toute charité; lorsque pour être plus libres dans leur ambition, dans leur orgueil et leur plaisir, elles disent : Il n'y a plus de Dieu, aussitôt la multitude les prend au mot. Car, en effet, il n'y a plus de Dieu pour le peuple dès qu'il cesse de recevoir d'en haut les lumières, les exemples, les soins qui lui sont dus; il n'est plus instruit, plus aimé, plus soulagé; et dans son cœur s'agite le redoutable problème de l'inégalité des conditions. Otez Dieu, ce problème fait chanceler la raison même, il écrase l'humanité.... Le Christianisme a partout élevé ses autels sur les débris d'idoles abominables. L'autel renversé, l'idole se redresse, elle demande du sang, elle en est abreuvée, et elle en veut encore, et elle en aura encore; jusqu'à ce que la société ait expié son crime en replantant sa croix sur l'idole abattue, le sang coulera devant l'idole. »

Tant que les hommes nieront le gouvernement de la Providence et qu'ils laisseront croire aux peuples que les bases de la société doivent être changées, que le progrès social doit marcher sur les lois divines méprisées; tant que les doctrines du socialisme, qui tient pour non-avenue l'inégalité des conditions et des fortunes, auront cours, l'Europe sera inondée de sang; et si cela pouvait durer, on verrait le dernier de ses habitants expirer sur cette terre désolée où l'amour de Dieu et le respect de ses lois avaient fait naître la plus belle civilisation qui jamais ait éclairé l'univers.

---

(1) Numéro du 3 janvier 1850.

CHAPITRE NEUVIÈME.

A l'inverse du socialisme et du communisme, la Religion catholique indique et apporte un remède à tous les genres de maux et de misères qui affligent l'humanité.

Parmi les nombreuses misères qui accablent l'humanité, en est-il une seule auprès de laquelle le Christianisme n'ait point placé un remède? Les douleurs, l'indigence et les maladies affligent la terre : consolez-vous, infortunés; une charité plus active que tous les maux qui vous dévorent couvrira d'hôpitaux et de saintes filles pour les servir cette terre étonnée qui jusque-là ne connaissait ni le dévouement au malheur, ni le charme de la pitié. Dans le sein d'une immense capitale, séjour de l'égoïsme et de la volupté, on verra s'élever un asile pour tous les genres de douleurs ; des femmes généreuses sacrifieront leur avenir, leur beauté, leur jeunesse, les jouissances et les plaisirs de la vie, les douceurs et les délices d'une sensibilité vive, délicate et noble pour servir le pauvre et soulager les malades. Ce sexe admirable bravera le spectacle hideux des maladies et des plaies, les blasphèmes de l'impiété, les dégoûts de l'ingratitude : transporté d'un saint héroïsme, il s'élancera au-delà des mers sur des rivages inconnus pour aller jusque dans les forêts ensanglantées, les déserts et les mines d'un nouveau monde, fonder des hôpitaux, porter des secours à la douleur, un adoucissement aux maux de la guerre et un allégement aux chaînes de l'esclavage....

De pauvres enfants, fruits du libertinage, ou nés dans l'indigence, sont abandonnés! Ah! ces innocentes créatures seront arrachées à la mort et rendues à l'Eglise par un saint prêtre embrasé de la charité de Jésus-Christ; saint Vincent-de-Paule fondera l'hospice des Enfants-Trouvés; son activité prodigieuse saura procurer un asile à la vieillesse, et même en élever un pour ces hommes flétris du sceau du crime, et condamnés à une éternelle séparation de leurs semblables. Il établira le collége des prêtres de la mission, les confréries de la charité dans les paroisses, des compagnies de dames pour le service de l'Hôtel-Dieu, des filles de charité, servantes des malades, et enfin des retraites pour ceux qui désirent choisir un état dans la vie, et qui ne sont pas encore déterminés. Saint Vincent-de-Paule, prodige de charité et de puissance, renouvellera la face de la terre : plus rapide dans ses conquêtes à Jésus-Christ, et dans les établissements qu'il crée comme par enchantement sur tous les points du globe, que les guerriers les plus fameux ne l'ont été dans leurs ravages, il séchera autant de larmes qu'ils en ont fait répandre, et perpétuera dans tous les âges le souvenir de ses vertus et de ses bienfaits, en les multipliant sans cesse par l'ascendant de son nom et de son exemple.

Le vice et les égarements du cœur couvrent l'humanité d'une lèpre honteuse : l'ordre des religieuses pénitentes saura retirer du vice de malheureuses filles exposées à périr dans la misère. L'esclavage désole encore la terre : les trinitaires ou pères de la rédemption iront se charger de fers et racheter les captifs au péril de leur vie. La révolution et l'infortune ont frappé des jeunes personnes à qui leur naissance semblait réserver un autre sort : Notre-Dame de la miséricorde, et saint Cyr leur ouvriront un asile. Les tempêtes et les périls compromettent le salut des voyageurs : des religieux iront abréger leur vie sur les monts les plus élevés, ou s'ensevelir dans les forêts et les déserts, pour leur tendre des secours. Des catastrophes imprévues frappent l'homme dans ses affections, dans sa famille, dans sa fortune, ou le glaive de la justice le dévoue à la mort : des religieux se feront les hérauts du malheur et de la justice humaine, pour en amortir les coups ou en adoucir les arrêts. L'ignorance et la barbarie menacent l'Europe : les sciences et les arts, fuyant devant Mahomet, se réfugient dans Rome chrétienne : Léon X apparaît, et son siècle, supérieur à celui de Périclès, emprunte, selon l'expression de l'auteur du *Génie du Christianisme,* ses clartés au siècle d'Alexandre, pour les réfléchir sur le siècle de Louis. Les papes font des prodiges ; ils recueillent les débris des âges, couvrent du manteau de la religion les monuments des arts, et font de l'Italie le sanctuaire du génie, des lois et de la civilisation, pour en répandre le feu sacré sur toutes les parties de l'Europe et du monde.

Les ordres religieux sont la milice sainte, qui exécute les vues conservatrices de la cour de Rome, et ses plans de conquête sur l'ignorance et la barbarie; les uns par leur valeur préservent l'Europe de l'invasion des musulmans; les autres, comme les bénédictins, réunissent la triple gloire à laquelle aucune société n'est jamais parvenue, de convertir l'Europe au Christianisme, de défricher ses déserts et de rallumer dans son sein le flambeau des sciences; ou comme les jésuites, ils se partagent entre l'éducation, la chaire, les missions, la conversion et la civilisation des peuples sauvages, et la gloire du martyre dans des pays d'oppression et de despotisme. Toutes les découvertes remarquables et utiles sont dues à des religieux; il n'est pas une congrégation savante qui ne soit vouée à l'enseignement, pas une université qui ne doive son existence à un évêque ou à un prince pieux. Certes, c'est un étrange reproche que celui qui a été fait au Christianisme d'arrêter l'essor du génie et d'entretenir l'ignorance! Il est démontré d'abord, en fait, indépendamment des services immenses des papes et des ordres religieux, que c'est lui seul qui a sauvé la science, les lettres, les arts et la civilisation, tandis que les pays envahis par le mahométisme et par les religions de Confucius et de Brama restent couverts des plus épaisses ténèbres, et languissent dans une continuelle enfance. En second lieu, le Christianisme, en réchauffant dans son sein ces précieux débris des âges, en a fait sortir des chefs-d'œuvre auxquels l'antiquité n'offre rien de supérieur, et, sous certains rapports, rien de comparable: la connaissance de l'homme, ses combats contre ses passions, l'abnégation de soi-même, les prodiges de la charité, la vue constante d'un poids immense de gloire, l'oubli et le mépris des biens de la terre, et même de l'opinion des hommes, ont imprimé au sentiment et à la pensée un cachet divin aussi supérieur à tout ce qui a précédé que la vérité l'est à l'erreur et la lumière à l'ombre. Si l'on n'a point encore cueilli tous les fruits que porte le Christianisme, c'est qu'on ne s'est point assez pénétré de cette grande vérité, que le Verbe renferme toutes les richesses de la nature morale, et seul les fait éclore; qu'il couvre la terre des génies les plus éclatants, comme il a paré le firmament des plus brillantes étoiles, et que par lui seul tout ce qu'il y a de grand, d'utile et de beau est formé, fécondé, ennobli : *Formantur, dituntur, nobilitantur præclarissima ingenia.* Les athées et les déistes ont cueilli quelques-uns de ces fruits qui font toute la beauté de leurs ouvrages, au moment même que leurs efforts sacriléges cherchaient à déraciner l'arbre qui les leur présentait; et dans leur coupable délire et leur révoltante ingratitude, ils ont frappé le sein de la mère qui les avait enfantés à la gloire.... Mais cette influence du Christianisme se bornera-t-elle à embellir le domaine des arts et des lettres? Non; il présente une abondante et inépuisable moisson de vérités politiques, pratiques et morales, en expliquant aux peuples le passé et en leur ouvrant le livre de l'avenir : il leur donne la véritable clef de l'histoire, en leur présentant celle du cœur humain, des grands événements, du caractère et des passions des hommes. Ces passions, mêlées au Christianisme, ayant donné un jeu prodigieux à tous les ressorts de la nature humaine, jamais l'histoire n'a eu plus à peindre et à puiser de plus vastes tableaux dans la nature de l'homme et de la société. C'est cet heureux accord de la religion avec les mœurs, les arts et les lettres, qui a fait la grandeur du siècle de Louis XIV, et qui a fixé les véritables règles du goût, de l'éloquence et de la philosophie. Ce sont les doctrines du dix-huitième siècle qui les ont dénaturées et dégradées. Une crise était dès-lors inévitable; car le symptôme le moins équivoque de celles dont le corps politique est menacé, c'est la décadence des arts et des mœurs. La religion est, selon l'expression de Bâcon, l'*aromate qui conserve la science;* nous devons ajouter : *Et qui en la conservant maintient dans sa vigueur le corps social.* Mais les peuples doivent au Christianisme un bienfait plus grand encore : c'est de savoir garder une mesure dans la sagesse même. Il leur apprend que l'homme ne peut porter qu'un certain nombre de vérités générales et fondamentales, qu'en politique comme en religion, il ne faut pas vouloir tout approfondir. Il fixe leur foi sur un petit nombre d'articles invariablement professés et affermis par l'autorité infaillible de son Église universelle, et déclare ainsi étrangères à la simplicité de sa doctrine les disputes et les querelles qui ont troublé le monde. Ainsi le Christianisme, non content d'expliquer la loi naturelle, le droit civil, le droit politique et le droit des gens, de régler le fond du cœur et de la pensée, les mœurs, les arts et les lettres, rend le calme à l'esprit des peuples en posant des limites que leur raison ne doit pas franchir, en maintenant ainsi la simplicité de la foi, et en donnant à l'intelligence ce repos qu'il établit dans la société extérieure, et qui peut seul garantir la pureté des institutions et des mœurs, comme celle du dogme. Ces lumières et ces bienfaits du Christianisme resteront-ils renfermés dans certaines classes de la société, ou dans les limites de quelques royaumes? Non; les enfants du pauvre y participeront comme les autres hommes, et les Frères des écoles chrétiennes couvriront la surface de la terre, pour leur apprendre à connaître Dieu, à le servir, et en faire d'utiles artisans, de fidèles serviteurs, de bons citoyens. Des peuples sauvages, dans un autre hémisphère, vivent dans l'ignorance des vérités saintes et des bienfaits de la civilisation : des prêtres iront arroser de leur sang la terre étrangère pour les conquérir à Jésus-Christ, et leur procurer les douceurs d'une vie commode, et ils y réaliseront le plus beau plan de société politique qui ait jamais frappé les regards des hommes. Que dirons-nous de plus pour compléter notre preuve, arracher à l'erreur son bandeau et à l'impiété ses armes? Les plus sages des anciens philosophes, Socrate et Platon, déshonoraient leur sagesse par des traits qui en attestaient l'impuissance; ils pensaient qu'il fallait laisser croupir les peuples dans la fange de l'idolâtrie; et la difformité de leurs systèmes dans leurs parties principales montrait, à côté de la grandeur de l'homme, la profondeur de sa dégradation et l'étendue de sa faiblesse et de sa misère. Le Christianisme, au contraire, a voulu que partout l'homme fût éclairé, et après lui avoir fait connaître et sonder la profondeur de sa misère, il a consolé ce roi déchu en lui indiquant des remèdes sûrs pour la réparer. C'est ainsi que la religion chrétienne, non contente de guérir l'homme du péché et de le conduire au ciel en le sauvant du naufrage des passions, guérit encore tous les maux qui l'accablent sur cette terre. Douleurs morales et physiques, abandon et faiblesse de l'enfance, caducité de la vieillesse, égarements du cœur, lèpre du vice, coups du sort, tempêtes et périls des navigations et des voyages, rigueur et intempérie des saisons, inflexibilité de la justice humaine, invasions, barbarie, ignorance, hérésies, inquiétudes et erreurs de l'esprit, pauvreté, captivité, infirmités, faiblesses de l'âme, délicatesses de l'amour-propre, aveuglement des préjugés, tout est secouru, purifié, adouci, consolé, guéri, changé par la Religion chrétienne. Ce même Dieu, qui a répandu tout son sang pour laver nos crimes et nous renouveler pour l'éternité, nous renouvelle encore dans le temps en donnant un prix infini à la douleur et aux sacrifices, et en imprimant aux pensées de l'esprit, aux élans de l'imagination, aux mouvements du cœur et aux actions de la volonté, le cachet de sa divinité : et par ces légions d'anges que la charité multiplie sur la terre pour veiller à tous les besoins de la nature humaine, il nous donne un avant-goût de l'éternelle régénération et de l'immortelle cité.... O prodiges! ô société chrétienne! bien universel, vie, vertu par essence, type et source de toutes les beautés, force, gloire, repos, talisman sublime, enchantement de la vie, comment pourrait-il y avoir sans toi de bonheur sur la terre! Qui donc s'était jamais placé aux avenues et à la source des misères humaines pour en tarir le cours? Qui donc avait jamais pensé à se dépouiller pour nourrir et vêtir le pauvre, à s'exposer à la mort et à toutes les maladies pour sauver la vie de l'homme, à se charger de fers pour le rendre libre, à sacrifier toute son existence pour rendre la sienne moins malheureuse? Quelle est la cause de tant de merveilles? Les institutions?... Les institutions ont-elles jamais détruit l'égoïsme et fécondé le cœur de l'homme?... La philosophie? Son impuissance pour le bien, son pouvoir illimité pour le mal, sont trop attestés par l'histoire humaine.... O Charité, fille du Christ, voilà ton ouvrage! toi seule as pu enfanter de tels prodiges; et donner à ces héros de l'humanité la raison et le prix d'un tel dévouement. La terre et la vie présente ne leur offraient aucun dédommagement : c'est sur l'éternité seule que tu fixais leurs regards.... Tu sus abattre l'orgueil, faire de l'humilité, du pardon des injures, de l'abnégation de soi-même, le fondement de la société des hommes, de l'intérêt commun leur première et leur plus chère pensée, leur inspirer une horreur profonde pour les plaisirs qui conduisent à l'abrutissement, et leur rendre cette vie morale et intelligente qui fait tout leur bonheur et toute leur dignité!...

CHAPITRE DIXIÈME.

Les établissements et les ordres religieux sont les fondements du bonheur des peuples.

Voilà les établissements qui soutiennent et vivifient les empires! Aveugles et imprudents sophistes, vous calomniez ces établissements admirables et vous tremblez de les voir reparaître dans leur vigueur. Dites-nous ce que vous y avez substitué lorsque votre orgueil a fait une table rase de la société politique?... Vous avez placé le pauvre dans l'alternative de la mort ou du désespoir; vous avez enlevé à la douleur son prix et son charme en l'irritant par vos froids sophismes et vos arides secours; vous avez désenchanté les arts et empoisonné la science; vous avez ôté au crime le repentir en le plongeant dans un abrutissement féroce; vous avez doublé l'empire du mal et détruit celui de l'espérance; vous avez fermé le ciel et couvert la terre de forfaits; vous avez lâché la bride à toutes les passions honteuses; le suicide, l'infanticide et tous les genres de crimes et d'égarement se sont multipliés. Les fastes des cours criminelles imposent un éternel silence à votre fausse philanthropie.

Les établissements religieux, au contraire, et tous ceux que la bienfaisance et la charité instituent et font naître, sont la garantie permanente des mœurs, parce qu'ils sont un instrument pour la pratique de toutes les vertus; et si une comparaison tirée des intérêts humains pouvait être appliquée à un sujet aussi sublime, je dirais qu'ils exécutent pour la terre et le ciel de grandes choses, comme les associations et les compagnies enfantent et exécutent d'immenses entreprises pour le commerce et les arts : ou plutôt ils forment une sainte milice qui combat sans relâche et repousse l'invasion des maux et de la douleur, aplanit les voies de la vie, et entretient une continue et fidèle correspondance entre le ciel et la terre, que la philosophie avait séparés. La vertu et la bienfaisance ont besin de leviers pour soulever le poids des chaînes, des misères et des infortunes qui accablent l'humanité, comme la politique en a besoin pour soulever le monde ; et ces leviers admirables du Christianisme et de la morale, ce sont les établissements religieux divers. Ah ! loin de nuire aux institutions sociales, ils en sont le nerf et l'ornement : créés par la liberté catholique et soumis à la surveillance de l'autorité temporelle, que pourraient-ils avoir de contraire à l'ordre public ? Quoi donc ! La liberté ne consistera-t-elle qu'à faire le mal, qu'à distiller le poison des doctrines les plus pernicieuses, qu'à dégrader l'humanité par un abus effrayant du droit de penser et d'écrire ? La liberté de faire le bien aux hommes, de les consoler, de leur rendre leurs titres de noblesse, de réconcilier la terre avec le ciel, et d'entretenir, comme dans autant de sanctuaires, le feu sacré de la charité, des saines doctrines et du génie, qui se communique et se répande incessamment sur toute la terre, et qui puisse, au besoin, survivre à de nouveaux orages, cette liberté précieuse sera-t-elle ravie aux hommes ?

Qui pourrait faire l'énumération de tous les bienfaits des instituts de charité, qui, avant la Révolution, couvraient la France, et de ceux des instituts destinés à répandre la parole divine et l'instruction dans toutes les parties de l'univers ?

Qui pourrait également retracer tous les services rendus à la France par le grand institut de ses prêtres ? « C'est à la voix de ses prêtres que les esclaves finirent par devenir libres sans secousses, que les pauvres furent secourus sans insurrection, et les ignorants catéchisés sans acception de personnes ; que tous les Français enfin furent instruits dans les mêmes dogmes, dans la même morale, dans le même culte, bienfait qui surpasse tous les autres pour la société humaine, puisqu'il en résulte, malgré la différence des conditions, des mœurs et des fortunes, l'union de tous les citoyens dans la même foi, la même espérance, la même charité : miracle d'union religieuse et sociale que l'on eût vu se perpétuer dans notre patrie, si des sectaires ou des sophistes n'étaient venus, pour son malheur, en troubler la céleste harmonie. Tout ce qu'il est enfin au pouvoir de la religion d'opérer de bienfaits sur la terre, la France le trouvait dans son sacerdoce catholique. La hiérarchie de ce sacerdoce, son économie pastorale, ne laissaient rien à désirer aux peuples pour les services spirituels et temporels qu'ils avaient lieu d'en attendre.

« Tout prêtre, par-là même qu'il est prêtre, n'a plus d'existence qui lui appartienne ; il a tout quitté pour suivre Jésus-Christ, pour n'avoir plus à s'occuper que de l'intérêt immortel des âmes... Sa mission ne saurait être différente de celle de Jésus-Christ même ; elle ne saurait être justifiée devant Dieu, devant les hommes, devant la nature que par ses œuvres. Qu'il est doux pour tout un peuple l'avantage d'avoir autant d'hommes ainsi consacrés par état au salut public et particulier de leurs semblables, qu'il existe non-seulement de pasteurs ou de grandes cités, mais de cantons, de villages ou de hameaux dans l'étendue d'un empire ! (*Mémoires relatifs à l'Histoire de la Religion.*) »

CHAPITRE ONZIÈME.

Réponse aux objections d'hommes d'État et d'économistes modernes touchant les ordres religieux.

C'est avec douleur que nous avons vu le beau talent de M. Thiers et d'autres hommes d'État distingués, s'égarer sur cette grave question, dans l'organisation de l'assistance en France. — M. Thiers a présenté les établissements, ou ordres religieux, comme une cause de ruine pour le commerce et l'industrie, comme une source de paresse qui alimente et encourage la mendicité, et dès-là il n'en admet quelques-uns que par une exception arbitraire faite par l'État, et il leur refuse, en principe général, le droit d'acquérir, de recevoir, de posséder et d'aliéner des biens, *comme personnes civiles ;* il préfère leur substituer l'action volontaire et isolée de la charité privée, et ce qu'il appelle la bienfaisance de l'administration de l'État.

Nous répondrons, d'abord, que les temps sont passés où des couvents pourraient s'établir au détriment de la circulation commerciale et industrielle ; et qu'en tout cas, si une juste mesure doit être apportée aux libéralités dont ils seraient l'objet, s'ils sont fondés par une piété éclairée et par la charité, on ne concevrait pas une atteinte arbitraire portée à leur existence civile. Une vérité capitale, c'est que les dangers dont l'industrialisme et l'esprit de monopole d'une part, la licence effrénée de la concurrence et le socialisme de l'autre, menacent la société européenne, ne peuvent être surmontés ni par l'action seule de la charité individuelle, ni par celle de l'État, impuissant à subvenir aux besoins et aux misères variées et infinies de la nature humaine ; qu'il faut dès-lors créer, ou plutôt encourager la formation de ces associations religieuses que des sociétés laïques ne suppléeront jamais, et se servir de ces leviers tout-puissants pour soulager, éclairer et unir les hommes, pour ouvrir aux souffrances l'horison des promesses divines, et pour enlever à l'égoïsme et au désespoir le droit qu'ils s'arrogent de corrompre, de dissoudre et de détruire la société jusque dans ses racines et ses plus intimes fondements.

Nous sommes heureux d'être confirmé dans ces convictions que nous avions déjà exprimées dans de précédents écrits, par ce passage remarquable de l'ouvrage d'un éminent publiciste, dont la sagesse, la haute portée des vues et l'impartialité pleine d'onction éclatent surtout dans ce qui touche aux misères des peuples et aux moyens d'y porter remède :

« L'état même des sociétés actuelles réclamera l'existence des institutions religieuses, dit M. Balmès (1). Lorsqu'on

---

(1) T. II, ch. 47.

aura examiné plus profondément l'organisation des peuples modernes, lorsque le temps, par ses leçons amères et ses terribles expériences, aura jeté un jour plus vif sur la vraie situation des choses, on touchera au doigt que des erreurs encore plus grandes qu'on ne le croit ont été commises dans l'ordre social, aussi bien que dans l'ordre politique. De douloureuses épreuves ont grandement rectifié les idées, mais cela ne suffit point encore.

« Il est évident que les sociétés actuelles manquent des moyens nécessaires pour faire face aux nécessités dont elles se trouvent pressées. La propriété se divise et se subdivise de plus en plus ; tous les jours elle devient plus inconstante, plus mobile ; l'industrie multiplie ses produits d'une manière effrayante ; le commerce s'étend sur une échelle indéfinie, c'est-à-dire que la société, touchant au terme d'une prétendue perfection sociale, est sur le point de combler les vœux de cette école matérialiste, aux yeux de laquelle les hommes ne sont que des machines, et qui ne s'est point imaginé que la société pût se poser un but plus utile et plus grand que celui d'un développement immense des intérêts matériels. La misère s'est accrue dans la proportion même de l'augmentation des produits ; aux yeux de tous les hommes doués de prévoyance, il est clair comme la lumière du jour que les choses suivent une direction erronée, et que si l'on ne peut y porter remède à temps, le dénouement sera fatal. Ce vaisseau que nous voyons marcher si rapidement, vent en poupe et voiles déployées, court tout droit se briser sur un écueil. L'accumulation des richesses, fruit de la rapidité du mouvement industriel et mercantile, tend à l'établissement d'un système qui exploiterait au profit d'un petit nombre les sueurs et la vie de tous ; mais cette tendance même trouve son contre-poids dans les idées de nivellement dont une foule de têtes sont agitées, et qui, se formulant en différentes théories, attaquent plus ou moins ouvertement la propriété, l'organisation actuelle du travail et la distribution des produits. Des multitudes immenses, accablées de misère, privées d'instruction et d'éducation morale, sont disposées à soutenir la réalisation de projets non moins criminels qu'insensés, le jour où un funeste concours de circonstances en rendra l'essai possible. Il est superflu d'appuyer par des faits les tristes assertions que nous venons d'émettre ; l'expérience de chaque jour ne les confirme que trop.

« A la vue d'une telle situation, nous est-il permis de demander à la société quels sont ses moyens, soit pour améliorer l'état des masses, soit pour les diriger et les contenir ? Il est clair que pour la première de ces choses, il ne suffit pas de l'inspiration des calculs privés ni de l'instinct de conservation qui anime les classes fortunées. A proprement parler, les classes telles qu'elles existent actuellement n'ont point le caractère qui constitue la classe ; elles ne sont qu'un ensemble de familles sorties hier de l'obscurité et de la pauvreté, et qui marchent rapidement vers l'abîme même d'où elles sont sorties, laissant la place à d'autres familles qui parcourront le même cercle. On ne découvre chez elles rien de fixe ni de stable : elles vivent au jour le jour, sans songer au lendemain : bien différentes de l'ancienne noblesse, dont le berceau se perdait dans les ténèbres de l'antiquité la plus reculée et dont l'organisation et la force promettaient de longs siècles de vie. Alors on pouvait suivre un système, et en effet, on en suivait un ; car ce qui vivait aujourd'hui était assuré de vivre demain ; tout, maintenant, est inconstant et changeant ; les individus comme les familles se pressent d'accumuler, non pour fonder la richesse qui devra soutenir à travers les siècles l'ostentation et la grandeur d'une maison illustre, mais pour jouir aujourd'hui de ce que l'on amasse aujourd'hui. Le pressentiment du peu de durée que devront avoir les choses augmente encore le vertige et la frénésie de la dissipation. Les temps ne sont plus où les familles opulentes s'efforçaient à l'envi de fonder quelque établissement durable propre à faire foi de leur générosité et à perpétuer l'éclat de leur nom ; les hôpitaux, les autres maisons de bienfaisance ne sortent plus des coffres du banquier, comme jadis des vieux châteaux.... Il faut l'avouer, quelque triste que soit cet aveu, les classes aisées de la société actuelle ne remplissent pas le devoir qui leur appartient ; les pauvres doivent respecter les propriétés des riches, mais les riches à leur tour sont obligés de respecter la fortune des pauvres : Dieu l'a réglé ainsi.

« Il suit de ce que je viens d'exposer que le ressort de la bienfaisance manque à l'organisation sociale ; et remarquez bien que l'administration ne constitue pas la société déjà existante et toute formée ; lorsqu'on demande le salut de la société aux moyens purement administratifs, on s'évertue à faire une chose qui est hors des lois de la nature. En vain imaginera-t-on des expédients nouveaux, en vain tracera-t-on des plans ingénieux et tentera-t-on de nouveaux essais ; la société a besoin d'un agent qui ait plus de puissance. Il est de toute nécessité que le monde se soumette à la loi de l'amour ou à la loi de la force, à la charité ou à la servitude....

« Que si l'on favorisait le développement des institutions qui sont exclusivement basées sur le principe de la charité, on toucherait bientôt au doigt les salutaires résultats et la supériorité qu'elles ont sur tout ce qui a son fondement dans d'autres principes. Impossible de faire face aux nécessités que je viens d'indiquer, à moins d'organiser sur une vaste échelle des systèmes de bienfaisance dirigés par la charité : or cette organisation ne peut se faire sans des institutions religieuses. Il est indubitable que les chrétiens, qui vivent au milieu du siècle, peuvent former des associations par lesquelles cet objet se trouve rempli d'une manière plus ou moins complète ; mais il est toujours une multitude de soins qui exigent absolument la coopération d'hommes consacrés exclusivement à les remplir. Il faut, en outre, un noyau qui serve comme de centre à tous les efforts, noyau qui présente dans sa nature propre et intime, une garantie de conservation, et qui prévient les interruptions, les oscillations inévitables dans un vaste concours d'agents qui ne sont unis entre eux par aucun lien assez puissant pour les préserver de la discussion, de la dispersion, peut-être même de la lutte intestine.

« Ce vaste système dont nous parlons doit s'étendre non-seulement à la bienfaisance, mais encore à l'éducation et à l'instruction de la classe la plus nombreuse. L'établissement des écoles restera stérile, si non nuisible, toutes les fois que les écoles ne seront pas cimentées sur la religion.... Or le ciment ne sera que d'apparence et de nom tant que la direction des écoles n'appartiendra point aux ministres même de la religion. Le clergé séculier peut remplir une partie de ces soins ; mais il ne suffit point à la tâche ; d'une part le petit nombre de ses membres, de l'autre ses autres devoirs l'empêchent d'étendre son action sur une assez vaste échelle pour porter secours à toutes les nécessités que présente l'époque : d'où il suit que la propagation des institutions religieuses a, de nos jours, une importance sociale qu'on ne peut méconnaître, à moins de fermer les yeux à l'évidence des faits.

« . . . . . Si l'on y réfléchit, après tant de discussions, tant d'essais, tant de réformes, tant de changements, les questions de gouvernement, d'ordre public, ont fini par se résoudre en des questions de force. La classe riche a les armes à la main pour résister aux tentatives de la classe pauvre ; et au-dessus de l'une et de l'autre, sont les armées pour maintenir la tranquillité à coups de canon lorsqu'il en est besoin. Certes, le tableau qui s'offre à nous chez les nations européennes est digne de notre attention. Depuis la chute de Napoléon, les grandes puissances ont joui d'une paix octavienne.... Eh bien ! malgré les circonstances, la statistique de l'Europe nous présente des armées énormes ; les budgets qu'il faut pour les entretenir épuisent et écrasent les peuples. A quoi sert cet appareil militaire? Croyez-vous que des forces si gigantesques soient uniquement tenues sur pied dans le but d'empêcher que les gouvernements ne se trouvent pris à l'improviste le jour d'une guerre générale?.... Non, il y a un autre but : les armées sont destinées à suppléer aux moyens moraux dont le défaut se fait sentir de tous côtés d'une manière déplorable, mais nulle part plus vivement que là où les noms de police et de liberté ont été proclamés avec le plus d'ostentation....

« . . . . . . L'amollissement des classes nombreuses au moyen d'un travail monotone, sans effort, et d'un abandon complet au plaisir, peut être considéré par quelques hommes comme un élément d'ordre.... Mais un genre de vie purement matériel et dépourvu du stimulant des principes moraux, finit par éteindre les sentiments et plonge l'âme dans une sorte de stupidité, dans un oubli de soi-même qui peut, en certains cas, remplacer la valeur.... Si l'on suppose les passions excitées par les troubles du temps, les classes nombreuses pourront déployer une énergie dont on les croit incapables, la vue de leur multitude relèverait leur courage ; d'astucieux et hardis tribuns se mettant à leur tête achèveraient de les rendre terribles.

« Quoi qu'il en soit, ce qu'il y a de certain, c'est que la société ne peut continuer sa carrière sans l'influence et le secours des moyens moraux ; ces moyens ne peuvent suffire dans le cercle étroit où on les tient renfermés ; par conséquent il est indispensable de fomenter le développement des institutions religieuses propres à exercer l'influence morale d'une manière pratique et efficace. Les livres ne suffisent pas ; étendre l'instruction n'est qu'un moyen insuffisant, lequel même peut devenir funeste si on ne l'appuie pas sur de solides études religieuses. La propagation d'un sentiment religieux, vague, indéfini, sans règle, sans dogme ni culte, ne servira qu'à propager des superstitions grossières parmi les masses, à former une religion de poésie et de roman dans les classes cultivées ; vains remèdes qui n'arrêtent point le cours du mal, et qui, en augmentant le vertige du malade, précipitent sa mort. »

Il ne s'agit point ici de ressusciter le passé sous les mêmes dénominations que portaient les ordres religieux, ni avec les mêmes formes extérieures, mais de laisser à la piété, à la charité chrétienne, au zèle apostolique comme à l'industrie, le droit de s'associer avec des statuts et sous une règle qui n'ont rien de contraire à l'ordre public, de former de ces agrégations solides, inaccessibles aux passions et aux intérêts humains, capables de donner un corps actif et pratique à ces admirables vertus chrétiennes qui surpassent encore le nombre des maux de l'humanité ; de faire, pour le soulagement et l'éducation des peuples, pour leur pauvreté et leur misère physique, intellectuelle et morale, ce que les grandes associations industrielles et commerciales savent faire et ont le droit de faire pour l'accroissement des richesses matérielles ; et, par des moyens analogues à ceux que les ordres religieux employèrent autrefois contre l'hérésie, contre l'hypocrisie et le débordement de tous les vices et de toutes les erreurs qui assiégeaient la société européenne, de fonder des institutions qui, par l'exemple et la parole, par les œuvres et la prière, puissent calmer le délire des masses et faire rentrer la civilisation dans ses voies naturelles.

« Le caractère même, ajoute M. Balmès, dont ces institutions sont empreintes, caractère quelque peu démocratique (1), non seulement parce que des hommes de toutes les classes du peuple y sont réunis, mais aussi à cause de l'organisation spéciale de leur gouvernement, est éminemment propre à rendre efficace leur influence sur une démocratie turbulente, fière, enorgueillie de sa récente liberté, peu disposée, par conséquent, à sympathiser avec ce qui présenterait des formes aristocratiques et exclusives; cette démocratie trouve dans les institutions religieuses une certaine analogie avec sa propre existence et son origine. Ces hommes sont sortis du peuple, vivent continuellement en communication avec le peuple, sont vêtus comme le peuple d'habits grossiers, sont pauvres comme le peuple.... Ce sont des hommes sans demeure fixe et que l'on trouve tantôt dans une populeuse cité, tantôt dans un hameau misérable ; aujourd'hui au centre du vieux continent, demain sur un navire qui les porte à des missions périlleuses, dans les contrées les plus reculées du globe.... Le peuple les trouve partout, les rencontre continuellement sur ses pas, soit dans la félicité, soit dans les larmes. »

Soyez-en bien convaincus, si vous ne donnez pas cette puissance féconde en merveilles inconnues du pouvoir humain, à l'économie politique et à vos institutions sociales, vous vous consumerez en vains efforts pour refouler le torrent qui vous menace, et la société périra submergée par les flots de cette barbarie que vous aurez fait sortir de ses entrailles mêmes.

Nous traiterons plus bas de la légalité de ces associations.

---

(1) T. II, ch. 47.

LIVRE DEUXIÈME.

DE LA FAMILLE ET DE LA PROPRIÉTÉ.

CHAPITRE PREMIER.

La famille et la propriété sont des institutions divines.

On nous pardonnera de prouver par des textes cette vérité élémentaire aussi ancienne que la création. Mais quand de coupables sophistes veulent changer le monde tel qu'il existe depuis six mille ans, et qu'ils invoquent pour le bouleverser le nom de Dieu et de son Christ ; il faut bien reproduire les titres antiques et primordiaux de sa constitution sociale. Nous écrivons pour les masses et pour ces générations que l'on trompe sur la parole de Dieu même, et à qui l'on veut rendre suspecte cette parole. Nous sommes donc forcé de la leur faire connaître et de leur en démontrer la vérité, l'efficacité et la toute-puissance sur les destinées des sociétés humaines.

SECTION I.

Preuves tirées de l'Ancien-Testament.

Dieu lui-même a créé la famille et ses lois, la propriété et son caractère inviolable. On ne contestera pas apparemment l'authenticité des saintes Ecritures, ni la vérité des livres de Moïse avec lesquels s'accordent tous les faits observés par la science moderne et la tradition universelle des peuples. Ces livres, connus sous le nom de *Pentateuque*, sont aussi anciens que la nation juive. Je m'adresse à l'incrédule, et je lui dis avec un célèbre controversiste (1) :

« Vous croyez bien qu'Homère est un poète grec, qui a composé l'Iliade, il y a plus de vingt siècles, et pourquoi le croyez-vous? parce que vous avez pour vous la foi publique de tous les âges, appuyée sur une suite de monuments qui remontent jusqu'au temps où l'on dit qu'Homère a vécu, et qui le font auteur de l'Iliade; parce qu'il est impossible d'assigner une époque postérieure où un faussaire aurait pu avec succès supposer ce poëme sous le nom d'Homère; parce que enfin dans le corps de l'ouvrage, dans la description des mœurs, des usages, des lieux, des caractères, des personnages, tout y sent l'antiquité qu'on lui attribue. Eh bien! cet ensemble de preuves historiques se réunit avec plus de force encore en faveur du Pentateuque : foi constante et universelle de la nation juive, impossibilité d'une supposition par un imposteur, caractères d'antiquité qu'il présente à chaque page, tout garantit son authenticité. »

Or, le sixième jour, Dieu créa l'homme à son image et ressemblance; il le créa mâle et femelle, ch. 1, v. 7 *de la Genèse;* et l'ayant placé dans le paradis terrestre, à la tête de tous les animaux de la création, il forma la femme de la côte qu'il avait tirée d'Adam pendant son sommeil, et il l'amena à Adam qui dit : « Voilà maintenant l'os de mes os et la chair de ma chair; c'est pourquoi l'homme quittera son père et sa mère, et s'attachera à sa femme, *et ils seront deux dans une seule chair* (ch. 2, v. 22, 23, 24). »

Voilà le mariage, son unité et son indissolubilité.

Après la chute de l'homme, Dieu dit à la femme : « Je vous affligerai de plusieurs maux pendant votre grossesse, vous enfanterez dans la douleur, *vous serez sous la puissance de votre mari, et il vous dominera* (ch. 3, v. 16). »

La postérité d'Adam sortit de mariages successifs; mais après la mort d'Abel et le fratricide de Caïn, la corruption ayant succédé à la loi du mariage, Dieu dit : « *Mon esprit* ne demeurera pas

---

(1) *Conférences sur la religion*, par M. l'abbé Frayssinous, évêque d'Hermopolis.

toujours avec l'homme, parce qu'il n'est *que chair.* » Et il couvrit la terre du déluge, après avoir séparé et placé dans l'arche une famille qui avait trouvé grâce devant lui, Noé et ses trois fils. Après cinquante jours, il fit sortir de l'arche Noé, sa femme, ses fils et les femmes de ses fils. Alors Dieu bénit Noé et ses enfants, et il leur dit : « Croissez, multipliez-vous et remplissez la terre (ch. 9, v. 1). »

La vénération filiale et la pudeur paternelle sont consacrées par la malédiction donnée par Noé à Cham, et par sa bénédiction donnée à Sem et à Japhet.

Moïse dénombrant les enfants issus des trois fils de Noé, dit en parlant des fils de Japhet : « Ils partagèrent entre eux les îles des nations, s'établissant en divers pays où chacun eut *sa langue, sa famille* et son peuple particulier (ch. 10, v. 5). » En parlant de la postérité de Cham : « Ce sont là les fils de Cham selon leurs alliances, leurs *langues*, leurs *familles*, leurs pays et leurs nations (*ibid.* v. 20). » En parlant de la postérité de Sem : « Ce sont là les fils de Sem selon leurs *familles*, leurs langues, leurs régions et leurs peuples (v. 31). » — « Ce sont là les *familles* des enfants de Noé, suivant les diverses nations qui en sont sorties (v. 32). »

Abraham, descendu de Sem, reçut les promesses de Dieu : « Je ferai sortir de vous un grand peuple, je vous bénirai, je rendrai votre nom célèbre et vous serez béni (ch. 12, v. 2). »

Dieu frappe de très-grandes plaies Pharaon et sa maison, parce qu'il a violé la sainteté du mariage en enlevant Saraï, la femme d'Abraham (ch. 12, v. 17), et ces plaies ne cessent que lorsqu'il la lui a rendue.

Abraham sort de l'Égypte avec *sa femme* et tout ce qu'il possédait, et il va sur la terre de Chanaan, du côté du midi (ch. 13, v. 1).

Le partage des terres nécessaire pour faire cesser la division parmi les hommes a lieu entre Abraham et Lot son frère (Ch. 13, v. 8).

Dieu dit à Abraham (ch. 17, v. 19) : « Sara, votre femme, enfantera un fils que vous nommerez Isaac, c'est-à-dire *Ris.* » — (V. 20) : « Je vous ai aussi exaucé touchant Ismaël (né de la servante); mais l'alliance que je fais avec vous s'établira dans Isaac que Sara vous enfantera dans un an, en ce même temps. »

Et après que Dieu eut donné Isaac pour fils à Abraham, Laban et Bathuel, répondirent à l'envoyé d'Abraham qui voulait le marier : « Rebecca est entre vos mains, prenez-la et l'amenez avec vous, afin qu'elle soit la *femme* du fils de votre maître, *selon que le Seigneur s'en est déclaré* (ch. 24, v. 51). »

L'adultère est flétri et puni en diverses rencontres. Lorsque la femme de Putiphar tente de séduire Joseph, celui-ci s'écrie : « Comment pourrai-je commettre un si grand crime et pécher contre mon Dieu ? »

Lorsque Moïse eut été suscité pour tirer le peuple d'Israël d'Égypte, Dieu lui donna sa loi sur le Mont-Sinaï. Là les bases de la famille et de la propriété furent établies par Dieu en ces termes : « Honorez votre père et votre mère afin que vous viviez longtemps sur la terre que le Seigneur votre Dieu vous donnera (ch. 20 *de l'Exode*, v. 12). » — « Vous ne tuerez point (v. 13), vous ne commettrez point de fornication (v. 14). » — « Vous ne déroberez point, vous ne porterez point faux témoignage contre votre prochain (v. 16). » — « Vous ne désirerez point la maison de votre prochain ; vous ne désirerez point *sa femme*, ni son serviteur, ni sa servante, ni *son bœuf*, ni *son âne*, ni aucune de toutes les choses qui lui *appartiennent* (v. 17). »

Les fondements de la société civile sont renfermés dans ces commandements, et dans ceux-ci : « Vous ne prendrez point en vain le nom du Seigneur votre Dieu (v. 7). » — « Souvenez-vous de sanctifier le jour du Sabbat (v. 8). » — « Vous travaillerez durant six jours, et vous y ferez tout ce que vous aurez à faire (v. 9). » — « Mais le septième jour est le *jour du repos consacré au Seigneur votre Dieu*. Vous ne ferez en ce jour aucun ouvrage, ni vous, ni votre fils, ni votre fille, ni votre serviteur, ni votre servante, ni vos bêtes de service, ni l'étranger qui sera dans l'enceinte de vos villes (v. 10). » — « Car le Seigneur a fait en six jours le ciel, la terre et la mer, et tout ce qui y est renfermé. Et il s'est reposé le septième jour ; c'est pourquoi le Seigneur a béni le jour du Sabbat et il l'a sanctifié (v. 11). »

Mais les fondements de la société religieuse précèdent ces

commandements dont ils sont le principe et la sanction : « Je suis le Seigneur votre Dieu, qui vous ai tirés d'Égypte, de la maison de servitude (ch. 20, v. 2. » — « Vous n'aurez point d'image taillée, ni aucune figure de tout ce qui est en haut dans le ciel, et en bas sur la terre, ni de tout ce qui est dans les eaux sous la terre (v. 4). » — « Vous ne les adorerez point et vous ne leur rendrez point le souverain culte. Car je suis le Seigneur votre Dieu, le Dieu fort et jaloux, qui venge l'iniquité des pères sur les enfants, jusqu'à la troisième et quatrième génération, dans tous ceux qui me haïssent (v. 5) ; et qui fais miséricorde dans la suite de mille générations à ceux qui m'aiment et qui gardent mes préceptes. »

Ainsi la société domestique, civile et religieuse est consacrée par ces commandements et par les suivants, relatifs à l'homicide, aux blessures, à la peine du talion, à la fornication, au larcin, à l'idolâtrie, aux étrangers, aux pauvres, aux dîmes et prémices, aux devoirs des juges, etc.

Moïse partage la terre, au-delà du Jourdain, entre les enfants de la tribu de Ruben, de la tribu de Gad et de la moitié de la tribu de Manassé, *selon leurs familles* et leurs maisons. Et Dieu commanda à Josué de partager la terre que les neuf tribus et l'autre moitié de la tribu de Manassé devaient posséder (Ch. 13, *liv. de Josué*). — Le partage de la terre de Chanaan eut lieu au sort, entre les Israélites, et ce partage se fit également entre les enfants de chaque tribu, distingués *selon leurs familles* (Ch. 14, 15, 16, 17, 18 et 19. *Josué*).

SECTION II.

Mort ordonnée par Dieu même, du roi Achab et de la reine Jésabel, pour avoir violé la propriété de Naboth.

Bossuet nous donne en ces termes les raisons de ce partage, de cette distribution des terres, opérée par Josué, selon les ordres de Moïse (1) : « C'est, dit-il, le moyen de les faire cultiver ;

---

(1) Politique tirée de l'Écriture-Sainte. Troisième proposition : *La propriété des biens est légitime et inviolable.*

et l'expérience fait voir que ce qui est non-seulement en commun, mais encore sans propriété légitime et incontestable, est négligé et à l'abandon. C'est pourquoi il n'est pas permis de violer cet ordre, comme l'exemple suivant le fait voir d'une manière terrible. »

Ici se place l'histoire d'Achab, roi d'Israël, de sa femme, la reine Jésabel, et de Naboth, dont ils avaient violé la propriété et usurpé la vigne.

« Naboth, habitant de Jezrahel, qui était la ville royale, y avait une vigne auprès du palais d'Achab, roi de Samarie. Le roi lui dit : Donnez-moi votre vigne pour faire un jardin potager, parce qu'elle est voisine et proche de ma maison, et je vous en donnerai une ailleurs ; ou, s'il vous est plus commode, je vous en paierai le prix qu'elle vaut. — A Dieu ne plaise, répondit Naboth, que je vous donne l'*héritage de mes pères !* (Ce qui était aussi défendu par la loi de Dieu.) Achab retourna à sa maison, plein d'indignation et de fureur contre la réponse de Naboth ; et, se jetant sur son lit, il tourna le visage vers la muraille et ne put manger.

« Jésabel, sa femme, le trouvant en cet état, lui dit : Quel est le sujet de votre affliction, et pourquoi ne mangez-vous pas ? Il lui raconta la proposition qu'il avait faite à Naboth, avec sa réponse. Jésabel lui répartit : Vraiment, vous êtes un homme de grande autorité et un digne roi d'Israël, qui savez bien commander ! Levez-vous, mangez, et soyez en repos ; je vous donnerai cette vigne. Elle écrivit aussitôt une lettre au nom d'Achab, et la scella de son anneau, et l'envoya aux sénateurs et aux grands, qui demeuraient dans la ville avec Naboth. Et la teneur de cette lettre disait : Ordonnez un jeûne solennel et faites asseoir Naboth avec les premiers du peuple ; suscitez contre lui deux faux témoins qui disent : il a parlé contre Dieu et contre le roi ; qu'on le lapide et qu'il meure. Cet ordre fut exécuté, et les grands rendirent compte de l'exécution à Jésabel. Ce qu'ayant appris, la reine dit à Achab : Allez et mettez-vous en possession de la vigne de Naboth, qui n'a pas voulu consentir à ce que vous souhaitiez, car il est mort. Achab alla donc pour se mettre en possession de cette vigne.

« Alors la parole de Dieu fut adressée à Elie le Thesbite (son prophète), et il lui dit : Lève-toi et marche au-devant d'Achab, qui va posséder la vigne de Naboth, et lui dis, voici la parole du Seigneur : Tu as fait mourir un innocent, et, *outre cela, tu as possédé ce qui ne t'appartenait pas.* Et tu ajouteras, mais le Seigneur a dit : En ce lieu où les chiens ont léché le sang de Naboth (injustement lapidé comme criminel et blasphémateur), ils lécheront ton sang. « Et le Seigneur a prononcé contre Jésabel : » Les chiens lécheront le sang de Jésabel dans les champs de Jezrahel. »

En exécution de cette sentence, Achab et Jésabel périrent, ainsi que Dieu l'avait prédit. La vengeance divine poursuivit aussi, avec une impitoyable rigueur, les restes de leur sang ; et leur postérité, de l'un et de l'autre sexe, fut exterminée sans qu'il en restât un seul (*le Livre des Rois*, IX, X, XI).

Le crime que Dieu punit avec tant de rigueur, dit Bossuet, c'est, dans Achab et dans Jésabel, la volonté dépravée de disposer à leur gré, indépendamment de la loi de Dieu, qui était aussi celle du royaume, des biens, de l'honneur et de la vie d'un sujet ; comme aussi de se rendre les maîtres des jugements publics, et de mettre en cela l'autorité royale.

Or, peu importe sans doute que le bien d'autrui soit usurpé par un prince ou par une faction socialiste, sous le nom de l'État, et sous le prétexte de l'égalité entre les hommes et du bien public : le crime est le même, car c'est la violation du droit de propriété individuelle et héréditaire, établi par Dieu même et par lui vengé dans cette circonstance. L'inviolabilité de ce droit de propriété individuelle reçut-elle jamais de Dieu une plus directe et une plus formidable sanction ?

Après cela, on se demande où certains écrivains ont découvert que le droit de propriété individuelle n'était pas connu chez les Juifs, et que la théocratie produit le communisme ou la propriété commune dans les mains de l'État (1) ?

L'inviolabilité de la propriété individuelle, comme celle de la famille, est, au contraire, déclarée de la manière la plus formelle à chacune des pages de l'Ancien-Testament. La propriété du ca-

---

(1) M. Franck et le *journal des Débats*.

pital est sacrée (ch. 22, v. 7, de l'*Exode*). Le prêt est recommandé (*ibid.*, v. 25). Le vol du capital est puni comme celui de tout objet mobilier (*ibid.*, v. 1, 2, 3, 4), comme le dommage fait aux champs et à la récolte (*ibid.*, v. 5). — Si quelqu'un séduit une vierge qui n'était point encore fiancée, et qu'il la corrompe, il lui donnera une dot et il l'épousera lui-même (*ibid.*, v. 16). — Vous ne ferez aucun tort à la veuve ni à l'orphelin (*ibid.*, v. 22). Si vous les offensez en quelque chose, ils crieront vers moi et j'écouterai leurs cris (*ibid.*, v. 23); et ma fureur s'allumera contre vous; je vous ferai périr par l'épée; et vos femmes deviendront veuves et vos enfants orphelins (*ibid.*, v. 24). — Vous ne vous écarterez point de la justice pour condamner le pauvre (ch. 23, v. 6). Vous fuirez le mensonge; vous ne ferez point périr l'innocent et le juste, parce que j'abhorre l'impie (*ibid.*, v. 9).

Le soin des pauvres est prescrit : « Si un de vos frères tombe dans la pauvreté, vous n'endurcirez point votre cœur et ne resserrerez point votre main. — Mais vous l'ouvrirez au pauvre, et vous lui prêterez ce dont vous verrez qu'il aura besoin. — *Il y aura toujours des pauvres dans le pays où vous habiterez. C'est pourquoi je vous ordonne d'ouvrir votre main aux besoins de votre frère qui est pauvre et sans secours* (v. 7, 8, 9, 10, 11, ch. 15. *Deutéronome*). »

Or, là où le droit de propriété individuelle n'est pas reconnu, où tout doit être commun, et où la part doit être faite à chacun par une autorité supérieure, il n'y a pas de précepte de donner aux pauvres, ni des châtiments pour la lésion faite à la propriété.

Partout on voit Moïse s'appliquer à créer une nation où puisse se conserver, pures et sans mélange, les doctrines les plus précieuses pour la morale et pour la société. Ses lois sont pleines de force contre certains désordres, et il arme puissamment le magistrat contre les excès qui outragent la nature, blessent la pureté des mœurs et portent dans les familles la honte avec la discorde (1).

---

(1) *Conférences sur la religion*, par l'évêque d'Hermopolis.

SECTION III.

Nouveaux arguments tirés des livres saints et de leur authenticité, et particulièrement des prophètes.

Parcourez maintenant les autres livres de l'Écriture sainte, et vous y verrez, reproduits avec la loi de Moïse et avec son nom sans cesse répété comme autorité irréfragable, les principes de la famille et de la propriété. Les *Livres des Juges,* ceux des *Rois,* le *Livre de Job,* les *Psaumes,* les *Prophètes,* les *Evangiles,* sont pleins de la loi et du nom de Moïse, et l'unité de la loi et du peuple, proclamée par ce grand homme, y est partout observée. — Ces livres ne sont point, à coup sûr, l'œuvre de Moïse, et si l'œuvre de Moïse est apocryphe, comment est-elle invoquée comme témoignage et comme règle par les juges, par les rois et les prophètes, par Jésus-Christ lui-même et par ses apôtres? — Ce sont là des titres, des monuments émanés d'auteurs différents qui, par leur identité et leur concordance, se prêtent un mutuel appui et une autorité irrésistible. — C'est le caractère de la vérité de se manifester par des témoignages divers qui n'ont pu se concerter, et d'éclater néanmoins avec la même unité, la même constance, la même force. « Par le rapport des deux Testaments, dit Bossuet, *Histoire universelle*, on prouve que l'un et l'autre est divin. Ils ont tous deux le même dessein et la même suite; l'un prépare la voie à la perfection que l'autre montre à découvert; l'un pose le fondement et l'autre achève l'édifice ; en un mot, l'un prédit ce que l'autre fait voir accompli. »

Or, l'adultère de David avec Bethsabée, femme d'Urie, est puni par la perte du fruit de ses criminelles amours, par une longue suite de châtiments qui s'étendent même sur son petit-fils Roboam, et expié par une pénitence que les psaumes du roi-prophète ont rendue célèbre.

Écoutez ces paroles du prophète Malachie : « Et vous me dites : pourquoi me traitez-vous de la sorte? C'est parce que le Seigneur a été témoin de l'union que vous avez contractée avec la femme que vous avez épousée dans votre jeunesse, et qu'après cela vous l'avez méprisée, quoiqu'elle fût votre compagne et votre épouse par le contrat que vous aviez fait avec elle. N'est-elle pas l'ouvrage du même Dieu, et n'est-ce pas son souffle qui l'a animée comme vous ? Et que demande cet auteur unique de l'un et de l'autre, sinon qu'il sorte de vous une race d'enfants de Dieu ? *Conservez donc votre esprit pur, et ne méprisez pas la femme que vous avez prise dans votre jeunesse* (ch. 2, v. 14 et 15). » Le même Malachie dit, en parlant du Sauveur : « Le voici qui vient, dit le Seigneur des armées. Qui pourra seulement penser au jour de son avénement, ou qui pourra en soutenir la vue ? Car il sera comme le feu qui fond les métaux, et comme l'herbe dont se servent les foulons..... Alors je me hâterai de venir pour être moi-même juge et témoin contre les empoisonneurs, contre les *adultères* et les *parjures*, contre *ceux qui retiennent par violence le prix du mercenaire, et qui oppriment les veuves, les orphelins et les étrangers, sans être retenus par ma crainte,* dit le Seigneur des armées (ch. 3, v. 2, 3). »

Enfin paraît sur la terre le fils de David, appelé l'ADMIRABLE, DIEU FORT, PÈRE DU SIÈCLE FUTUR, PRINCE DE LA PAIX, L'AGNEAU DOMINATEUR DE LA TERRE, PRÉDIT PAR ISAÏE et par tous les prophètes.

Entendez Isaïe, il annonce que désormais « l'homme sera plus précieux que l'or ; il sera plus précieux que l'or le plus pur (ch. 13, v. 12).

Mais l'humanité sera-t-elle relevée par la richesse, par le déni de la souffrance et de la misère, par la communauté des biens de la terre ? Non. Elle le sera, au contraire, par les douleurs, par les souffrances, suites nécessaires du péché, par la divinisation de la pauvreté même qui se perfectionne dans la souffrance. C'est dans la pauvreté, devenue l'objet de la plénitude de l'amour de Dieu et des hommes, c'est dans l'infirmité que l'humanité retrouvera ses titres de grandeur et d'immortalité.

Elle se relèvera par l'humiliation et la douleur : « Comme vous avez été l'étonnement de plusieurs par *votre désolation*, il (le Sauveur) *paraîtra aussi sans gloire devant les hommes, et dans une forme méprisable aux yeux des enfants des hommes.* — Il nous a paru *un objet de mépris, le dernier des hommes*, UN HOMME DE DOULEURS QUI SAIT CE QUE C'EST QUE SOUFFRIR.... » — « Je l'ai frappé à cause des crimes de mon peuple (ch. 42). »

L'humanité sera sauvée par la justice rendue au pauvre, et non par l'abolition de la pauvreté. « Il ne jugera point sur le rapport des yeux, et il ne condamnera point sur un ouï-dire ; *mais il jugera les pauvres dans la justice, et il se déclarera le juste vengeur* DES HUMBLES QU'ON OPPRIME SUR LA TERRE. » (Ch. 11, v. 3, 4, 5). — « Le ciel est mon trône et la terre mon marche-pied ; *et sur qui jetterai-je les yeux*, dit le Seigneur, sinon SUR LE PAUVRE QUI A LE COEUR BRISÉ ET HUMILIÉ, *et qui écoute ma parole avec tremblement ?* » — Si VOUS ASSISTEZ LE PAUVRE, *et si vous remplissez de consolation l'âme affligée*, votre lumière se lèvera dans les ténèbres, *et vos ténèbres deviendront comme le midi* (ch. 48, v. 10, 11). — « Dites à ceux qui ont le cœur abattu : Prenez courage et ne craignez point. Voici votre Dieu qui vient vous venger et rendre aux hommes ce qu'ils méritent.... Alors les aveugles verront le jour, les oreilles des sourds seront ouvertes. Le boiteux bondira comme le cerf, et la langue des muets sera déliée, parce que des sources d'eau sortiront de la terre dans le désert, et que des torrents couleront dans la solitude (ch. 35, v. 5 et 6). »

Si la pauvreté, si la misère et la souffrance sont des épreuves, Dieu ne les abandonne jamais, et il accorde, dans ce monde, à la résignation et à la patience courageuses, non-seulement la force de supporter leurs maux, mais encore l'adoucissement de ces maux mêmes.

C'est ainsi que seront accomplis le triomphe et la gloire de l'humanité : « En ce jour-là, le rejeton de Jessé sera exposé comme un étendard devant tous les peuples ; les nations viendront lui offrir leurs prières, et SON SÉPULCRE SERA GLORIEUX. » (Ch. 11, v. 10). — Pourquoi donc, dites-vous, ô Jacob, pourquoi osez-vous dire, ô Israël : *La voie où je marche est cachée au Seigneur ; mon Dieu ne se met point en peine de me rendre justice ?* Ne savez-vous point, n'avez-vous point appris que le SEIGNEUR EST LE DIEU ÉTERNEL QUI A CRÉÉ TOUTE L'ÉTENDUE DE LA TERRE, QUI NE S'ÉPUISE POINT, ET DONT LA SAGESSE EST

IMPÉNÉTRABLE? C'est lui qui soutient ceux qui sont las, et qui remplit de force et de vigueur ceux qui étaient tombés dans la défaillance (ch. 40, v. 27, 28, 29, 30, 31). » — « Quoi ! vous avez oublié le Seigneur qui vous a créés, qui a étendu les cieux et fondé la terre, et vous avez tremblé sans cesse devant la fureur d'un ennemi qui vous affligeait et qui était prêt à vous perdre? Où est maintenant la fureur de votre persécuteur? Celui qui vient ouvrir les prisons arrivera bientôt; il ne laissera point mourir ses serviteurs, et le pain qu'il donnera ne manquera jamais (ch. 42, v. 13 et 14). » — « Son empire s'étendra de plus en plus, et *la paix* qu'il *établira* n'aura point de fin (ch. 9, v. 6). » — « Le peuple qui marchait dans les ténèbres a vu une grande lumière, et le jour s'est levé pour ceux qui habitaient dans la région de l'ombre de la mort (ch. 9, v. 2). » — « C'est pourquoi le Seigneur vous donnera lui-même un prodige. UNE VIERGE CONCEVRA ET ELLE ENFANTERA UN FILS QUI SERA NOMMÉ EMMANUEL (ch. 7, v. 14). »

SECTION IV.

Preuves tirées du Nouveau-Testament ou de l'Évangile.

Or, les magnifiques prophéties d'Isaïe ont été littéralement accomplies jusqu'à l'*iota*, jusqu'aux moindres détails. J.-C. n'a pas fait disparaître, il a consacré et déifié le pauvre. Il s'est identifié avec lui pour en faire l'objet de la vénération et des mérites de l'humanité. En délivrant les hommes de la servitude du péché, en leur rendant la liberté, en leur prescrivant la charité, la miséricorde, l'aumône envers les pauvres, le détachement des biens de ce monde, la pauvreté d'esprit, le sacrifice volontaire de sa propre fortune, J.-C. a consacré la propriété individuelle et la libre disposition des biens particuliers. Il a proscrit la distribution forcée de ces mêmes biens, leur soustraction directe ou indirecte par un impôt progressif, non consenti, ou autre disposition arbitraire, et par conséquent le socialisme. En divinisant la souffrance et en se réservant la justice, il a proscrit la violence et l'insurrection.

J.-C. a d'abord sanctifié le mariage, fondement de la famille, en flétrissant l'adultère jusque dans le désir de la femme d'autrui. Puis, après avoir de nouveau proclamé l'indissolubilité du mariage, il rappelle les commandements à un jeune homme qui lui demandait : Que faut-il faire pour acquérir la vie éternelle? « Vous ne tuerez point; vous ne commettrez point l'adultère; vous ne déroberez point; vous ne direz point de faux témoignage; *honorez votre père et votre mère, et aimez votre prochain.* — Si vous voulez être parfait, *allez, vendez ce que vous avez, et le donnez aux pauvres;* et vous aurez un trésor dans le ciel, puis venez et me suivez (*S. Matthieu*). » — « Quiconque vous donnera à boire seulement un verre d'eau froide en mon nom, je vous le dis, en vérité, il ne perdra point sa récompense (*S. Marc*). »

J.-C. a rendu inébranlables les fondements de la société civile en menaçant des peines éternelles, non-seulement le vol, le meurtre, mais jusqu'à la haine, jusqu'à la colère, jusqu'à l'outrage contre son prochain. « Pour vous, aimez vos ennemis. Faites du bien à tous, et prêtez sans en rien espérer, et alors votre récompense sera très-grande, et vous serez les enfants du Très-Haut, parce qu'il est bon aux ingrats mêmes et aux méchants. — Donnez et on vous donnera (*S. Luc.*) »

L'assistance du pauvre revient à chaque page de l'Évangile. « Donnez à celui qui vous demande, et ne rejetez point celui qui veut emprunter de vous (*S. Matthieu*). » — « Vous êtes bienheureux, vous qui êtes pauvres, parce que le royaume des cieux est à vous (*S. Luc*). » L'amour, caritas, est le principe de celui qui donne l'assistance et de celui qui, en la recevant, offre le sacrifice de ses peines à Dieu. Comment, ce qui puise son motif et sa fin dans l'amour pourrait-il être un sujet d'humiliation et de dégradation?

Enfin, si l'obligation de l'assistance de l'homme pauvre, souffrant, est déclarée par Jésus-Christ le principe de tout mérite, durant la vie, elle sera aussi le sujet du bonheur ou du malheur éternel de l'homme après sa mort. Écoutez ces paroles redoutables et consolantes à-la-fois de ce divin Sauveur, qui résument à elles seules toute l'économie, toute la moralité, tous les lois des sociétés humaines.

À la fin du monde, lorsque le Fils de l'homme paraîtra de nouveau sur les nuées, avec une grande majesté, pour juger les hommes, il dira à ceux qui sont à sa droite : « Venez, vous tous qui avez été bénis par mon Père ; possédez le royaume qui vous a été préparé dès le commencement du monde. Car j'ai eu faim, et vous m'avez donné à manger ; j'ai eu soif, et vous m'avez donné à boire ; j'ai eu besoin de logement, et vous m'avez logé ; j'ai été nu, et vous m'avez vêtu ; j'ai été malade, et vous m'avez visité ; j'étais en prison, et vous êtes venu me voir.... Je vous le dis en vérité, autant de fois que vous l'avez fait *à l'égard de l'un de ces plus petits de mes frères, c'est à moi-même que vous l'avez fait.* » — Il dira ensuite à ceux qui seront à sa gauche : « Retirez-vous de moi, maudits, allez au feu éternel qui a été préparé pour le diable et pour ses anges. Car j'ai eu faim, et vous ne m'avez point donné à manger ; j'ai eu soif, et vous ne m'avez point donné à boire, etc., et je vous le dis, en vérité, autant de fois que vous avez manqué à rendre ces assistances à *l'un de ces plus petits,* vous avez manqué de me les rendre à moi-même. (*S. Matthieu*). »

Trouve-t-on dans tout ce qui précède trace du principe de la communauté des biens, de leur confiscation par l'État, de leur distribution forcée, ou de l'enlèvement d'une partie de ces mêmes biens pour l'attribuer d'autorité à ceux qui en sont privés ? N'y voit-on pas, au contraire, le devoir de l'inviolable fidélité à la loi de famille et de la propriété individuelle et héréditaire, à la loi de l'amour du prochain, à la prescription de l'aumône, du soulagement volontaire de tous les maux de l'humanité et du détachement de ses biens propres pour en faire cet emploi, ce don du cœur commandé par Jésus-Christ, et le seul digne du Dieu qui les a départis ?

Aussi quelles merveilles de dévouement et d'amour, quels trésors de miséricorde, quels remèdes ingénieux et variés à tous ces maux, quels soulagements placés à la source de toutes les misères, quels magnifiques établissements de bienfaisance jusque-là inconnus sur la terre, cette vertu nouvelle de l'Évangile, LA CHARITÉ, n'a-t-elle pas fait éclore !!

CHAPITRE DEUXIÈME.

Réponse aux objections des novateurs socialistes; la véritable civilisation basée sur la famille et la propriété individuelle est sortie du Christianisme.

Mais j'entends l'orgueil des blasphémateurs faire le procès à Dieu lui-même et insulter à sa providence. Il y a conflit, disent-ils, entre la raison donnée à l'homme et cet état de pauvreté et de souffrance permanente de l'humanité, entre cette parole de Dieu et le progrès de la civilisation. Insensés ! que deviendrait la terre si elle était un seul moment abandonnée à votre raison et à votre civilisation prétendue ? que deviendrait-elle sans la liberté du cœur, source unique de la charité, de toutes les vertus qui en font le charme et la vie, et de cet appui réciproque que doivent se prêter les hommes pour l'accomplissement de la loi divine du travail ? Où serait l'amour des hommes, ce lien de la société, du moment qu'ils n'auraient plus de traits de ressemblance avec Dieu, par cette dispensation libre de leurs biens ? Que deviendrait la société, si l'inégalité des dons de la nature, de l'intelligence, des forces physiques, et par conséquent des produits du travail individuel, étant inévitable, ou laissait à la force et aux appétits matériels le soin de rétablir le niveau ? la société ne serait plus qu'un théâtre de brigandages et d'horreurs !.... Que deviendraient la culture du sol, les métiers et les arts, l'émulation et la concurrence qui les fécondent, la hiérarchie et la liaison naturelle des professions diverses, nécessaires au soutien de la vie des hommes en société, si le genre humain était réduit à la dépaissance des fruits naturels et industriels, à leur distribution ou à leur échange forcé ? Si chacun n'était plus assuré de conserver le fruit de son travail et la propriété de ses économies ? La terre se couvrirait de ronces et d'épines ; les arts disparaîtraient; la production cesserait; la misère, la famine et les fléaux qu'elles traînent après elles extermineraient les populations ; la civilisation s'éteindrait ; la machine du monde social ne fonctionnerait plus, car on en aurait brisé le ressort. Les peuples iraient rapidement à l'état sauvage qui est un état, non point natif, mais de dégradation de l'homme. Dans le monde moral et social comme dans le monde physique, l'égalité absolue des droits ne produirait que la destruction des êtres.

La civilisation chrétienne a eu pour objet de réprimer à la fois les excès du sentiment individuel, et les atteintes portées au sentiment légitime du *moi*, ou aux nobles fonctions d'une âme libre, par le despotisme de l'État. L'excès du sentiment individuel qui se refuse à l'association ou à l'union libre des droits et des forces individuelles en société, c'est l'état sauvage. C'est une dégradation de l'humanité, qui ne peut plus être, ou qui ne peut être que fort difficilement réparée ; elle échappe aux expédients de la politique, elle ne peut être guérie que par l'onction de la vérité et de la charité chrétienne qui ressuscite et revivifie ces membres morts. On a vu des Indiens sauvages recevoir aux États-Unis une éducation brillante, montrer une merveilleuse aptitude pour les sciences mathématiques, être appelés à des grades importants dans l'armée et abandonner leur épée et leurs épaulettes pour rentrer dans la vie nomade de leurs forêts ; c'est que leur âme était atrophiée par l'individualisme, et fermée au sentiment divin qui rapproche et réunit les hommes. — La communauté des biens qui semble être une réaction violente contre cet individualisme outré, y ramène au contraire les hommes ; car en voulant anéantir le sentiment du *moi*, en l'opprimant, en l'écrasant sous les étreintes de ce monstre aux mille bras qu'on appelle l'État, à qui tout appartient, qui règle tout, qui connaît tout, qui prononce sur tout, devant lequel chaque personne quels que soient ses talents et l'éclat de ses services, n'est plus qu'un misérable numéro selon l'expression d'un économiste célèbre, M. Michel Chevalier, il est manifeste que les hommes sont ramenés au sentiment de l'indépendance individuelle et qu'on les force de rompre ces chaînes ignominieuses, contraires à leur nature, pour se jeter dans un extrême opposé ; leur âme, abrutie par la servitude, ne connaît plus que les fureurs de l'anarchie. Disons donc que le communisme ou le socialisme, car c'est tout un, conduit à l'état sauvage, et que l'état sauvage qui est une infirmité, et non un acte naturel de l'organisme humain, ne peut plus remonter à l'état civilisé. Ni l'un ni l'autre n'est dans la nature de l'homme, car l'histoire depuis six mille ans n'offre pas d'exemple de l'origine, du développement et du progrès, à travers les siècles, de pareilles situations, et ne les laisse apercevoir que comme des difformités isolées. L'histoire, au contraire, montre dans tous les temps le développement successif du principe de la propriété individuelle, de la famille et de l'association soit politique, soit privée, ayant pour fin la conservation, la garantie de ces éléments naturels.

La distinction des propriétés et des droits, leur inviolabilité, gage de la perpétuité de la famille et source unique de l'accomplissement de tous les devoirs envers nos semblables et envers Dieu, ont donc leur source dans le droit divin ou dans la nature même de l'homme qui doit ici-bas pratiquer le travail, la charité et la justice, et qui ne pourrait le faire dans les desseins de Dieu sur la société humaine, si la propriété et la famille n'étaient indissolublement liées entre elles. Ce n'est pas le besoin naturel qui est le principe de la propriété, car il faudrait alors que tous les hommes fussent propriétaires (et Dieu ne l'a pas voulu), c'est la destination sociale de l'homme créée par Dieu même avec l'ensemble des devoirs et des droits qui en dérivent.

On objecte que les apôtres avaient établi la communauté des biens dès l'origine de l'Église, qu'il est dit dans les *Actes des Apôtres* (ch. 2, v. 44) : « Ceux qui croyaient étaient tous unis ensemble, et *tout ce qu'ils possédaient était commun entre eux*. » (V. 45) : « Ils vendaient leurs terres et leurs biens et *les distribuaient à tous selon le besoin que chacun en avait.* »

Mais c'est précisément de ces paroles qu'il faut tirer la conséquence de la propriété individuelle, car c'était un sacrifice que chacun s'imposait ; c'était par la *vente* de leurs propriétés qu'ils établissaient un fonds commun utile à tous ; la vente présupposait un droit personnel de domaine transmissible aux acquéreurs, et le règne du droit de propriété dans la société civile. Et ce qui achève de le prouver, ce sont ces paroles de saint Pierre adressées à Ananie (ch. 5, v. 3 et 4) : « Ananie, comment Satan a-t-il tenté votre cœur jusqu'à vous faire mentir au Saint Esprit et détourner une partie du prix de ce fonds de terre ? — *Ne demeurait-il pas toujours à vous si vous aviez voulu le garder;* et après même l'avoir vendu, *le prix n'en était-il pas encore à vous!?* »

Ainsi le crime n'était pas dans le droit exclusif de propriété et de garder pour soi son bien ou le prix de son bien. C'était un droit inviolable dont la volonté seule du propriétaire pouvait faire le sacrifice. Mais le crime était, après en avoir fait l'oblation à Dieu, de mentir à l'esprit saint et d'en retenir une partie par le mensonge et l'esprit d'avarice. L'aumône, l'oblation, étaient donc libres, spontanées dès le commencement de la prédication de l'Évangile; c'était le sacrifice volontaire de tout ou partie de la propriété; et le mérite de la mise en commun de leurs biens par les fidèles était précisément qu'elle était volontaire, et l'effet de la vertu de sacrifice; — il y a un abîme, comme l'on voit, entre l'esprit de l'Évangile et le communisme. — L'un conserve le droit individuel de propriété par le fait même du désintéressement et de l'esprit de charité qui en applique tout ou partie de la valeur à soulager ses frères; — l'autre suppose que ce droit personnel n'existe point et que tout doit être confondu pour devenir la pâture commune : il nie à la fois le droit de propriété et le droit de famille.

Est-il donc besoin de prouver par le sentiment et par la raison la vérité de ces principes de la famille et de la propriété individuelle proclamée par la loi des lois, par l'éternelle providence, et justifiée par les annales de l'humanité ?

CHAPITRE TROISIÈME.

La famille et la propriété ont précédé la société politique, et leur perfection a suivi les progrès de la véritable liberté parmi les peuples.

La famille, œuvre de Dieu, et la propriété ont donc précédé la société politique ; cela est évident, et dès-lors la conservation des droits des familles et leur *perpétuation* par la propriété, ont été les conditions mêmes et l'objet de cette société. Les lois politiques et civiles ont dû confirmer et ne violer jamais ces principes ; la loi civile, plus spécialement relative à la famille et à la propriété, a dominé sous ce double rapport la loi politique (Montesquieu, *Esprit des lois*) ; la raison d'État a pu demander des sacrifices, mais non point s'emparer directement ou indirectement par la confiscation sous le nom d'impôt *progressif* ou de commandite universelle, des biens particuliers pour en disposer et les distribuer. Cela s'est vu avec la communauté des femmes et l'abolition de la famille dans certaines républiques, dans celle de Sparte, dans les lois de Solon qui faisait une profession de la qualité de *voleur* et dans les romans de Socrate et de Platon : c'était le vice radical de ces institutions purement humaines. Et cependant Rome sentit la nécessité du principe de l'unité du mariage, de la famille et de la propriété personnelle. Seulement elles y furent impuissantes comme institutions politiques, parce qu'elles appartiennent essentiellement au droit divin et civil. On y comptait à peine, au temps de Cicéron, deux mille propriétaires sur quinze cent mille âmes. A Athènes, il n'y avait que vingt mille citoyens et quatre cent mille esclaves ; à Sparte, le travail était le partage des esclaves, la terre était cultivée par les ilotes qui n'avaient pour salaire que l'oppression, l'esclavage et la mort !

La famille et la propriété véritables ont toujours accompagné la vraie liberté chez les peuples. Quand cette liberté était dominée par le culte des sens et de la matière, quand les prévarications n'étaient point encore abolies, ni les iniquités effacées par la rédemption, la famille et la propriété suivaient cette pente de la corruption et de l'erreur. Chez le peuple de Dieu, les principes en étaient nettement posés dans la loi. — Parmi les païens et les idolâtres, ces principes étaient subordonnés à la raison d'État, à la force, à la violence, au caprice.

Le Christianisme seul a fondé la propriété et la famille dans leur perfection, parce que seul il a rétabli la liberté morale et personnelle de l'homme. C'est ainsi que la famille était d'autant mieux constituée dans le midi de la France, qu'elle y possédait plus de propriétés privées ou de fonds de terre, et qu'elle était de la sorte mieux défendue de la misère et du vagabondage. C'est là qu'il faut chercher la véritable raison de l'attachement que les provinces du midi de la France ont montré dans tous les temps pour la constitution monarchique (1).

CHAPITRE QUATRIÈME.

La propriété individuelle est le fondement de la propriété collective de l'État, de l'Église, et des corporations communales, laïques ou religieuses.

Le Christianisme n'a pas seulement fondé la propriété individuelle et la famille, il a consacré la propriété collective; et je dois ici relever une erreur grave échappée à quelques écrivains de nos jours; ils assimilent la propriété collective (2) au communisme, et supposent que dans une société libre et bien ordonnée, la propriété personnelle tend à remplacer la propriété collective. Il faut dire, au contraire, que la propriété personnelle exclut la communauté des biens et la distribution arbitraire que voudrait en faire

---

(1) *Législation primitive.*
(2) M. Franck et le *journal des Débats.*

l'État. Mais cette communauté des biens, cette disposition arbitraire, ne sont pas plus la propriété collective, qu'un bien indivis entre particuliers n'est la propriété de l'État.

« Le grand principe de toute société, dit M. de Bonald, avait été consacré en France, savoir : que pour constituer le corps social, les pouvoirs des trois sociétés domestique, religieuse et politique, propriétaires indivis du sol et de ses fruits, passent entre eux un contrat tacite, mais véritablement social, par lequel la famille s'engage à servir l'Église et l'État de ses personnes et de ses propriétés; et l'Église et l'État, formant la société publique, s'engagent à la protéger de toute la force publique dans ses personnes et dans ses propriétés : contrat sacré qui lie entre eux, non des hommes, mais des pouvoirs et des sociétés; contrat indissoluble puisque la famille, l'Église et l'État ne se perpétuent que sur la foi et par les effets de cet engagement; plus sacré encore et plus indissoluble, si la famille s'est engagée à l'État d'une manière spéciale, et si elle a rempli cet engagement autant que l'État l'a voulu et le lui a permis. Si la famille ne peut rompre le contrat, parce qu'elle est faible, l'État doit encore moins y manquer, parce qu'il est fort. La famille opprimée par l'État en appelle à la religion, et l'oppression de la famille est une cause perpétuelle de troubles et de malheurs dans l'État (1). »

Les véritables hommes d'État, les jurisconsultes dignes de ce nom, ont unanimement reconnu que la propriété d'un seul est l'élément de la propriété de plusieurs, et que la *personne civile* des corps moraux et collectifs est propriétaire au même titre que la personne d'un citoyen. C'est la conséquence logique de la formation des sociétés humaines qui ont commencé par la famille, par la commune ou la cité, pour s'élever à l'agglomération d'un certain nombre de familles et de cités qui n'ont point perdu leur caractère et leurs droits, pour s'être placées sous la protection d'une loi commune. Le principe contraire est un germe de mort dans la société, et conduit au communisme. Ce fut la faute et le crime de la révolution française et de toutes celles qui se sont faites à son image.

---

(1) *Législation primitive.*

Burke a fort bien prouvé que les corporations civiles et religieuses sont des individualités morales dont la propriété est aussi légitime et aussi sacrée que celle des individus. Comme elles ont pour objet soit de pratiquer en grand la charité et le devoir de la religion, soit d'instruire et d'élever la jeunesse, soit d'exécuter de vastes travaux intellectuels ou matériels, ou d'immenses entreprises industrielles et commerciales ; ce sont des leviers nécessaires à la bienfaisance, à la sociabilité, au progrès même des mœurs, de la civilisation et de la richesse chez les particuliers qui en tirent un bien personnel.

« La religion, dit M. de Bonald (1), fonde les ordres monastiques : l'État les fait servir à soulager toutes les faiblesses de l'humanité, à l'éducation des enfants, à la protection du sexe faible, au soulagement des infirmes, à l'instruction du peuple, au rachat des captifs, à la civilisation du sauvage, et la religion imprime à ces différents emplois ce caractère de grandeur et de divinité qu'elle communique à tout ce dont elle est le principe. Les gouvernements qui ne se sont pas privés de cette ressource, peuvent trouver dans l'obéissance sans réserve des religieux, dans les richesses des monastères et la perpétuité de ces grands établissements, de puissants moyens d'administration qu'ils chercheraient vainement ailleurs, et dont les peuples qui les ont sacrifiés au délire des nouveautés, regrettent aujourd'hui la perte. »

Or si les établissements religieux sont par le caractère de leurs vœux et de leur obligation *de servir* les hommes, plus propres que les associations purement laïques à soulager les misères de l'humanité; si une administration éclairée doit y voir un des plus puissants moyens de fonder l'assistance ; n'y a-t-il pas là un argument invincible en faveur de la propriété collective? N'est-ce pas la justification, même politique, de cette vérité : que les biens de l'Église sont sacrés, inviolables, et ne peuvent que de son consentement être détournés de leur destination? Si la liberté civile est la source de la propriété ; si la propriété en est inséparable, ne doit-il pas en être de même, à plus forte raison, de la

---

(1) *Législation primitive.*

liberté qui est le principe et la garantie de toutes les autres, de la liberté de l'Eglise qui n'est autre que la liberté de la charité, de la vertu, du bien-être moral et politique parfait? Appelée à vivre au milieu des hommes, ne faut-il pas qu'elle soit propriétaire pour être indépendante des hommes et des événements? L'histoire nous a appris qu'en dépouillant le clergé et la fonction ecclésiastique des propriétés qui entretiennent ceux qui les exercent, on a détruit la nature même des sociétés humaines, en substituant dans les gouvernements comme dans la religion l'hostilité des pouvoirs et les déchirements populaires, à l'unité, à l'harmonie du gouvernement civil et du gouvernement de l'Eglise.

« Tous les gouvernements anciens (1) donnaient ou laissaient donner des biens à la religion ; les gouvernements modernes tendent tous à la dépouiller de toute propriété, à la réduire à l'état précaire et avilissant du mercenaire. De grands désordres, dont le premier sera l'affaiblissement de la religion et l'avilissement de la morale, seront la suite de ces théories où les gouvernements sacrifient tout aux systèmes de quelques beaux esprits, et à l'avidité de quelques courtisans (nous dirons aussi de quelques courtisans populaires). La religion est un rempart que les gouvernements en Europe cherchent à abattre, parce qu'il borne l'envie qu'ils ont de s'étendre. Quand ils auront renversé, ils seront tout étonnés de trouver au-delà l'abîme sans fond de l'anarchie qu'il leur cachait. Ils voudront le relever, il ne sera plus temps. »

Ces paroles n'étaient-elles pas prophétiques? Et, aujourd'hui même, ne voyons-nous pas des publicistes, de prétendus hommes d'État, attaquer, au nom de la souveraineté populaire, la souveraineté temporelle du Saint-Siége? Comme si toute souveraineté n'émanait pas de Dieu! comme si les barrières que la Providence a voulu opposer aux passions des grands et à celles des peuples, dans l'indépendance du Saint-Siége et du clergé, n'avaient pas été créées au profit des peuples mêmes, pour leur ménager un port, un abri toujours sûr au milieu des tempêtes ? Mais ce qu'il y a de plus fatal, de plus coupable dans cette per-

---

(1) *Législation primitive.*

sévérance, c'est qu'on présente comme un progrès ce mépris de la souveraineté temporelle des papes et des propriétés de l'Église, et qu'on regarde comme une conquête de la révolution ce qu'on appelle la sécularisation du clergé, de l'Église, et leur immolation à l'égalité civile des autres cultes (1). La tolérance et l'égalité devant la loi, au point de vue des droits civils et politiques des différents cultes admis en France, est-elle la destruction de la liberté et de la propriété de l'Église catholique ? Faut-il donc violer le plus sacré de tous les droits pour rendre hommage à l'égalité civile des autres droits ? C'est là, à coup sûr, le renouvellement de cette guerre révolutionnaire qui fut faite par l'hérésie et par l'athéisme à nos croyances. Qu'on y prenne garde ! c'est la dégradation du plus beau trait de notre caractère national. En effet, « ceux qui étudient les rapports qu'ont entre eux, chez les divers peuples, les principes de la religion et la conduite de la vie civile, dit fort bien M. de Bonald, ne manqueront pas d'observer que les peuples dont la religion demande de la magnificence dans ses temples et dans son culte, sont beaucoup moins avides de richesses, et plus généreux dans l'emploi qu'ils en font, que ceux qui sont sévères partisans d'un culte pauvre et dénué de tout ornement. Une société bien ordonnée doit tendre à mettre la magnificence, le luxe même dans les établissements publics, la simplicité et la modération dans la vie domestique (2). »

La propriété collective est de l'essence de l'association véritable. Le domaine de l'État est une propriété collective parce qu'elle est inhérente à la plus nécessaire des associations et au premier besoin des peuples, après la religion : le besoin d'être gouvernés ; tellement que dans la famille royale en France, la propriété personnelle était confondue avec la propriété politique, et que le roi ne pouvait rien acquérir ou rien posséder qui ne fut réuni au domaine de la couronne après dix ans de possession (ordonnance du domaine de 1566).

---

(1) Voir le *journal des Débats* du 14 novembre 1849.
(2) *Législation primitive.*

CHAPITRE CINQUIÈME.

La propriété collective est inséparable de la liberté collective.

Cette propriété collective a sa source dans la liberté collective dont le principe est la légitimité, la nécessité de l'association, des corporations communales et provinciales, et du gouvernement de la société qui les renferme toutes, et qui les protége sans les absorber. C'est avec bonheur que nous voyons notre doctrine de la propriété collective et de l'association, confirmée par les progrès de la raison publique et l'opinion des philosophes, des moralistes et des économistes les plus célèbres. On ne saurait trop se pénétrer de cette vérité : que si les familles, les communes, les provinces, les associations laïques ou religieuses doivent s'administrer elles-mêmes, être indépendantes et maîtresses de leurs droits, ne point être envahies ni absorbées par l'État; que si c'est là la clef du problème constitutionnel et social, agité sur tous les points de l'Europe, et qui doit être résolu dans ce sens pour son salut, il ne faut pas que les associations, non plus que les individus, vivent à l'état d'isolement, et que l'intérêt personnel ou collectif décline l'autorité de tout gouvernement. La société que le gouvernement représente dans son ensemble, a aussi sa liberté, qui est l'ordre, et cette liberté générale doit se combiner avec la liberté des individus ou des corps. C'est la loi qui les conserve, en exprimant et en protégeant leurs rapports nécessaires, et en les liant à l'intérêt de tous. De la sorte, la propriété comme la liberté des individus et des corps, également inviolable et sacrée, puise son énergie et ses garanties dans la liberté et la propriété de l'État, nécessaires pour subvenir aux devoirs du gouvernement, et toutes sont défendues et consacrées par la constitution sociale et par les lois qui en dérivent.

Cette vérité est admirablement comprise par les catholiques, et notamment par les hommes d'État du Saint-Siége: « Nous, Romains (*Observateur romain* du 14 janvier 1850), nous avons été corrigés et détrompés par une triste expérience, qui nous coûte un déficit de dix millions d'écus, sans compter les autres maux qui nous ont été légués par la république païenne de Mazzini. A ce système régénérateur nous préférons les promesses bienveillantes du souverain pontife. Nous attendons de lui la restauration du pouvoir pastoral sur la famille, l'administration de la commune par la commune, de la province par la province, sous la direction d'un gouvernement juste et bienfaisant, fort et indépendant.

« Familles, communes, provinces pourront être entendues par un tel gouvernement; mais il n'aura plus cette intimidation qui paralyse l'action des meilleurs gouvernements et engendre la révolution et l'anarchie, la banqueroute et le dernier paroxisme de la misère. Pour remédier à ces maux, nous demandons l'indépendance du pape comme prince temporel, afin que, comme prince spirituel, il puisse assumer avec toute liberté d'action, cette haute et puissante direction religieuse et morale qui, seule, sauvera la société humaine sur la pente de l'abîme, de l'anarchie où l'entraîne l'athéisme païen; une armée catholique, organisée par une corporation religieuse et militaire, peut seule offrir les garanties d'autorité et d'avenir à la papauté. »

Cette vérité de la liberté de l'individu par celle de l'association, et de celle-ci par la liberté du gouvernement, dont nous aurons occasion de signaler les applications pratiques à l'enseignement et aux autres libertés morales et politiques, gagne de jour en jour, comme nous l'avons dit, du terrain parmi les philosophes, les moralistes et les économistes : on ne comprend pas plus la société individualisée et réduite aux excitations aveugles de l'intérêt personnel isolé, qu'une société dont le gouvernement absorberait tout, disposerait de tout, et briserait le ressort de l'intérêt personnel bien entendu. Il y a solidarité entre tous les intérêts individuels, collectifs et gouvernementaux; mais cette solidarité qui les unit, qui les féconde, qui les conserve, ne les empêche pas d'avoir une existence distincte et inviolable. M. John Stewart Mill, dans un traité publié tout récemment, sur l'économie politique en Angleterre, a rétabli victorieusement les bases de la société sur les notions les plus saines de la nature humaine, c'est-à-dire l'association combinée avec l'autorité du gouvernement et des lois. M. Michel Chevalier, dans ses leçons sur les rapports de l'économie politique avec la morale, au Collége de France, a également proclamé ces principes, conservateurs des familles et des sociétés humaines ; il s'exprime ainsi :

« C'est au nom de la liberté, dit-on, qu'on pose le principe unique de l'intérêt personnel bien entendu. Oui, sans doute, l'intérêt personnel bien entendu est la légitime traduction de la liberté, du point de vue de l'individu ; mais la nation ou la société, ce grand corps dont l'individu est membre, a droit à sa liberté aussi. Cette liberté collective de la société, c'est, comme on l'a dit par une définition éloquente, l'ordre dont le gouvernement est le dépositaire et le gardien. Cette liberté collective, non moins sacrée que la liberté individuelle, peut avoir, et a, en effet, de légitimes réclamations à présenter, et c'est l'autorité qui en est l'organe naturel......

« ..... Si, au point de vue scientifique, les doctrines qui donnent une prépondérance systématique à l'action de l'État, qui veulent que l'État absorbe tout, dispose de tout, sont fausses ; si elles partent d'une fausse notion de la nature humaine, en méconnaissant la puissance du ressort individuel ; si leur résultat serait de conduire inévitablement à une impitoyable tyrannie dont le joug serait avilissant, on doit dire qu'une doctrine qui s'appuierait exclusivement sur l'intérêt personnel, qui récuserait toute intervention de l'autorité, et réduirait le gouvernement au rôle de gendarme, serait également fautive, également impraticable.

« L'illusion que nourissaient les philosophes français, et généralement ceux du continent européen (dans le xviiie siècle), au sujet des prétendus avantages de l'isolement, provenait, en partie du moins, de ce que les corps ou associations qui existaient alors étaient tous fondés sur le monopole ou le privilége, et étaient ainsi à charge à la société.

« On en concluait que l'association était en soi un mal, et l'Assemblée constituante la mit à l'index. Il n'y eut plus de permises que les sociétés politiques qui travaillaient au bouleversement de l'État. Elle rendit un décret dont l'esprit est dans vingt autres, où l'on nie positivement que les hommes qui se livrent à la même profession puissent avoir des intérêts communs, et leur interdit la faculté de s'associer.

« Ces erreurs qui allaient, les unes jusqu'à nier la sociabilité humaine, les autres à présenter tout gouvernement comme un fléau de Dieu, et qui ont été réunies en corps de doctrine, ont été en honneur jusqu'en 1825, où M. Ch. Dunoyer (*De l'industrie et de la morale dans leurs rapports avec la liberté*) les réfuta victorieusement. Les idées des philosophes, des publicistes et des moralistes se sont rectifiées. La sociabilité humaine est remise à sa place. La société et le gouvernement, en qui elle se personnifie, ont recouvré leurs droits. »

La propriété de l'Église et celle de l'État, la propriété des associations civiles et religieuses, sont donc le fondement et le couronnement de l'ordre, le nerf du bien public et du bien-être des particuliers. Les attaquer, c'est ouvrir la porte à l'anarchie, à l'égoïsme et à toutes les passions dissolvantes et honteuses.

Ainsi, la confiscation par l'État des biens communaux, sous prétexte de venir au secours des besoins publics (1), ou d'en former un fonds de commandite pour les banques populaires, est à-la-fois contraire au pacte fondamental de toute société, à son intérêt bien entendu, et aux saines notions d'économie politique. Le peuple ne pourrait bénéficier des communaux que par leur partage, ou par le bail emphytéotique. Ce dernier mode est le préférable, parce qu'il conserve aux communes leurs biens, en même temps qu'il excite l'émulation et le travail des emphytéotes. Il a tous les avantages d'une propriété collective et d'une propriété privée : c'est la véritable loi agraire, la seule qui s'accorde avec la loi de la religion et le repos de la société.

Notre principe a été confirmé par le rapport de l'honorable M. de Montigny, au nom de la sixième commission d'initiative parlementaire, sur la proposition de MM. Farolle, Guizard et Marceau, relative au partage des biens communaux : « La commission a repoussé d'une manière absolue cette faculté de parta-

---

(1) On se rappelle l'indignation générale qu'excita en France la confiscation des biens des communes par l'empereur Napoléon.

ger la propriété des biens communaux entre les chefs de famille, admise en première ligne dans la proposition ; elle l'a regardée comme attentatoire aux droits de la commune, qui constitue par elle-même une personne civile, dont les intérêts sont complétement distincts de ceux de l'ensemble des habitants dont l'existence ne se borne pas à une génération, mais se perpétue d'une manière indéfinie dans la suite incessamment renouvelée des générations, de telle sorte que le partage ne serait pas seulement la spoliation d'un être collectif, dont le titre n'est pas moins sacré, parce qu'il n'est pas individuel, mais qu'il consommerait le sacrifice aussi injuste qu'impolitique de l'avenir au profit du présent. Une telle combinaison n'a pu trouver place un instant dans la législation qu'à une époque où des théories extrêmes, exclusivement préoccupées des droits de l'individu et de l'intérêt de l'État, méconnaissaient à dessein dans leur caractère, et la famille et la commune, ces deux intermédiaires naturels et nécessaires de la hiérarchie publique, ces premiers rudiments inévitables de toute société organisée. »

Un fait bien digne de remarque, qui vient de se passer en Bourgogne, et que rapporte l'*Ordre* de Dijon, confirme cette vérité :

« Les socialistes, dit l'*Ordre,* promettent aux malheureux le bonheur le plus décevant en leur parlant du partage des terres. Nous en avons l'application sous les yeux. Les anciens biens communaux ont été séparés dans un grand' nombre de localités. Le pauvre habitant, qui avait droit de pâture, de parcours, a reçu un lot en propriété exclusive. — Qu'est-il arrivé ? C'est que par misère ou par inexpérience, la plupart ont vendu leur part de marais et dissipé le prix, de sorte qu'ils sont plus pauvres qu'autrefois, parce qu'ils n'ont pas les droits de pâture qu'ils louaient naguère quand ils n'avaient pas eux-mêmes de bestiaux. Voilà ce qu'ils ont gagné à l'application de la théorie du partage des biens. C'est un fait notoire que nous livrons aux méditations des égalitaires. »

Il n'est pas sans intérêt de rappeler ici les paroles que prononçait naguère M. de Lamennais sur le socialisme : «Vous voulez que je vous dise ce que je pense des systèmes socialistes qui ont cours de notre temps. Dans les doctrines qui se sont produites jusqu'à ce jour, je n'en connais pas une seule qui, plus ou moins directement, n'arrive à cette conclusion : que l'*appropriation personnelle* est la cause du mal auquel on cherche à porter remède ; qu'en conséquence la propriété doit cesser d'être individuelle, qu'elle doit être concentrée exclusivement dans les mains de l'État qui, possesseur unique des instruments du travail, organise le travail même en attribuant à chacun sa fonction spéciale et rigoureusement obligatoire pour lui, à laquelle on l'aura jugé propre, et distribuera, selon certaines règles sur lesquelles on diffère d'ailleurs, le fruit du labeur commun. — *Il m'est évident que la réalisation d'un pareil système conduirait les peuples à une servitude telle que le monde n'en a pas encore vu d'exemple ; réduirait l'homme à n'être plus qu'une machine, un pur outil, l'abaisserait au-dessous de l'animal. Je ne crois pas que jamais idées plus désastreuses, plus fausses, plus extravagantes et plus dégradantes soient entrées dans l'esprit humain ;* et ne méritassent-elles pas cette qualification qui, du reste, n'aurait rien que de fort juste, il n'y en aurait point encore de *plus radicalement impraticables.* »

CHAPITRE SIXIÈME.

Différence de l'association véritable et du socialisme ou communisme.

Telle est donc la différence qu'il faut faire de l'association qui conserve les droits de chacun par l'égalité de tous devant la loi divine et humaine, par la fraternité qui est l'esprit de charité, et du socialisme ou communisme, association mensongère et fausse qui les absorbe et les détruit ; — de l'association chrétienne et civilisatrice, et de l'association *des anabaptistes, des quakers, de Muncer, de J.-J. Rousseau, de Mably, de Morelly,* de

Robespierre, de Babœuf, de Louis Blanc, de Pierre Leroux, de Considérant, de Proudhon, etc.... Tous ont fait de l'association la proie d'une puissance barbare, distincte du droit individuel et collectif de l'homme, de la famille, de la cité et des corps moraux; et, sous le nom d'égalité chrétienne, de démocratie sociale, d'*anarchie*, ils ont déifié tous les penchants mauvais et criminels de la nature humaine ; ils les ont résumés dans un pouvoir sauvage et oppresseur qui anéantit sa liberté, sa dignité, l'ordre moral sur la terre, et qui ne sait égaliser les hommes que par la spoliation, que par la guerre faite aux riches, et par une conséquence forcée, de proche en proche, à tous ceux qui possèdent ; par la suppression de toutes les affections, de toutes les distinctions naturelles des familles et des fortunes, par la mise en curée des biens mobiliers et immobiliers livrés à la rapacité d'une tourbe furieuse qui ne se contentera pas des confiscations faites sur les principaux propriétaires, vendu ensuite à viles prix au moyen d'assignats où de papier-monnaie, mais qui se *ruera* sur les acquéreurs eux-mêmes de nouveaux biens nationaux, pour leur disputer ces proies, et les réduire bientôt ainsi par la peine du talion, par les indemnités et les impôts démesurés, nécessaires, qu'ils auront à payer pour ces dédommagements et pour ces participations, à un dénuement pire que leur médiocrité ou leur pauvreté primitive. Insurrection, spoliation en masse, pillage, meurtre, incendie : voilà le code du socialisme ou du communisme de la république rouge de tous les temps, et dont on s'efforce aujourd'hui de ressusciter les épouvantables doctrines et les infâmes prescriptions.

Pour qu'on ne nous accuse pas d'exagération, nous allons rapporter ici deux passages d'un écrit de Charles Heinzen, qui, avec Struve et autres réfugiés en Angleterre, est l'une des lumières du parti démocratique social allemand, qui ne fait qu'un, comme on sait, avec le parti démocratique social de tous les pays. Cet écrit est un pamphlet inséré dans la gazette allemande qu'il publie tous les vendredis à Londres ; il a pour titre : *Lehren Revolution* (Enseignements ou Doctrines de la Révolution) ; il dévoile les plans réels de ce parti, qui se prétend si libéral, dit *le Times*, où nous trouvons ces passages. Après avoir exposé le plan de la grande révolution qui doit s'opérer dans toute l'Europe, il ajoute :

« Il est possible que la grande révolution, dont l'Europe approche, coûtera deux millions de têtes; mais l'existence de ces deux millions de misérables peut-elle être prise en considération lorsqu'il s'agit du bonheur de deux cents millions d'hommes ? Non. Le temps doit venir où le peuple secouera ces faux scrupules de conscience, où il portera le glaive exterminateur partout où se cacheront ses ennemis mortels; et où il célébrera sa vengeance *sur des montagnes de cadavres.* »

Dans le numéro du 16 novembre 1849, après avoir dit : « Chaque pays devra nommer un dictateur, dont le principal devoir sera l'extermination des réactionnaires (c'est-à-dire de tous ceux qui ne partagent pas les opinions de M. Heinzen), il ajoute : « En même temps le dictateur doit former une alliance offensive et défensive avec tous les révolutionnaires et les gouvernants républicains pour combattre les monarchies qui existent encore et pour révolutionner tout le continent. Cette alliance doit les obliger à livrer et à poursuivre tous les réactionnaires; pour eux point d'asile, et la question d'asile doit être une question absolue de parti. Ils ne doivent rien posséder sur la terre qu'un tombeau. Il est prouvé, et il peut être prouvé que les réactionnaires, particuliers ou princes, sont les détenteurs des propriétés et des richesses. Il faut les leur prendre par la force s'il est nécessaire, et les confisquer au profit de l'État. »

Le *Times* ajoute : « Ces extraits, publiés à Londres, prouveront à la plupart de nos lecteurs quelles sont les vues de la démocratie sociale. Nous ignorons quel pouvoir la loi sur les étrangers donne au ministre de l'intérieur; mais nous pensons que l'auteur de doctrines aussi infernales devrait être expulsé de l'Angleterre dans les vingt-quatre heures. »

La doctrine de la communauté des biens et de la promiscuité des familles est le fond de tous les livres que la propagande fait distribuer dans les campagnes; elle sait bien que ce n'est qu'en détruisant la famille qu'elle pourra détruire la propriété individuelle et s'en emparer. Un instituteur communal, révolté de l'appel fait à son ministère pour cette propagande monstrueuse, a dénoncé publiquement de telles infamies, et rapporte ce passage qui résume tous les systèmes socialistes : « Partout où il y aura plusieurs familles, il devra y avoir un même appartement, un même feu, etc., et une ou deux mères suffiront pour préparer les aliments de ces familles confondues..... La communauté est propriétaire de tout, elle assigne à chacun son travail, selon ses besoins, elle répartit entre tous le produit net du travail commun. *Ainsi, plus de propriété individuelle,* ET, POUR CELA, PLUS DE FAMILLE DISTINCTE ; *car partout où existent les affections de famille, la propriété tend à se reconstituer.* »

Niera-t-on maintenant que le but direct du socialisme soit la destruction radicale de la famille, de la propriété et de la société civile et politique? Qu'on lise les professions de foi de *Malarmet*, et notamment celle de l'*humanitaire*, signé *May*, dont l'un ajourne, mais adopte comme idéal, et l'autre réclame le plus tôt possible la *réalisation* de la communauté, *la communauté des femmes et des enfants, comme de tout ce qui existe.* »

Si l'on veut savoir quel serait le lendemain d'une révolution socialiste, que l'on pèse la réponse que M. Proudhon a faite à cette question. On aurait seulement à opter entre l'*abolition du capital et de l'État*, qui est la conclusion finale de M. Proudhon, et les divers systèmes socialistes qu'il combat à outrance :

« La révolution arrive demain ; quelle confusion dans les rangs! Voici Pierre Leroux qui offre sa triade, qui vous organise le pouvoir par trois, six ou neuf ; qui vous propose pour remède à la misère le *circulus*, pour boussole à la raison la métempsycose. Louis Blanc, s'emparant cette fois de la dictature, procède au transbordement des hommes et des choses ; c'est le rachat universel, c'est la confusion universelle. Considérant, plus modeste, sur un crédit de six millions, fonde le premier phalanstère. La Montagne, forcée par ses paroles et par ses actes, abolit pour six cents millions d'impôts indirects, et les remplace par une taxe progressive sur le revenu net, alors que le revenu net n'est plus qu'une friction d'économie politique, alors que le riche n'existe plus que dans la présomption du percepteur. Le gouvernement, s'ouvrant à lui-même un crédit sur toutes les fortunes, fait gémir la presse aux assignats, expédie de tous côtés des compères pour révolutionner les villes et les campagnes, déclare la guerre à l'Europe, met le monde sur le *qui vive*. L'industrie privée, le commerce libre, la petite et la grande propriété sont poussés vers l'association.

« Les corporations ouvrières, divisées d'intérêts comme de principes, privées de direction, s'enchevêtrent les unes dans les autres; tantôt se font la guerre par la concurrence, tantôt s'annihilent par la non concurrence. Le paysan devenu propriétaire, une fois nanti, refuse le papier-monnaie que lui présente l'industriel, et ne veut vendre ses denrées qu'à beaux deniers comptants. La jalousie et la discorde sont entre les populations urbaines et les populations rurales, de même qu'entre les sociétés ouvrières et les corporations; le schisme entre dans l'Église; les sectes pullulent; l'illuminisme s'empare des masses; le parasitisme est au comble, la trahison partout. Le monde est rempli d'organisateurs, de réglementateurs, de directeurs, de gouverneurs, de révélateurs, de harangueurs; mais de travailleurs, il n'y en a plus. Pour tout dire, LA SOCIÉTÉ EST DISSOUTE ET LA NATION EXPIRE.

« Prolétaires et bourgeois, je vous le redis et le confirme: la révolution arrive sur vous à grands pas : vous la portez dans vos idées, dans vos cœurs, dans votre sang. Avec vous ou sans vous, il faut qu'elle s'accomplisse; une fois qu'elle aura frappé à la porte, si vous ne savez lui répondre elle vous dévorera, sa trêve expire dans deux ans : que ferez-vous le lendemain de la révolution ? »

Et si l'on se demande, après ce tableau trop fidèle que vient de tracer M. Proudhon des désastres de la révolution, ce que le peuple gagne à toutes les destructions des choses divines et humaines, il vous répondra encore avec la même franchise :

« LE PEUPLE CHANGE DE MAÎTRES, D'EXPLOITEURS, MAIS IL CONSERVE SA MISÈRE. »

Serions-nous arrivés à la veille de l'accomplissement de ces paroles prophétiques que traçait le publiciste espagnol, l'éminent docteur Balmès, dès 1847 : « Nous marchons à une dissolution sociale, ou à un état de société tel que les prévisions humaines ne le sauraient deviner. Oui, si Dieu ne nous éclaire, si ces écoles insensées du socialisme et du rationalisme achèvent de prendre faveur, nous retournerons aux siècles de barbarie ; *la première victime de ces doctrines sera la France.* »

CHAPITRE SEPTIÈME.

De l'indissolubilité du mariage, et de l'indivisibilité de la famille ; de la puissance paternelle et maritale ; du divorce.

La puissance paternelle et la puissance maritale, dans la famille chrétienne, sont un lien de subordination, d'abnégation et d'amour, créé par Dieu même, et recevant de sa loi un caractère d'indissolubilité.

Le père, la mère et les enfants ne forment qu'un tout : être collectif et sacré où l'unité de Dieu est empreinte. *Tes père et mère honoreras afin de vivre longuement :* c'est le premier des commandements, dit saint Paul, auquel Dieu a promis une récompense (*Ephés.*, ch. 6 ; v. 1). Obéissez à vos père et mère en ce qui est selon le Seigneur, car cela est juste, ajoute saint Paul (*ibid.*) ; honorez votre père et votre mère, honorez-les afin que vous soyez heureux et que vous viviez longtemps sur la terre (*ibib.*, v. 2 et 3). Et vous, pères, n'irritez point vos enfants, mais ayez soin de les bien élever en les encourageant et les instruisant selon le Seigneur (*ibid.*, v. 4).

Que les femmes soient soumises à leurs maris comme au Seigneur (*ibib.*, ch. 5, v. 22), parce que le mari est le chef de sa femme comme Jésus-Christ est le chef de son Église qui est son corps, dont il est le Sauveur (v. 23). — Comme l'Église est soumise à Jésus-Christ, les femmes doivent être aussi en tout soumises à leurs maris (v. 24). Et vous, maris, aimez vos femmes comme Jésus-Christ a aimé l'Église, et s'est livré lui-même à la mort pour elle, afin de la sanctifier, après l'avoir purifiée dans le baptême de l'eau par la parole de vie (v. 25 et 26). Ainsi les maris doivent aimer leurs femmes comme leur propre corps ; celui qui aime sa femme s'aime soi-même, car nul ne hait sa propre chair, mais il la nourrit et l'entretient comme Jésus-Christ fait à l'égard de son Église (v. 28 et 29). C'est pourquoi l'homme abandonnera son père et sa mère pour s'attacher à sa femme, et de deux qu'ils étaient ils deviendront une même chair (v. 31). CE SACREMENT EST GRAND, dis-je, EN JÉSUS-CHRIST ET EN L'ÉGLISE (v. 32).

Comme l'Esprit-Saint unit et confond, dans un amour infini, Dieu le Père et Dieu le Fils, ainsi le même Esprit-Saint unit le père, la mère et les enfants qui doivent être *uns* entre eux, comme Dieu le Père et Dieu le Fils sont *uns*, comme ils sont *uns* en Dieu (*S. Jean,* ch. 17, v. 21). L'amour paternel et maternel, l'amour conjugal, l'amour filial, reçoivent de l'Esprit-Saint et du précepte de Dieu un caractère sacré, indélébile, indivisible. Je suis en eux et vous en moi, dit Jésus-Christ, afin qu'ils soient consommés dans l'unité (*ibid.,* v. 23).

L'indissolubilité de la famille en est la conséquence, et cette indissolubilité de la famille présuppose celle du mariage.

Quelle est donc l'erreur, l'aveuglement de ces jurisconsultes qui ont osé enseigner, dans des ouvrages élémentaires confiés à la jeunesse, et dans les chaires des écoles de droit, que bien que le mariage soit un contrat perpétuel dans sa fin, il n'est pas pour cela indissoluble, pas plus qu'un contrat de rente perpétuelle qui emporte l'aliénation du fond ou du capital? Ils ont attribué à l'État et à la loi la souveraineté absolue sur les facultés de l'homme, et le droit de lui interdire un engagement indissoluble ! Ils ont enfin appliqué au mariage la règle que tout engagement peut se dissoudre de la même manière qu'il a été contracté, prétendant que si l'autorité publique le permet, le droit naturel n'a rien alors qui s'y oppose ; et cette autre règle des contrats synallagmatiques : que si l'un des époux méprise la foi de ses engagements, il dégage l'autre des siens !!!

Ces jurisconsultes ont fait d'abord abstraction de la loi de Dieu sur le mariage, et ils ont, contre toute vérité, soutenu que le mariage étant antérieur à toute religion, à tous rites, ne peut en dériver, et qu'il est régi exclusivement par la volonté de la loi positive qui, suivant le droit naturel des sociétés, disent-ils, doit régler tous les engagements des membres de chaque corps politique.

C'est là une tyrannie odieuse, c'est la destruction de la liberté, de la dignité humaine; c'est le communisme, en un mot, en matière de mariage.

Quod Deus conjunxit homo non separet; que l'homme ne sépare point ce que Dieu a uni, a dit le Seigneur, en unissant l'homme et la femme, et ce fut tout ensemble un commandement divin et un précepte du droit naturel.

C'est une erreur fondamentale de prétendre que le mariage est un contrat ordinaire. Sans doute, il est un contrat dont le consentement des époux forme l'essence; et les lois civiles en règlent les conditions et les empêchements. Mais, avant tout, il appartient à la loi divine et naturelle.

C'est une seconde erreur non moins manifeste que l'aliénation réciproque des facultés de l'homme et de la femme est essentiellement dépendante de la volonté de la loi, et qu'il ne peut, contre la volonté nationale, s'imposer un engagement indissoluble.

Le mariage et la famille sont antérieurs à la société politique. La formation de la famille et l'intégrité de la famille dérivent de la loi naturelle, ainsi que la puissance paternelle et maritale. « Ce n'est que dans la nature, a dit Cicéron, que se trouve la règle qui sert à distinguer une loi bonne de celle qui ne l'est pas. » — Or la loi naturelle est, dit M. de Bonald, l'*alpha* et l'*oméga* des êtres, et c'est pourquoi Jésus-Christ a dit en parlant de l'indissolubilité du mariage : *Que c'était la loi du commencement.*

Donc le mariage est tout à-la-fois du droit divin, du droit naturel et du droit civil.

Il appartient à la religion qui en consacre l'indissolubilité.

Les Pharisiens demandèrent à Jésus-Christ pour le tenter : Est-il permis à un homme de renvoyer sa femme (*saint Marc*, ch. 10, v. 2)? — Mais il leur répondit : Que vous a ordonné Moïse (v. 3)? — Ils lui répondirent : Moïse a permis de renvoyer sa femme en lui donnant un écrit par lequel on déclare qu'on la répudie (v. 4). — Jésus-Christ leur dit : C'est à cause de la dureté de votre cœur qu'il vous a fait cette ordonnance (v. 5). — Mais dès le commencement du monde Dieu ne forma qu'un homme et qu'une femme (v. 6). — C'est pourquoi il a dit : L'homme quittera son père et sa mère, et il s'attachera à sa femme (v. 7). — Et ils ne seront tous deux qu'une seule chair. Ainsi ils ne sont plus deux, mais une seule chair (v. 8). — Que l'homme donc ne sépare point ce que Dieu a uni (v. 9).

Mais, dit-on, il existe des croyances diverses, il en est qui admettent la dissolubilité du mariage. — Il faut répondre que la liberté religieuse et l'inviolabilité de la conscience dominent tout. La femme, ni l'homme, en se mariant, n'a aliéné cette liberté de sa conscience; et si l'un des époux apostasie, ou ne croit pas, ou croit à des principes différents, il n'a pas le droit d'opprimer la liberté religieuse de son conjoint, et de lui imposer le divorce.

Mais, dit-on encore, des papes ont permis le divorce. — C'est une erreur. Le Saint-Siége s'est refusé constamment à autoriser le divorce; il fut inébranlable contre les supplications, les menaces d'Henri VIII, roi d'Angleterre, qui voulait dissoudre par le divorce son mariage avec Catherine d'Aragon ; et ce fut ce qui produisit le schisme d'Angleterre.

Vainement objecterait-on qu'une partie de la nation professe une religion qui l'autorise : permettra-t-on le vol, parce qu'il a des sectateurs dans les partisans de la communauté des biens, dans les socialistes dont l'un des chefs a dit: *La propriété, c'est le vol !*

Les peuples protestants les plus éclairés ont eux-mêmes demandé l'abolition du divorce. Cette question fut agitée au commencement de ce siècle au parlement d'Angleterre, et l'évêque de Rochester répondant à lord Mulgrave, avança que sur dix demandes en divorce pour cause d'adultère, il y en avait neuf où le séducteur était convenu d'avance avec le mari de lui fournir des preuves de l'infidélité de sa femme. — Des écrivains protestants eux-mêmes se sont élevés contre la faculté du divorce. Madame Necker, dans un livre écrit sur cette question, admire la doctrine de l'Eglise catholique sur le mariage ; et

David Hume, dans son dix-huitième essai, dit formellement : « L'exclusion de la polygamie et du divorce fait suffisamment connaître l'utilité des maximes de l'Europe, par rapport au mariage. »

En second lieu, le mariage appartient à la loi naturelle. Il a pour objet la formation de la famille par l'union des corps et des âmes : sa fin est dès-lors la conservation spirituelle et morale de cette famille.

De là dérive son caractère d'unité et de perpétuité. La polygamie détruit la famille, elle arrête la propagation de l'espèce humaine, on ne peut se donner tout entier à plusieurs.

Par le divorce, le lien qui unit l'enfant au père et à la mère est rompu. Il n'a plus de place dans la famille, puisque la source du lien qui les unissait est tarie. Hors de la famille l'enfant n'a ni origine, ni fin. C'est vouloir séparer des *fins* que Dieu a liées et indivisiblement unies ; l'union du père et de la mère a pour *fin* la procréation des enfants, et cette procréation a pour *fin* l'union des enfants à leur père et à leur mère. C'est une tige dont les rameaux détachés périssent faute de sève ; c'est la nature mutilée.

« Des époux qui divorcent, dit M. de Bonald, brisent de leurs propres mains le sceau du pouvoir domestique ; et leurs enfants sont des orphelins qui, ne retrouvant plus la famille qui leur a donné le jour, devront tomber sous l'empire du pouvoir public. »

« Le pouvoir civil, disait le vertueux et célèbre jurisconsulte feu M. Portalis, n'intervient dans le contrat d'union des époux que parce qu'il y représente l'enfant à naître, seul objet social du mariage, et qu'il accepte l'engagement qu'ils prennent en sa présence et sous sa garantie de lui donner l'être. Dans les sociétés ordinaires, disait le rapporteur du projet présenté au conseil d'Etat, *on stipule pour soi ;* dans le mariage, *on stipule pour autrui.* Le pouvoir y stipule donc l'intérêt de l'enfant, puisque la plupart des clauses matrimoniales sont relatives à la survenance des enfants.

« . . . . L'engagement conjugal est donc réellement formé entre trois personnes présentes ou représentées ; car le pouvoir public qui précède la famille et qui lui survit, représente toujours dans la famille la personne absente, soit l'enfant avant sa naissance, soit le père après sa mort.

« L'engagement formé entre trois, ne peut donc être rompu par deux, au préjudice du tiers, puisque cette troisième personne est, sinon la première, du moins la plus importante ; que c'est à elle seule que tout se rapporte, et qu'elle est la raison de l'union sociale des deux autres. Le père et la mère qui font divorce sont donc réellement deux forts qui s'arrangent pour dépouiller un faible, et le pouvoir public qui y consent est complice de leur brigandage. Cette troisième personne ne peut, même présente, consentir jamais à la dissolution de la société qui lui a donné l'être, puisqu'elle est *mineure* dans la famille, même lorsqu'elle est *majeure* dans l'Etat, par conséquent toujours hors d'état de consentir contre ses intérêts et à son préjudice : et le pouvoir civil qui l'a représentée pour former le lien de la société, ne peut plus la représenter pour la dissoudre, parce que le tuteur est donné au pupille, moins pour accepter ce qui lui est utile, que pour l'empêcher de consentir à ce qui lui nuit. »

Et que l'on ne dise pas qu'il est des mariages si malheureux que la vie commune est insupportable. Mais n'y a-t-il pas aussi des pères malheureux dont les enfants sont l'opprobre ? Faut-il pour cela briser les lois de la famille ?

Mais le spectacle de ces dissensions domestiques peut être un scandale pour les enfants. Il faut alors recourir à la séparation de corps, remède qui n'a rien de contraire à la religion, à l'ordre de la société, et qui laisse du moins l'espérance d'un rapprochement.

Mais c'est arrêter la propagation de l'espèce. C'est tout le contraire, car des époux qui voudront divorcer n'auront point d'enfants. La femme qui aura l'espérance de voir son mariage dissout, commettra l'adultère. C'est un encouragement aux penchants criminels des époux.

« En Angleterre, où le divorce n'a lieu que pour cause d'adultère, dit M. de Malleville, au nom de la cour de Cassation, le divorce était devenu si abusif que, quoique les frais d'un pareil acte et d'une telle procédure soient énormes, cependant l'abondance de l'or et la corruption des mœurs rendaient les adultères et les divorces si fréquents, qu'en 1779 ils excitèrent la sollicitude du parlement et qu'il y eut des avis, particulièrement celui du duc de Richmond, pour abolir entièrement le divorce. On se contenta cependant d'y mettre de nouvelles entraves. On défendit à l'homme et à la femme adultère de se marier avant un an; mais l'expérience a prouvé que ce remède ne remplissait pas son objet, et dernièrement encore on a vu des plaintes se renouveler à ce sujet au parlement. »

Quant à la résolution du contrat, outre qu'un tel principe n'est point applicable au mariage, on doit dire que cette résolution est impossible, car les choses ne sont plus entières. La condition des deux contractants ne serait plus la même. En effet, l'époux qui voudrait divorcer malgré son conjoint, aurait mille moyens de l'y contraindre; et la femme, devenue mère, qui aurait perdu sa jeunesse et sa beauté, pourrait-elle se créer une nouvelle famille?

Enfin le mariage, en tant qu'il appartient au droit social, doit être encore indissoluble. Le divorce ouvrirait la porte à toutes les passions, à tous les excès. Il n'y aurait plus de frein aux désirs coupables, aux caprices, au libertinage. Or plus la civilisation est avancée, plus ce frein est nécessaire.

L'immoralité et la corruption couleraient à grands flots de cette source fatale. La loi qui permet la dissolubilité du lien conjugal, dit M. de Bonald, et qui sépare les enfants de leur mère, porte atteinte à-la-fois à la loi générale qui dit à l'enfant : *Honore ta mère,* et à celle qui défend de désirer la femme de son prochain, puisqu'elle permet de l'obtenir (1). Cette loi fait déchoir les peuples de la civilisation.

La Turquie et la Pologne nous en ont offert de tristes exemples. « L'influence réciproque des lois sur les mœurs, dit M. de Bonald (2), c'est-à-dire de la société publique sur la société domestique, s'était fait sentir dans ces deux états et de la même manière. Le despotisme avait passé en Turquie de la famille dans l'État, et la polygamie, qui est le despotisme domestique, avait produit le despotisme politique. Mais en Pologne, le des-

---

(1) *Législation primitive.*
(2) *De l'état actuel de l'Europe.*

potisme était descendu de l'Etat dans la famille, et malgré le catholicisme dominant en Pologne, les dissolutions pour empêchements dirimants étaient devenues chez les grands une véritable polygamie. Ce sont ces abus sur les sentences en nullité de mariage, qui ont fait croire que le divorce était permis en Pologne. En Pologne comme ailleurs, la religion avait maintenu le principe général de l'indissolubilité du lien conjugal ; mais les passions des hommes, qui n'étaient pas contenues par une autorité suffisante, faisaient de ce principe une application vicieuse. »

Ces faits et les désordres que la répudiation et le divorce jetèrent dans les lois et les mœurs du moyen âge, désordres dont la religion catholique seule put triompher, forment un argument invincible en faveur de l'imprescriptible droit de l'Église d'enseigner la jeunesse, si hautement proclamé, et à diverses reprises, par Pie IX, dans son encyclique précitée. La liberté d'enseignement n'est d'une utilité permanente qu'à cette condition. En effet, que deviendraient les mœurs publiques, fruit de l'éducation, si la polygamie pénétrait par le divorce dans les familles, et si l'État se disait laïque, c'est-à-dire sceptique ou indifférent en pareille matière? Où pourrait être le salut des générations si cette absence de principes sur les lois éternelles des sociétés humaines se faisait sentir à-la-fois dans l'État et dans la famille? La Religion catholique seule, comme le phare dominant les flots des erreurs et des passions humaines, pourrait, par l'éducation, tirer la société de l'abîme de corruption où elle serait plongée, car seule elle peut ressusciter les morts et les faire sortir comme Lazare de leur pourriture et de leur tombeau. Nous sommes heureux de voir la science du droit et de la société vengée par un jurisconsulte profond, un magistrat éminent (1), et ses efforts se joindre aux nôtres pour dissiper des erreurs sur le mariage, qui ont pris racine dans les écoles sous l'impression des livres de jurisconsultes célèbres (2).

« Les répudiations, le divorce, le concubinage, dit M. Troplong, répandus (au moyen âge) dans toutes les classes et encou-

---

(1) M. Troplong, *Introduction du contrat de mariage.*
(2) Entre autres M. Proudhon, *De l'état des personnes.*

ragés par le scandale des rois et des grands, furent la plaie de l'époque et la cause du trouble dans les unions, de la perturbation dans l'État civil et d'une effroyable dissolution dans les mœurs. L'Église lutta, elle s'arma des décrets des conciles et des foudres de l'excommunication, elle agit par la persuasion et par la terreur des peines ; le mariage resta victorieux ; il s'éleva à la véritable hauteur où l'a placé le Christianisme. A la faveur de cette restauration, il est resté un sacrement dans l'ordre spirituel et un lien indissoluble dans la loi : c'est l'un des plus grands services que l'Église ait rendus à la civilisation moderne. La France en recueille aujourd'hui les fruits, et elle les recueille avec reconnaissance pour les philosophes chrétiens qui, de bonne heure, ont déposé dans son éducation la source de cette bonne doctrine. C'est, en effet, une justice à rendre à la nation française que l'accord des convictions populaires avec les vigoureux préceptes de la religion et de la loi sur la question du mariage. La nation française croit avec une conviction profonde à la sainteté de l'union conjugale, à son utilité sociale, au caractère légalement et nécessairement exceptionnel dont il est revêtu par rapport aux autres contrats, aux devoirs réciproques attachés à cet engagement de toute la vie. Ce n'est pas là une conviction superstitieuse et crédule. Où sont aujourd'hui les superstitions? Où sont les idoles qu'adorent par faiblesse les consciences subjuguées? C'est la raison, l'honnêteté, la pudeur, qui parlent en faveur du mariage ; la France n'a jamais été sourde à leur voix, »

J'ajouterai que cette raison, cette honnêteté, cette pudeur, sont un effet, en France, de la grâce divine attachée à la seule foi catholique qui a entretenu dans les esprits la vraie philosophie et dans les cœurs cette force de résistance aux passions qui se communique des âmes saintes aux mœurs générales d'une nation. C'est le propre de la religion vraie de régner dans les mœurs et dans les lois, même au milieu des égarements des peuples. La raison et la philosophie, toutes seules, seraient impuissantes à élever cette barrière contre les déréglements publics.

C'est cet esprit de la religion vraie qui inspire encore ceux-là mêmes qu'un aveuglement surhumain, peine de l'orgueil, en a éloignés, et qui a dicté ces remarquables paroles de M. de Lamennais, écrites sur ce sujet par lui dans le *Peuple Constituant* en 1848 : « Il faut, dit-il, traverser la barbarie, arriver aux époques funèbres où l'extinction du sens moral, au sein des nations corrompues, en marque la décadence et en annonce la fin, pour rencontrer l'oubli complet ou la négation systématique de ces lois éternelles, pour assister à l'effrayant spectacle d'êtres humains s'efforçant de trouver dans les ruines de leur propre nature un état inférieur à celui de la brute, et s'enorgueillissant d'y descendre. »

Nous ne pouvons résister au désir de faire connaître à nos lecteurs un admirable passage de l'ouvrage si profondément senti, si habilement conçu, si solidement raisonné et si vivement, si brillamment coloré, de M. le docteur Balmès ; il s'exprime ainsi touchant le mariage : « La société protestante, plus sage sur ce point que les faux réformateurs qui s'efforçaient de la diriger, repoussa avec un admirable bon sens les conséquences de la conduite de ses chefs ; bien qu'elle ne conservât point les doctrines du catholicisme, elle suivit du moins la salutaire impulsion que celui-ci lui avait imprimée ; et la polygamie ne s'établit point en Europe. Mais l'histoire conserve les faits qui démontrent la faiblesse de la prétendue réforme, et la puissance vivifiante du catholicisme. Elle dit à qui la loi du mariage, ce palladium de la société, a dû de n'être point faussée, pervertie, mise en pièces, au milieu des siècles barbares, au milieu de la plus épouvantable corruption, de la violence et de la férocité qui dominaient partout, tant à l'époque où les peuples envahisseurs flottaient pêle-mêle au sein de l'Europe, que dans celle de la féodalité, et dans ces temps où la puissance des rois était déjà devenue prépondérante; l'histoire dira quelle force tutélaire empêcha le torrent de la sensualité de se déchaîner avec toute sa violence, avec tous ses caprices, d'amener la désorganisation la plus profonde, de corrompre le caractère de la civilisation européenne et de la précipiter dans cet effrayant abîme où gisent depuis tant de siècles les peuples de l'Asie.

« Les écrivains passionnés ont beau fouiller dans les annales de l'histoire ecclésiastique pour y trouver des différends entre les papes et les rois, et en prendre occasion pour reprocher à la

Cour de Rome *son entêtement d'intolérance* en ce qui touche la sainteté du mariage ; si l'esprit de parti ne les aveuglait point, ils comprendraient que si *cet entêtement d'intolérance* s'était relâché un seul instant, si le pontife de Rome avait reculé d'un seul pas devant l'impétuosité des passions, ce premier pas une fois fait, on se trouvait sur une pente rapide au bout de laquelle s'ouvre un abîme ; ils admireraient l'esprit de vérité, la conviction profonde, la vive foi dont cette chaire auguste est animée ; nulle considération, nulle crainte n'a pu la faire taire, lorsqu'il s'est agi de rappeler à tous, et particulièrement aux potentats et aux rois ce commandement : « *Ils seront deux dans une seule* « *chair ; l'homme ne séparera point ce que Dieu a uni.* » En se montrant inflexible sur ce point, elle risque même d'encourir la colère des rois ; non-seulement les papes ont accompli le devoir sacré que leur imposait l'auguste caractère de chefs du Christianisme, mais encore ils ont réalisé un chef-d'œuvre de politique, et contribué grandement au repos et au bien-être des peuples. « Car, dit Voltaire, les mariages des princes font en « Europe le destin des peuples ; et jamais il n'y a eu de cour en- « tièrement livrée à la débauche sans qu'il y ait eu des révolu- « tions et même des séditions. » (*Essais sur l'Histoire géné- rale*, t. III, c. 101.)

« Cette observation si exacte de Voltaire suffirait pour venger les papes, et avec eux le catholicisme, des calomnies de leurs misérables détracteurs ; elle prend encore plus de valeur et acquiert une importance immense si on l'étend par delà les bornes de l'ordre politique à l'ordre social. L'imagination s'épouvante à l'aspect de ce qui serait arrivé si ces rois barbares, en qui la splendeur de la pourpre déguisait mal le fils des forêts, si ces fiers seigneurs fortifiés dans leurs châteaux, couverts de fers, et environnés de vassaux timides, n'avaient trouvé une digue dans l'autorité de l'Église ; si, au premier regard jeté sur une beauté nouvelle, à la première ardeur qui se serait réveillée dans leurs cœurs, et leur aurait inspiré le dégoût de leurs légitimes épouses, ils n'avaient rencontré le souvenir toujours présent d'une autorité nflexible ! Ils pouvaient, il est vrai, accabler un évêque de vexations, le faire taire par la crainte ou les promesses ; ils pouvaient arracher par la violence les votes d'un concile particulier, ou se faire un parti par les menaces, par l'intrigue, par la subornation ; mais dans un obscur lointain, le faîte du Vatican, l'ombre du souverain pontife leur apparaissait comme une vision terrassante ; ils perdaient alors toute espérance, tout combat devenait inutile ; la lutte la plus acharnée ne leur aurait jamais donné la victoire ; les intrigues les plus astucieuses, les prières les plus humbles n'auraient jamais obtenu que la même réponse : *Un seul avec une seule, et pour toujours.*

« Qu'on lise simplement l'histoire du moyen âge, de cette scène immense de violence, où se peint avec tant de vivacité l'homme barbare s'efforçant de briser le lien que la civilisation veut lui imposer ; qu'on se rappelle que l'Église dut faire une garde incessante et vigilante non-seulement pour empêcher qu'on ne mît en pièce les liens du mariage, mais même pour préserver du rapt et de la violence les vierges, et jusqu'à celles qui s'étaient consacrées au Seigneur, et l'on verra clairement que si l'Église catholique ne s'était opposée comme un mur d'airain au débordement de la sensualité, les palais des princes et les châteaux des seigneurs n'auraient pas tardé à avoir leur sérail et leur harem. Que se serait-il passé dans les autres classes de la société? Elles auraient suivi le même courant, et la femme européenne serait restée dans l'État d'avilissement où se trouve encore la femme musulmane....

« Les peuples européens devront une reconnaissance éternelle au catholicisme qui leur a conservé la monogamie, l'une des causes qui, sans aucun doute, ont le plus contribué à la bonne organisation de la famille et à l'ennoblissement de la femme. Quelle serait aujourd'hui la situation de l'Europe, de quelle considération jouirait la femme, si Luther, le fondateur du protestantisme, fût parvenu à inspirer à la société l'indifférence qu'il manifesta sur ce point dans son commentaire sur la Genèse? — En ce qui est de savoir, dit Luther, si l'on peut avoir plusieurs femmes, l'autorité des patriarches nous laisse dans une complète liberté. Il ajoute ensuite que *c'est là une chose qui n'est ni permise ni prohibée, et que quant à lui il ne décide rien.* Malheureuse Europe! si de semblables paroles, sorties de la bouche d'un homme qui n'avait rien moins que des peuples entiers pour sectateurs, avaient été prononcées quelques siècles auparavant, au temps où la civilisation n'avait point encore reçu une impulsion assez forte pour lui faire suivre, malgré les mauvaises doctrines, une direction assurée sur les points les plus importants ! Malheureuse Europe ! si, à l'époque où écrivait Luther, les mœurs n'avaient pas été déjà formées, si la bonne organisation donnée à la famille par le catholicisme n'avait eu des racines trop profondes pour être arrachées par les mains de l'homme, certainement le scandale du Landgrave de Hesse-Cassel ne serait pas resté dans ces temps-là un scandale isolé, et la coupable condescendance des docteurs luthériens aurait eu des fruits bien amers. De quoi aurait servi pour contenir l'impétuosité féroce des peuples barbares et corrompus, cette foi vacillante, cette incertitude, cette lâcheté avec laquelle on voyait trembler l'Église protestante à la seule exigence d'un prince tel que le Landgrave ? Comment la lutte qui se mesure par siècles aurait-elle été soutenue par ceux qui, à la première menace de combat, se rendent et qui sont brisés avant le choc ?

« A côté de la monogamie, on peut dire qu'il n'y a rien de plus important que l'indissolubilité du mariage. Ceux qui, s'écartant de la doctrine de l'Église, pensent qu'il est utile en certains cas d'admettre le divorce, de manière que le lien conjugal reste dissous et que chacun des conjoints ait la liberté de passer à de secondes noces, ne nieront point cependant qu'ils regardent le divorce comme un remède, remède dangereux dont le législateur ne se sert qu'à regret et seulement par égard pour la malice ou la faiblesse ; ils comprendront aussi qu'un grand nombre de divorces amènerait les maux les plus graves, et que pour prévenir ces maux dans les pays où les lois civiles permettent l'abus du divorce, il est nécessaire d'entourer cette permission de toutes les précautions imaginables ; ils m'accorderont, par conséquent, que la manière la plus efficace de se préserver de la corruption des mœurs, de garantir la tranquillité de la famille et d'opposer un ferme rempart à ce torrent de maux prêt à inonder la société, c'est d'établir l'indissolubilité du mariage comme principe moral, de lui donner pour fondement des motifs qui exercent un ascendant puissant sur le cœur et de tenir constamment en bride les passions pour les empêcher de glisser sur une pente si dangereuse. Or, quelle religion, si ce n'est la Religion catholique, accomplit ce devoir? Quelle autre religion a plus parfaitement rempli une tâche si salutaire et si difficile? Certes, ce n'est point le protestantisme, lequel ne sut pas même pénétrer la profondeur des raisons qui dirigeaient sur ce point la conduite de l'Église catholique. »

« . . . . Entraînés par leur haine contre l'Église romaine et excités par la fureur d'innover en tout, les protestants crurent avoir fait une grande réforme en sécularisant, pour ainsi dire, le mariage, et en s'élevant contre la doctrine catholique qui le déclarait un véritable sacrement. Ce n'est point ici le lieu d'entrer dans une controverse dogmatique sur cette question ; il me suffit de faire observer qu'en dépouillant le mariage du sceau auguste du sacrement, le protestantisme montra qu'il connaissait bien peu le cœur de l'homme. Considérer le mariage, non comme un simple contrat civil, mais comme un véritable sacrement, c'était le placer sous l'ombre auguste de la religion, l'élever au-dessus de l'atmosphère agitée des passions ; et qui peut douter que cela ne soit absolument nécessaire quand il s'agit de mettre un frein à la passion la plus vive, la plus capricieuse, la plus terrible du cœur de l'homme? Les lois civiles sont insuffisantes à produire un pareil effet ; il faut des motifs qui, puisés à une source plus haute, exercent une influence plus efficace. — La doctrine protestante renversait la puissance de l'Eglise en matière de mariage, et livrait exclusivement cette sorte d'affaires aux mains de la puissance civile. Quelqu'un pensera peut-être que l'exclusion donnée en ce point à la puissance séculière ne pouvait que servir à la cause de la civilisation, et que ce fut un magnifique triomphe remporté sur des préjugés surannés, une conquête précieuse sur des usurpations injustes, que de chasser d'un pareil terrain l'autorité ecclésiastique. Malheureux! si votre esprit renfermait quelques hautes pensées, si votre cœur sentait vibrer ces cordes harmonieuses qui révèlent avec tant de délicatesse et d'exactitude les passions de l'homme, et inspirent les moyens les plus propres à les bien diriger, vous verriez, vous sentiriez que placer le mariage sous le manteau de la religion, et le soustraire autant que possible à l'intervention profane, c'était le purifier, l'embellir, l'environner de la beauté la plus enchanteresse ; car c'était déposer sous une inviolable sauvegarde ce trésor précieux qu'un seul regard ternit et qui est flétri par le plus léger souffle. Quoi! n'aimez-vous point un voile épais tiré à l'entrée du lit nuptial, et la religion en gardant les approches avec un maintien sévère? (*le Protestantisme comparé au Catholicisme*, t. II, ch. 24.) »

CHAPITRE HUITIÈME.

La société publique et ses lois, d'institution divine, reposent sur l'inviolabilité de la famille et de la propriété.

La société publique a des lois éternelles, et, chez tous les peuples, des lois communes, sans lesquelles elle ne peut subsister. Il importe donc d'en bien fixer les principes, et de les mettre à l'abri du sophisme comme de la violence.

Or, la volonté de Dieu, manifestée d'une manière si authentique, ainsi que nous venons de le voir, l'expérience, l'histoire, la nature humaine, la raison, le sentiment, tout concourt à démontrer que la société et ses lois politiques et civiles dérivent de la famille, de l'indissolubilité du mariage, de la puissance paternelle et maritale, de la propriété dans tous ses genres, terre, capital ou salaire, du travail sous toutes ses formes, individuel ou collectif, intellectuel ou manuel, et de l'ensemble des rapports divers, mais régis par des lois égales pour tous, que la famille, la propriété et le travail établissent entre les hommes.

Avec ces éléments divins, l'homme aime, dans sa patrie, sa famille et le foyer domestique, il les confond dans son cœur, bien loin de les séparer ; et le principe de vie, la *charité*, étendant ses affections, leur fait embrasser avec amour la société même du genre humain, fondée sur ces éléments essentiels. L'homme, comme l'ont dit par erreur des publicistes qui n'ont consulté que l'égoïsme naturel à son cœur, ne préfère point sa famille à sa patrie, et son intérêt propre à l'intérêt public; IL N'EN FAIT QU'UN TOUT INSÉPARABLE. Et c'est ainsi que tous les devoirs et tous les droits qui constituent le droit civil, le droit public, le droit des gens, émanant du même foyer qui échauffe, soutient et conserve le monde moral, le dévouement et la vertu ont le caractère universel et désintéressé de la vérité de Dieu même. *Deus caritas est*.

Au contraire, sans ces éléments divins, préexistants et inviolables de la famille, de l'unité du mariage, de la propriété, on ne voit que violence, esclavage, anarchie, domination brutale, extinction du sens moral, de la liberté, dissolution de la nature humaine.

Partout où la liberté et l'autorité de la famille, la sainteté du mariage et la propriété personnelle n'ont pas été le fondement de l'ordre social, comme dans l'Inde, en Perse, au Japon, dans les anciennes républiques de la Grèce, à Munster, chez les hérésiarques du moyen âge, chez les pézagogues, parmi les Slaves, après l'invasion des Tartares, et tout récemment chez les peuples endoctrinés et égarés par des sophistes révolutionnaires et socialistes, la liberté politique n'a point existé, les notions du bien et du mal, du juste et de l'injuste ont été effacées ; la porte ouverte à tous les vices et à tous les crimes ; la misère a été incurable ; toutes les sources du crédit, du travail et du commerce ont été taries. — Foi, idées morales, justice, patriotisme, honneur, respect de l'enfant, de la femme, de la vie de l'homme, pureté des mœurs, génie des lettres et des arts, progrès de l'industrie, perfectionnement de l'agriculture, tout a disparu.

Parcourons les annales de ces nations, et nous nous convaincrons que leur oppression et leur misère n'eurent pas d'autres causes. Dieu et le peuple ! le peuple n'y fut dégradé, souffrant, que parce que la loi de Dieu, touchant la famille et la propriété, y était violée, et le gouvernement impossible. Car on ne peut donner le nom de gouvernement aux fureurs du despotisme, à la cruauté bizarre et insensée des lois, à l'arbitraire et à l'excès des peines. Là, les ressorts de la nature humaine ne sont pas seulement tendus avec violence, ils sont brisés. L'homme descend au-dessous de la bête ; toutes les voix de la raison et du cœur, de la nature et de la religion sont étouffées.

Pour ne parler ici que des peuples de l'antiquité, les plus célèbres par leur civilisation, en Grèce, où la communauté des femmes et des biens était autorisée par les institutions, où la famille et la propriété n'étaient point respectées, la bienveillance envers les hommes était limitée aux frontières ; le brigandage envers les peuples était permis par Aristote, pourvu qu'il n'opprimât ni les Grecs, ni leurs alliés ; le vol était classé comme profession, la justice n'était que le caprice barbare d'une multitude aveugle, ou de ses féroces tyrans ; la probité n'était que relative, le courage dégénérait en instinct physique ; l'exposition du nouveau-né était permise, la pudeur n'avait point d'asile, et elle était bannie de l'un et de l'autre sexe ; le mariage n'était qu'un bail temporaire. Aussi, vouée à l'empire de la haine et d'une force aveugle envers les autres peuples et envers elle-même, la Grèce est-elle dans un état de révolution perpétuelle. Le Péloponèse est inondé de sang, et le tableau croissant de sa dissolution morale se termine par la corruption honteuse exercée par Philippe et par l'apothéose d'Alexandre.

A Rome, où la propriété, fruit de la loi du travail, et la sainteté du mariage n'étaient pas connues, l'infanticide est autorisé par une loi de Romulus, et confirmé par celle des Douze Tables ; l'usure, toujours foudroyée et toujours renaissante, ravage Rome et les provinces, et s'exerce par des cruautés révoltantes sur la personne des débiteurs ; l'avarice est alimentée par l'abus autorisé de la force, le libertinage par des prostitutions, objet d'un culte public ; le mariage est déshonoré par un droit de répudiation d'une légèreté effroyable, dont les premiers citoyens de Rome donnent l'exemple ; un trafic et des spéculations infâmes en sont souvent le principe, car l'on joint presque toujours la bassesse de l'avarice et de la cupidité à celle des mœurs. — Tout ce que la corruption a de plus hideux se montre dans les guerres intestines. Le Romain adore lâchement la main qui le déshonore et l'opprime, et de tyran il devient esclave : Les chefs de faction insultent dans ce peuple à la nature humaine, et Sylla abdique à force de mépris pour lui. Ces monstres se cèdent la vie d'un père, d'un frère, d'un ami ; et la vengeance unie à l'avarice spécule sur le meurtre et trafique de la mort. Ce peuple cherche ses plaisirs dans le déchirement des victimes humaines par les lions et les panthères, et dans les combats des gladiateurs. Dix-neuf mille hommes, au moment de s'égorger sur le lac Fucin, en présence de Claude, pour l'amusement de la populace, s'écrient avant d'en venir aux mains : *Ave, Imperator, morituri te salutant.*

On voyait ces Romains acheter la tête des chefs de famille qui se dévouaient à la mort pour assurer la subsistance de leurs enfants, et se composer ainsi du meurtre un plaisir barbare. — Ce n'était que les fers aux pieds que leurs esclaves travaillaient à la terre ; leur nourriture était un peu de pain, d'eau et de sel ; leur logement, des souterrains qui ne recevaient d'air que par une lucarne pratiquée dans la voûte. Quand ils étaient vieux ou infirmes, on les envoyait mourir dans un île, sur le Tibre ; quelques Romains les jetaient tout vivants dans leurs viviers, pour engraisser des murènes. — Qui ne se souvient de l'horrible vœu de Caligula ? Titus, Titus lui-même donna trois mille juifs à dévorer aux bêtes, pour célébrer la fête de son père Vespasien….

Voilà où conduisit le mépris de la nature humaine, déterminé par l'absence du principe sacré de la famille chrétienne. L'homme n'avait point de valeur morale, il n'était que l'instrument des passions et de la violence. — La vie manquait à ces peuples parce que le miroir de cette loi divine de la famille et de la propriété était brisé, et qu'à peine leurs philosophes pouvaient-ils en recueillir quelques fragments épars, impuissants à leur rendre l'image de la vérité primitive.

Ces peuples avaient la richesse, le luxe, la perfection des arts, mais ils n'avaient point la civilisation véritable, qui se compose de la connaissance et de la pratique des lois. « Cherchez premièrement, a dit aux nations comme à l'homme l'Auteur de toute perfection humaine et sociale, cherchez le royaume de Dieu et sa justice, c'est-à-dire l'ordre et tout ce qui le constitue et le maintient, et tout le reste vous sera donné comme par surcroît. »

Opposons à ce tableau celui de la civilisation catholique, tracé par M. le docteur Balmès(1): « L'individu enrichi d'un vif sentiment de sa dignité, d'un fonds abondant d'activité, de persévérance, d'énergie, et d'un développement simultané de toutes ses facultés; la femme, élevée au rang de compagne de l'homme, et, pour ainsi dire, récompensée du devoir et de la soumission par les égards respectueux qu'on lui prodigue; la douceur et la fermeté des liens de famille, protégés par de puissantes garanties de bon ordre et de justice; une conscience publique admirable, riche de sublimes maximes morales, de règles de justice et d'équité, de sentiments d'honneur et de dignité, conscience qui survit au naufrage de la morale privée et ne permet pas que l'effronterie de la corruption monte à l'excès où on l'a vue dans l'antiquité; une certaine douceur générale de mœurs qui, dans la guerre, évite de grandes catastrophes, et dans la paix rend la vie plus aimable et plus paisible; un respect profond pour l'homme et pour ce qui lui appartient, ce qui rend très-rares les violences des particuliers, et sert sous toute espèce de régime politique comme d'un frein salutaire pour contenir les gouvernements; un désir ardent de perfection dans toutes les branches; une tendance irrésistible, parfois mal dirigée, mais toujours vive, à améliorer l'état des classes nombreuses; une impulsion secrète qui commande de protéger la faiblesse, de secourir l'infortune, impulsion qui suit quelquefois son cours avec une ardeur généreuse, et qui, toutes les fois qu'elle ne trouve point à se développer, reste dans le cœur de la société et y produit le malaise et l'inquiétude d'un remords; un esprit cosmopolite d'universalité, de propagande; un fonds inépuisable de ressources pour se rajeunir sans périr, et pour se sauver dans les plus grandes crises; une impatience généreuse qui veut devancer l'avenir, et d'où résultent une agitation et un mouvement incessants, quelquefois dangereux, mais qui sont communément le germe de grands biens, et le symptôme d'un puissant principe de vie: tels sont les grands caractères qui distinguent la civilisation européenne; tels sont les traits qui la placent dans un rang immensé-

---

(1) *Le Protestantisme comparé au Catholicisme*, t. I, p. 327.

ment supérieur à celui de toutes les autres civilisations anciennes et modernes. »

Mais, pour maintenir ces merveilles de civilisation, il faut incessamment porter la lumière et la vie du catholicisme à la source de notre nature corrompue. Que dirons-nous de la société que l'on veut décomposer et dissoudre à l'aide de cette maxime que l'homme est naturellement bon? « Comment avons-nous pu, dit M. de Bonald (1), nous, témoins ou complices de tous les désordres que l'intérêt personnel et ces rivalités furieuses d'ambition et de cupidité produisent dans la société, malgré les secours qu'elle offre à nos vertus, ou les peines qu'elle oppose à nos penchants, comment avons-nous pu croire à la bonté native, au désintéressement, à la modération, à l'honnêteté, enfin, de l'homme sans lumière, sans instruction et sans discipline, pour qui une proie à atteindre ou une autre à disputer étaient ce que sont pour nous les honneurs à obtenir ou de l'argent à gagner? Les passions sont les mêmes chez tous les hommes, les objets sont différents selon les temps et les circonstances de la vie et de la société. »

Ce qu'on appelle la souveraineté du peuple, la démocratie, en dehors de ces principes primordiaux de la famille, de la propriété, de ces lois générales constitutives de la société publique, n'est donc que le déguisement d'un pouvoir barbare et oppresseur, ou la route qui conduit rapidement les peuples à l'état sauvage ou de dégradation irrémédiable. Et comment pourrait-il en être autrement? Les hommes doivent être menés et exploités comme un vil troupeau, quand on leur a ôté la conscience de soi, de leur propre indépendance et de leur dignité, le fruit de leur travail personnel, le respect des droits d'autrui, le ciment de la propriété, le lien de la possession exclusive et indissoluble de leurs femmes et de leurs enfants, et celui de la cité qui se compose d'une agrégation de familles; quand la sève naturelle et sociale, en un mot, est suspendue et détruite. Les mêmes causes produiront éternellement les mêmes effets. « Si, après des événements trop récents, nous ne croyons plus même à la bonté native de-

---

(1) T. VIII, p. 226.

l'homme civilisé, gardons-nous de calomnier l'État social, de méconnaître les bienfaits de la civilisation chrétienne qui enseigne toutes les vertus, qui proscrit tous les vices. Efforçons-nous seulement de l'affermir par de bonnes et fortes institutions qui, pour l'intérêt de la société, dévouent quelques hommes à ces grands exemples de vertus publiques qui inspirent à tous les autres les vertus privées (1). »

Les ennemis éternels de toute société le savent bien.

Ils savent que la société serait inébranlable, indestructible, si elle reposait sérieusement sur la famille et la propriété fondées par Dieu et par son Christ ; que les intérêts divers du travail, du capital, de la terre, de l'industrie, se rapprocheraient et se fondraient ensemble si, à tous les degrés de l'échelle sociale, ils étaient vivifiés et harmonisés par l'esprit de famille et du droit, et qu'ils simplifieraient ainsi l'action du gouvernement et des lois en opposant un insurmontable rempart aux passions subversives : et voilà pourquoi ces barbares de la civilisation moderne divisent la société en classes ennemies, opposent les grands propriétaires aux bourgeois, les bourgeois aux ouvriers, ceux qui possèdent aux prolétaires ; voilà pourquoi ils séparent les intérêts du travailleur, simple ouvrier manuel, de ceux des autres travailleurs d'un degré plus élevé, la propriété foncière et le capital du travail manuel et industriel ; voilà pourquoi on entend retentir partout un cri de guerre, et le sombre feu de l'envie, de la haine et du désespoir menacer la France et l'univers des plus terribles explosions.

Par surcroît, nous laissons ces hommes abuser des mots, couvrir du nom de *démocratie* ces abominables doctrines, cette guerre fratricide, et décorer du nom de liberté, d'égalité et de fraternité républicaine cette négation de toute loi naturelle, ce chaos d'idées fausses, de mensonges effrontés, de systèmes extravagants et de passions criminelles ; ils invoquent le progrès des lumières et de la civilisation pour travestir leurs doctrines et leurs projets homicides. Mais qui ne voit que la dissolution produite par ces doctrines serait plus hideuse que celle de la Grèce

---

(1) M. de Bonald, t. viii, p. 227.

et de Rome! Là, du moins, on avait pour excuse l'absence de la lumière divine et révélée, et ces peuples étaient de bonne foi dans leurs égarements. Ici, c'est le mépris de la vérité même, de la justice, du droit, c'est la scélératesse d'un cœur rebelle à la volonté de Dieu, qui enfante et propage le socialisme. Garderaient-ils quelque mesure, quelque reflet du Christianisme, quand ils se seraient rendus les arbitres et les maîtres de la civilisation! Ah! ces ménagements ne tarderaient point à disparaître. Ne les entend-on pas dire déjà : *Dieu c'est le mal; un Dieu qui gouverne et qui ne s'explique pas est un Dieu que je nie et que je hais par-dessus toute chose ?* Ils ne tarderaient pas à effacer du cœur des peuples jusqu'à la dernière trace de l'Évangile; ils seraient plus audacieux contre une loi sainte méprisée que les païens ne le furent contre une loi ignorée. Les peuples subiraient une corruption, une dissolution, pires que celles qui ont été jusqu'ici infligées à la nature humaine, parce qu'elles seraient le suicide de l'âme par l'attentat volontaire et sciemment combiné contre la vérité de Dieu et contre son Esprit-Saint.

Tout blasphème et tout péché sera remis aux hommes; mais si quelqu'un blasphème contre le Saint-Esprit, il ne lui sera remis ni dans ce siècle ni dans l'autre (saint Matthieu, 12, 32).

En effet, les législateurs anciens ne pouvaient pas donner à leurs peuples des lois parfaites, dont ceux-ci n'avaient pas même l'idée. « Les philosophes d'alors s'élevaient (1) contre les abus du divorce, mais nous ne voyons nulle part qu'ils se soient élevés contre le divorce même, comme le plus grand des abus, et les plus grands personnages de l'antiquité obéissaient à toutes les extravagances des cultes idolâtres et à toutes les barbaries de la politique païenne. — Il fallait un autre législateur pour dire aux hommes, au temps de la plus effroyable corruption, *Soyez parfaits*, et pour leur donner la force de le devenir en rejetant de la société toutes ces lois imparfaites, atroces, infâmes, qui déshonoraient la législation païenne. Enfin ce législateur donnait pour preuve de sa mission à ceux qui l'interrogeaient, qu'il avait re-

---

(1) M. de Bonald, *Législation primitive, disc. prélim.*

dressé les boiteux, fait entendre les sourds et voir les aveugles. »

Mais que dirons-nous de ces philosophes et de ces législateurs d'une nouvelle espèce qui, prenant pour guide l'infirmité de la raison individuelle, la corruption de la nature et la faiblesse incurable de nos penchants sous prétexte de suivre la force toujours croissante de cette raison abandonnée à la violence des plus honteuses passions, et le progrès de nos lumières éteintes dans la nuit du doute et dans les vices du cœur, voudraient ramener et ramèneraient de fait, selon l'expression de M. de Bonald, des nations *qui ont goûté le don céleste* à l'ignorance et à l'infirmité du premier âge? « Ils pourront répondre un jour à la postérité qui leur demandera compte de l'usage qu'ils ont fait de leur pouvoir, qu'ils ont ôté la lumière à des peuples qui l'avaient reçue, rendu sourds à la vérité des hommes qui l'avaient entendue, et fait boiter dans les voies de la sagesse des nations qui depuis longtemps y marchaient d'un pas sûr. »

« Serait-ce des peuples qu'il faudrait entendre cette parole terrible de saint Paul, qu'on ne peut à la lettre entendre de l'homme : « Il est impossible, une fois qu'on a goûté le don céleste de la vérité, et qu'on l'a rejeté, d'y revenir, et un peuple chrétien une fois corrompu, le serait-il sans retour ? »

« On sait assez (1) ce que peuvent l'athéisme et le matérialisme avec la culture de l'esprit, la décence des mœurs, les aisances de la vie; mais que seraient-ils avec l'ignorance, la misère et la grossièreté? Jusqu'à présent ils n'ont servi qu'aux passions douces et faibles des gens du monde ; mais s'ils venaient jamais à armer les passions cupides et féroces du mercenaire, si le secret de ces funestes doctrines, longtemps renfermé dans les académies et les cités opulentes, se divulguait dans les campagnes et qu'il n'y eût plus de Dieu ni de vie future, même pour les chaumières, tout équilibre serait rompu entre la force physique de la multitude et la force morale du pouvoir et de ses ministres. Le monde verrait des désordres qu'il n'a pas vus dans les temps les plus désastreux et chez les peuples les plus barbares, des désordres dont les extravagantes horreurs de 1793 peuvent nous donner quelque

---

(1) T. ix, *Considérations générales.*

idée. Les hommes tomberaient dans une indépendance sauvage qui n'a jamais été que celle des animaux dans les forêts. La propriété de sa vie, de ses biens, des objets les plus légitimes des affections humaines, ne serait plus qu'une persuasion précaire et disputée. Des voisins seraient des ennemis, et les familles, revenues à l'état de guerre privée dont elles ont eu tant de peine à sortir, entourées de périls et dénuées de protection, redemanderaient à la société, désormais impuissante à les protéger, les armes qu'elles avaient, pour leur commune défense, confiées à l'autorité publique. Ainsi lorsqu'un vaisseau a fait naufrage sur une côte abandonnée et que tout espoir de retour est perdu, les hommes de l'équipage, dégagés des devoirs de l'autorité et des liens de la subordination, et rendus par le malheur à l'indépendance et au soin de leur défense personnelle, emportent chacun, de leur navire brisé, tout ce qui peut servir à prolonger et à défendre leur misérable existence. »

Ce tableau a failli se réaliser en juin 1848 et en juin 1849 ; nous sommes sans cesse menacés de le voir se réaliser encore ; et, à la vue des projets de bouleversement, de pillage et de massacre tracés par Heinzen au nom de la démocratie sociale dont il est l'un des chefs, et qui sont au fond des appels à la révolte de tous les tribuns de cette guerre à mort déclarée partout à l'ordre domestique et civil, on se demande avec effroi ce que deviendrait le monde social si jamais ces doctrines passaient dans les faits. On se demande quelle puissance pourra relever une société ainsi corrompue, si les convictions et l'énergie des hommes d'État n'y ramènent tout l'ascendant du Christianisme sur les peuples, ou plutôt si Dieu n'opère de nouveaux prodiges.

Il faut donc arracher à ces hommes le masque d'hypocrisie dont ils se couvrent, et le drapeau menteur de la démocratie, de l'égalité et de la fraternité qu'ils outragent. La confusion ne s'est faite dans nos idées et dans nos mœurs, et nous ne nous sommes rendus, sans le savoir, les auxiliaires de leurs attentats, que parce que nous les avons laissé tromper le peuple par les significations mensongères qu'ils donnaient aux mots de la langue sociale. La république, la démocratie, ont leurs vices propres sans doute ; mais si elles favorisent le développement du socialisme moderne, parce que la corruption des hommes ne peut s'accommoder à l'austérité de leurs principes, qui n'est, à vrai dire, qu'une abstraction chimérique, ni l'une ni l'autre ne sont, en théorie, le socialisme même, c'est-à-dire la négation du droit, de la famille et de la propriété. Elles peuvent être impraticables chez nous, et un tel gouvernement impossible en présence du déchaînement des mauvaises passions et de l'immense force morale qu'il faut pour contenir, régler et gouverner tant d'intérêts et d'esprits impatients du joug des lois dans un vaste territoire ; mais, enfin, elles ne sont pas, par leur nature, la confusion du vrai et du faux, du bien et du mal, elles ont un rang, une définition dans les traités du droit politique, tandis que le système de ces hommes n'en a point dans la langue des peuples civilisés.

Commençons donc, avant d'apprécier quelle est la meilleure forme de gouvernement, par rendre à la famille, à la propriété, à la commune, toute leur énergie ; puisque Dieu les a créées, il ne peut, sans elles, exister de bon gouvernement. C'est le Christianisme qui les a consacrées ; c'est lui qui a posé les véritables fondements de la société nouvelle, du pouvoir et de la liberté. Soyons attentifs, d'abord, à ses préceptes et à ses conseils, et dissipant d'odieuses équivoques, attachons-nous à la vérité des principes et à la réalité des faits. Voyons ce qu'il y a de possible et d'impraticable dans les diverses formes de gouvernement.

Mais, surtout, ne suivons point cette fausse et détestable maxime, qu'il ne faut pas donner aux peuples de bonnes lois, mais les meilleures qu'ils puissent porter : ce mot de Solon est inapplicable à des nations civilisées par le Christianisme que Dieu a appelées à la perfection ; ce serait renouveler, dans le monde chrétien, « le scandale donné, il y a trois siècles, par le luthéranisme (1), d'une société qui, parvenue au terme extrême de la civilisation, revient d'elle-même en arrière, renonce au bien qu'elle connaît, se dégoûte de la perfection même, et retombe dans l'état faible et corrompu dont elle a eu tant de peine à sortir... Au lieu donc de prendre pour règle de la législation cet adage que le *mieux est l'ennemi du bien*, fondé sur un so-

---

(1) *Législation primitive.*

phisme qui consiste à appeler *mieux* en lui-même ce qui paraît mieux à l'homme, et qui souvent est mal ; il faut appliquer à l'art des lois ce qui a été dit de l'art des vers :

« Qui ne vole au sommet tombe au plus bas degré, parce qu'à la plus extrême corruption des mœurs il faut opposer la plus grande perfection des lois, et placer la rectitude absolue dans la règle universelle. »

C'est donc une législation forte et parfaite, tirée des lois générales établies par le Christianisme, qu'il faut à la France actuelle, si on veut l'empêcher de périr par les doctrines anti-sociales. Les mœurs seraient relâchées par une législation faible ou indécise ; le mal s'accroîtrait de toutes les fissures, de tous les interstices laissés à son irruption, et il serait d'autant plus terrible que l'énervement des âmes serait plus grand. Il faudrait bientôt, à des lois parfaites, substituer des lois violentes, et aux pouvoirs réguliers des pouvoirs dictatoriaux et exceptionnels.

Or, les nations succombent dans de telles alternatives.

CHAPITRE NEUVIÈME.

Des principes constitutifs et conservateurs des gouvernements et des lois.

La raison, la vraie philosophie, les saintes Écritures, l'Église catholique, la tradition et tous les publicistes éclairés qui n'ont pas voulu attaquer et dissoudre les sociétés et les gouvernements légitimement établis, reconnaissent les vérités suivantes : 1° La société est de droit naturel et divin, et n'est point l'œuvre des conventions humaines. « Si l'homme, dit saint Thomas-d'Aquin, devait vivre seul, ainsi que beaucoup d'animaux, il n'aurait besoin de personne pour le conduire à sa fin ; chaque homme serait à lui-même son propre roi, sous la royauté suprême de Dieu, en tant qu'il se dirigerait lui-même par la lumière de la raison que lui a donnée le Créateur. Mais il est dans la nature de l'homme d'être un animal social et politique, vivant en communauté, à la différence de tous les autres animaux; chose que le besoin même de la nature montre clairement. La nature a préparé aux autres animaux la nourriture, le poil pour vêtement, des moyens de défense comme les dents, les cornes, les griffes, ou du moins la rapidité pour la fuite; mais elle n'a doté l'homme d'aucune de ces qualités, et, à la place, elle lui a donné la raison, par laquelle, avec le secours des mains, il peut se procurer ce dont il a besoin. Mais, pour l'obtenir, un homme seul ne suffit pas, car il ne se suffirait pas à lui-même pour conserver sa propre vie : donc il est dans la nature de l'homme de vivre en société. De plus, la nature a accordé aux autres animaux le discernement de ce qui leur est utile ou nuisible : ainsi, la brebis a naturellement horreur de son ennemi le loup. Il est aussi certains animaux qui, naturellement, connaissent les herbes qui peuvent leur servir de remède, et autres choses nécessaires à leur conservation; mais l'homme n'a pas, naturellement, la connaissance de ce qui est nécessaire à sa vie, si ce n'est dans la communauté, en tant que le secours de la raison peut conduire des principes universels à la connaissance des choses particulières nécessaires a la vie humaine. Ainsi donc, puisqu'il est impossible qu'un homme seul obtienne par lui-même toutes ces connaissances, il est nécessaire que l'homme vive en société, l'un aidant l'autre, chacun appliqué à sa tâche respective...... Donc, s'il est naturel à l'homme de vivre en société, il est nécessaire qu'il y ait parmi les hommes quelqu'un qui dirige la multitude; car beaucoup d'hommes étant réunis et chacun d'eux faisant ce qui lui semblerait bon, la multitude se dissoudrait si quelqu'un n'avait soin du bien commun; comme il arriverait au corps humain et à celui de tout autre animal, s'il n'existait point une force qui le dirigeât, veillant au bien de tous les membres, sur quoi Salomon dit : « Là où il n'y a point quelqu'un qui gouverne, le peuple sera dispersé. » Dans l'homme lui-même, l'âme dirige le corps; et dans l'âme, les facultés irascible et concupiscible sont gouvernées par la raison. Parmi les membres du corps, il en est également un principal qui les meut tous, comme le cœur ou la tête. Il doit donc y avoir dans toute multitude quelque chose qui gouverne (*De Regimine principum*. Lib. 1, cap. 1). »

2° De cette première vérité en dérive une deuxième, c'est qu'en vertu du droit naturel, du droit humain et du droit divin, combinés ensemble, les hommes sont obligés d'obéir aux puissances, puisque cette puissance ne dépend pas du consentement des hommes et qu'ils doivent avoir un gouvernement, qu'ils le veuillent ou qu'ils ne le veuillent pas, à moins de désirer que le genre humain périsse, ce qui est contre la loi de nature. C'est là proprement ce que l'apôtre semble avoir en vue quand il dit aux Romains (ch. 13) : « Celui qui résiste à la puissance résiste à l'ordre de Dieu. » C'est ce qui est prouvé par saint Augustin dans les livres 4 et 5 de la *Cité de Dieu*. *La Sagesse de Dieu*, au *Livre des Proverbes* (ch. 8), dit : « C'est par moi que règnent les rois. » Et plus bas : « C'est par moi que les princes commandent. » Le prophète Daniel, au ch. 2 : « Le Dieu du ciel t'a donné le règne et l'empire. » Et le même prophète, dans le ch. 4 : « Tu habiteras avec les bêtes et les animaux sauvages, tu mangeras l'herbe comme le bœuf, tu seras mouillé par la rosée du ciel, et sept temps accompliront leur cours, jusqu'à ce que tu saches que le Très-Haut domine sur l'empire des hommes et le donne à qui il veut. »

3° Une troisième vérité, qui découle des deux premières, c'est que la société reçoit de Dieu cette puissance, et que, de la société, elle passe, par les moyens légitimes, à la personne ou aux personnes qui l'exercent, en vertu de la délégation de cette société.

Mais il ne faut pas induire de là une mutation conventionnelle et arbitraire de la forme du gouvernement et du dépositaire de la puissance : par la même raison que la société n'est point conventionnelle, que la puissance ne l'est pas non plus, la communication de cette puissance par la société ne saurait l'être.—Sans doute une bulle d'institution n'est point donnée du ciel à une famille pour l'exercer, et il est absurde de prêter aux docteurs catholiques et aux publicistes les plus éminents une telle doctrine; ce n'est point ainsi qu'ils entendent le droit divin. — Mais tout en déférant la puissance et en établissant une forme de gouvernement, la société obéit à une loi de nature, à une loi divine, qui a donné à une nation tel ou tel tempérament, qui rend utile, nécessaire même la conservation de cette attribution de la puissance et de cette forme de gouvernement, et qui exclut ces révolutions et ces changements brusques et arbitraires, attaques directes contre la société même et contre le droit naturel, humain et divin.

« Afin que le pouvoir civil puisse exiger l'obéissance, dit fort bien M. Balmès (1), et qu'on puisse le supposer revêtu de ce droit divin, il faut que ce pouvoir soit légitime, c'est-à-dire que la personne ou les personnes qui le possèdent l'aient acquis légitimement, ou qu'après l'avoir acquis, ce pouvoir se légitime entre leurs mains par les moyens reconnus, conformément au droit.... La convenance de telle ou telle personne, de telle ou telle forme, ne sont point choses comprises dans le cercle du droit divin ; ce sont des questions particulières qui dépendent de mille circonstances, sur lesquelles il est impossible de rien affirmer en thèse générale.....

« ...... Ainsi expliquée, la doctrine catholique ne s'oppose en rien à la véritable liberté ; elle affermit le pouvoir et ne préjuge pas les questions qui peuvent se susciter entre les gouvernants et les gouvernés. *Aucun pouvoir illégitime ne peut s'appuyer sur le droit divin ; car la légitimité est indispensable pour mériter l'application de ce droit.* Cette légitimité est déterminée et déclarée par les lois de chaque pays, *d'où il résulte que l'organe du droit divin est la loi....* Ce droit ne consolide donc que ce qui est juste ; et à coup sûr, ce qui assure dans le monde la justice ne peut être accusé de mener au despotisme, *car rien n'est plus contraire au bonheur des peuples que l'absence de la justice et de la légitimité.*

« De ce que les titres de légitimité du pouvoir qui gouverne un peuple sont bien garantis, il ne s'ensuit pas que la liberté de ce peuple soit en danger. Tout au contraire, la raison, l'histoire et l'expérience nous enseignent *que tous les pouvoirs illégitimes sont tyranniques.* L'illégitimité entraîne nécessairement

---

(1) T. III, ch. 50.

après soi la faiblesse, et les pouvoirs oppresseurs ne sont point les forts, mais les faibles.

« ...... Je l'ai dit dans un autre endroit, et je le répète : en parcourant l'histoire, on trouve partout écrite, en lettres de sang, cette vérité importante : *Malheur aux peuples gouvernés par un pouvoir qui est obligé de penser à sa propre conservation.* Vérité fondamentale dans la science politique, et qui néanmoins a été oubliée d'une manière lamentable dans les temps modernes ! On a prodigieusement travaillé, on travaille encore à créer des garanties pour la liberté ; on a renversé pour cela une multitude de gouvernements, et l'on a pris à tâche de les affaiblir tous, sans songer que c'était le moyen le plus sûr d'introduire l'oppression. Qu'importent les voiles dont se couvre le despotisme (qu'il s'appelle démocratie, république sociale, empire, etc.), et les formes sous lesquelles il essaie de déguiser son existence ? L'histoire qui recueille en silence les attentats commis depuis un demi-siècle, en Europe, la véritable histoire, non celle qui est écrite par les auteurs de ces attentats, par leurs complices ou ceux qui en profitent, dira à la postérité les injustices et les crimes commis au milieu des discordes civiles par les gouvernements qui voyaient approcher leur fin, et sentaient en eux-mêmes une extrême faiblesse, causée par leur conduite tyrannique et l'illégitimité de leur origine.

« Comment donc a-t-on déclaré une si rude guerre aux doctrines qui tendaient à fortifier la puissance civile en la rendant légitime, et à prouver cette légitimité en déclarant que cette puissance descendait du ciel ? Comment a-t-on pu oublier que la légitimité du pouvoir est un élément indispensable pour constituer sa force, et que cette force est la plus sûre garantie de la liberté véritable ? Et qu'on ne dise pas que ce sont là des paradoxes. Quel est le but de l'institution des sociétés et des gouvernements ? N'est-ce pas de substituer la force publique à la force privée, en faisant ainsi prévaloir le droit sur le fait ? Or, dès que vous vous attachez à miner le pouvoir, à en faire, aux yeux du peuple, un objet d'aversion ou de défiance ; dès que vous le lui montrez comme son ennemi naturel, et que vous avilissez les titres sacrés sur lesquels se fonde l'obéissance qu'on lui doit, vous attaquez au même instant l'objet même de l'institution de la société, et, affaiblissant l'action de la force publique, vous provoquez le développement de la force privée, ce qui est précisément ce que l'on a voulu éviter par l'institution des gouvernements.

« Le secret de cette douceur qu'on remarquait dans la monarchie européenne, résidait en grande partie dans la sécurité, dans la force même de cette monarchie, force et sécurité fondées sur l'élévation et la légitimité des titres du pouvoir. De même vous trouverez dans les périls qui environnent le trône des empereurs romains et des souverains d'Orient, une des raisons de leur monstrueux despotisme. Je ne crains point de l'assurer, et, dans le cours de cet ouvrage, je le prouverai de plus en plus : *Une des causes des malheurs que l'Europe a soufferts pendant la laborieuse solution du problème de l'alliance de l'ordre avec la liberté, c'est l'oubli des doctrines catholiques sur ce point.* On a condamné ces doctrines sans les entendre, sans prendre la peine de rechercher en quoi elles consistaient ; et les ennemis de l'Église se sont copiés les uns les autres, sans jamais recourir aux véritables sources, où il eût été si facile de trouver la vérité. »

On peut voir, d'après les vérités qui précèdent, tout ce qu'il y a de vide, de léger, de contradictoire et de faux dans les discours de ces hommes de faction, épris de leurs intérêts personnels, qui essaient de ridiculiser et de rendre odieux le mélange *du droit divin et de la souveraineté de la société ;* quand il est manifeste que la souveraineté de la société n'est que l'organe de la puissance de Dieu dans le gouvernement des nations, et que les pouvoirs de fait, les changements arbitraires, l'esprit révolutionnaire, sont tout ce qu'il y a de plus contraire aux décrets de la Providence, créatrice des sociétés humaines.

4° Une quatrième vérité qui *découle* des précédentes, c'est que la société et la puissance n'étant point un pacte ni une création des hommes, mais émanant de Dieu, le droit de vie et de mort, nécessaire à la conservation de la société, ne peut être venu que de Dieu. Dans l'ordre de cette vérité, le magistrat exerce un sacerdoce, et le supplicié subit une juste expiation. Dans l'hypothèse d'un pacte, le condamné meurt par le droit du plus fort, et non par l'autorité de la justice.

5° Enfin, une cinquième vérité, c'est que les lois ne sont pas l'œuvre de la force, mais de la justice, elles n'obligent dans le *for intérieur* qu'autant qu'elles sont conformes à l'autorité divine, à ces règles éternelles du bon et du vrai, sur lesquelles la conscience, éclairée par les préceptes de la religion et la tradition de l'Église catholique, ne peut se méprendre. — « Or les lois, dit saint Thomas-d'Aquin, l'ange de l'école dont la doctrine a fait autorité dans toutes les écoles catholiques, durant les six derniers siècles, sont injustes de deux manières, ou parce qu'elles sont contraires au bien commun ; ou à raison de leur fin, comme dans le cas où le gouvernant impose à ses sujets des lois onéreuses, non par des motifs de bien commun, mais par des motifs de cupidité propre ou d'ambition ; ou à raison de leur auteur, comme lorsque quelqu'un fait une loi en dehors de la faculté qui lui est accordée ; ou encore à raison de la forme, comme, par exemple, lorsque les charges sont inégalement réparties entre la multitude, bien qu'ordonnées d'ailleurs pour le bien public. Ces lois sont plutôt des violences que des lois, puisque, ainsi que le dit saint Augustin, (lib. 1, *de lib. Arb.*, cap. 5), la loi qui n'est pas juste ne paraît pas être une loi. Par conséquent, ces lois n'obligent pas, dans le for de la conscience, si ce n'est peut-être pour éviter le scandale et le trouble, motif pour lequel l'homme doit céder son propre droit, d'après ce que dit saint Matthieu : « Si quelqu'un te force à porter un fardeau l'espace de mille pas, porte-le encore avec lui deux autres ; et si quelqu'un veut plaider contre toi et t'ôter ta tunique, donne lui aussi ton manteau. » Les lois sont encore injustes d'une autre manière, lorsqu'elles sont contraires au droit divin, comme les lois des tyrans pour conduire à l'idolâtrie ou à toute autre chose que réprouve la loi divine : quant à ces lois, il n'est permis en aucune façon de les observer, car, ainsi qu'il est dit dans les Actes des apôtres (cap. 5) : « On doit obéir à Dieu plutôt qu'aux hommes. »

C'est principalement de ces lois fondamentales, dit Bossuet, qu'il est écrit : « Qu'en les violant, on ébranle tous les fondements de la terre : après quoi il ne reste plus que la chute des empires (Ps. LXXXI, 5). »

« En général les lois ne sont pas lois si elles n'ont quelque chose d'inviolable pour marquer leur solidité et leur fermeté ; Moïse ordonne : « Qu'elles soient toutes écrites nettement et visiblement sur des pierres. » (Deuter., 27, 8.) — Josué « accomplit ce commandement. » (Josué, 8, 32.)

« Les autres peuples civilisés conviennent de cette maxime : « Qu'il soit fait un édit, et qu'il soit écrit selon la loi inviolable des Perses et des Mèdes (*Cit.* I, 19), disaient à Assuérus les sages de son conseil, qui étaient toujours près de sa personne. » « Ces sages savaient les lois et le droit des anciens (*ibid.*, 13). » Cet attachement aux lois et aux anciennes maximes affermit la société et rend les États immortels.

« On perd la vénération pour les lois quand on les voit si souvent changer. C'est alors que les nations semblent chanceler, comme troublées et prises de vin, ainsi que parlent les prophètes. « L'esprit de vertige les possède, et leur chute est inévitable (*Isaïe*, XIX, 14). » « Parce que les peuples ont violé les lois, changé le droit public et rompu les pactes les plus solennels (*ibid.*, XXV, 5). » C'est l'état d'un malade inquiet qui ne sait quel mouvement se donner.

« Je hais deux nations, dit le sage fils de Sirac, et la troisième n'est pas une nation : c'est le peuple insensé qui demeure dans Sichem (*Eccl.*, l. 27, 28). » C'est-à-dire le peuple de Samarie, qui, ayant renversé l'ordre, oublié la loi, établi une religion et une loi arbitraire, ne mérite pas le nom de peuple.

« On tombe dans cet état quand les lois sont variables et sans consistance, c'est-à-dire, quand elles cessent d'être lois. »

LIVRE TROISIÈME.

DES INSTITUTIONS SOCIALES NÉES DU CHRISTIANISME.

CHAPITRE PREMIER.

Les préceptes du Christianisme relatifs à la famille, à la propriété, à la cité, à la société, doivent être réalisés par des institutions sociales.

Jésus-Christ ne s'est pas borné à donner ces préceptes aux individus, il a voulu qu'ils fussent appliqués à la société. Si l'histoire nous apprend qu'en l'absence du Christianisme les peuples furent plongés dans un abîme d'erreurs, de désordres et de maux, et que le règne et la profession du Christianisme, au contraire, leur rendirent tous les bienfaits de la vie sociale, nécessairement les préceptes de l'Évangile : *Tout pouvoir vient de Dieu, soyez soumis aux puissances ; que l'homme ne sépare point ce que Dieu a uni ; aimez Dieu de tout votre cœur, de tout votre esprit et de toutes vos forces, et votre prochain comme vous-même ; vous ne commettrez point d'adultère, vous ne tuerez point, vous ne déroberez point, vous ne porterez point de faux témoignages, vous ne désirerez rien du bien de votre prochain ; faites à autrui tout le bien que vous voudriez qui vous fût fait; aimez vos ennemis, aidez et assistez le pauvre, protégez le faible, la veuve et l'orphelin, rendez-leur la justice, ainsi qu'au pauvre et à l'étranger; prêtez sans usure à votre frère qui est dans le besoin, ne retenez point le salaire de l'ouvrier et du mercenaire; soyez parfaits comme votre père céleste est parfait*, etc., etc. : Ces préceptes doivent se traduire dans les institutions sociales.

SECTION I.
Des rapports nécessaires de l'Église et de l'État.

C'est une erreur fatale, qui fut la source de tous les malheurs des nations, de prétendre que ces maximes ne sont faites que pour l'homme, pour la famille, et non pour la société publique. Sans doute le Christianisme a rendu à la famille ses bases inébranlables; mais Dieu a voulu que la famille se conservât dans la société publique, qui ne doit point, il est vrai, se substituer à elle, mais maintenir les lois de la famille en les coordonnant avec les lois constitutives du pouvoir et les devoirs sociaux. C'est là, dira-t-on, une perfection idéale, elle est impossible avec la liberté des cultes. Erreur, erreur, c'est la condition élémentaire des sociétés humaines, c'est le seul lien qui puisse unir les familles entre elles et avec l'État, empêcher l'État de devenir un pouvoir dictatorial ou sauvage qui annule la famille par ses actes et par ses lois, et la famille une association égoïste qui ne tient aucun compte des destinées de la patrie.... Plus un peuple est constitué, plus il fait de ses lois politiques des lois religieuses, et de ses lois religieuses des lois politiques, non pas en *civilisant* la religion, mais en consacrant la politique. Ceux qui veulent sans cesse séparer l'une de l'autre n'ont jamais compris la société (1). Car le pouvoir et le ministère de cette société sont consacrés par ces paroles de N. S. J.-C. : *Que celui qui voudra être le plus grand d'entre vous ne soit que le ministre des autres, et que celui qui voudra être le premier entre les autres ne soit que leur serviteur.*

---

(1) *Législation primitive.*

Transcrivons ici un passage d'un discours politique de M. de Bonald, qui établit avec une grande évidence les rapports nécessaires de l'Église et de l'État (1) : « Celui qui a dit : *l'Eglise est dans l'Etat, et non l'Etat dans l'Eglise*, a dit un mot vide de sens ; car s'il a entendu par l'Église ses temples, ses ministres, ses disciples et ses biens, il est évident que tout le matériel de la religion, et ce qu'on peut en regarder comme le corps, se trouve, de nécessité physique, dans les limites et sur le territoire de l'État, comme l'État lui-même est dans le monde et que tous les corps existent dans un temps et un lieu déterminés. Mais si par l'Église il entend la religion, son enseignement et sa doctrine, ses sacrements, ses grâces, etc., il a proféré une grande erreur. En effet, si l'Eglise, au sens que je l'ai dit, est dans l'État, la société est dans la religion, puisqu'en elle, et en elle seule, se trouvent la raison suprême du pouvoir et la raison dernière du devoir ou de l'obéissance, et le texte même des lois fondamentales qui règlent l'exercice du pouvoir et le mode de l'obéissance ; puisque, enfin, hors d'elle et sans elle on ne peut plus expliquer pourquoi l'un commande et l'autre obéit ; et l'on ne voit dans le monde que l'abus de la force et le malheur de la faiblesse.

« L'Eglise est donc dans l'État, et c'est pour cela que l'État la protége et même qu'il peut la protéger ; *mais la société est dans la religion et par la religion*, et c'est pour cette raison que la religion défend la société contre les passions, et même qu'elle peut la défendre.

« Si l'homme est, comme on l'a dit, *une intelligence servie par des organes*, la société n'est autre chose que la religion servie par la politique pour le bonheur même temporel de l'homme, unique but de toute politique comme de toute religion. Sans doute, la politique ne doit pas faire une loi de tout ce dont la religion fait un précepte, et réciproquement ; mais l'un ne doit pas défendre ce que l'autre ordonne, et moins encore le rendre impossible. C'est donc en homme religieux qu'il faut considérer la politique, comme c'est en homme public, en homme d'État qu'il faut considérer la religion. On les a beaucoup trop sépa-

---

(1) T. VII, *Pensées*.

rées, et il faut désormais *les réunir sans les confondre* (1). »

Tout gouvernement qui ne fait pas de ces principes la base de sa législation et de son administration publique est un gouvernement mort-né. Nous n'entendons point dire qu'il imposera la charité, l'aumône, qu'il se fera le distributeur officiel des deniers par lui levés à cette fin. Non, un gouvernement qui détruirait cette liberté sainte de l'âme, qui la rend semblable à Dieu, la dégraderait ; il ferait cesser ces effusions, ces communications intimes de l'amour, sans lesquelles il n'est ni société, ni vertu. — Mais le gouvernement doit veiller à ce que cette onction sacrée de la vérité et de la charité chrétienne pénètre dans les cœurs, dès l'enfance, à ce qu'elle soit l'aliment substantiel donné à la jeunesse par l'éducation ; il doit en faire le but de ses appréciations des hommes et des choses, ne rien souffrir dans ses institutions qui blesse la pureté de la foi, l'intégrité de la famille, la sainteté du mariage, l'inviolabilité de la propriété, et concilier la liberté des cultes avec ces principes communs à toutes les croyances qui sont compatibles avec la civilisation, et admissibles dans un État régulier et bien ordonné.

La liberté des cultes, en effet, n'est qu'un prétexte chez les ennemis de l'ordre social, pour empêcher les bonnes institutions et les mœurs pures de se former. On en a vu un exemple dans cette innovation funeste, et que l'on ne saurait trop se hâter de corriger, qui a permis la formation du lien du mariage sans l'intervention de la religion. « Si l'on n'avait voulu, remarque M. de Bonald (2), qu'établir la liberté des cultes, on aurait pu laisser aux sectateurs des diverses communions le soin de faire bénir leurs mariages suivant leurs rits particuliers. Mais on voulait les détruire tous également, on voulait la dissolubilité du mariage ; et, dans ce double projet, il fallait bannir de ce grand acte de la vie humaine toute intervention de la religion, et dès-lors il devenait indispensable de ne considérer le mariage que comme l'acquisition que l'homme faisait d'une femme, par un contrat pareil à celui qui règle les conditions de toute autre acquisition.... Ce fut

---

(1) Comme avaient fait Charlemagne et saint Louis.
(2) *Ibid*.

au nom de la liberté, de l'égalité et des droits de l'homme, que ces insensés, aujourd'hui plus dignes de compassion que de courroux, commencèrent par introduire dans la famille les désordres qui devaient bientôt pénétrer dans l'État, et qu'en plaçant la cruelle inégalité du divorce entre l'homme et la femme, et ses effets inévitables entre les pères et les enfants, ils condamnèrent la femme à l'esclavage, les enfants à l'abandon, et l'homme lui-même au tourment d'une inconstance sans terme et de passions sans frein....

« La loi doit à tous les citoyens une égale protection, et il y a une injustice évidente, une oppression réelle de la part d'un des conjoints, qui, après avoir reçu par l'acte civil les engagements de l'autre conjoint, refuse, sur sa demande, de s'engager lui-même par l'acte religieux. Car il est évident, par exemple, que la femme qui, par l'acte civil, a engagé sa dot à son futur époux, et reçu en échange l'engagement de celui-ci à apporter dans la communauté sa part de biens propres ou des produits de son industrie, n'a pas prétendu séparer sa personne de ses biens, ni que son époux se séparât aussi lui-même des siens; et si elle croit que les deux *personnes* ne peuvent être engagées l'une à l'autre que par la bénédiction nuptiale, elle est, en droit rigoureux, fondée à réclamer de son époux l'accomplissement d'un engagement dont elle a déjà livré le prix. On ne peut concevoir rien de plus malheureux que l'état d'une femme qui a livré ses biens sans avoir pu les suivre, ni de plus injuste que le refus de l'homme qui les a reçus, de recevoir avec les biens le don de la personne.

« La loi serait donc injuste et barbare qui commencerait par mettre les biens de la femme à la disposition du mari, et qui lui refuserait l'acte par lequel, *seule,* la femme peut croire la personne du mari engagée à la sienne, et réciproquement, et c'est cependant ce qui arrive aujourd'hui dans ces unions consenties sous la promesse de les faire consacrer par la religion, et trop souvent restées sans exécution. »

Remarquons ici que ce désordre a dès longtemps cessé dans les États voisins de la France, et que le ministre de la justice de l'empereur Napoléon lui présenta, au mois d'août 1806, un rapport qui établissait la nécessité de rendre aux ministres de la religion les actes de mariage et les autres actes de l'État civil.

SECTION II.

Des effets salutaires de l'indépendance des deux puissances temporelle et spirituelle, et des effets désastreux de leur confusion.

L'indépendance des deux pouvoirs temporel et spirituel a été l'une des plus puissantes causes de la liberté des nations européennes. Cette vérité est admirablement développée dans le passage suivant de l'ouvrage de M. Balmès :

« La séparation des deux pouvoirs temporel et spirituel (1), l'indépendance de celui-ci par rapport à l'autre, la distinction des personnes aux mains desquelles il réside, telle a été l'une des plus puissantes causes de cette liberté, qui, sous des formes différentes de gouvernement, est le commun apanage des nations européennes. Ce principe de l'indépendance du pouvoir spirituel, outre ce qu'il est en soi, par sa nature, son origine et son but, a été depuis le commencement de l'Église, comme un avertissement perpétuel, rappelant que les facultés du pouvoir civil sont limitées, qu'il y a des objets auxquels il ne peut atteindre, des cas auxquels l'homme peut et doit dire : *Je ne t'obéirai pas.*

« Ce point est encore un de ceux sur lequel le protestantisme faussa la société européenne, et où, loin d'ouvrir la voie à la liberté, il prépara les chaînes de la servitude. Son premier pas fut d'abolir l'autorité des papes, de renverser la hiérarchie, de refuser à l'Église toute espèce de puissance, et de placer aux mains des princes la suprématie spirituelle : c'est-à-dire que son travail consista à rétrograder vers la civilisation païenne, où nous voyons réunis le sceptre et le pontificat. Précisément, le grand œuvre de la politique était de séparer ces deux attributions, pour empêcher que la société ne fût subjuguée par un pouvoir unique, illimité, exerçant ses facultés sans contre-poids, et duquel, par conséquent, on pût craindre la vexation et l'oppression. Cette séparation se fit sans vues politiques, sans dessein arrêté de la part des hommes

---

(1) *Le Protestantisme comparé au Catholicisme*, t. III, ch. 54.

partout où s'établit le catholicisme ; car sa discipline le demandait, ses dogmes en faisaient un enseignement.

« N'est-il pas singulièrement remarquable que les partisans des théories d'équilibre et de contre-poids, qui ont tant préconisé l'utilité de diviser les pouvoirs et de partager entre eux l'autorité pour l'empêcher de tourner à la tyrannie, n'aient jamais observé la profonde sagesse que renferme cette doctrine catholique, même uniquement considérée sous l'aspect social et politique ? Loin de là, on a, au contraire, remarqué que toutes les révolutions modernes ont manifesté une tendance décidée à réunir dans une seule main la puissance civile et ecclésiastique : preuve évidente que ces révolutions procédaient d'une origine contraire au principe générateur de la civilisation européenne, et qu'au lieu de la faire marcher vers sa perfection, elles l'eussent plutôt égarée.

« La suprématie ecclésiastique, réunie à la suprématie civile, produisit en Angleterre, sous le règne d'Henri VIII et d'Élisabeth, le plus atroce despotisme, et si ce pays a conquis plus tard un plus haut degré de liberté, ce ne fut certainement pas en raison de cette investiture religieuse donnée par le protestantisme au chef de l'État, mais malgré cette raison même. Il est à remarquer que lorsque dans ces derniers temps, l'Angleterre entra dans un système plus large de liberté, ce fut en vertu de l'affaiblissement de l'autorité civile dans tout ce qui touche la religion, et en vertu d'un plus grand développement du catholicisme, opposé par ses principes mêmes à cette suprématie monstrueuse ; au nord de l'Europe, où le système protestant a également prévalu, l'autorité civile n'a point connu de limite ; et aujourd'hui même nous voyons l'empereur de Russie se livrer à la persécution la plus barbare contre les catholiques ; plus ombrageux contre les défenseurs de l'indépendance spirituelle que contre les états révolutionnaires. L'autocrate est dévoré par la soif d'une autorité sans bornes, et un instinct assuré le pousse à combattre tout particulièrement la Religion catholique qui est son principal obstacle.

« Une chose digne d'attention, c'est cette uniformité avec laquelle tous les pouvoirs, sous ce rapport, tendent au despotisme, ici sous la forme révolutionnaire, là sous la monarchie. Impatient des entraves que lui opposait l'indépendance du pouvoir spirituel, l'absolutisme de Louis XIV s'efforçait de briser le pouvoir de Rome; il y était poussé par le même motif que l'Assemblée Constituante : le monarque s'appuyait sur ses droits légitimes et sur les libertés de l'Église gallicane : la Constituante invoquait les droits de la nation et les principes de la philosophie; mais une même chose s'agitait dans le fond : il s'agissait de savoir si le pouvoir civil reconnaîtrait une limite ou non : dans le premier cas, c'était la monarchie tendant au despotisme; dans le second, la démocratie marchant à la terreur de la Convention.

« Lorsque Napoléon voulut briser la tête de l'hydre révolutionnaire, réorganiser la société, créer un pouvoir, il se servit de la religion comme de l'élément le plus puissant; il n'y avait en France d'autre religion dominante que le catholicisme; il appela à son secours le catholicisme et signa le concordat. Mais remarquez bien qu'aussitôt qu'il crut avoir terminé son œuvre de réparation, de réorganisation, et que, se voyant sorti du moment critique de l'établissement de son pouvoir, il ne songea plus qu'à l'étendre, à se débarrasser de toutes les entraves; il commença de regarder d'un œil plus sourcilleux ce même pontife dont la présence à son couronnement lui avait été si agréable; il eut d'abord avec lui des démêlés sérieux, puis il finit par rompre et se faire son plus violent ennemi. »

SECTION III.

L'onction de la charité chrétienne ferait éclore, comme par enchantement, une circulation active, le développement rapide du travail; elle déterminerait la cessation du chômage et de la misère générale, et des associations efficaces, par la fusion de tous les intérêts, sous l'empire de l'égalité chrétienne, qui est l'égalité devant la loi, et non pas la confusion et l'anarchie du socialisme et du communisme.

Après avoir ainsi imprégné tous les rouages de l'organisation sociale de cette onction divine qui seule en fait mouvoir les ressorts, le Gouvernement n'aurait qu'un mot à dire, et attentif aux besoins des peuples, qu'un geste à faire pour qu'à l'instant se réalisassent toutes les institutions libres destinées à activer la circulation, à développer le travail, à secourir le malheur, à aider le faible et l'indigent, à lui procurer une justice facile, à soulager tous les genres de douleurs, à guérir les malades, à arracher à la mort de pauvres enfants, fruits du libertinage, à veiller sur le nouveau-né et sur l'enfant en rendant à sa mère la liberté du travail, à corriger les vices et les égarements du cœur, à parer aux coups de l'adversité dans les jeunes orphelins, à préserver du désespoir l'homme frappé dans ses affections, dans sa famille, dans sa fortune, à secourir les voyageurs, à seconder l'action de ces milices saintes qui sauvent les peuples de l'ignorance et de la barbarie, qui défrichent les déserts, font resplendir le flambeau des lettres, des sciences et des arts, et portent la civilisation au milieu des peuplades sauvages ; à établir une glorieuse émulation entre les établissements libres d'éducation et d'instruction, et à en faire la richesse et le salut du pays, en les excitant à récolter et à répandre cette abondante moisson de vérités politiques, pratiques et morales, que fait mûrir le Christianisme par la connaissance qu'il donne du passé, et par la révélation qu'il fait de l'avenir, à y faire participer les enfants pauvres, à en faire d'utiles artisans, de fidèles serviteurs, de bons citoyens, etc....

Nous n'entrerons pas dans le détail des applications. Elles sont nombreuses, infinies comme Dieu qui les inspire. Mais pour ne parler que des classes laborieuses et de ce qu'on nomme l'organisation du travail, qui ne voit que si les trésors de la France entière et de l'univers ne suffiraient pas à soutenir la paresse oisive, ou l'indigence volontaire, à composer une marquetterie sans cesse changeante de travaux au gré et au caprice de ceux qui les réclameraient, et à substituer à la circulation naturelle une dispensation officielle et par là même arbitraire, qui éteint toutes les facultés de l'âme, détruit tout principe d'industrie, tarit les sources du travail et arrête le progrès de l'humanité : au contraire, l'essor donné à la liberté du travail par le syndicat des intérêts homogènes, par le rapprochement des intérêts divers au point de contact qu'ils ont tous, par la protection légale de leurs droits formés, par la lumière de l'instruction professionnelle et les notions générales du droit et de l'économie politique, par ces congrès partiels et généraux de professions diverses où leurs intérêts seraient éclairés, débattus, et des mesures fécondes de prospérité commune et d'assistance mutuelle, arrêtées ; par ces confé-

rences européennes (car rien n'est impossible à l'amour de l'humanité), où les peuples fonderaient leur communauté nécessaire d'intérêts, et proscriraient enfin l'égoïsme qui, à la longue, tue et appauvrit les nations comme les individus ; par ces établissements de crédit où se combinent et s'unissent ces trois éléments essentiels, le sol, le capital et le travail, et où viennent par conséquent s'éteindre leurs rivalités insensées et les ferments de la guerre fratricide qu'élèvent entre ces éléments le socialisme et la république rouge ; par ces institutions de mutualité, de prévoyance, de pensions viagères, d'épargnes perpétuelles ; par ces larges mesures administratives, et ce soin vigilant donné à l'extension de la marine, de la navigation intérieure et des voies de communications ferrées et autres ; en un mot, par cette assimilation chrétienne de toutes les classes, possédant ou travaillant, pour rétablir dans les crises la production par la consommation et par l'association spontanée, toujours prêtes à rapprocher et à fondre leurs intérêts par une combinaison active que l'amour et le zèle chrétiens seuls inspirent et dirigent : qui ne voit que cette action multiple, diversifiée, coordonnée, de la liberté du travail, favorisée par l'égalité civile et par l'unité des pouvoirs légaux et constitutionnels qui la protégent, peut enfanter des prodiges, sauver la société des périls qui la menacent, et ramener, par Dieu, les peuples à la confiance, à l'amour mutuel, à la paix et au bonheur ; tandis que les systèmes divers et contradictoires des chefs des sectes divisées et multipliées à l'infini, du socialisme, la guerre atroce que déjà ils se font entre eux par la plume (1), n'offrent à l'âme indignée que le spectacle d'une haine sauvage et stérile entre des hommes qui, se disant les sauveurs de l'humanité, au nom de la fraternité se montrent toujours prêts à se déchirer, et donnent ainsi aux peuples l'avant-goût de l'enfer auquel ils les convient !!

Et que l'on ne dise point que nous avons raconté un rêve de perfection. Outre que les aveugles seuls peuvent nier les merveilles opérées par la Religion dans les siècles passés et même dans le siècle présent, ne serait-il pas étrange qu'on s'effrayât

---

(1) Voir les publications de Considerant, Pierre Leroux, Proudhon, etc.

des difficultés pour opérer le bien, quand aucun obstacle ni même des impossibilités n'arrêtent pour faire le mal et bouleverser la société? Disons, au contraire, avec un grand homme d'état : Rien n'est plus facile a faire que le bien, il n'est difficile que de le vouloir.

Les institutions philanthropiques et économiques qui ne sont point inspirées par l'esprit du Christianisme, peuvent distribuer des secours, remédier temporairement aux crises, aux infirmités ; mais leurs résultats purement matériels ne vivifient point les âmes et ne leur donnent pas ce ressort, cette inépuisable activité qui surmonte les périls et le désespoir, brave les coups de la fortune, donne à la résignation et à la patience une force invincible, au bienfait une vertu régénératrice, et unit profondément les cœurs, les classes diverses, par la perspective de biens qui ne sont pas de la terre, pour les faire conspirer vers un seul but : le triomphe de la charité et le salut temporel et spirituel de l'humanité souffrante.

Beatus qui intelligit super egenum et pauperem : in die malâ liberabit eum Dominus. Heureux celui qui s'occupe avec intelligence des moyens de secourir les pauvres, Dieu le sauvera dans les jours mauvais. Dieu n'a pas en vain donné ce principe de vie aux sociétés humaines. Les cataclysmes qui ont affligé les peuples, et depuis soixante ans, la France et l'Europe, sont venus de l'oubli de ce principe et du mépris de l'homme dont la corruption et l'avarice se sont fait un instrument. On l'a dégradé en corrompant ses mœurs, en méconnaissant sa nature et ses véritables besoins, en éteignant la foi dans son cœur, en ne laissant à ses souffrances d'autre consolation que la révolte et d'autre issue que le suicide. Les révolutions politiques, effets de cette dégradation, pourraient-elles donc le régénérer? Les lois positives les plus parfaites, le mécanisme administratif le plus habile, pourraient-ils changer les cœurs et rendre l'énergie aux âmes? Non, non ; les révolutions n'ont pour les gouverner que la force et la terreur. La perversité s'accroît par cette action même de la force. Nulle conviction, nul dévouement, nul patriotisme, nul remède efficace à la misère et aux calamités publiques. Vain appareil de pouvoir et de liberté, d'administration et de crédit ; matérialisme dans les institutions, égoïsme dans les cœurs, compression à main armée et redoublement du mal par l'énervement et l'égarement des âmes !!!

« Dans tout ce qui est soumis à des lois ou à des règles, dit M. de Bonald (1), le progrès vers la perfection consiste à passer de la licence à la sévérité ; la dégénération, au contraire, à revenir de la sévérité à la licence. Ainsi, pour l'art militaire la perfection est dans la sévérité de la discipline ; pour la justice, dans l'équité sévère des jugements ; pour les lettres et les arts, dans la sévère observation des règles du goût ; pour l'homme même, élément et image de la société, dans la gravité et la sévérité des mœurs ; et pour l'homme parvenu à la maturité, la licence est un opprobre et la frivolité un ridicule. — Sera-ce donc seulement pour la société que la perfection des lois sera leur mollesse et les progrès de la morale son affaiblissement ? Et qu'on y prenne garde, la licence des doctrines s'introduit ou plutôt se glisse dans la société, à l'insu de l'homme, et par un secret relâchement dans les actions, et bientôt dans les principes. Mais la sévérité, même l'austérité, sont accueillies avec enthousiasme...., preuve évidente que la sévérité d'une règle, quelle qu'elle soit, est à la fois un besoin de notre nature et un premier mouvement de notre raison.

« Aujourd'hui les gouvernements veulent être forts et ils seront obligés d'être sévères, résultat nécessaire de l'agrandissement de l'État, de l'accroissement de la population ; effet inévitable des progrès du commerce, des lettres et des arts, surtout d'une certaine philosophie ; en un mot, de tout ce qui met plus de jouissance et de luxe dans la vie, plus de désirs dans les cœurs, plus d'agitation et d'inquiétude dans les esprits, et qui fait que les hommes eux-mêmes se contiennent avec plus de peine et sont plus difficilement contenus. La force du pouvoir (2) est aussi la suite nécessaire des discordes civiles ; elle en est même le remède, et Montesquieu remarque avec raison que « les troubles, en France, ont toujours affermi le pouvoir. »

---

(1) *Considérations générales*, t. ix, p. 428.
(2) Quand il est légitime.

Il est temps de revenir à ce principe chrétien de la vie sociale, et à la clé unique de solution des problèmes redoutables qui tiennent l'Europe et le monde en suspens, et qui les font frémir sur l'avenir réservé aux sociétés humaines. Car l'affaiblissement du Christianisme que les chefs des nations cessent de protéger, ou pour lequel ils sont devenus indifférents, ou dont ils se sont fait un instrument, a été en Europe le principe de ces terribles révolutions dans lesquelles les nations ont été entraînées, et où leurs chefs ont péri par les mains des peuples que l'irréligion avait pervertis (1). Malheur aux gouvernants qui regardent la religion comme leur moyen !

« Ainsi gouvernants et gouvernés nous devons tout au Christianisme, tout ce qui produit la sécurité des uns et la juste liberté des autres. Nous lui devons surtout cette confiance réciproque, cette indulgence mutuelle qui fait que les gouvernements peuvent sans danger pour leur existence pardonner aux peuples les fautes de l'ignorance et de la légèreté ; les peuples, sans danger pour la liberté, pardonner aux gouvernements les erreurs inévitables et involontaires de l'administration ; et il a été désormais aussi facile de gouverner par la Religion que difficile ou même impossible de gouverner sans elle. Je le répète, nous devons tout à la Religion, force, vertu, raison, lumières, et lorsque nous lui préférons une philosophie qui, par la licence de ses opinions et la mollesse de ses maximes, en poussant les hommes à la révolte, ne peut que forcer les gouvernants au despotisme, nous sommes des insensés et des ingrats, et nous abandonnons une épouse qui a fait notre fortune pour suivre une courtisane qui nous ruine. Et n'avons-nous pas vu la tyrannie la plus monstrueuse et la plus honteuse servitude reparaître après tant de siècles chez le peuple de l'Europe le plus fort, le plus éclairé et même le plus libre, à l'instant que la Religion chrétienne a été bannie de l'État public de cette société ou qu'elle n'y a été soufferte qu'avec les précautions de la haine et sous la protection du mépris ? (*Considérations générales*, t. IX.) »

---

(1) *Législation primitive.*

Or à quoi ne sommes-nous pas réservés à cette époque de renversement de toutes les notions morales et de débordement de doctrines infernales et atroces, où une légion de sophistes malfaiteurs pousse l'audace jusqu'à affronter la conscience nationale qui revient à la foi, la circonvient par le mensonge et la ruse, l'attaque par tous les côtés infirmes de la nature humaine et va jusqu'à justifier à ses yeux le crime, le vol et le meurtre, sous le nom de représailles et de salut suprême (1), infiltre dans les campagnes et parmi les paysans crédules le mépris de cette Religion qui seule peut mettre un frein à leurs désirs et assurer leur bien-être et leur repos ; à cette époque désordonnée où l'on voit depuis le premier jour de la république un maire et son conseil municipal (2) supprimer impunément le culte catholique dans leur commune, en chasser le desservant, empêcher les baptêmes, les mariages et les sépultures religieuses, et outrager à-la-fois les vivants et les morts; où la liberté de tout dire et de tout écrire prélude à la liberté de tout oser et de tout faire, où la disparition du bon sens et de la pudeur publique finira par l'irruption d'excès et de crimes jusque-là inconnus à l'humanité !!!

« Tant que l'homme, dit le Père Elisée, ne fait entrer dans l'idée de son bonheur que le bien présent, la gloire, les richesses, les plaisirs, les honneurs, il faut, pour qu'il aime sa patrie, que la constitution présente mette à sa portée tous les objets que sa cupidité grossit sans cesse. Cette constitution n'est pas possible. Le seul moyen de lier, dans toutes les circonstances, l'intérêt particulier à l'intérêt général, de rendre utile à nos frères cet amour du bonheur qui semble concentrer l'homme en lui-même, d'attacher les citoyens à une patrie même ingrate; le seul motif qui puisse former des âmes généreuses, qui féconde la semence des grandes vertus sans développer le germe des grands vices; qui met du mouvement dans la société sans produire des chocs; c'est celui qui transporte notre plus grand intérêt dans l'avenir, qui soutient dans le sacrifice du repos, des biens, de la vie même, par l'espérance d'une gloire immortelle et qui assure à la vertu dans

---

(1) Voir plus haut le plan de la démocratie sociale par Heinzen.
(2) Le maire de Haguet, canton de Miélan, arrondissement de Mirande.

le ciel des récompenses qui lui manquent souvent sur la terre (1). »

« La Religion, dit M. de Bonald (2), nous apprend que nous avons tous été créés par la même *cause*, perfectionnés par le même *moyen*, appelés à la même *fin*, tous faits à l'image et à la ressemblance de l'être souverainement parfait, tous doués de la faculté de connaître et d'aimer. Elle nous donne à tous le même Dieu pour *père*, la même société pour *mère*, tous les hommes pour *frères*, le même bonheur pour notre commun *héritage*, et elle prend ainsi les principes qui doivent nous unir les uns aux autres, et tous à l'Auteur de notre être, dans les idées les plus familières de la vie et de la société même domestique, dans nos affections les plus naturelles, nos habitudes les plus constantes, manifestées par le langage le plus usuel. Elle fait donc réellement, et à la lettre, du genre humain tout entier un État, une société, une famille, un peuple de *frères* et de concitoyens. Elle renferme, dit Bossuet, « les règles de la justice, de la bienséance, de la société, ou, pour mieux parler de la fraternité humaine. » *Ainsi, elle ennoblit l'homme le plus obscur, elle relève le plus faible*, elle n'ôte pas même au plus coupable le sacré caractère dont elle l'a revêtu, et, sans faire de l'homme un Dieu, elle le fait *enfant de Dieu* en même temps qu'elle le fait *frère* de l'homme, puisqu'elle fait de l'amour du prochain un commandement égal, pour l'importance et la nécessité, à celui de l'amour de Dieu même, et jamais l'homme ne pourrait même imaginer des titres plus augustes à sa dignité, des motifs plus puissants à ses vertus, de plus précieux gages de ses espérances, de plus forts liens pour la société. »

Dans les grandes crises et au milieu de la plus effroyable corruption, Dieu se plaît à frapper de ces grands coups qui impriment une salutaire terreur aux hommes ou qui les ramènent à lui par l'attrait de la grâce comme pour montrer que lui seul tient dans sa main la vie et la mort, la maladie et la guérison.

On en voit un mémorable exemple dans le fait suivant :

Le fléau mystérieux et terrible du choléra venait, en octobre 1849, d'envahir le bagne de Toulon et décimait les galé-

---

(1) *Sur les devoirs dans la société*, par le père Elisée.
(2) T. ix, p. 396.

riens. Des missionnaires jésuites accourent et s'installent au milieu du bagne pour rappeler ces âmes à Dieu. A leur voix deux mille de ces malheureux, c'est-à-dire la totalité moins dix seulement, dociles comme des agneaux à la parole de Dieu, ont fait pendant un mois tout entier une pénitence publique, refusant le vin et les mets que la charité des missionnaires leur avait fait offrir comme compensation de la suppression que l'administration en avait faite pour cause de la perte du temps consacré aux instructions, et s'en tenant au pain et à l'eau, trop heureux disaient-ils, d'offrir ce sacrifice à Dieu. Ces instructions marquées par le silence et le recueillement profond des forçats, auxquelles venaient assister les autorités de l'administration du bagne et de la marine; ces cris de repentir, de confiance et d'amour plusieurs fois poussés comme d'une seule voix par ces deux mille hommes vers la mère des miséricordes, la Vierge Marie sous l'invocation de Notre-Dame des victoires, cette communion générale après des confessions réitérées de leurs crimes et une contrition accompagnée de larmes sur laquelle on ne pouvait se méprendre; ce miracle éclatant de la miséricorde et de la grâce opéré par le ministère de ces apôtres tant persécutés par l'enfer parce qu'ils en sont sur la terre les plus redoutables ennemis; cette réhabilitation, cette élévation jusqu'à Dieu de ces hommes, rebut de la société, et la lumière soudaine de la liberté divine venant illuminer leurs cabanons, soulever et rendre léger le poids de leur chaîne, démontrent jusqu'à l'évidence qu'à la Religion catholique seule il appartient de guérir les maux de la nature humaine, de régénérer et de sauver la société (1).

La même merveille s'est opérée au bagne de Brest où 1835 forçats ont communié sur 2800.

---

(1) Le récit de ce miracle, revêtu de preuves authentiques, est publié.

CHAPITRE DEUXIÈME.
Ces institutions doivent être libres et locales.

SECTION I.
De l'assistance.

L'État a pour premier devoir, sans doute, de pourvoir aux besoins des vieillards, des malades et des orphelins, et son obligation envers ceux qui souffrent, n'est pas remplie par une aumône donnée dans la rue (1). Il doit procurer aux uns le travail dont ils sont capables, et enseigner aux autres à travailler en offrant aux malades ou aux infirmes des refuges. Non-seulement il doit secours aux souffrances, mais il doit en prévenir la cause en supprimant tout ce qui entretient l'oisiveté, la paresse, ces vices honteux qu'elles engendrent, et qui, chez la multitude, ainsi que le dit fort bien M. Thiers, deviennent facilement dangereux et même atroces (2).

Mais ce n'est pas là le droit au travail : donner l'assistance et un secours temporaire, n'est pas se faire entrepreneur d'industrie. S'il y a chômage, comment l'État serait-il tenu de donner à l'ouvrier la même nature d'occupation, ou de créer une industrie nouvelle à laquelle cet ouvrier ne serait pas propre? Qu'il lui donne dans des établissements de bienfaisance un secours momentané de nourriture et de travail, dans les limites de ce qui est possible, qu'il soulage la misère et empêche l'homme de mourir de faim; il le doit. Mais entretenir obligatoirement des ateliers d'industrie, prêts à recevoir des ouvriers qui n'auront pas, ou qui peut-être ne voudront pas avoir d'occupation dans les ateliers privés; suppléer obligatoirement le chômage des professions en les faisant exercer lui-même, c'est le comble de la déraison, si ce n'est le renversement prémédité de la propriété et de l'ordre social.

---

(1) *Esprit des lois*, liv. 23, ch. 19.
(2) *Ibid*.

C'est là, en effet, que les socialistes, communistes, phalanstériens, dictateurs ou anarchistes, veulent en venir.

Citons sur ce point un passage remarquable du rapport de M. Thiers sur l'assistance :

« Nous nous appesantirons peu, dit-il, sur le prétendu moyen de venir au secours du peuple. L'Assemblée Constituante l'a déjà repoussé formellement par un article de la Constitution, en limitant les obligations de l'Etat au devoir de ménager dans les temps difficiles et dans la mesure de ses ressources, du travail aux ouvriers inoccupés. C'est à ce devoir que votre commission vous proposera de satisfaire par des moyens d'une utilité réelle quoique limités, et conformes à tous les principes. Mais prendre l'engagement de fournir du travail en tout temps, à tout homme qui en demanderait, est un engagement insensé, impossible à remplir. Jamais les partisans de cette étrange conception n'ont répondu ni ne répondront aux objections suivantes :

« Dans quels cas sera-t-on fondé à s'adresser à l'Etat pour exercer le recours ouvert contre lui ? Comment distinguera-t-on, par exemple, les circonstances dans lesquelles le travail manquera véritablement, et celles où certaines classes d'ouvriers abandonneront un travail assuré pour faire monter arbitrairement les salaires ? Si on renonce à faire cette distinction, si dans tous les cas, l'Etat est obligé de fournir du travail, toute industrie devient aussitôt impossible, par la concurrence d'un maître offrant de l'emploi à chaque ouvrier mécontent qui voudra faire monter le prix de la main-d'œuvre. Ce n'est plus la balance naturelle des choses qui déterminera ce prix, ce sera la volonté capricieuse des ouvriers. A l'instant même, il faut fermer les ateliers, surtout ceux qui produisent pour l'étranger. Si, au contraire, on veut distinguer entre les circonstances licites et illicites, qui fera cette distinction et comment la fera-t-on ? Après ces difficultés, il s'en présentera bien d'autres. Quel genre de travail donnera l'Etat ? Offrira-t-il du terrassement à des ouvriers bijoutiers ou tisseurs de soie, ou se fera-t-il lui-même marchand de bijouterie ou de soierie ? Puis envers quelle classe existera l'obligation de l'Etat ? Sera-ce envers l'ouvrier seulement qui travaille les métaux, les bois, les étoffes, ou bien envers ceux qui plaident des procès ou traitent des malades? Faudra-t-il distinguer entre les classes, accorder aux unes des priviléges refusés aux autres, ou bien fournir des malades et des clients aux médecins et aux avocats inoccupés? Enfin, qui paierait en tout cas ces folies plus ou moins restreintes ou étendues? Quelles sont les finances qui pourraient y suffire? Et s'il y en avait de suffisantes, au nom de quelle justice élèverait-on de telles prétentions sur la fortune des contribuables? »

Chez une nation que la nature et le génie ont faite riche, comme la France, l'Etat ne doit que des secours passagers aux maux passagers.

Un mal momentané, dit fort bien Montesquieu, veut des secours de même nature, et applicables à l'accident particulier (1). — Mais ajoutons ce principe fondamental, que l'Etat doit en même temps favoriser de tout son pouvoir, et même provoquer la création d'établissements permanents où les maux sans remède et sans terme puissent être soulagés.

Voilà l'obligation de l'Etat. Mais qu'on ne s'y trompe pas, si l'Etat était seul à la remplir, si les ressources inépuisables de la religion, de la charité privée et communale ne fondaient des établissements de secours et de refuge, des hôpitaux, des écoles, des ateliers de travaux et d'apprentissage, des associations de secours mutuels et de prévoyance ou de retraites, entre travailleurs, comme on en voit se multiplier si heureusement en Belgique par l'initiative des maîtres, des ouvriers et de toutes les classes de la société; non-seulement cette obligation ne pourrait être remplie avec les fonds du trésor public, mais les charges les plus lourdes imposées aux contribuables n'y subviendraient pas; et encore un nombre infini de misères seraient-elles forcément délaissées.

Au gouvernement donc d'imprimer le mouvement et d'exciter les âmes au nom de la religion. A la liberté sainte et infatigable de l'Eglise, de la charité individuelle ou collective des communes et des localités, de l'accomplir. D'une part, la tutelle du gouvernement serait insuffisante à diriger et à soutenir ces grandes as-

---

(1) *Esprit des lois*, liv. 23, ch. 19.

sociations destinées à secourir les classes laborieuses ; son immixtion dans leur administration et dans le choix des directeurs ou coopérateurs pourrait en arrêter l'essor ; car il aurait, d'après un calcul fait par M. Thiers, trente milliards à gérer et à administrer, dont il faudrait qu'il servît les intérêts ! Et d'autre part, en centralisant dans ses mains ces institutions, l'Etat assumerait des charges auxquelles il lui serait impossible de faire face, qui aboutiraient à des impôts vexatoires, au socialisme, et à l'épuisement des ressources des contribuables et surtout des classes pauvres.

De là, résulte cet autre principe remarquable, conséquence nécessaire de cette vérité, et vainement contestée par certains hommes d'Etat qui croient fortifier, mais qui ruinent ces institutions par le monopole et la centralisation : c'est que toute association, basée sur la charité privée, religieuse ou laïque, a droit au titre de *personne civile*, capable de recevoir et d'acquérir à titre gratuit ou onéreux, lorsque la première a été fondée ou approuvée par l'autorité de l'Eglise, et la deuxième par l'administration dont le refus mal fondé devrait être déféré aux tribunaux, puisqu'il s'agit ici du trésor du pauvre et d'une liberté sacrée et inviolable. A plus forte raison doit-il en être ainsi des communes et des paroisses.

« A d'autres corps, mais toujours propriétaires, dit M. de Bonald (1), devraient appartenir les soulagements des faiblesses de l'humanité, car la société n'est que la protection des faibles, elle ne subsiste que pour eux, elle ne peut subsister sans eux, et c'est pour cela qu'il a été dit aux hommes : Vous aurez toujours des faibles avec vous…. Ces corps offrent l'exemple des plus héroïques vertus au milieu des scandales des plus grands crimes, et dans les relâchements introduits à la longue par les passions des hommes, *remontent, pour ainsi dire, le ressort de la société.* »

L'action d'un gouvernement qui veut le bonheur des hommes est donc nulle sans le concours de l'initiative puissante de l'Eglise et de ses institutions, des particuliers, des communes, des provinces, et des associations religieuses ou laïques. Nous avons démontré plus haut que ces institutions religieuses sont le moyen

---

(1) *Législation primitive.*

le plus sûr de suppléer à l'impuissance de l'Etat et à celle des individus, pour mettre un appareil efficace sur cette grande plaie de la civilisation moderne.

SECTION II.
Des travaux publics.

Si l'Etat voulait exécuter, par lui-même, ces immenses travaux qui changent la face d'un territoire et les destinées d'une nation, son action serait paralysée par le premier accident survenu à la fortune publique par l'effet des événements politiques. Nous en avons un triste exemple sous les yeux dans les chemins de fer suspendus, et dans les travaux commencés, gravement compromis par la réduction ou la suppression des allocations financières. — Au contraire, si les provinces avaient consenti librement la part de charges respectives à elles afférente pour l'exécution de ces travaux, si elles en avaient eu la gestion, et recueilli l'utilité ou le revenu, aucun événement n'en eût paralysé le développement. Car rien ne peut prévaloir sur les ressources de la société, de la nation elle-même qui, employées et dirigées par elle, sont la base d'un inépuisable crédit.

Le trésor de l'Etat, en effet, n'est qu'une faible émanation des richesses des individus, et son crédit ne repose que sur celui des particuliers. Où prendrait-il le numéraire nécessaire pour alimenter les entreprises, les travaux publics, que les richesses et le crédit de tous exécuteraient avec facilité? Le rendrez-vous maître de toutes les fortunes, de toutes les industries? Vous aurez alors l'immobilité des tombeaux, car vous aurez anéanti cette action vitale de la liberté, qui seule crée, par le travail, la richesse d'un peuple.

Cette réflexion montre le vide de ces systèmes, de ces initiatives prises par l'Etat, sur la distribution du travail et les primes et secours accordés aux ouvriers par la voie du budget; tandis que le seul moyen de les secourir efficacement, c'est de ranimer l'agriculture qui dépérit par la vilité des prix des denrées, et de maintenir l'équilibre entre les conditions de la production et le salaire. Etrange popularité que celle qui s'acquiert par le mensonge, ou l'illusion faite aux ouvriers qu'elle caresse! N'est-il pas manifeste que si le propriétaire-fermier et le fermier sont ruinés, les arts, le commerce et l'industrie périront, et que l'ouvrier perdra, avec son salaire, le bon marché même des produits d'un sol abandonné? Que les impôts ne seront plus payés, que l'Etat fera banqueroute, et que toute cette fantasmagorie d'ouvriers soutenus par le budget s'en ira en fumée? N'est-il pas évident que le travail ne peut venir de l'Etat, mais de la société seule qui alimente l'Etat, et que si la société n'est plus dans les conditions de la production et de la richesse, le travail s'évanouira? N'est-il pas manifeste que les villes seront ruinées par la ruine même des campagnes, et que ces lois, faites dans l'intérêt prétendu des classes pauvres, auront pour effet de les rendre plus malheureuses en augmentant les impôts, de diminuer les produits, et de faire qu'avec un travail moins grand et des produits moins considérables, leur misère s'accroîtra progressivement? Or, la cessation du travail, c'est la vie d'un peuple arrêtée, c'est la misère sans limites, c'est le désespoir, et bientôt le pillage et le massacre!

SECTION III.

De l'enseignement.

Si l'Etat voulait distribuer seul l'enseignement gratuit à tous; si, sous prétexte d'égalité des citoyens, il voulait acquitter, sous ce rapport, sa prétendue dette envers le riche comme envers le pauvre, les trésors du pays n'y suffiraient pas.

C'est une proposition vraie, sans doute, que l'obligation de procurer à tous les citoyens une certaine mesure d'instruction, cela est nécessaire pour élever le niveau social, les mœurs publiques, et assurer un exercice intelligent des droits politiques qui appartiennent à tous. Mais cette instruction, est-il nécessaire que l'État en fasse tous les frais, et a-t-il le droit de substituer un enseignement officiel et forcé pour tous, à celui que la liberté du père de famille, de la cité et des associations peut donner? L'État peut-il usurper le droit sacré de la famille et lui imposer ceraines doctrines qui pourraient porter atteinte à sa foi, à ses mœurs, à ses convictions? Ce serait le despotisme le plus odieux et la servitude la plus honteuse, la confiscation d'un droit qui a précédé la société politique et sans lequel elle n'existerait point; ce serait abolir la famille et faire des enfants la propriété de cette puissance aveugle que l'on nomme l'État, et qui ne mérite plus ce nom dès qu'il viole la liberté de la famille et de la cité. Laissez donc agir d'abord la liberté des pères de familles, et vous verrez se réaliser, presque pour tous les enfants, au grand soulagement du trésor, cette mesure d'instruction qu'il sera facile de faire constater. S'il y a des enfants qui ne la reçoivent pas gratuitement, ouvrez des écoles publiques, ou bien votez et faites voter par les localités, des secours pour remplir ces lacunes. C'est ainsi que le gouvernement fera jaillir, de la liberté d'enseignement, la richesse intellectuelle et morale, comme il peut faire sortir des associations libres et volontaires pour les travaux publics, pour le travail et le crédit, la richesse publique avec la diminution des charges.

Il y a plus, cette liberté des associations religieuses, laïques, communales ou provinciales, peut seule fonder de ces établissements où seront enseignés les sciences, les lettres et les arts, unis à une éducation chrétienne, et à cet esprit de sagesse et de modération qui n'embrasse que ce qui est légitime et possible, et réprime cette inquiétude, cette ambition qui se croit appelée à tout, sans mérite et sans travail, maladie actuelle de la jeunesse universitaire; de ces établissements, où pourront être admis gratuitement tous les enfants du peuple sans distinction, pour y puiser l'instruction dont ils auront besoin, pour y essayer les facultés dont Dieu les a doués, et pour y apprendre que le devoir et l'abnégation sont la première vertu, la première richesse de l'homme. C'est ce que viennent de réaliser les pères de famille d'Avignon. Par une noble association, ils ont créé un fonds commun qui suffit à un vaste établissement où leurs enfants recevront une éducation religieuse et une instruction solide en harmonie avec les vérités du Christianisme, et qui sera, en outre, ouvert gratuitement à tous les enfants du peuple.

Puisse un si bel exemple trouver de nombreux imitateurs sur toute la surface de la France!

L'État, comme l'ont fort bien fait observer les pères de famille d'Avignon, dans une pétition adressée à l'Assemblée nationale, ne peut établir de telles écoles ; avec la centralisation et les étatsmajors, suite nécessaire d'une université d'État, cet établissement de sa part amènerait un surcroît d'impôts qui dépasserait trois cents millions. M. Proudhon a calculé que, pour l'enseignement primaire gratuit seul, il faudrait au moins *cent cinquante millions*.

« Les soins et les dépenses qu'exigent les intérêts privés sont à la charge de la famille, dit Mgr l'Évêque de Chartres (1). Elle doit éviter d'obérer l'Etat et de rendre un gouvernement impossible; elle doit remplir les devoirs que la nature lui inspire et dont elle peut s'acquitter. Or, le soin d'élever les enfants est véritablement de ce nombre. L'enfance, à quelque ordre qu'elle appartienne, peut être instruite, suivant la mesure et dans la proportion qu'exigent l'ordre des choses et la condition de notre nature.

« Quant à l'éducation supérieure, jamais l'État ne s'est chargé de fonder ou d'entretenir les établissements qui la perpétuent. La France avait de nombreux colléges ; Paris, avant quelques réunions opérées dans les derniers temps, en comptait au moins quarante. Mais quel était leur fondateur ? étaient-ce nos rois ? était-ce l'Etat ? Non ; c'étaient des particuliers dont le nom seul de ces communes proclamait le patriotisme et la charité. On voyait écrit en lettres d'or sur les portes de la maison : D'Harcourt, Duplessis (Richelieu), Mazarin, etc. Les villes avaient fondé dans la capitale d'autres asiles de la jeunesse studieuse. Tels étaient les colléges de Reims, de Beauvais, de Lisieux, etc. Dans les provinces, les fortunes privées avaient élevé tous les monuments semblables, fruits d'un zèle généreux et jaloux d'ajouter la gloire du savoir aux autres titres qui honoraient le plus beau royaume du monde. L'Église surtout, les chapitres, les corps religieux, avaient eu la plus grande part à l'érection de ces établissements. Et quelle main les soutenait pendant le cours de leur durée ? c'était une libéralité inépuisable qui avait fondé des bourses et des revenus destinés aux pauvres, tandis que les enfants des riches défrayaient leurs religieux instituteurs d'une manière propor-

---

(1) Dans sa lettre du 15 janvier 1850.

tionnée aux ressources et à l'opulence de leurs familles. On ne voyait pas alors un ministre, des conseils académiques, placés sur tous les coins de la France, des comités de toute espèce, des nuées d'inspecteurs et de sous-inspecteurs, agents innombrables dont on pourrait se passer, puisque les siècles les plus renommés dans le monde entier par l'éclat des lettres et par la multitude des génies supérieurs ne les ont point connus. Chez les Romains et chez les Grecs, chez les peuples les plus distingués par le goût des sciences et de la littérature, on ne vit jamais ces fastueuses et très-dispendieuses inutilités. Nous payons vingt-un millions pour l'instruction publique, et nos pères, dans un temps où les études étaient moins encyclopédiques, mais plus solides et plus florissantes, ne voyaient presque pas sortir du trésor public un écu pour cette destination. Faut-il qu'à une époque où nos finances, horriblement obérées, font naître dans les esprits des pensées si sombres, on soit si prodigue de l'or, fruit des sueurs du peuple, qui joint ses gémissements et ses terreurs au poids et à l'amertume de ses sacrifices! Quelques pensions consacrées par de longs et utiles services, et d'autres arrangements que nous ne nous chargeons pas d'indiquer, diminueraient ce subside accablant, et porteraient du moins quelque adoucissement et quelques consolations dans ces âmes qu'un dur travail fatigue et oppresse. »

Aussi, forts des ressources et du crédit de la nation qui peuvent subvenir à tous les actes légitimes et utiles de la liberté, les pères de famille d'Avignon réclament-ils, 1° le droit de former des associations dont feront partie des pères de famille, des pasteurs et des prêtres de la Religion catholique, qui auront pour but de fonder des écoles, des colléges et des externats tout-à-fait gratuits, où ils pourront enseigner les enfants pauvres; 2° d'y appeler pour enseigner tous Français jouissant des droits civils, sans autre mesure préventive que le dépôt au parquet du tribunal civil et à la préfecture, ou sous-préfecture de l'arrondissement, du programme de l'enseignement; 3° de n'être astreints à d'autre surveillance que celle de la police, pour vérifier si cet enseignement n'a rien de contraire à l'ordre public, et si les maîtres ne sont point frappés d'une incapacité notoire, provenant ou d'immoralité ou de condamnations judiciaires ; 4° d'admettre, sans autre condition et gratuitement à l'examen du baccalauréat, s'il est maintenu pour les écoles de droit et de médecine, les élèves de ces écoles libres ; de confier cet examen à un jury indépendant, choisi par les conseils généraux, et pris pour les deux tiers dans ces derniers, et pour l'autre tiers parmi les hommes spéciaux.

Ne perdons pas de vue, en effet, que les citoyens, ecclésiastiques ou laïques, exercent par la liberté d'enseignement un véritable droit politique et constitutionnel. Si l'exercice de ce droit politique doit être surveillé par l'autorité, au nom de la loi qui doit faire respecter l'ordre social et la morale publique, il ne faut pas que cette surveillance soit celle d'une corporation, en quelque sorte indépendante de l'État, de l'Université ou d'un corps enseignant rival. A l'enseignement libre, comme à l'enseignement de l'État, obligation de se soumettre aux lois d'ordre public, mais indépendance de leur action respective : ne livrons point cette indépendance au hasard des délibérations des conseils mixtes, où une majorité forcée par la prépondérance de l'élément universitaire pourrait emporter la balance en faveur du monopole et de doctrines irréligieuses et subversives.

Mais que, dans une sphère plus nationale, plus indépendante et plus élevée, une surveillance soit exercée collectivement soit sur tous les corps d'enseignement libres et universitaires par la hiérarchie de jurys impartiaux, tirés des corps municipaux, des conseils généraux et de l'Assemblée législative, où seront appelés les représentants de la religion, de l'administration et de la justice dans chaque département ; que ces jurys assurent et stimulent le plein et entier exercice de ce droit politique inviolable ; qu'ils opèrent le grand œuvre de la décentralisation de l'instruction, de l'éducation, en faisant des départements autant de foyers de sagesse et de modération pratique, de lumières intellectuelles et scientifiques ; et que les tribunaux soient appelés, au besoin, à statuer sur la conservation, les garanties et les abus de ce droit politique, qui est la plus précieuse, la plus sacrée de toutes les propriétés nationales, l'unique source de la diffusion des vérités et de la force morale d'un peuple : voilà le but auquel il faut tendre, car nous croyons que la loi nouvelle ne subvient pas suffisamment à cette nécessité. La collection des grades, attribués à l'Université, rompt tout équilibre, détruit toute indépendance, et suffit pour rendre la liberté d'enseignement stérile, et l'objet de cette loi impossible à réaliser.

Nous ajoutons, avec de graves autorités (1), qu'une corporation de laïques, ayant des intérêts de famille et d'ambition, qui influent puissamment sur la direction qu'ils donnent à la jeunesse, est en soi essentiellement vicieuse, parce que le renoncement à soi-même, le dévouement absolu à l'avenir de l'enfance y sont absolument impossibles, et que l'amour de soi dont on veut faire le lien universel des hommes, est et sera toujours le mortel ennemi de l'amour des autres; parce que ses chefs ne prennent conseil que de leur orgueil et de l'esprit d'une domination prête à tout empêcher et à tout pervertir pour se perpétuer; que ce vice d'institution est la source de ces doctrines panthéistes, sceptiques et immorales, de cette ambition inquiète et folle, qui devaient nécessairement en découler, et qui dominent dans l'Université, telle qu'elle a été constituée depuis la destruction de ces corps d'enseignement dont la vérité religieuse était la vie; et que dès-lors l'État manque à tous ses devoirs, corrompt la liberté, et ravale son sacerdoce de surveillance et d'excitation au bien par l'exemple, en livrant à une telle corporation la plus délicate et la plus sacrée de ses prérogatives gouvernementales.

« Des hommes instruits, dit M. de Bonald, ne voudront pas soumettre leur esprit à des réglements devenus routiniers, à des méthodes d'enseignement qui leur paraîtront défectueuses ; des hommes avides et accablés de besoins voudront s'enrichir, des pères de famille oublieront les soins publics pour les affections domestiques. L'Etat peut être assuré de ne conserver, dans les établissements d'éducation, que les hommes qui ne seront propres à aucune autre profession, des mauvais sujets; et l'on peut se convaincre aisément que les instigateurs les plus actifs de nos désordres (et ils le sont encore aujourd'hui), ont été à Paris,

---

(1) M. de Bonald, *De l'éducation publique*, ch. 7.

cette classe d'instituteurs laïques attachés aux colléges, qui, dans leurs idées classiques, ont vu le *forum* de Rome à l'assemblée de leurs sections, et se sont crus des orateurs chargés des destinées de la République, lorsqu'ils n'étaient que des brouillons bouffis d'orgueil, et impatients de sortir de leur état. »

En effet, par la seule collation des grades et les doctrines avouées par l'École normale et par les professeurs sortis de son sein, qui les confèrent, il est démontré que l'Etat a livré les générations à une secte de socialistes ennemis irréconciliables de la Religion catholique. — Or, exiger ces grades, celui de licencié, par exemple, pour les recteurs et inspecteurs généraux et d'Académie, ainsi qu'on l'a fait établir, et renfermer dans ce cercle universitaire les choix les plus importants, c'est faire qu'ils soient de l'Université et non de l'Etat, c'est confisquer les décrets de 1808 et de 1811, qui donnaient pleine puissance à l'Etat dans le choix des recteurs et inspecteurs, c'est complétement anéantir la liberté d'enseignement et dénaturer les influences qui doivent diriger les écoles de l'Etat et les écoles libres ; il suffit, pour en être convaincu, d'entendre la profession de foi suivante de M. Emile Deschanel, professeur de l'École normale, et qui est celle de tous ceux qui en sortent, pour remplir l'universalité des emplois de l'Université : « De Catholicisme, dit-il, il n'y en a plus, nous croyons l'avoir démontré. Il est impossible que le pape, au xixe siècle, ne soit pas au moins socialiste. Et, s'il n'y a plus de catholiques, il est clair que nous ne le sommes point. Et maintenant il suit, n'étant pas catholiques, que nous sommes socialistes. Nous dirons comment et en quel sens. » En suspendant ce professeur de ses fonctions, par arrêté du 18 février dernier, M. le ministre de l'instruction publique a constaté, dans un professeur, un mal qui s'étend au corps tout entier.

Ainsi, nous ne dénions point à l'Etat le droit de faire enseigner sous sa surveillance et son action immédiate, et de fonder des Universités; mais si l'Etat substitue à cette liberté, qui appartient à tous, une institution privilégiée, une corporation de laïques, qui centralise dans sa main les doctrines et les méthodes par la collation des grades, une corporation de philosophes sceptiques ou athées et socialistes (le panthéisme, ou le socialisme, n'est que l'athéisme déguisé), l'Etat, par ce fait seul, perd tout droit à la confiance des familles. C'est un piège et une illusion funeste que la prétention de l'Etat, dans une telle situation, de gouverner par un conseil supérieur mixte et d'autres inférieurs analogues où cet élément domine, les institutions d'enseignement, car c'est les livrer à l'immoralité, à l'impiété. Alors, plus que jamais, il faut que l'art. 9 de la Constitution reçoive son exécution pleine et entière, que l'éducation et l'instruction soient affranchies, et qu'elles restent dans le domaine de la famille, puisque l'Etat s'est fait indifférent, que dis-je! corrupteur ou complice de la corruption, en fait de doctrines morales. Plus que jamais, la France est forcée de refaire l'éducation publique par la liberté, et de chercher, dans l'intérêt suprême et dans la foi de la famille, le refuge de la foi et des mœurs publiques. Plus que jamais, la prérogative sacrée et imprescriptible de l'Eglise d'enseigner les âmes, doit être respectée.

Est-ce à dire que ce doive être là l'état régulier des sociétés politiques? Oui, des sociétés politiques où le désordre et la corruption des doctrines philosophiques ont fait méconnaître les lois éternelles et fondamentales de l'ordre social, et les préceptes de la Religion chrétienne comme bases de la société ; où l'idée d'autorité *une*, de devoirs inviolables, de respect, de dignité humaine, est abolie ; où la nécessité impulsive de la cause première et créatrice est établie en principe dans les écoles ; où la puissance aveugle du fait est toute la moralité humaine ; où le panthéisme, en un mot, a pris la place de la souveraine liberté de Dieu, de sa bonté, de sa justice, de sa miséricorde infinies ; où la distinction du bien et du mal, de la vertu et du vice, du juste et de l'injuste, n'a plus de règle certaine ni de sanction : il faut alors s'attacher à la liberté de la famille délaissée par l'Etat et livrée à la fureur des flots révolutionnaires, comme à l'unique moyen de sauver les générations, et faire effort néanmoins pour ramener dans l'Etat ou dans la société publique, le règne de la vérité dont il n'a pu sans crime déserter la cause. Car c'est une nécessité pour les familles d'être constituées à l'état de société publique remplissant scrupuleusement tous les devoirs de conservation de ces familles, et veillant à la propagation des doctrines sociales et religieuses qui les constituent (1), ne les laissant point flotter à l'aventure, ne les sacrifiant point au délire des passions subversives, ni à l'ambition égoïste de quelques sectaires. Le pouvoir de l'Etat, dit M. de Bonald, est supérieur au pouvoir domestique, non pas pour l'affaiblir ou même le partager, car, sous ce rapport, le pouvoir domestique est indépendant de tout pouvoir humain, mais pour en maintenir et en protéger l'exercice.

La famille, en effet, est impuissante, à elle seule, pour inculquer à la jeunesse la connaissance des lois primitives, fondamentales de toute morale et de toute société, il lui faut l'assistance et le secours du pouvoir public (2), mais du pouvoir public respectant les droits de l'éternelle vérité dont l'Église a le dépôt, et assurant à l'Église la complète liberté de la pratique et de l'enseignement religieux, historique, philosophique, moral et littéraire, s'unissant à l'Église pour cette noble fin des sociétés humaines, et ne cherchant point à la dominer. Comment la famille, en effet, même avec sa liberté d'enseignement, pourrait-elle se maintenir pure dans une atmosphère gouvernementale empoisonnée ?

« Toutes les nations du monde, poussées par ce seul instinct qui ne trompe jamais, dit M. le comte Joseph de Maistre (3), ont toujours confié l'éducation de la jeunesse aux prêtres ; et ceci n'appartient pas seulement au temps du Christianisme. Toutes les nations ont pensé de même. Quelques-unes même, dans la haute antiquité, faisaient de la science elle-même une propriété exclusive du sacerdoce. Ce concert unanime mérite une grande attention, car jamais il n'est arrivé à personne de contredire impunément le bon sens de l'univers. »

« Les gouvernements révolutionnaires, et ils le sont dans beaucoup d'États, instruments aveugles d'une philosophie insensée, dit M. de Bonald (4), ont détruit la souveraineté de la religion, l'autorité de la morale, l'influence d'une bonne éducation,

---

(1) M. de Bonald, *Législation primitive*.
(2) *Ibid*.
(3) Ses *Lettres inédites sur l'éducation publique en Russie*.
(4) M. de Bonald, *Législation primitive*.

le principe de tout pouvoir, le motif de tout devoir; c'est à une meilleure philosophie et à des gouvernements plus éclairés à la rétablir. Les sophistes ont dit que les lois éternelles de la morale étaient gravées au fond des cœurs, et ils ont jugé superflu d'instruire l'enfant à connaître l'Auteur de toute morale. Une meilleure philosophie mettra toutes ces vérités sous le sens, et elle en fera à-la-fois le lait de l'enfance et le pain des forts. L'enseignement en était circonscrit dans les temples, et ces lois éternelles ne se lisaient que dans le livre élémentaire du premier âge; des gouvernements éclairés les feront retentir dans les tribunaux et les placeront dans le livre même de la nation et le code de ses lois; et ils en feront le complément et comme le couronnement de l'éducation publique, de cette éducation jusqu'à présent (1) si déplorablement négligée ou si faussement dirigée, qui menaçait également la société de tout ce qu'elle enseignait aux jeunes gens et de tout ce qu'elle leur laissait ignorer. » .... « Un jour, les gouvernements, éclairés par leurs erreurs et sages de leurs fautes, proclameront hautement, à la tête de leurs lois, ces lois éternelles dans leur principe, primitives dans la date de leur promulgation, fondamentales de tout l'ordre moral et social, germe fécond de toutes les lois subséquentes, « où se trouvent, dit Bossuet, les premiers principes du culte de Dieu et de la société humaine; » ces lois, première parole de Dieu, première pensée de l'homme, éternel entretien de la société, et qui seront à l'avenir l'inébranlable fondement de l'édifice de la société, et le frontispice auguste du temple de la législation. Des gouvernements insensés ont dit à l'homme: « La loi que nous te donnons sera ta seule morale; » et des gouvernements sages lui diront: « La morale que Dieu t'a donnée sera ta seule loi. » .... « Si Dieu ne bâtit la maison, ceux qui la bâtissent travaillent en vain (*Psaume* 126). » — Il faut donc placer le souverain législateur à la tête de la législation, et se pénétrer de cette vérité philosophique, et la plus philosophique des vérités: *que la révolution a commencé par la déclaration des droits de l'homme, et*

---

(1) M. de Bonald, *Législation primitive*.

qu'elle ne finira que par la déclaration des droits de Dieu (*Législ. prim.*). »

« Sans doute, le gouvernement veut établir un système général d'instruction publique, fondé sur les préceptes de la Religion chrétienne et sur la morale qu'elle enseigne et qu'elle seule peut sanctionner; mais, dit ailleurs M. de Bonald (1), à côté de ces moyens d'instruction s'est élevé depuis longtemps un système combiné de *destruction*, dont l'enseignement est fondé sur les maximes d'une philosophie qui fait Dieu de la matière, la religion de l'histoire naturelle, et la morale de la psychologie. — Cette autre *université*, si l'on peut l'appeler ainsi, a ses doctrines et ses écoles, ses maîtres et ses disciples, et elle attend les jeunes gens au sortir de leurs premières études, pour leur inspirer aussi les principes de sa morale et leur donner des règles de conduite. Et qu'on n'accuse pas les écrivains qui cherchent à prémunir la société contre le danger des fausses doctrines, de s'acharner sur des opinions discréditées, et de troubler la cendre des morts. Quand ces doctrines ne seraient pas journellement reproduites, les écrivains qui les premiers les ont répandues ne vivent-ils pas au milieu de nous? Un écrit qui circule n'est-il pas un écrivain qui dogmatise? Et pour chaque génération qui commence, un livre qu'on réimprime ne doit-il pas être considéré comme un auteur qui paraît? *Quel peut être cependant l'effet de cet enseignement contradictoire que d'élever deux sociétés dans le même État, de former deux peuples dans la même nation, d'affaiblir même les meilleurs esprits par un doute universel, et de rendre incertaines et problématiques toutes les notions du devoir?* »

Le mal a beaucoup empiré depuis que M. de Bonald écrivait ces lignes. L'Université, à qui le gouvernement a voulu enlever le monopole de l'instruction par la suppression du certificat d'étude, l'a aussitôt ressaisi par la collation des grades, soit en astreignant les candidats à justifier de leur identité auprès des recteurs de leurs domiciles, soit en imposant par le programme du baccalauréat l'uniformité des méthodes, et particulièrement

---

(1) T. ix, *Considérations générales.*

celle de la méthode de l'éclectisme, qui renverse l'ordre naturel des études philosophiques : la logique, la méthaphysique et la morale, pour substituer à la connaissance, à l'usage réglé de nos facultés, les témérités et les écarts d'une raison sans guide, et à la morale émanée de Dieu l'idéal de la psychologie.

Ainsi, le génie funeste de l'Université détruit la liberté des méthodes pour retenir son despotique empire sur les intelligences et sur la direction des études.

Or, « le défaut radical, nous devons dire le ridicule profond de l'instruction universitaire (dit fort bien M. Laurentie (1), si versé dans ces matières, et qui le premier, dans un travail adressé il y a deux ans à Mgr Affre, a tracé le plan d'une association pour l'enseignement libre, qui distribuerait une instruction adaptée à toutes les vocations), c'est de saisir toutes les intelligences et de les mettre toutes à un moule égal. On parle de la force, du niveau des études, mais c'est encore une *piperie*. Qu'est-ce que la force lorsque tous les esprits sont frappés d'égalité? Le mot même de niveau implique une idée d'abaissement; aussi rien n'éclate, rien ne domine, rien n'est proéminent, rien ne monte au ciel. Les esprits rasent la terre, et les plus brillants ne sont que des imitateurs. L'enseignement primaire et l'enseignement secondaire jettent sur la société des multitudes de jeunes gens qui se fourvoient parce qu'ils n'ont pas été lancés dans leur route naturelle ; et même l'esprit de perturbation et de folie qui ravage le monde n'a pas d'autre cause.

« La liberté des méthodes peut seule se plier à la liberté des vocations ; et, aussi, rien n'est plus contraire au progrès des études comme des lumières, que le système d'État qui emprisonne toutes les natures d'intelligence dans un cercle de fer, et qui les soumet toutes à la même culture, de Lille à Avignon, de Nantes à Besançon, de Besançon à Toulouse. »

Tout ceci tient, d'une part, à la confusion déplorable de l'État avec une corporation laïque universitaire, qui est censée, contre toute raison, le représenter, et, d'autre part, à la séparation illogique que font de l'État et de la société les défenseurs du mono-

---

(1) Voir le journal l'*Union*, du 1er décembre 1849.

pole universitaire, notamment M. Barthélemy-Saint-Hilaire, dans la discussion de la loi d'enseignement à l'Assemblée législative. Il faut dire, au contraire, que l'État n'a de droit que comme représentant de la société, c'est-à-dire des familles, et qu'il n'est, à vrai dire, que le protecteur du droit et l'instigateur de la liberté de ces familles, auxquelles il offre un appât et un *modèle* à suivre pour qu'elles ne s'égarent pas, et un supplément à leur liberté, pris dans l'esprit même des doctrines conservatrices de ces familles, et en harmonie avec les vœux intimes de leurs chefs. Mais, séparé de la société, l'État n'a aucun droit d'enseignement, à moins qu'il ne prenne pour point de départ cette maxime monstrueuse de Danton, de Lacanal, de Robespierre, que les enfants appartiennent à l'État avant d'appartenir à leur famille, maxime qui a été le principe de l'organisation stérile des écoles d'alors et de l'Université qui leur a succédé, dans laquelle, comme l'a dit M. Royer-Collard, on a voulu réunir et fondre tout l'esprit de ces écoles révolutionnaires. Ce n'est que comme protecteur et conservateur des familles, sur le droit desquelles il ne peut jamais prévaloir, que l'État peut diriger l'enseignement ; et c'est dans le sein de la société même que ce droit puise sa force et son efficacité. S'il voulait donner à l'enseignement un *pli*, un esprit, propres à certaines catégories de philosophes ou d'hommes d'État, au lieu de ne prendre conseil que des volontés et du génie de la société même, et de l'indestructible attachement à la religion des pères de famille que l'on a vus déserter, même au milieu de l'entraînement révolutionnaire, les écoles que la république leur offrait, l'Etat agirait sans droit, sans puissance, sans efficacité ; il ne ferait qu'opprimer la société et préparer des révolutions nouvelles, comme il l'a fait depuis 1789 ; car les révolutions qui ont désolé la France et l'Europe ne sont nées que de cette doctrine de la souveraineté de la raison, de son affranchissement de toutes vérités préexistantes, de l'invasion des libres penseurs, auxquels l'État a ouvert ses écoles, du culte idolâtre de cette raison émancipée de toute règle et de tout frein, et des systèmes faux et monstrueux qu'elle a enfantés depuis l'anarchie révolutionnaire, la servitude et le despotisme qui l'ont suivie, jusqu'au socialisme ou communisme qui menace aujourd'hui la société d'une servitude plus honteuse encore, et d'une complète dissolution, pour la conduire à l'état sauvage et à la barbarie.

Or, il n'y a qu'un remède à ce socialisme pratique qui nous a donné la terreur, la confiscation de 93, les journées de juillet 1830, le 24 février, le 15 mai, le 24 juin 1848, le 13 juin 1849, et qui nous a coûté plus de sang et de larmes que les plus grandes batailles de l'Empire, qui veut l'abolition du capital et de l'impôt, qui se recrute sans cesse des ambitions froissées, des amour-propres blessés, des existences ruinées, et espère, un beau jour, enlever la société par un coup de main ; il n'y a qu'un remède à ce socialisme, en théorie, qui n'est jamais content de ce qui existe, qui se saisit de toute réforme comme d'une occasion de révolte, qui, le lendemain de 89, rêvait 92 et 93, le lendemain de juillet 1830 la république, et le lendemain de la république la république sociale, théorie de destruction, esprit de mort qui rend tout progrès impossible, s'attaque aux conquêtes les plus légitimes de la civilisation, et en dégoûte les peuples en les poussant vers le despotisme : ce remède, comme l'a si éloquemment dit M. de Montalembert à la tribune de l'Assemblée législative, en définissant en ces termes le socialisme pratique et le socialisme en théorie, *c'est un remède qui aille jusqu'à la racine des choses, c'est de rendre l'éducation religieuse, et, pour cela, de rendre l'éducation à la religion par la liberté.*

Cette liberté de la religion est le salut suprême des sociétés, soit que l'État, se faisant laïque ou sceptique, abandonne les doctrines qui doivent éclairer les générations, à tout vent d'opinion, et qu'il trahisse ainsi sa mission la plus sacrée ; soit que la société elle-même et les familles qui la composent soient perverties par le prosélytisme de l'incrédulité, par ce philosophisme cruel, impitoyable comme l'orgueil, qui ôte à la jeunesse les croyances qui la consolent, sans jamais les remplacer par rien, ou plutôt, hélas ! qui, selon l'expression de M. de Montalembert, les remplace par ces productions impures qui *ont sali l'âme de la France,* et détruit, avec la foi religieuse, la foi sociale. Au milieu de ces graves maladies, de ces fléaux vengeurs qui déciment et les gouvernants et les gouvernés, la liberté d'enseigner de l'Église est la seule ancre d'espérance des sociétés humaines.

Le *Times* établit d'une manière solide cette vérité, dans un parallèle qu'il fait entre l'éducation nationale en Angleterre et l'éducation publique en France :

« Rien de plus frappant que le contraste qui existe entre les principes qui régissent cette question dans les deux pays. Chez nous, la liberté absolue est la loi qui domine l'institution.

« Il n'y a que fort peu de temps encore que le gouvernement n'intervenait en aucune façon dans cette matière, et aujourd'hui même, où une certaine somme est prise chaque année sur le budget pour développer l'éducation du peuple, ce n'est qu'avec la plus grande répugnance que la majeure partie du clergé et des sectes dissidentes souffre que l'Etat tienne la main à ce que les conditions apportées à l'allocation des fonds soient fidèlement exécutées.

« Les hommes de toutes opinions ont continuellement combattu toute tentative de créer, même partiellement, un système d'éducation publique basé sur des principes séculiers, ou dirigé par l'autorité séculière. Le peuple anglais, on peut le dire avec vérité, ne saurait comprendre une société dans laquelle les grands ressorts de l'éducation publique, depuis les universités jusqu'aux écoles de villages salariées par l'État, soient sous sa dépendance immédiate ; il ne comprend pas non plus que la concurrence soit bornée dans une pareille institution, ou tout au moins privée des récompenses académiques, et surtout que l'élément clérical en soit exclus.

« Telle a été pourtant la loi de l'instruction publique en France, depuis le consulat, et c'est ce même état de choses qu'on s'efforce de perpétuer. Aussi, l'Angleterre est-elle le pays le plus libre de l'Europe, tandis que les peuples du continent épuisent vainement toute leur énergie pour arriver comme elle à ce point de liberté publique et pratique. Qu'importe, après tout, que l'autorité souveraine soit exercée par un autocrate ou un fougueux démagogue, soutenue par une majorité qui ne reconnaît aucun frein ? Les erreurs du dernier ne sont-elles pas plus fréquentes et plus redoutables que celles du premier ?

« La preuve de la liberté est dans le respect que l'État montre pour le droit en général ; et surtout pour ces droits indépendants qui, quelquefois, s'opposent au courant de l'autorité suprême. Lorsque le pouvoir sait se maintenir dans ces limites, la justice elle-même donne sa sanction aux mesures gouvernementales ; mais s'il les franchit, elle repousse et finit par renverser une tyrannie qui prétend établir son infaillibilité par l'intimidation et la violence.

« C'est donc par la liberté seule, par la liberté des pouvoirs indépendants et des droits incontestés que la tyrannie de la révolution peut être domptée ; et le premier pas pour arriver à ce but est de rendre l'éducation publique libre du despotisme universitaire. »

CHAPITRE TROISIÈME.

Les congrégations religieuses, et particulièrement celles des Jésuites, sont un moyen légal et sûr de réaliser la pratique de l'enseignement libre, et de rectifier par la concurrence l'enseignement officiel.

On craint que les catholiques, en France, ne manquent à la liberté d'enseignement bien plus que la liberté d'enseignement ne manquera aux catholiques. C'est là une grande erreur. Si les travaux apostoliques du clergé français ne lui permettent pas de se livrer à l'enseignement, l'Église n'a-t-elle pas sous sa main les congrégations religieuses, et parmi ces congrégations, la compagnie de Jésus, si vertueuse, si pieuse, si savante, si méritoire, si ardente aux belles œuvres, et partant, si calomniée et si persécutée ?

L'entière liberté de cette corporation de vivre en France et de s'y livrer entre autres missions à l'éducation de la jeunesse, sera la pierre de touche de la véritable liberté. Si l'on conteste ce double droit, ce sera la preuve la plus certaine que la servitude continue en France, je dis la servitude des consciences et des intelligences, qui est la plus odieuse et la plus flétrissante de toutes les servitudes.

Mais il faut éclairer d'avance l'opinion publique sur cette grave question, pour l'intérêt des générations présentes d'abord, car nous soutenons qu'il n'est pas nécessaire d'attendre la loi organique des associations pour que ces congrégations aient le droit d'être et d'enseigner la jeunesse; et pour l'intérêt des générations futures, afin que la loi à intervenir respecte dans toute son étendue cette liberté sacrée qu'aucune loi positive n'a pu ni ne pourra détruire.

Nous dirons donc que les congrégations religieuses, et spécialement celle des Jésuites, ont actuellement le droit d'exister et d'enseigner en France; et qu'il n'y a rien dans la législation positive, même depuis soixante ans, qui ait pu ou qui puisse autoriser leur proscription.

Nous allons établir en principe qu'elles ont ce droit; nous prouverons ensuite, en fait, qu'il n'a point été abrogé par la législation existante.

SECTION I.

L'unité religieuse et l'association.

Nous voyons aussitôt se dresser devant nous ce préjugé barbare que la corporation des Jésuites étant inviolablement fidèle au pape, n'est par cela même qu'une milice étrangère dont l'action doit contrarier nos libertés. Ceci tient à des doctrines erronées et trop accréditées en France et dans plusieurs pays de l'Europe, sur la prépondérance du Saint-Siége; doctrines erronées qu'il importe de rectifier ici.

Enlevons aux mauvaises passions leurs prétextes, leurs armes favorites, et montrons aux esprits prévenus ou indécis, à la lumière de la logique et de la vérité, la solution claire et simple de ces questions irritantes qui préoccupent l'attention du monde et qu'envenime la polémique du jour.

C'est à l'aide de mots non définis ou mal définis, et de la confusion qu'ils jettent dans les idées, que les ennemis de la vérité, des associations et de l'autorité, de l'autorité qui se manifeste, n'agit et ne gouverne que par les associations libres, fomentent les préjugés les plus absurdes, les préventions les plus déraisonnables, les haines les plus injustes.

Ainsi, ils attribuent à *l'infaillibilité* du Saint-Siége apostolique, en tant que fondement de l'Église universelle, en tant que le roc inébranlable sur lequel la promesse divine fait reposer un édifice indestructible; ils attribuent, dis-je, au Saint-Siége la prétention d'un pouvoir direct ou indirect sur le temporel des rois ou des gouvernements politiques.

Ainsi, au lieu de cette infaillibilité nécessaire du Saint-Siége apostolique, de la chaire de Pierre, de ce corps moral créé indéfectible par Jésus-Christ, et qui le représente sur la terre, ils nous prêtent la doctrine de l'infaillibilité de la *personne* du Pape, et s'obstinent à ne vouloir point séparer l'homme faillible de sa nature, de l'institution, du Siége qui, comme institution divine, ne l'est pas, et où l'erreur, ni ne peut être professée, ni ne peut prendre racine.

Ainsi cette indivisible autorité de l'Église et de son chef, qui ne font qu'un, et qu'on ne peut séparer l'un de l'autre, ils la remplacent par une forme d'autorité bâtarde dérivant de la subordination de la tête aux membres du corps, ou de la *dissection* de l'Église même, puisqu'il ne saurait y avoir d'Église catholique ou universelle sans un centre d'unité auquel tout l'épiscopat se rallie. Ils supposent que la tête peut errer, et qu'elle sera rappelée à la vérité par les membres; comme s'il pouvait exister un corps organisé sans tête, comme si l'association des membres unis à la tête et ne s'en séparant jamais, n'était pas l'âme, l'essence de l'Église fondée par Dieu. Ils prennent texte de cette confusion pour dire que les conciles généraux sont supérieurs au Saint-Siége, comme si les conciles, qui ne sont qu'une assemblée représentative composée des mandataires des diverses Églises particulières, étaient le corps même de l'Église, comme s'il pouvait y avoir un concile œcuménique représentant l'Église sans le chef visible, le centre de l'unité et de l'autorité apostolique.

Ils attaquent enfin les ordres religieux, et particulièrement l'ordre des Jésuites, comme favorisant les empiétements imaginaires du Siége apostolique sur le pouvoir temporel des États, et comme professant l'infaillibilité, également imaginaire, de la personne du Pape, tandis que cet ordre religieux et tous les autres ordres autorisés par l'Eglise ne peuvent, sans se rendre coupables de rébellion contre le Saint-Siége, être présumés un seul instant enseigner des doctrines qui ne sont point les siennes, et contraires à la constitution divine de l'Eglise.

Et c'est ainsi que les passions s'allument, que les discordes fermentent et que l'impiété s'empare de ces chefs d'accusations idéales pour éloigner les esprits ignorants, faibles ou crédules de l'autorité spirituelle, pour la leur rendre suspecte, haïssable; pour les effrayer de l'épouvantail des congrégations, et notamment d'un ordre savant et célèbre, infatigable défenseur de la vérité catholique, et qui cesserait de mériter cet éloge s'il pouvait y avoir de l'arbitraire dans ses principes et ses prédications, s'il pouvait un seul instant se séparer de la véritable constitution de l'Eglise et de l'esprit de son autorité.

Il est donc du devoir, je ne dis pas seulement de tout vrai Catholique, mais de tout ami de la liberté et de la puissance morale de son pays, de l'ordre politique non moins que de la paix des consciences, de s'efforcer de dissiper ces illusions, de confondre ces calomnies et de fortifier par là le droit commun et les lois protectrices de la liberté religieuse.

Premièrement, les catholiques n'ont jamais prétendu que le Saint-Siége apostolique eût juridiction directe ou indirecte sur les gouvernements temporels, qu'il possédât en principe la juridiction civile et le droit de destituer ou de déposer les rois. On peut en croire Gerson, le plus zélé partisan des limites de l'autorité pontificale, lequel reconnaît que le Saint-Siége n'a jamais porté ses prétentions au-delà du droit de connaître de la violation de la loi divine et de la loi naturelle.

« Les princes, dit-il, et tous les autres fidèles, ne relèvent du Pape qu'autant qu'ils voudraient abuser de leurs juridictions temporelles et de leur puissance contre la loi divine et la loi naturelle. Et cette autorité des Papes peut se nommer de direction et d'ordre, plutôt que de juridiction civile. »

Ce pouvoir de direction et d'ordre, dit Fénelon, consiste en ceci : Que le Pape, comme prince des pasteurs, directeur et docteur dans les graves affaires de discipline morale de l'Eglise, est tenu d'instruire les peuples qui le consultent. « Mais ce n'est point là une juridiction ni un pouvoir coërcitif; car la domination est formellement exclue de la constitution apostolique, à l'inverse des pouvoirs temporels qui dominent et contraignent ceux qui leur sont soumis. Il a été dit, en effet, par Jésus-Christ aux apôtres, et par conséquent à Pierre : « *Reges gentium dominantur eorum; vos autem non sic.* » « Les rois des nations les gouvernent en exerçant sur elles la domination; mais il n'en est point ainsi de vous. »

La nature même du pouvoir spirituel, expliquée par les plus grands docteurs, rend impossible en principe cet empiétement, cette action directe ou indirecte du Saint-Siége sur le temporel des rois. Ecoutons un grand homme d'Etat, l'une des lumières de l'Eglise, saint Bernard; il disait au pape Eugène, en parlant de Pierre : « Je n'ai ni or ni argent (disait Pierre au boiteux guéri à la porte du temple), mais ce que j'ai, je vous le donne : levez-vous au nom de Jésus de Nazareth et marchez... » Pierre ne pouvait point, en effet, donner ce qu'il n'avait pas. Ce qu'il avait il le donna, le gouvernement plein d'une vigilante sollicitude sur les églises.... Etait-ce la domination? Ecoutez-le lui-même : Nous ne dominons point sur le clergé, c'est un troupeau conduit par le pasteur; et pour que l'on ne puisse pas croire que c'est humilité de sa part et non conscience de la vérité, Pierre rappelle alors les paroles du Maître dans l'Evangile : *Reges gentium dominantur eorum; qui potestatem habent super eos benefici vocantur... Vos autem non sic.* »

« Ainsi, continue saint Bernard, la domination est interdite par Jésus-Christ à ses apôtres. La forme du gouvernement apostolique est donc celle-ci : La domination en est retranchée; ils ont été établis pasteurs sur toute la terre. Vous avez succédé à leur héritage. La dispensation des biens spirituels sur la terre vous a été confiée; mais la possession de la terre ne vous a pas été donnée. » — Que s'il en est ainsi, dit Fénelon, des Papes vis-à-vis du clergé lui-même, à combien plus forte raison à l'égard des rois !

Jésus-Christ, dit saint Augustin, a voulu que tout s'opérât dans son Eglise par la seule persuasion. *Christum omnia suadendo perfecisse;* la force matérielle est l'opposé de la vérité, de l'empire des cœurs, de la charité qui les embrase ; il faut donc éviter jusqu'au plus léger soupçon de la part des laïques, que le pouvoir spirituel veuille s'arroger l'empire sur les rois ; il faut les honorer et leur obéir en tout ce qui ne blesse pas la discipline, *illis obsequere citrà disciplinæ detrimentum*, mais conserver tellement intact le dépôt de l'autorité spirituelle, qu'il ne soit loisible à aucun prince de l'usurper.

Première calomnie confondue, et qui n'a plus de prétexte ; plus de division possible, sur ce point, des catholiques en ultramontains et en gallicans.

Secondement, les catholiques n'ont jamais prétendu que la personne du Pape, en tant qu'individu revêtu de la dignité pontificale, fût infaillible. *Privativement*, le Pape peut faire erreur, tomber dans le schisme et l'hérésie ; mais comme pape, comme successeur de Pierre, comme un autre Pierre, comme occupant son siége, parlant à la chrétienté du haut de la chaire de Pierre, jamais !

Le bon sens d'abord justifie cette distinction. Si comme homme, à qui, pas plus qu'à toute autre créature, Jésus-Christ n'a promis la perfection personnelle, le Pape peut se tromper, comment serait-il possible d'admettre que, comme Pierre (car c'est un autre Pierre), il pût enseigner l'hérésie ou l'erreur, puisque Jésus-Christ lui a dit : « Simon, j'ai prié pour que ta foi ne défaille pas, et toi, confirme tes frères. — Tu es Pierre, sur cette pierre je bâtirai mon église, et les portes de l'enfer ne prévaudront point contre elle. »

La logique nous dit que si l'Eglise est bâtie sur ce roc, le roc doit être inébranlable comme l'Eglise elle-même. L'indéfectibilité se confond ici avec l'infaillibilité. On ne pourrait admettre l'erreur ou l'hérésie enseignée par Pierre sans supposer que N. S. Jésus-Christ a menti à sa promesse. On ne saurait dire que la foi de Pierre n'a pas failli, s'il a communiqué au corps de l'Eglise le venin de l'erreur.

Les autorités sont là-dessus unanimes. Et pour qu'on ne nous accuse pas d'ultramontanisme, nous invoquerons Gerson, Bossuet, et jusqu'au véritable esprit des sessions 4 et 5 du concile de Constance.

« Les hommes de bonne volonté, dit Gerson, doivent avoir sur la terre un chef auquel ils soient unis, comme cela se voit dans le corps naturel qui, sans l'unité de la tête, ne peut vivre... Et comme il ne peut exister qu'une seule perfection de la grâce spirituelle, c'est-à-dire une seule foi, une seule charité, un seul baptême, de même il ne doit y avoir qu'un seul chef, une seule tête souveraine par laquelle se communique ce trésor de grâces défendu et inviolablement gardé par elle ; et cette tête, nous l'appelons le Pape, notre saint Père, qui est le vrai et le seul vicaire de Jésus-Christ. — L'Eglise se diviserait facilement si elle n'avait comme une tête souveraine à laquelle elle puisse et doive avoir recours.,.. *C'est pourquoi ceux-là sont manifestement schismatiques, qui empêchent ou troublent cette union...* Il faut donc s'appliquer et travailler sans cesse à ce que tous obéissent à cette tête souveraine, comme il faut sans cesse conspirer et tendre à l'unité... Les Grecs eux-mêmes doivent recevoir avec respect et observer les décisions prises par le saint Pape romain. »

Et que l'on ne dise point que la dissidence de la tête et du corps pourrait n'avoir qu'une courte durée. Gerson répondra : « Ce pouvoir central reste immuable dans l'Eglise, alors même que la personne du Pape serait changée par la mort naturelle ou par la mort civile, quand bien même l'usage d'un tel pouvoir serait enlevé en tout ou en partie au Pape existant, soit par un effet de ses lâches condescendances ou de sa coupable inertie, ou pour toute autre juste raison. Jésus-Christ, législateur parfait, s'il n'eût point pourvu ainsi au gouvernement de son Eglise dans ce qui intéresse essentiellement la religion, n'aurait point laissé à cette Eglise une constitution et une discipline ecclésiastique parfaite, ce qu'il n'est pas permis, sans blasphème, de supposer. »

Ainsi, Gerson, après avoir nié l'infaillibilité personnelle du Pape, a pourtant réservé au Saint-Siége apostolique ce singulier privilége : que son pouvoir persévère et fait fonction de centre d'unité et de tête du corps mystique de l'Eglise sans aucune espèce d'interruption dans l'enseignement de la foi ; et il déclare que si le Pape vient à être frappé de mort naturelle ou même de mort civile par l'effet d'une persévérance notoire et incontestée dans le crime qui détruit l'Eglise, le concile général tirerait sa force, *son action vitale* du Siége apostolique même et de l'appui de Jésus-Christ qui, dans de telles conjonctures, n'abandonnerait point la chaire de Pierre. Il distingue donc entre la papauté ou la dignité pontificale, et la personne représentant matériellement cette dignité : il faut constamment obéir à la première qui ne doit jamais faillir dans l'enseignement de la foi et tenir pour certain que le concile lui-même, dans la condamnation et la déposition de la personne du Pape, ne puise sa force et son autorité que dans le Siége apostolique qui toujours *confirme ses frères*.

« Dès-là, Seigneur, dit Bossuet (1), vous avez tellement disposé les choses, que les successeurs de saint Pierre à qui l'on donna par excellence le nom de Papes, c'est-à-dire celui de Pères, ont confirmé leurs frères dans la foi, et la chaire de saint Pierre a été la chaire d'unité, dans laquelle tous les évêques et tous les fidèles, tous les pasteurs et tous les troupeaux se sont unis... N'entrons point dans des disputes qui causent des dissensions et non pas l'édification de vos enfants. Suivons les grands événements et les grands traits de l'histoire de l'Eglise. Nous verrons l'autorité de ce grand siége être partout à la tête de la condamnation et de l'extirpation des hérésies. LA FOI ROMAINE A TOUJOURS ÉTÉ LA FOI DE L'EGLISE. La foi de saint Pierre, c'est-à-dire, celle qu'il a prêchée et qu'il a laissée en dépôt dans sa chaire, qui s'y est toujours inviolablement conservée, A TOUJOURS ÉTÉ LE FONDEMENT DE L'EGLISE CATHOLIQUE, ET JAMAIS ELLE NE S'EST DÉMENTIE. »

« Le fils de Dieu, dit ailleurs ce grand évêque (2), ayant voulu que son Eglise fût une et solidement bâtie sur l'unité, a établi et institué la primauté de saint Pierre, pour l'entretenir et la ci-

---

(1) *Méditation*, LXXII, jour.
(2) *Exposition de la Doctrine catholique*.

menter; c'est pourquoi nous reconnaissons cette même primauté dans les successeurs du prince des apôtres, auquel on doit, pour cette raison, la soumission et l'obéissance que les saints conciles et les saints Pères ont toujours enseignées à tous les fidèles. »

Vainement opposerait-on à ces vérités fondamentales les sessions 4 et 5 du concile de Constance, car il est évident qu'en supposant qu'il y soit question du Saint-Siège apostolique lui-même qui aurait donné un enseignement hérétique à l'Eglise, et dont les définitions seraient condamnées *par le concile légitimement assemblé* (*à concilio legitimè congregato*), ce concile *légitimement assemblé* ne pourrait s'entendre que de la tête et des membres réunis, sans quoi, il ne représenterait que le corps tronqué de l'Eglise, et non l'Eglise elle-même. Il faut donc, comme le dit Fénelon, rejeter une pareille supposition; car le Saint-Siége et le concile ne peuvent être ainsi scindés et opposés l'un à l'autre, puisque la plus légère interruption dans l'enseignement de la foi ferait du concile l'image ou le représentant de l'Eglise décapitée. Telle est la doctrine de Gerson, de saint Bernard, de Fénelon et des lumières de l'Eglise gallicane. Les termes mêmes des sessions 4 et 5 du concile de Constance indiquent clairement qu'ils ne parlent que de la personne d'un homme quel qu'il soit, revêtu d'une dignité quelconque, fût-elle la papauté, et nullement de la chaire de Pierre, du Saint-Siége apostolique lui-même.

Troisièmement, il suit de ce qui précède que le corps de l'Église se compose indivisiblement du Saint-Siége et des évêques, que les conciles ne sont rien sans le chef ou le centre d'unité. Le concile, en effet, n'est que la représentation, et non le corps même de l'Église. L'infaillibilité, comme le dit le savant cardinal de Alliaco, n'a été promise qu'à l'Église universelle, et non au concile séparé du Pape, et le concile général ou œcuménique, y compris le Saint-Siége, ne pourrait condamner que la personne du Pape, et non condamner l'Église romaine ou le siége de saint Pierre.

Le Pape est la véritable autorité monarchique; il a la plénitude de la juridiction, même pour les punir, sur chacun des membres de l'Église, et nul ne l'a sur lui ; lui seul (et nul autre) peut décréter des canons dans tout l'univers ; l'unité de l'Église est dans ce centre ou dans cette tête où tout le reste aboutit. Telles sont les paroles d'Almain. — Saint Augustin nous enseigne que les vérités catholiques étaient établies, enseignées, les hérésies confondues, les schismes réprimés dès avant la convocation des conciles. Les conciles n'ont d'autre objet, dit-il, qu'une manifestation plus solennelle de ces vérités pour faire, dans de graves conjonctures, une plus profonde impression sur les peuples, et les ramener dans les voies du salut par cette imposante association de l'Église, qui manifeste sa vie par l'unité d'action.

Saint Agathon déclare que les députés au concile général ne peuvent prétendre à rien ajouter ou à rien changer à la doctrine du Saint-Siége apostolique, mais qu'ils doivent se borner à reproduire avec sincérité la tradition de ce siége telle qu'elle a été successivement et invariablement transmise aux souverains pontifes par leurs prédécesseurs.

D'où il faut conclure avec saint Bernard : qu'à ce seul siége apostolique appartient le gouvernement de toutes les Églises, qui, toutes, doivent être unies sous son autorité et dans son autorité. A cette Église centrale appartient exclusivement la prérogative de conserver parmi ces Églises l'unité de l'esprit dans le lien de la paix.

Ainsi le concile n'est que la représentation ou la manifestation de la grande association de l'Église. Cette association et l'unité de l'autorité catholique dont elle relève, sont inséparables. Cette association reçoit la vie de cette autorité, autrement elle ne serait que mensonge, division, démenti à la parole divine, anarchie. La vérité catholique, c'est l'unité par l'association. Si l'on supposait un instant le Saint-Siége apostolique séparé du corps de l'Église, il n'y aurait pas d'infaillibilité dans l'une ni dans l'autre. A quoi servirait la stabilité du fondement, si l'édifice tombait en ruine ; et que signifierait la stabilité de l'édifice, si son fondement était ébranlé? Si toujours le corps doit se rallier à la tête, l'Église au Saint-Siége, cette simultanéité constante présuppose leur indivisibilité. On ne peut supposer la tête, durant un temps de raison, séparée des autres membres, ou ces membres séparés d'elle sans qu'il y ait schisme et manquement aux divines promesses. Que si l'on suppose que la tête se rallie aux membres après avoir erré, il n'y aura plus d'organisation, plus de primauté, plus d'unité ; ou plutôt l'unité, la primauté, seraient transportées, même pour un temps, dans les membres, ce qui est absurde.

Donc il faut une association unie au chef ; donc l'association est de l'essence de la vérité et de la hiérarchie. Ce sont les paroles de saint Irénée : « Il est nécessaire, dit-il, que toute l'Église se règle sur cette Église reine et mère, et se rende conforme à ce centre d'unité qui conserve toujours le dépôt de la tradition des apôtres.... Quoi de plus convenable, en effet, ajoute ce grand homme, que de chercher la tradition dans le centre même de la tradition ! Comme le sang, dans le corps humain, part du cœur, comme de son centre, pour se répandre jusque dans les extrémités des membres, et de là refluer vers son point de départ, de même la tradition, qui a toujours été conservée par les apôtres, coule du centre du Saint-Siége apostolique pour se répandre dans toutes les Églises particulières, jusqu'aux extrémités de l'univers, et de ces Églises elle reflue vers le centre. — Si le sang qui part du cœur était vicié ou corrompu, est-ce que tout le reste du corps ne périrait pas aussitôt ? Ainsi en serait-il du corps de l'Église, si l'on pouvait supposer un seul instant que la tradition sortît et se répandît détériorée ou pervertie du centre même de cette Église, c'est-à-dire que le Saint-Siége apostolique définît et proposât à la foi des autres Églises des propositions hérétiques. »

Aussi nos ancêtres gallicans disaient-ils à Clément V : « Jamais aucun Pape, en tant que Pape, ne fut hérétique ; et le concile général ne peut s'assembler séparément de vous... » Ainsi ont toujours pensé les membres du clergé de France.

Quatrièmement, il suit encore de tout ce qui précède, que puisque l'association et l'autorité sont inséparables, et que l'on ne peut imaginer dans l'Église aucune association qui ne reçoive la direction et la vie de l'autorité de cette Église, c'est donc une chimère et une absurde calomnie, que l'assertion qu'un ordre religieux quel qu'il soit puisse influencer, dominer la hiérarchie catholique, soumise elle-même à l'autorité centrale.

Mais, en même temps, on ne peut concevoir de hiérarchie et d'autorité apostolique sans l'association des membres qui, dans leurs ministères divers, conspirent et tendent vers l'unité; sans l'association qui, sous cette direction suprême, forme mille canaux pour porter dans tout l'univers la parole de vie, pour multiplier, réfléchir à l'infini la vérité. — Point d'Église catholique, point de vérité catholique, point de foi universelle, sans ces cohésions, ces associations religieuses pour l'enseignement, la prédication, les diverses fonctions du ministère, l'administration des sacrements, le service des pauvres et des malades, etc. Ces associations, c'est la vérité mise en pratique, c'est la vie réalisée, effective. Il n'est donc point de foyer central de lumière et de vie sans association, sans le concours libre et varié de tous, par la cohésion de leurs intérêts spirituels, par l'union de leurs travaux, de leurs œuvres, de leurs prières, comme il n'y a point de vie organique sans le concours libre et varié de tous les membres sous l'impulsion du cœur ou de la tête.

Qu'est-il donc possible de redouter des associations en général, puisqu'elles relèvent essentiellement de l'autorité légitime, et qu'elles en sont l'action et la vie?

Dans l'ordre civil, n'est-ce pas l'autorité domestique qui est le principe des associations qui ont pour objet d'élever, d'enseigner et de développer la famille? Il ne se peut former aucune association dans ce but, en dehors de cette autorité de la famille, et l'autorité sociale ou politique elle-même qui a le droit de surveillance et de haute police, ne peut se substituer à ces associations, comme elle ne pourrait usurper l'autorité domestique. D'où il suit qu'elle ne peut les empêcher de se former, en tant qu'elles sont réclamées par les pères de famille, et qu'elles ne troublent point l'ordre public.

Mais cette autorité domestique elle-même, soumise à la surveillance du pouvoir social, relève de l'autorité spirituelle en ce qui touche le dogme et la morale; car l'autorité paternelle pour les chrétiens se fond dans l'autorité religieuse, lien formé par le baptême et par la qualité d'enfant de l'Église.

Dans le même ordre civil, le mariage est une association de l'homme et de la femme catholiques sanctionnée par la religion ou plutôt fondée par Dieu même. Il n'est donc point loisible au pouvoir social de se substituer à cette autorité divine et de déclarer à volonté le mariage dissoluble. Cette association protégée par l'état qui lui impose des formes et des conditions civiles dans l'intérêt général de la société, ne dépend point, dans son essence, de la loi civile.

Enfin, dans l'ordre politique, l'association est l'élément du pouvoir gouvernemental ; elle réside dans la famille, la commune, la province et dans toutes les réunions de citoyens pour l'exercice de droits et de devoirs collectifs. Les associations politiques qui ne relèveraient pas de cette autorité, non point pour la formation qui doit être libre comme le droit qui leur donne naissance, mais quant à la légitimité de leur objet, seraient les seules que pourrait proscrire la loi, et particulièrement celle du 10 avril 1834.

Ainsi donc l'association seule peut créer le caractère moral, religieux et politique des peuples, former leurs mœurs, leurs doctrines philosophiques et littéraires, moraliser et rendre stable leur fortune, et déterminer la véritable unité nationale.

Que l'on juge donc de la toute-puissance de cette vérité dans l'ordre spirituel, puisqu'elle est indispensable même aux intérêts humains !

Car, avant tout, il faut reconnaître une autorité dans l'ordre moral, et cette autorité c'est celle de la religion. *Cujus ex præceptis populum institui fidelem, et certam fidei ac morum correctionis et regalem constitui oportet, judicio et auctoritati subjicienda;* disent les conciles de Meaux de 1579. Il ne saurait y avoir de règle de foi et de mœurs chez les peuples sans cette autorité spirituelle, ni mariage, ni famille, ni association civile. Car l'association purement matérielle et numérique qui veut exercer la souveraineté ou l'autorité dans l'ordre religieux ou dans l'ordre politique, est une monstruosité. « Ce que je ne concevrai jamais, disait le comte d'Hauterive (1) bien connu

---

(1) Vie et travaux du comte d'Hauterive.

par sa modération et sa sagesse expérimentale et pratique, c'est qu'en face de ce souvenir (les massacres du 2 septembre à la Force), il y ait encore des hommes qui ne sont ni stupides, ni méchants, et qui croient au principe de la souveraineté du peuple. Il ne faut pas savoir ce que c'est que le peuple, et ce que c'est que la raison, pour imaginer que les idées, réveillées par ces mots, soient susceptibles d'une sorte d'association. Il ne peut y avoir ici d'idée générale prise dans un sens collectif. Le peuple est un assemblage d'individus, mais l'esprit de chacun d'eux, quand ils se rapprochent pour se réunir et faire du nombre, ne vient pas se réunir à celui des autres pour y faire de la raison. La réunion des corps constitue la force, mais la réunion des esprits dans une telle classe ne conduit souvent qu'à déraisonner et à ne pas s'entendre. »

C'est encore le propre de la Religion catholique de féconder les germes de liberté contenus dans l'état de société, que la Providence et les événements qu'elle dirige ont créé pour les peuples; et sans aspirer jamais à exercer le pouvoir temporel, d'adoucir le commandement et de rendre l'obéissance facile, de faire un gouvernement supportable d'un détestable gouvernement, et de hâter les améliorations progressives que la civilisation et la philosophie font entrevoir et désirer aux nations. Car il n'est pas une idée grande et généreuse qui n'ait sa source, son principe et sa force vitale dans le catholicisme.

SECTION II.

Les lois positives et les constitutions politiques n'ont point abrogé l'existence libre en France des congrégations religieuses et de la Compagnie de Jésus.

Passons maintenant à la législation positive qui a régi les congrégations en France depuis 1789. — Nous verrons qu'elle n'a pas dérogé à ces principes éternels et imprescriptibles.

La question de la légalité des congrégations religieuses fut particulièrement soulevée en 1845, à l'occasion des crédits supplémentaires ; M. Thiers proposa et soutint un ordre du jour motivé pour que l'on appliquât aux Jésuites les lois existantes.

Cette motion était, dans un sens opposé, un fait aussi digne de fixer l'attention du monde entier que celui de l'allocation au collége ou séminaire de Maynooth, proposée et soutenue à la même époque par sir Robert Peel à la chambre des communes d'Angleterre.

En effet, la motion de sir Robert Peel avait été faite dans un esprit, sinon de violation du principe de l'établissement de l'Église anglicane, du moins dans un esprit d'amendement et de correction de l'intolérance qui l'a caractérisé depuis deux siècles. Tandis qu'au contraire la motion contre les Jésuites vivant en France d'une vie commune sans usurper les prérogatives d'un ordre civilement reconnu, n'était qu'une continuation des lois de destruction et de spoliation révolutionnaires portées contre toutes les associations, quelles qu'elles fussent, qui s'occupaient de l'instruction des pauvres, du soulagement des malades, et de la propagation de la foi parmi les peuples. Cette motion était en même temps une violation manifeste de l'esprit et de la lettre de toutes les constitutions politiques qui se sont succédé depuis 1790, et notamment de la Charte constitutionnelle de 1830.

Ainsi, l'habileté politique en Angleterre consistait à lutter contre un principe de persécution, à réduire à l'état de lettre morte les anathèmes de l'établissement anglican contre le catholicisme, et à faire prévaloir, comme nouvel esprit de la constitution même, l'esprit de tolérance et d'union.

En France, au contraire, l'habileté politique devait consister, suivant les partisans de la motion, à annuler l'esprit des constitutions politiques, à violer le droit naturel et immuable qui doit leur servir de base, et à faire prévaloir contre ce droit éternel, des lois ou des décrets transitoires de leur nature, arbitraires et en contradiction formelle avec les termes de ces constitutions mêmes.

Cette thèse est curieuse, mais elle est vraie, mais sa vérité est de la plus haute importance, et je vais le prouver.

Etudions d'abord l'esprit et la progression de ces lois spéciales et arbitraires.

La loi du 13-19 février 1790, art. 1er, déclara : « La loi constitutionnelle du royaume ne reconnaîtra plus de vœux monastiques des personnes de l'un ni de l'autre sexe; en conséquence, les ordres et congrégations réguliers dans lesquels on fait de pareils vœux sont et demeureront supprimés en France, sans qu'il puisse en être établi de semblables à l'avenir. »

La loi du 8-18 août 1792 alla plus loin, elle détruisit même les congrégations séculières et les confréries : « L'Assemblée nationale, considérant qu'un état vraiment libre ne doit souffrir dans son sein aucune corporation, pas même celles qui, vouées à l'enseignement public, ont bien mérité de la patrie, et que le moment où le corps législatif achève d'anéantir les corporations religieuses est aussi celui où il doit faire disparaître à jamais tous les costumes qui leur seraient propres et dont l'effet nécessaire serait d'en rappeler le souvenir, d'en retracer l'image ou de faire penser qu'elles subsistent encore.

« Art. 1er. Les corporations connues en France sous le nom de congrégations séculières, telles que prêtres de l'Oratoire, de la Doctrine chrétienne, de la Mission de France ou de Saint-Lazare, de Saint-Joseph, de Saint-Sulpice, etc. ; les congrégations laïques, telles que celles des frères de l'école chrétienne, des hermites du Mont-Valérien, etc. ; les congrégations des filles, telles que celles de la Sagesse, des Écoles chrétiennes, de l'Union chrétienne, de la Providence, des Filles de la Croix, les Sœurs de Saint-Charles, les Filles du Bon-Pasteur, etc., et généralement *toutes congrégations religieuses* et congrégations séculières d'hommes et de femmes, ecclésiastiques ou laïques, *même celles uniquement vouées au service des hôpitaux et au soulagement des malades ;* confréries, etc.; TOUTES ASSOCIATIONS DE PIÉTÉ ET DE CHARITÉ SONT ÉTEINTES ET SUPPRIMÉES DU JOUR DE LA PUBLICATION DU PRÉSENT DÉCRET. »

Ainsi donc, c'est de cette loi, au même titre que de la loi du 13-19 février 1790, qu'il faudrait argumenter pour dire que les congrégations sont illicites! Si la loi de 1790 n'est pas abrogée, celle de 1792 ne l'est pas non plus.

Or, quelle monstruosité de prétendre que l'article 1er de la loi du 18 août 1792 est encore en vigueur! et que toute congrégation, toute association de charité, toute confrérie, même laïques, en tant qu'elles ne troublent point l'ordre public, qu'elles n'aspirent point à une *existence civile*, et que leurs vœux n'ont aucun effet civil ou légal, sont prohibées, éteintes, et que ceux qui en feront partie seront passibles, pour la première fois, d'amende par voie correctionnelle, et en cas de récidive, seront jugés comme coupables de délit contre la sûreté générale, s'ils reprennent le costume ecclésiastique des religieux (Art. 10)!!

« Art. 2. Néanmoins, dans les hôpitaux et maisons de charité, les mêmes personnes continueront comme ci-devant le service des pauvres et le soin des malades *à titre individuel*. »

« Art. 4. Aucune partie de l'enseignement public ne continuera d'être confiée aux maisons de charité dont il s'agit à l'article 2, non plus qu'à aucune des maisons de ci-devant congrégations d'hommes et de filles séculières ou régulières. »

Ainsi encore cette disposition barbare, anti-civilisatrice, qui interdit l'enseignement du pauvre aux congrégations et aux maisons de charité, serait maintenue au même titre que la loi de 1790 !

Or, si cela n'est pas admissible aujourd'hui, donc, la loi de 1790 n'a pas conservé plus de force que celle de 1792 !

Ce n'est pas tout : l'esprit et le but direct de la loi de 1792, c'était de confisquer les biens de ces congrégations séculières au profit de l'État (titre 2), et de n'accorder à leurs membres pris individuellement, après les avoir dépouillés de leurs biens immobiliers et mobiliers, qu'une miette de cette razzia comme pension de retraite !

La loi du 4-14 septembre 1792 consomma la spoliation du mobilier des congrégations, et celle des 1er et 4 avril 1793 ordonna la division et la vente, par lots séparés, des châteaux royaux, palais épiscopaux, bâtiments, cours et jardins des congrégations.

Ainsi ces lois, et celle du 3 novembre 1793 (précédée de toutes les lois de 93 qui consommaient la spoliation), qui déclare déchus de leurs fonctions de serviteurs et de servantes des pauvres et des malades, et incapables de se livrer à l'éducation ou à l'instruction, ceux et celles qui n'auront pas, dans le temps, prêté le serment constitutionnel, seraient donc encore applicables à l'exécution des ordonnances du 16 juin 1828, et aux simples individus enseignant !

Ainsi, la loi du 15 fructidor an IV, qui a étendu la spoliation aux neuf départements réunis, et qui prononce la suppression des congrégations, serait passée en principe pour l'avenir, et, si quelques nouvelles provinces étaient adjointes au territoire de la France, les couvents et les congrégations en seraient supprimés !

Or, ne serait-ce pas là, je le demande, un attentat contre l'inviolabilité de la conscience et une violation de la liberté humaine ?

« Je n'accorde pas non plus, disait l'immortel Burke en parlant des corporations ecclésiastiques, une confiance bien particulière à ceux qui disent beaucoup de mal de ceux qu'ils vont piller. Je suis plutôt porté à croire que l'on invente des vices ou que l'on exagère ceux qui peuvent exister, lorsque le résultat de la punition qu'on inflige tourne au profit de celui qui punit. Un ennemi est toujours un mauvais témoin, et un voleur en est un bien pis encore (1). »

Vint ensuite le décret du 3 messidor an XII, décret de circonstance et accidentel au despotisme qui voulait tout faire plier sous sa volonté. Ce décret prononça la dissolution de l'agrégation ou association connue sous les noms de Pères de la Foi, d'Adorateurs de Jésus ou Pacanaristes, *actuellement établis à Belley, à Amiens et dans quelques autres villes de l'empire,* et de toutes autres agrégations ou associations formées *sous prétexte de religion et non autorisées.* Il proscrivit tout ordre religieux auquel on se lie par des vœux perpétuels, et défendit toute agrégation ou association d'hommes ou de femmes sous prétexte de religion, si elle n'a été formellement autorisée par décret impérial ; il en excepta les *Sœurs de la Charité,* les *Sœurs hospitalières,* les *Sœurs de Saint-Thomas,* de *Saint-Charles* et les *Sœurs vaselottes,* et il chargea les procureurs-généraux de poursuivre ou faire poursuivre, même par les voies extraordinaires, selon l'urgence des cas, les contrevenants à ce décret.

Et enfin le code pénal de 1810, dans la sect. VII du chap. III, qui a pour titre : *Des associations ou réunions illicites,* régla, par les art. 291, 292 et suivants, tout ce qui avait trait à la police des associations ou réunions s'occupant d'objets religieux, litté-

---

(1) *Réflexions sur la révolution de France,* p. 296.

raires, politiques ou autres, et il abrogea, par cela même, les décrets et lois accidentels portés contre les personnes qui auraient fait partie d'une association religieuse, si ces personnes se bornaient à une réunion de fait et vivaient sous le même toit d'une vie commune, sans porter atteinte à l'ordre public, l'art. 484 ne renvoyant en effet aux réglements particuliers que les matières non réglées par le présent code.

Maintenant, ces lois et décrets, instruments de spoliation et de despotisme, étaient-ils conformes aux principes déclarés par les diverses constitutions politiques qui se sont succédé en France depuis 1789 ? Je dis qu'ils en étaient la violation flagrante, et qu'ils ne pouvaient, par cela même, avoir aucune valeur législative.

En effet, la constitution de 1791 consacre *la liberté de faire tout ce qui ne nuit pas à autrui* (art. 4 de la *Déclaration des Droits de l'Homme et du Citoyen*). — *Ainsi l'exercice des droits naturels*, dit-elle, *n'a de bornes que celles qui assurent aux autres les mêmes droits.* — 5. LA LOI N'A LE DROIT DE DÉFENDRE QUE LES ACTIONS NUISIBLES A LA SOCIÉTÉ. — *Tout ce qui n'est pas défendu par la loi ne peut être empêché.* — Titre Ier. *Droits naturels et civils* : 1° Tous les citoyens sont admissibles aux places et emplois, sans autre distinction que le mérite et la vertu ; 2° *Le Corps Législatif ne pourra faire aucune loi qui porte atteinte et mette obstacle aux droits naturels et civils ;* 3° liberté à tout homme de parler, d'écrire, d'imprimer et publier sa pensée…, ET D'EXERCER LE CULTE RELIGIEUX AUQUEL IL EST ATTACHÉ.

La loi, dit le préambule, *ne reconnaît plus de vœux religieux*. Mais si la constitution ne les reconnaît pas civilement, elle ne peut, d'après son principe, porter atteinte à la liberté de conscience, à celle de vivre en commun, de prier en commun, de travailler en commun, etc. ; ses termes repoussent la recherche inquisitoriale des vœux et des associations qui n'ont d'autre foyer que la conscience.

La constitution du 5 fructidor an III, art. 299 et 300, loin de déroger à ces principes de liberté, confirme expressément à tout citoyen le droit de former des établissements particuliers d'éducation et d'instruction, des SOCIÉTÉS LIBRES, pour concourir aux progrès des sciences, des lettres et des arts. — N'est-ce pas l'abrogation formelle des décrets suppressifs des associations ? Le droit commun (ou plutôt le droit naturel) avait donc déjà repris son empire.

La constitution de l'an VIII est muette, et par conséquent elle confirme la liberté.

Celle de 1793 avait dit, art. 22 : « L'instruction est un besoin de tous. La société doit favoriser de tout son pouvoir les progrès de la raison publique, et mettre l'instruction à la portée de tous les citoyens. »

Le sénatus-consulte du 16 thermidor an X confirme tacitement cette liberté.

Celui du 28 floréal an XII n'y porte aucune atteinte.

La charte de 1814 et celle de 1830 garantissaient aux divers cultes toute liberté et une égale protection. Ce régime constitutionnel, excluant une religion d'état, s'interdisait par cela même aucune inquisition sur les associations religieuses auxiliaires de la libre propagation de la foi catholique, si ces associations n'avaient rien de civil ni de politique, et si elles se renfermaient dans l'accomplissement de leurs devoirs de conscience.

Enfin, la constitution de 1848 protégeant également toutes les religions reconnues par l'Etat, et chacun exerçant librement sa religion (art. 7), le droit de s'associer pour l'accomplissement des œuvres chrétiennes, au premier rang desquelles il faut placer l'éducation de la jeunesse, en résulte nécessairement. Mais de plus, l'art. 8 déclare le droit des citoyens de s'associer, de s'assembler paisiblement et sans armes, et n'assigne d'autres limites à ce droit, que les droits ou la liberté d'autrui, ou la sécurité publique. L'art. 9 ajoute : « L'enseignement est libre ; la liberté de l'enseignement s'exerce sous les conditions de capacité et de moralité déterminées par les lois et sous la surveillance de l'Etat. Cette surveillance s'étend à tous les établissements d'éducation et d'enseignement sans aucune exception. »

Comment serait-il possible dès-lors d'interdire une association religieuse enseignante, même celle des Jésuites, en présence de dispositions aussi formelles, qui abrogent de fait toutes dispositions contraires ?

Ainsi, tout le système de la législation spéciale que nous avons analysée, repose sur l'illégalité prétendue des associations.

Et tout l'esprit de ces constitutions, au contraire, est de favoriser les *associations libres*, précisément parce qu'elles conservent, du moins en apparence, les droits naturels et immuables de l'homme et du citoyen.

Mais qui ignore, hélas! qu'en temps de révolution les constitutions sont un masque et un instrument d'oppression dans la main des gouvernants? Elles parlent aux peuples un langage de liberté qui les séduit, et elles laissent au despotisme le soin de détruire par ses actes particuliers la liberté et le bien qu'elles ont formulés dans une théorie générale et menteuse. Aussi, dès l'origine de la révolution, toutes les lois particulières ont-elles été dirigées contre les associations, même les plus innocentes, même les plus inoffensives, contre les associations de serviteurs des pauvres, de servantes des malades; ces lois ont prononcé la suppression de tout ce qui pouvait rappeler cette cohésion, cette union de la charité; elles ont ordonné la vente des maisons et des biens mobiliers et immobiliers de toutes les congrégations, la spoliation de toutes les valeurs mises en commun. Ainsi, elles n'ont laissé aucune partie de l'enseignement aux maisons de charité. Donc il faudrait, si elles sont encore en vigueur, chasser toutes ces sœurs, toutes ces saintes filles qui n'ont point encore été autorisées comme congrégations civiles, tous ces hommes pieux qui, sans former un corps collectif reconnu par la loi, s'occupent du soulagement et de l'instruction du pauvre.

Mais si cela est absurde, la loi de 1790 n'a pas plus d'empire que celles qui en sont découlées, car son principe vicieux doit produire tous ces fruits pestilentiels. Donc il faut faire prévaloir l'esprit de la constitution, combiné avec les articles 291, 292 et suivants du Code pénal.

Il faut savoir enfin se pénétrer de cet esprit de la constitution et de la loi pénale. L'article 7 de la constitution dit que « chacun professe librement sa religion avec une égale liberté, et obtient pour son culte une égale protection. » — Tous les citoyens français peuvent donc se réunir pour pratiquer en commun les devoirs religieux qu'ils se sont imposés, s'ils ne troublent point l'ordre public. La réunion est licite, par cela seul qu'elle a pour objet le service du culte ou l'accomplissement de la règle religieuse. Il y aurait erreur de croire que l'art. 291 du Code pénal soumet à l'autorisation préalable du gouvernement l'exercice d'un culte reconnu. Si le gouvernement a le droit d'exercer sa haute police sur toutes réunions, même religieuses, il ne peut les soumettre à une autorisation préventive ; on doit se borner à l'avertir, ainsi que l'autorité municipale (art. 294 du Code pénal), pour qu'elle vérifie et laisse faire si l'objet de la réunion est constitutionnel, ainsi qu'il vient d'être prouvé. L'exercice d'un droit naturellement collectif n'est point prohibé, et l'art. 291 ne peut s'entendre de l'autorisation préventive de ce droit. Cela pourrait se soutenir pour des objets non définis, pour des réunions innommées ; c'est à celles-là seulement que s'applique la loi du 10 avril 1834 ; mais pour des associations religieuses, pratiquant le culte reconnu, le culte catholique, et s'occupant des moyens de le propager, très-certainement non !

Toute association religieuse, approuvée par l'Eglise, et qui ne se sépare point de son autorité, doit être tolérée comme l'Eglise même, mais elle ne peut pas, plus que l'Eglise, décliner la soumission aux lois de police et d'ordre public, parce que l'esprit d'ordre et de soumission est de leur essence. Il impliquerait contradiction qu'il y eût en France une Eglise catholique libre, et que les ordres religieux, dans l'ordre purement spirituel s'entend, reconnus par elle, et ses auxiliaires naturels, ne le fussent pas. L'association religieuse se fond dans l'unité de l'Eglise, sinon elle y serait rappelée par les censures des supérieurs ecclésiastiques : tout doit se modeler sur l'association de l'Eglise même, qui joint la coopération de plusieurs à l'unité de direction, l'action des membres à celle du chef. Toute association pour un but légitime est nécessairement hiérarchique, et subordonnée dans l'ordre religieux comme dans l'ordre politique. La vérité souveraine a une *forme sensible*, elle ne se développe, elle ne peut se développer que par l'adhésion, l'action, la perception de plusieurs, soit qu'elle soit enseignée, soit qu'elle soit définie, et c'est ainsi qu'elle entre par l'association dans la pratique et dans les mœurs des hommes. L'ordre public ne saurait avoir de garantie plus efficace : dans l'état d'*individualisme,* on dit que tout ce que les lois ne défendent pas est permis ; dans l'état d'*association,* on ne fait que ce que les lois et la constitution permettent, et l'on se règle sur la conscience commune, sur les intérêts communs et généraux, pour connaître et pour éviter ce qui blesse l'esprit de la loi, alors même qu'elle ne le défend pas expressément.

Ce sujet est inépuisable, et je ne fais qu'indiquer à grands traits des vérités qui seraient d'une application tout aussi féconde à l'ordre politique, économique et philosophique. « Détruire, dit Burke, page 338, en parlant de l'association religieuse, détruire ainsi une espèce de pouvoir qui, par sa nature concentrée, procure tant de force à l'esprit humain, c'est agir dans l'ordre moral comme le ferait dans l'ordre physique celui qui voudrait détruire les propriétés actives et intrinsèques d'un corps.., la force expansive renfermée dans le nitre, ou le pouvoir de l'eau réduite en vapeur, ou celui de l'électricité, ou celui de l'aimant. » Mais si ces vérités sont incontestables, si c'est par elles que doivent s'expliquer les art. 7, 8 et 9 de la constitution, 291 et suivants du Code pénal, et se coordonner ou disparaître des lois accidentelles qui ne sauraient prévaloir sur des lois fondamentales, j'ajoute que le texte de l'art. 291 nous fournit un autre argument qui met le droit à l'abri de toute atteinte.

Cet article porte que, dans le nombre des personnes qui ne peuvent se réunir au nombre de plus de vingt, sans l'agrément du gouvernement et sous les conditions qu'il plaira à l'autorité publique de leur imposer, il ne faut pas comprendre *celles domiciliées dans la maison où l'association se réunit.*

Donc des prêtres de J.-C. peuvent se réunir sous le même toit pour y vivre, y prier, y travailler en commun, sans autorisation préalable, fussent-ils au nombre de plus de vingt. Ils ne sont pas pour cela soustraits à l'œil vigilant de l'autorité, car tout le monde doit compte à la loi de ses actes. Mais l'autorité ne peut *préventivement* les empêcher de vaquer à des occupations licites et légitimes.

Ainsi les prêtres réunis dans la maison de la rue des Postes, qu'ils fussent jésuites, lazaristes, dominicains ou bénédictins, ont, aux termes du droit naturel et immuable, des articles 7, 8 et 9 de la constitution, et de l'article 291 du Code pénal, le droit d'y vivre, d'y prier, d'y travailler en commun. Et plus on en voyait sortir de ces miracles de science et d'éloquence qui naguère réunissaient l'élite de la jeunesse et de la population de Paris au pied de la chaire de Notre-Dame, plus le droit de l'Eglise de s'en faire un rempart et l'un des fleurons de sa couronne, plus le droit de la France catholique d'en faire l'une de ses gloires et l'un de ses plus puissants moyens de civilisation et de salut étaient sacrés aux yeux de la conscience, de la constitution et des lois.

Que l'on évoque de la poussière d'un temps de querelles parlementaires, des arrêts proscripteurs; quand ces arrêts ne seraient point une grande erreur judiciaire, on n'aurait pas le droit de les invoquer contre des prêtres irréprochables, dont l'institut et la règle n'ont aucune place officielle dans l'Etat, et ne résident que dans la liberté de leur for intérieur. D'ailleurs, il y aurait mauvaise foi, déloyauté à prétendre que les monuments des passions d'un autre âge aient survécu aux lois de la révolution et à la constitution nouvelle. Certes, si ces prêtres ne sont point recevables à se prévaloir des anciennes ordonnances ou réglements qui leur avaient donné une *existence légale* dans le pays, comment peut-on leur opposer des arrêts d'un temps, d'un régime et d'une législation qui ne sont plus?

« Ce n'est pas un grand acte de justice, dit Burke, que de punir les hommes pour les fautes de leurs ancêtres naturels; mais regarder cette descendance, qui n'est qu'une fiction, à l'égard des corporations, comme un fondement suffisant pour faire supporter à quelques individus la punition des fautes avec lesquelles ils n'ont aucun rapport, c'est une sorte de raffinement et d'injustice qui n'appartient qu'à la philosophie de ce siècle éclairé. » — « C'est pour le bien des individus qui les composent, et non pour leur châtiment, que les corps collectifs sont immortels (1). »

Si la question eût été portée à la tribune de la chambre des communes d'Angleterre, sir Robert Peel, appuyé de l'opposition

---

(1) *Réflexions sur la Révolution de France.*

et de tout ce qui n'avait point rétrogradé dans le parlement, eût couvert d'une imposante majorité la liberté de ces religieux. Les membres de l'opposition française de toutes les nuances, qui venaient d'applaudir avec tant d'unanimité au triomphe de sir Robert Peel pour le séminaire catholique de Maynooth, et tout ce qui avait de la droiture et de l'indépendance, devaient-ils se montrer moins tolérants dans cette circonstance? Devaient-ils laisser croire qu'ils prenaient conseil de leurs passions bien plus que de la loi, et abandonner ainsi le seul rôle qui comportât de la grandeur, et qui pût leur donner une force réelle : celle qui se puise dans la vérité et dans la justice?

J'avais été particulièrement frappé d'un autre argument qui me paraît infiniment plus fort que toutes les déductions que les jurisconsultes avaient tirées de la deuxième partie de l'art. 291 du Code pénal, relative à l'exception portée en faveur des personnes domiciliées dans la maison où l'association se réunit. C'est que la Religion catholique, apostolique et romaine étant libre en France, y ayant une position numérique prééminente en vertu de cette déclaration du Saint-Père et du gouvernement, qui conclurent le concordat : « Le gouvernement de la République française reconnaît que la Religion catholique, apostolique et romaine est la religion de la grande majorité des Français; » que cette Religion ayant même reçu de cet article du concordat une consécration de nationalité particulière en France, et son culte un droit spécial de publicité (art. 1ᵉʳ), il était dès-lors impossible, même politiquement parlant, que le pouvoir civil ou législatif pût porter la plus légère atteinte à tout ce qui était de la liberté, de l'essence de ce culte. Or, les congrégations, se renfermant dans une existence et des attributions purement spirituelles, nécessaires pour seconder le clergé absorbé par des détails d'administration et par les obligations variées et courantes de son ministère, pour prêcher, pour confesser, pour porter la parole de Dieu dans les contrées lointaines, et favoriser l'essor de ce prosélytisme qui fait la gloire de notre génie national, dans la propagation de la foi, de la civilisation et de la liberté morale chez des peuplades sauvages, païennes ou infidèles, ces congrégations, pépinières de conquérants civilisateurs au dehors, de savants, de philosophes, d'orateurs, et surtout de théologiens éclairés au-dedans, forment l'essence même de la liberté catholique, reconnue et proclamée par le concordat de 1801.

Cet argument, décisif en lui-même, m'a paru tirer une nouvelle force du progrès des esprits depuis l'époque du concordat. Plus les doctrines philosophiques et politiques avaient pris de développement, plus les leçons de l'expérience et le retour de la conscience publique avaient montré l'absurdité de l'intolérance et fait ressortir la nécessité de la liberté religieuse, plus aussi le droit des associations, ou des auxiliaires inséparables du culte catholique, avait dû paraître sacré. En effet, partout des associations laïques s'étaient formées dans l'Etat ; le corps de l'Université n'était pas autre chose qu'une congrégation laïque ; des chaires dans des établissements indépendants, véritables associations libres, telles que le Collége de France, les sociétés savantes, etc., s'étaient établies ; les sciences exactes, la philosophie, la physiologie, l'histoire, le droit public, la psycologie, avaient partout des organes libres : comment aurait-on pu refuser à l'Eglise catholique seule ce droit d'association qui appelle, concentre et répand la lumière et la vie ! Aussi les chartes de 1814 et de 1830 avaient-elles proclamé la pleine et entière liberté des cultes, et assuré à tous une égale protection ; la charte de 1830, plus particulièrement, en supprimant la religion d'Etat, avait voulu étendre cette liberté non-seulement à la conscience et au culte, mais encore à l'enseignement, qui en est inséparable (art. 69).

Il était évident, par cela même, que l'art. 291 du Code pénal, qui jusque-là avait fait le droit spécial des associations, soit religieuses, soit politiques, puisque, les réglant sans renvoi à des lois particulières, l'art. 484 les avait toutes abrogées ; que cet article, dis-je, avait dû être essentiellement modifié en ce sens que l'autorisation préventive, et le droit du gouvernement d'*imposer à la société telle condition qu'il lui plaira* (texte de l'art. 291), ne pouvaient s'appliquer à ce qui était l'exercice naturel d'un droit de l'Eglise catholique, le développement libre et spontané de son ministère séculier et régulier, la pratique publique par des réunions accidentelles ou permanentes, soit de sa charité, appliquée au soulagement des malades, des pauvres, à l'éducation religieuse de l'enfance, à l'instruction des peuples ; soit des préceptes de perfection évangélique dont l'accomplissement a lieu dans la solitude ou le recueillement de la retraite, dans les méditations solitaires, de qui la vérité reçoit sa force et sa plénitude ; en un mot, il était sensible, palpable, que l'art. 291, qui n'avait pu déroger au concordat, ne pouvait plus, sous aucun prétexte, depuis la charte de 1830, faire dépendre la liberté religieuse pratique, c'est-à-dire les associations religieuses, d'une autorisation préventive *et des conditions telles qu'il plaira à l'autorité publique de les leur imposer.*

Cela ne signifiait point, toutefois, que la loi commune qui veille à l'ordre public et réprime les atteintes qui lui sont portées, que la haute police qui les prévient par sa vigilance ou les dénonce à l'autorité judiciaire, n'auraient rien à démêler avec les associations religieuses. D'abord, ces associations ne pouvaient point exercer les attributions de *personnes civiles* dans l'état, posséder, acquérir ou aliéner, ester en justice audit nom, sans avoir reçu ce titre collectif ou civil d'une loi ou d'une ordonnance. Ensuite, elles ne pouvaient franchir les limites de l'ordre purement spirituel ; leur caractère devait être clairement défini, et elles devaient en justifier. Du reste, elles jouissaient de la liberté spirituelle sous l'autorité de l'Eglise, et de l'inviolabilité naturelle de la règle, approuvée par la hiérarchie et le chef de l'Eglise catholique.

Et c'était ce que venait de reconnaître M. le comte Portalis à la chambre des pairs, où cette discussion avait été portée à sa véritable hauteur. « Tant que les Jésuites, a-t-il dit, se borneront à l'observance de leur règle et à des pratiques purement spirituelles de religion, on n'aura rien à leur dire. » Toutefois, je ne saurais admettre, avec le noble et savant magistrat, que le droit d'association n'existe point en France, ou qu'il ne puisse exister qu'en vertu d'*une autorisation préalable ;* l'exemple même qu'il en donne contredit cette assertion ; les bulles portant institution des évêques, dit-il, ne peuvent être admises en France *sans vérification préalable.* Cela est vrai ; mais en ce sens seulement que le gouvernement s'assure que ces bulles n'ont rien de contraire à nos lois d'ordre public, et non pas dans ce sens que le gouvernement puisse paralyser la prérogative du Saint-Siège, ni mettre obstacle à l'exercice plein et entier de son droit apostolique.

Or, l'Eglise ne demande pas autre chose pour ses associations religieuses, pour ses conférences apostoliques, pour ses réunions en synodes ou en conciles nationaux, qui sont de droit naturel et que paralysent inconstitutionnellement certains articles organiques ; l'Eglise ne se refuse point à la *vérification préalable*, c'est-à-dire à la justification de la nature et de l'objet de l'association ou de la réunion ; mais cette justification faite, l'autorité temporelle ne doit pas plus les empêcher qu'elle ne pourrait ôter au pape le droit de conférer l'institution canonique ou de convoquer un concile. *Suum cuique,* à chacun son droit ; c'est le caractère essentiel de la justice, dans l'ordre politique comme dans l'ordre spirituel. Vouloir empêcher ce qui est du droit naturel de chaque puissance, c'est rétablir la *constitution civile du clergé* et détruire la hiérarchie. Les libertés gallicanes (les véritables s'entend) n'ont jamais eu d'autre objet que de protéger cette indépendance spirituelle et d'empêcher qu'elle ne se dégradât par son immixtion dans les affaires temporelles ; mais elles ont repoussé avec horreur tout ce qui porterait la plus légère atteinte à la prérogative incommunicable de la discipline qui n'appartient qu'à l'Eglise, c'est-à-dire au pape et aux évêques qui ne font qu'un dans le Saint-Siége, comme le clergé secondaire ne doit faire qu'un dans les évêques. Cet exercice, ce développement du ministère sacré dans l'unité, est le plus magnifique spectacle que Dieu pût donner au monde, mais c'est aussi la loi la plus sainte, la plus inviolable pour les gouvernements de la terre.

Cependant, et pour reprendre le fil de cet exposé légal, le gouvernement et les chambres législatives avaient cru devoir, en 1834, rendre une loi qui modifiait l'art. 291 du Code pénal en ce sens que les dispositions de cet article seraient applicables aux associations de plus de vingt personnes, alors que ces associations seraient partagées en sections d'un nombre moindre, et qu'elles ne se réuniraient pas tous les jours ou à des jours marqués, en ce sens que *l'autorisation du gouvernement serait toujours révocable,* et que la loi punirait de peines correctionnelles et progressives les membres d'une association *non préalablement autorisée*. Il est certain que cette loi n'a point dérogé, n'a pu déroger à l'esprit de l'art. 291 et aux restrictions qu'il a forcément reçues du concordat et de la constitution politique ; elle se borne à donner de l'extension à la définition du délit et à en aggraver les peines. Et, en effet, comment concevoir que cette loi nouvelle eût entendu faire dépendre du bon vouloir de l'autorité, des associations purement spirituelles, nécessaires à l'Eglise, et même les détruire, une fois autorisées, quand bon semblerait au pouvoir ? Cela est déraisonnable, absurde, tyrannique, et dès-lors ne peut entrer dans l'esprit d'une loi. Il faut donc voir que l'article 1 de la loi précitée, combiné avec l'art. 291 du Code pénal, ne peut s'appliquer qu'à des réunions qui n'ont point pour objet l'exercice d'un droit défini par la constitution et par le concordat.

L'autorité publique, en effet, a le droit de vérification dont parlait M. le comte Portalis ; elle l'a même pour les associations ou réunions spirituelles, parce que la loi est souveraine, et que tous, même l'Eglise, qui en donna toujours l'exemple, doivent lui obéir en ce qui est de son domaine. Cette vérification conduit à s'assurer si c'est l'exercice d'un droit constitutionnel, ou un conciliabule, qui est l'objet de la réunion ; elle est donc nécessaire ; car la limite des droits doit être, en tout et pour tout, inviolablement gardée. Que si une réunion de citoyens se soustrait à cette vérification, il faut lui faire l'application des articles 291 du Code pénal, 1 et 2 de la loi du 10 avril 1834. Mais cette vérification n'est-elle pas faite, dès-longtemps, pour les règles si connues de ces instituts célèbres qui ont doté la terre de la civilisation, qui ont créé cette France si prosélytique et si sympathique, et qui, depuis tant de siècles, sont l'honneur de l'Eglise, l'espoir du malheureux, la force du faible, la lumière de la science, les leviers de la foi et de la vertu ! Et quand le Saint-Siége et les évêques les ont hautement approuvés, appartient-il au pouvoir temporel de les improuver quant à l'essence de leur règle spirituelle ? Je dis que ce serait l'outrage le plus sanglant au chef de l'Eglise et aux évêques qui ont la conscience infaillible de ce qui est convenable et nécessaire à l'Eglise. Si l'ordre public était troublé, si des abus se glissaient dans ces instituts, certes, je ne prétends point que l'autorité dût fermer les yeux et ne point agir; mais elle ferait constater les faits pour déférer les contraventions ou les délits communs à la juridiction civile, ou pour référer des abus au Saint-Siége, qui aviserait.

C'est ainsi que la liberté religieuse se concilie aujourd'hui en Angleterre avec les droits de l'Etat. L'autorité gouvernementale y juge indigne de son honneur d'inquiéter *préventivement* la liberté des ordres religieux, et elle a mieux fait, elle s'en est ôté le pouvoir par des lois. Instrument visible de la Providence, elle laisse à la vérité tout son empire par la liberté, dans un pays où, comme toujours, le despotisme prit ce saint nom contre l'Eglise et contre les peuples pour les mieux opprimer. Insensiblement la foi, qui est la justice, replacera chez cette nation les libertés politiques dont elle est si jalouse, sur la base indestructible de l'égalité civile que le catholicisme seul a créée; et ce sera la juste récompense de l'esprit de tolérance qui se fait jour dans ses lois.

Imitons l'Angleterre sur ce point. Les exécutions administratives contre la conscience et la liberté individuelles l'avaient perdue, depuis Henri VIII, dans l'estime des nations. C'est que ces exécutions administratives, soit qu'elles émanent d'un seul ou d'une assemblée délibérante, sont exécrables en ce qu'elles violent les deux choses les plus inviolables sur la terre : la liberté de conscience et la propriété. Il n'y a plus de société civile là où l'administration peut, pour ces objets sacrés, se substituer aux tribunaux, et les tribunaux au droit naturel et à la constitution.

SECTION III.

La persécution contre les ordres religieux et contre les Jésuites n'est plus possible, d'après l'expérience faite et les principes éternels des constitutions politiques.

Mais aujourd'hui cette intolérance contre la Compagnie de Jésus n'est plus possible, un grand mouvement s'est opéré en France et en Europe vers la liberté religieuse; la démagogie seule ou le socialisme, ennemie de la règle de ces ordres religieux, qui (la Compagnie de Jésus surtout) ne savent pas composer avec ces doctrines impies qui ébranlent la société dans ses fondements, pourrait vouloir empêcher le paisible exercice de leur droit. Rendons à l'auteur de l'ordre du jour motivé d'alors, à M. Thiers, l'éclatante justice qui est due à son noble retour aux principes de l'autorité et de la liberté catholique, et spécialement à l'aveu loyal qu'il a fait du haut de la tribune, que rien désormais ne pouvait mettre obstacle au rétablissement de l'ordre des Jésuites, en France, et à leur droit d'enseigner la jeunesse française.

Il importe toutefois de répondre à toutes les objections qui furent faites alors, et surtout à l'argumentation de certains organes de la presse qui ne manquerait pas de se reproduire ; car l'excès de pouvoir ou le despotisme ne résulterait pas seulement de l'application arbitraire des lois abrogées en ce qui concerne les congrégations religieuses, mais des efforts qui seraient faits pour les faire revivre lors de la loi organique des associations à laquelle les orateurs mêmes qui se sont prononcés pour le droit d'enseigner des citoyens qui les composent, semblent avoir renvoyé la solution définitive de la question de leur existence légale, particulièrement de celle de la Compagnie de Jésus.

Le *Siècle*, tout en accordant qu'il serait dangereux d'exiger une abrogation explicite, quand des lois spéciales sont en contradiction avec la constitution, parce que l'arbitraire pourrait puiser des armes dans cet arsenal de lois révolutionnaires et exceptionnelles non expressément abrogées, le *Siècle* prétendait que les statuts de l'ordre des Jésuites sont contraires à nos institutions, parce qu'ils relèvent d'un chef étranger.

Le *Journal des Débats,* qui paraissait naguère un sectateur jaloux de la séparation de l'Église et de l'état, de l'état laïque, c'est-à-dire neutre en matière de cultes, tout en proclamant la sagesse qui, en présence du concordat, de la charte et de lois spéciales sujettes à controverses, en avait référé au Saint-Siége, le *Journal des Débats* voulait cumuler alors la gloire de la négociation avec l'honneur de la fermeté que le ministère saurait mettre, disait-il, à exécuter les lois existantes, et pour preuve, il menaçait les autres congrégations religieuses de les faire, au besoin et à volonté, rentrer dans le néant. C'est, par *clémence,* qu'au dire de ce journal les lois sommeillent ; mais que l'on craigne le réveil du lion ! ! ! — Puis, fort de l'esprit révolutionnaire et sceptique que tant d'absurdes préjugés nourris à dessein, que tant de passions ignorantes et intéressées, que tant de calomnies, sous toutes les formes, avaient irrité et grandi, le *Journal des Débats*, triomphant de cette fièvre anti-religieuse, répondait à un courageux prélat, à Mgr l'évêque de Langres, qui avait vu, comme nous, dans ces négociations à Rome, et dans les concessions purement personnelles et volontaires du T. R. P. Rootham, une nouvelle preuve de la nullité des lois invoquées et du triomphe du principe éternel de la liberté religieuse ; la feuille doctrinaire, dis-je, proposait de porter la question législative aux chambres, et elle ne doutait pas qu'elle ne fût tranchée contre les associations religieuses.

Il est de la plus haute importance de ne point laisser passer de telles assertions sans réponse. Que les catholiques y prennent bien garde ! c'est là le vrai point, le véritable péril de cette grande question qui agitera le monde tant qu'elle n'aura pas reçu une solution conforme au droit naturel, au droit constitutionnel et aux droits imprescriptibles de la liberté humaine. Nous ne pouvons, nous ne devons admettre ni le caractère facultatif des lois relatives aux congrégations religieuses, ni le prétendu droit de déférer constitutionnellement la question législative aux chambres, pas plus que nous n'admettons leur existence et leur force actuelle. Il est de ces droits éternels, imprescriptibles, immuables, que des lois positives ne peuvent ni fonder, ni abroger, ni remettre en question, qui ne peuvent recevoir d'elles ni la mort, ni la vie, qui sont le fruit des longs et laborieux efforts d'une civilisation chrétienne de dix-huit siècles, droits immuables que l'on ne pourrait abolir sans la faire rétrograder.

Serions-nous donc descendus si bas en France que la démonstration de cette vérité eût besoin de quelques efforts ? Le célèbre régulateur du droit civil, Domat, l'a énoncée en tête de son ouvrage immortel (*Traité des Lois*, ch. IX, n° 8 ; ch. X, n. 6, 7, 8, 9 ; ch. XI, n. 2, 32, 33, 37). — Et, d'abord, la constitution n'a point donné la vie, elle a rendu hommage à ces droits préexistants et imprescriptibles, et à leur indépendance de toutes lois positives. Ainsi l'égalité civile et politique des Français devant la loi, la liberté individuelle et les garanties qui la protègent, l'inviolabilité de tous genres de propriété, soit intellectuelle, soit industrielle, soit mobilière ou immobilière, soit individuelle ou collective, le droit de publier et de faire imprimer ses opinions, la nécessité du vote de l'impôt par la nation ou ses représentants, le principe que nul ne peut être distrait de ses juges naturels, c'est-à-dire l'unité et l'universalité de la juridiction protectrice de la fortune, de l'honneur et de la vie des citoyens, que nous avons défendue et fait triompher en 1832 contre les ordonnances de l'état de siége de Paris et contre les lois arbitraires et spéciales, sur lesquelles on avait essayé de fonder ces mesures exceptionnelles, sous prétexte aussi que ces lois n'étaient point explicitement abrogées ; le droit d'association, la liberté de l'enseignement : ce sont là des droits antérieurs à la constitution, qu'elle n'a fait que déclarer, et que nulle initiative parlementaire ne pourrait remettre en question. Ils reposent sur cette civilisation chrétienne qui a aboli l'esclavage pour faire régner l'égalité civile parmi les hommes, qui a voulu que l'homme ne relevât que de Dieu et de la loi, qui a inauguré la liberté de penser et d'écrire, et ouvert un vaste champ au génie tout en posant ce petit nombre de vérités fondamentales qu'il ne lui a pas été donné de découvrir ni de violer impunément.

Ces droits reposent sur cette civilisation catholique qui a horreur de l'arbitraire, dont la liberté dans l'unité fait la vie, dont l'autorité ne triomphe que par le concours universel des volontés et des intelligences, par cette onction divine qui *est la vérité exempte de tout mensonge*, dit saint Jean ; qui rend les hommes dociles à la voix de l'Église, et renferme dans l'unité cette variété des dons du Saint-Esprit répandus sur les apôtres, que leurs successeurs tiennent directement de Jésus-Christ, et qu'ils dispensent dans une inviolable union avec le Père de tous les fidèles et de tous les pasteurs. — *Rendez à César ce qui est à César et à Dieu ce qui est à Dieu*, a dit le divin Maître ; son grand apôtre saint Paul a ajouté : *Celui qui, étant esclave, est appelé au service du Seigneur, devient affranchi du Seigneur ; et de même, celui qui est appelé, étant libre, devient esclave de Jésus-Christ (Corinth.,* ch. vi, v. 22). — Vous avez

ÉTÉ ACHETÉS D'UN GRAND PRIX, NE VOUS RENDEZ PAS ESCLAVES DES HOMMES (*ibid.*, v. 23). — Ainsi l'émancipation humaine est due à Jésus-Christ ; par la distinction des deux puissances, il a fondé à jamais la liberté religieuse, civile et politique.

Or, si cette vérité, que les droits sus-énoncés sont antérieurs à la constitution, est incontestable, à combien plus forte raison faut-il reconnaître que la LIBERTÉ RELIGIEUSE par laquelle l'Evangile a fait prévaloir de tels droits sur la terre, est elle-même antérieure à toute constitution humaine ! *Jugez vous-mêmes s'il est juste devant Dieu que nous obéissions aux hommes plutôt qu'à Dieu,* disaient saint Pierre et saint Jean aux sénateurs, aux Scribes et aux Pharisiens. La liberté civile et politique n'a pâli, elle ne s'est éteinte que lorsque les passions humaines ou la force se sont substituées à la liberté religieuse, et ont voulu se faire de la religion même un instrument. Ah ! ne laissons plus les pouvoirs humains, les libertés humaines attaquer la liberté religieuse, battre et déchirer le sein de leur mère ; aussi bien elle est éternelle ; les persécutions de la violence ou des lois peuvent l'obscurcir, la faire disparaître un instant ; mais par les nécessités mêmes de cet état de choses violent et faux, elle reparaît plus puissante, parce que cette liberté religieuse, c'est la nature morale même de l'homme, régénérée par Jésus-Christ, et qui ne doit plus périr.

A ne l'envisager que du point de vue du droit naturel, quoi de plus inviolable aux yeux de tout le genre humain que la liberté religieuse ? N'est-ce pas une de ces lois dont parle l'orateur romain, qu'aucune puissance humaine n'a pu ni créer, ni abolir, qui sont écrites dans la conscience de tous les hommes, et qui font partie de la constitution du genre humain ?

Donc, l'article 7 de la constitution portant que chacun professe librement sa religion et obtient pour son culte la même protection, ne fait que *déclarer* une liberté préexistante, éternelle, immuable.

La seule question est donc de savoir si l'association religieuse, tant pour l'enseignement et la pratique du culte catholique, que pour l'accomplissement des conseils de perfection évangélique, fait partie de la liberté religieuse ? Mais quoi ! l'association n'est-elle pas de la nature de l'Église catholique, de tout culte, de tout gouvernement? L'association n'est-elle pas l'essence et le cachet de la perfection de la hiérarchie et du gouvernement de l'Église catholique? Ce que ce gouvernement juge utile, nécessaire, ne rentre-t-il pas dans cette liberté proclamée par le concordat et par la constitution? Le droit de mettre en commun ses prières, ses bonnes œuvres, sa foi, sa charité, ses biens mêmes, de renoncer à tout pour embrasser la croix, pour propager la vérité de l'Evangile par la prédication et par l'exemple, n'est-il pas l'effet du précepte et du conseil de l'Evangile? Et n'est-il pas dès-lors aussi sacré que le culte lui-même avec lequel il s'identifie? *Il n'est pas bon que l'homme soit seul; combien il est agréable et utile d'habiter, de vivre en commun, de ne former qu'une pensée et qu'un cœur*, a dit l'Écriture : *Ecce quàm bonum et quàm jucundum habitare fratres in unum!* (*Ps.* 132.) Partout l'agrégation est recommandée comme un moyen efficace de salut; c'est la sainte phalange qui doit faire violence au cœur de Dieu et emporter le ciel.

A ne raisonner qu'humainement, le droit de former une association particulière ou universelle (Code civil et de commerce), n'est-il pas le droit de propriété et de liberté même; une loi pourrait-elle l'abolir ou l'autoriser? Le droit de se marier, de se transporter d'un lieu dans un autre, de vendre ou de louer ses biens, pourrait-il être fondé, aboli par une loi ou par une autorisation préventive, accordée ou retirée? Or, combien plus sacré n'est point le droit d'associer ses efforts spirituels pour les conquêtes de la vérité et de la foi? Combien plus inviolable cette liberté de l'âme, de l'intelligence, du cœur, qui combat pour le bien, pour la vertu, et qui veut étendre par les croyances l'empire de la civilisation? Que seraient des lois spéciales qui voudraient abolir ou restreindre ces droits préexistants? Des actes d'une violence sauvage et d'une ignorance brutale des premiers éléments de la civilisation.

Mais, disent nos légistes éclectiques, il faut que les statuts de l'association n'aient rien de contraire à nos institutions politiques, et les statuts de l'ordre des Jésuites leur sont opposés. Je réponds d'abord que c'est changer l'état de la question, car ces légistes prétendent tous à la constitutionnalité et à la légalité de mesures qui détruisent purement et simplement les congrégations religieuses en général, selon le bon plaisir du pouvoir ; et en second lieu, je dis que si les statuts et les pratiques d'une association religieuse violent la constitution (ce que je nie dans le cas proposé), il faut articuler, prouver les faits, et faire prononcer un jugement, non pas sur le droit de vivre de cette association (ce qui est le comble de l'iniquité), mais sur des contraventions formelles et avérées. Il faut, en un mot, dénoncer et prouver des délits prévus par la loi commune. C'est une chose si terrible, en effet, de porter atteinte à une liberté qui a pour objet d'améliorer des générations auxquelles les docteurs du jour ne présentent que le sensualisme pour but et que le suicide pour dénouement, de les éclairer par la foi, de leur faire noblement supporter les mécomptes et les travaux de la vie, d'opposer une digue à cette invasion des doctrines communistes, sceptiques ou athées qui minent les fondements de la société européenne, que c'est bien le moins que l'on prouve que l'association dont on parle n'a point un pareil but ou qu'elle en a un tout opposé! Elle relève, dit-on, d'un chef étranger! Mais le pape, père commun de tous les fidèles, vicaire de Jésus-Christ, est-il un étranger pour les catholiques! Et le chef de cette congrégation, soumis à l'autorité du Saint-Siége et de l'Eglise, est-il lui-même, au point de vue spirituel, un étranger pour nous? C'est vouloir renverser l'Eglise catholique par ses fondements.

La question n'est donc ni de politique, ni de convenances, ni de diplomatie, ni de transaction, mais d'un droit immuable, préexistant à toute constitution, indépendant de toutes lois positives, inviolable, qui tient par ses racines au plus intime du libre arbitre, de l'honneur et de la nature morale, et est de plus proclamé par le concordat et par la constitution.

Je vais plus loin et j'ajoute: que quand une société comme la nôtre doit sa civilisation et ses plus précieuses libertés publiques à la foi chrétienne, à l'Eglise catholique, elle doit, sous peine de rétrograder et de périr, je ne dis pas seulement respecter la liberté religieuse, et partant l'association purement spirituelle, mais qu'elle doit, dans ses lois mêmes et dans ses actes, éviter d'enfreindre les principes qui constituent cette liberté pratique.

Je m'explique ; il est des sentiments de vérité et de pudeur chrétienne qui président aux actes principaux de la vie des hommes qui composent notre société. Ces sentiments doivent être respectés. Le mariage, par exemple, doit son caractère d'indissolubilité à la Religion catholique. Eh bien ! le gouvernement de cette nation dont les cinq-sixièmes sont catholiques, ne saurait admettre un principe contraire dans ses lois. — L'enseignement de cette population, aux cinq-sixièmes catholiques, doit avoir pour base la religion de la majorité, car il serait absurde de prétendre que la liberté constitutionnelle des consciences consiste dans un enseignement sceptique ou étranger aux croyances, sauf à laisser d'ailleurs toute liberté à l'enseignement religieux des enfants appartenant à d'autres cultes. — Le respect du jour du dimanche est l'un des plus sacrés commandements de cette religion sainte ; la nation a dès-lors le droit de le faire respecter par ses lois ; cela n'a rien de contraire à la liberté des cultes ; car, enfin, ce dogme est celui de toutes les communions chrétiennes. — Ne serait-il pas étrange que, pour quelques centaines de juifs, d'infidèles ou d'idolâtres, cette nation dût souffrir que l'on outrageât avec impudeur, dans le siège même du gouvernement, cette loi sainte ? La liberté des cultes n'en est pas le mépris. — D'où je tire la conséquence que la loi du 18 novembre 1814, reconnue avoir force de loi par la cour de Cassation, n'a rien, ne peut avoir rien de contraire à la constitution.

La religion d'état n'existe plus, cela est vrai, mais en ce sens seulement que l'Etat n'est plus le protecteur des canons, l'évêque extérieur ; en ce sens qu'une liberté pleine et entière est laissée aux autres cultes de se manifester. Mais en faut-il induire que la pudeur et la morale publique, qui résident dans le respect des choses saintes, doivent disparaître de l'Etat ? Non, mille fois non. Il faudrait alors déchirer la loi en vigueur qui réprime les outrages à la morale religieuse. — Mais il y a loin de là, de ce respect de l'Etat pour la religion de la grande majorité, à son prétendu droit de réglementer l'Eglise, son épiscopat, son clergé, d'empiéter sur ses droits, sur la liberté de ses conciles, de ses synodes, de ses conférences orales ou écrites, de ses œuvres et de sa discipline spirituelle....

Voilà la charte immuable de toute civilisation chrétienne. C'est celle de notre Europe. La constitution française s'y est conformée, elle a dû s'y conformer. Défendons ces grands principes de liberté religieuse, revenons-y sans cesse, gravons-les dans l'intelligence et dans le cœur des peuples ; le salut de notre patrie en dépend. Et plus les ennemis de la liberté religieuse et des associations voudront les faire dépendre de leurs lois passées ou futures, plus nous devons démontrer et répéter chaque jour que les lois positives ne peuvent ni créer, ni abolir, ni changer un principe antérieur à toutes les lois et reconnu par la constitution.

Je ne reviendrai pas sur les preuves que j'en ai données. Je ne répéterai point ici que la législation de 1790 qui avait *parqué* dans des maisons imposées par le pouvoir, les *débris seulement* des congrégations qui opteraient pour la continuation de la vie commune, et prélude ainsi à la spoliation de tous leurs biens mobiliers et immobiliers (loi des 8-14 octobre 1790) ; que la loi du 18 août 1792, et celles qui l'ont suivie, qui ont détruit toutes les associations séculières et laïques pour prendre leurs biens ; que cette violation monstrueuse du droit de propriété collective, sous prétexte de *propriétaires fictifs*, que cette atteinte profonde à tous les droits les plus sacrés de la conscience, de l'humanité, à tous les droits naturels et acquis, que tout cet arbitraire, dis-je, était contraire aux principes explicites des constitutions qui se sont succédé depuis 1789 ; que par conséquent il serait absurde de prétendre que cet arbitraire a survécu aux dispositions du Code pénal de 1810, à la charte constitutionnelle et à la constitution.

Je ferai, toutefois, remarquer en passant, à ceux qui invoquent des arrêts et édits antérieurs contre les Jésuites, qu'ils sont moins équitables que la législation même de 1790 ; car il est digne de remarque que la loi du 20 février 1790 (art. 2) place les ci-devant Jésuites, résidant en France, et qui ne possédaient pas de bénéfice ou pension sur l'État, ou un revenu égal à celui accordé aux autres religieux, sur la même ligne, pour ce traitement, que les membres des autres congrégations, et que l'art. 29 du tit. 1er de la loi des 8-14 octobre 1790 ne veut pas que les Jésuites *encore existants* soient privés du bénéfice de la vie commune accordé aux religieux par l'art. 2 du décret du 13 février précédent, que nulle distinc-

tion n'est faite par la législation révolutionnaire entre les Jésuites
et les membres des autres congrégations abolies.

Or, je demanderai maintenant quelle loi il serait donc possible
d'appliquer aux membres de la Compagnie de Jésus, vivant d'une
vie commune en vertu du droit naturel et de la liberté de conscience, et n'aspirant à aucune prérogative civile ? — Sont-ce les
arrêts du parlement et les édits ? J'ai prouvé qu'ils appartiennent
à un temps et à un régime anéantis, et qu'on ne peut pas plus les
invoquer contre les Jésuites qu'ils ne pourraient être invoqués par
eux s'ils les avaient protégés au lieu de les proscrire. — Sont-ce
les lois de 1790, 1792 et de 1793 ? J'ai prouvé qu'elles étaient nul-
les, comme contraires au droit naturel et aux constitutions contemporaines, et, de plus, abrogées par les art. 7, 8 et 9 de la constitution, comme par les art. 291 et suivants du Code pénal. —
Sont-ce les art. 10 et 11 des articles organiques? Mais la juridiction de l'ordinaire a tout son empire, même sur les membres des
ordres religieux, sur les prêtres réguliers ; et l'on ne peut classer
ces associations, auxiliaires de l'Église, parmi les *établissements
ecclésiastiques* dont parle l'art. 11, reconnus par l'Etat. Et dès-
lors s'élève dans la plénitude de sa force, en faveur de ces auxiliaires purement spirituels, la liberté de l'Eglise catholique, apostolique et romaine, proclamée en France par le préambule et par
l'art. 1er du concordat. — Serait-ce le décret du 3 messidor
an XII ? Ce décret ne pouvait violer l'esprit et le texte du concordat; il a été aboli par le Code pénal et par la constitution ; l'action qu'il donnait aux procureurs-généraux ne se rattachait d'ailleurs à aucun délit, à aucune sanction pénale.—Où sont donc les lois
dont l'ordre du jour motivé demandait l'exécution ? Serait-ce au
pouvoir administratif qu'on s'adresserait ? Mais les barrières posées par la Constituante et consacrées par nos institutions, entre
le pouvoir administratif et le pouvoir judiciaire, entre la puissance
législative et la puissance exécutrice, seraient-elles donc vaines ?
De quel droit le pouvoir administratif prononcerait-il sur la conscience, la liberté et le droit de vivre en commun de religieux qui
ne troublent point l'ordre public ? Est-ce que le pouvoir administratif peut être juge de ce qui touche à la plus sacrée de toutes
les propriétés, à la conscience et à la liberté individuelle ? — Se-

rait-ce au pouvoir judiciaire ? A la bonne heure ! Mais où est la loi à appliquer par les tribunaux ? en vertu de quel texte le pouvoir judiciaire restreindrait-il la liberté de conscience proclamée par les art. 8 et 9 de la constitution, et spécialement la liberté catholique et tout ce qui concerne le dogme, la discipline, et les conseils de la perfection évangélique ?

Que si maintenant nous consultons la sagesse des hommes d'État, des vrais philosophes, des savants, des publicistes et des princes même les plus éloignés de la Religion catholique, nous trouvons dans ce consentement universel de tout ce qu'il y eut de plus illustre, dans toutes les opinions, la preuve la plus convaincante de l'immense utilité, de l'urgente nécessité du rétablissement des Jésuites en France. M. le comte Joseph de Maistre, dans une de ses lettres inédites à un homme d'État de Russie, sur l'éducation publique dans cet Empire, en donnait le conseil positif au gouvernement russe : après avoir invoqué en faveur des Jésuites le témoignage de Bacon, de Grotius, de Henri IV, de Descartes, de Saint-Simon lui-même, du grand Condé, de Frédéric II, de Catherine II, de Paul Ier, du célèbre astronome La Lande, de l'Assemblée du clergé de 1762, du révolutionnaire Rabaud de Saint-Étienne, qui disait : « Les ennemis les plus violents et les plus habiles de la liberté d'écrire, les Jésuites, avaient disparu, et personne n'osa déployer le même despotisme et la même persévérance, » et de l'auteur protestant d'une histoire ecclésiastique qui s'exprimait ainsi : « Si les Jésuites avaient existé avant la réforme, jamais le protestantisme n'aurait pu s'établir, et s'ils n'avaient point paru depuis, le protestantisme aurait causé une révolution universelle ; » après ces citations, M. le comte de Maistre ajoute ces paroles remarquables : « Tout homme d'État qui réfléchira attentivement à ces témoignages, choisis entre mille, sera convaincu que les novateurs (les socialistes d'aujourd'hui) qui travaillent *presque à visage découvert* pour renverser ce qui reste d'ordre en Europe, n'ont pas d'ennemis plus courageux, plus intelligents et plus précieux pour l'État, que les Jésuites, et que pour mettre le frein aux opinions qui ont ébranlé le monde, il n'y a pas de meilleur moyen que de confier l'éducation de la jeunesse à cette société. »

Les Jésuites, objecte-t-on, veulent former un État dans l'État : « Ne dirait-on pas, répond M. le comte de Maistre (5ᵉ lettre), à entendre certaines personnes, que ces Pères sont des espèces de francmaçons qui célèbrent, portes fermées, des mystères inconnus? L'enseignement chez eux n'est-il pas public? Le plan des études, le titre des livres qu'ils enseignent, et jusqu'à la distribution des heures, ne sont-ils pas connus par l'impression?.... Personne n'ignore que nulle société ne peut subsister, si elle n'est soumise à une discipline forte et intérieure. Placer le régulateur hors d'ellemême, c'est la dissoudre irrévocablement. Les Jésuites ne réclament donc simplement que le droit fondamental de toute société légitime.

« Le cardinal de Richelieu qui aimait les Jésuites et les protégea, a écrit dans son testament qu'il *ne connaissait rien de plus parfait que l'institut de cette société, et que tous les souverains pourraient en faire leur étude et leur instruction.* On ne croira pas apparemment que ce puissant génie ne savait pas ce que c'était que l'autorité, *et un État dans l'État....* Un État dans l'État est un État caché à l'État ou indépendant de l'État : les Jésuites, comme toutes les autres sociétés légitimes, et même plus que les autres, sont sous la main du souverain. Il n'y a qu'à la laisser tomber pour les anéantir. Alors même, ils prieraient pour lui et se défendraient de toute espèce de manœuvre et de critique contre le gouvernement, comme ils ont fait en France, comme ils ont fait à Rome, comme ils ont fait au Paraguay, où leur conduite a si fort trompé leurs ennemis, en un mot comme ils font partout....

« Tout se réduit donc à un problème d'éducation qu'il s'agit de résoudre. Mais quel homme d'État osera, pour le résoudre, se séparer de l'expérience?.... Je me représente les anciens et les nouveaux instituteurs sous l'emblème frappant de deux compagnies d'alchimistes dont l'une se vante de faire de l'argent et en a fait réellement pendant trois siècles à la face de toute l'Europe, au point que toute notre vaisselle en vient en grande partie; l'autre bande arrive et dit qu'elle sait faire de l'or, que l'ancienne alchimie ne suffit pas aux besoins de l'État; en conséquence elle demande d'être substituée à l'ancienne compagnie et à être mise en possession des laboratoires, vases et ustensiles de sa rivale. — La réponse saute aux yeux : point de difficulté, messieurs, *quand vous aurez fait de l'or;* mais c'est de quoi il s'agit, montrez-nous d'abord le culot au fond du creuset; après quoi vous demeurerez en place, car bien certainement l'or vaut mieux que l'argent.

« Les Français qui aiment les grandes entreprises firent l'expérience en question en 1762. L'opération, après quelques années, a produit, au lieu d'or, *une vapeur pestilentielle qui a suffoqué l'Europe....*

« Tout monopole est un mal, et la conscience universelle le sent si bien que le mot de monopole est une injure. Or l'État établit volontairement un monopole, lorsqu'il accorde un privilége exclusif *qui n'est que la permission de mal faire en se faisant payer davantage.* Lorsque les Jésuites se présentèrent jadis en France, l'Université de Paris ne manqua pas de s'opposer de toutes ses forces à leur établissement, en vertu de cette jalousie trop naturelle à notre espèce imparfaite ; mais le gouvernement se garda bien d'écouter l'Université, et encore plus de lui soumettre les Jésuites, ce qu'il aurait regardé comme un pas d'école des plus lourds ; il maintint les deux établissements dans une indépendance respective. Il les protégea de front, et se procura ainsi deux institutions excellentes au lieu d'une mauvaise.

« Le plus mauvais père cherche toujours à donner le meilleur maître à son fils. Diderot fut surpris un jour faisant lire l'Évangile à sa fille. Eh! que peut-on leur faire lire de mieux, dit-il à son ami qui lui témoignait sa surprise... »

Le Saint-Père, l'immortel Pie IX, sent profondément cette nécessité du rétablissement des Jésuites pour le salut de l'Italie. Quelle réponse aux détracteurs de cette Compagnie que les paroles suivantes de l'encyclique qu'il vient d'adresser aux archevêques et évêques du synode d'Imola pour la province des États pontificaux.

« Les tribulations et les angoisses dont l'Église est affligée en ces jours lamentables et sombres sont en grand nombre et d'une grande gravité; les impies, vous le savez, font, par tous les moyens, à l'Épouse immaculée de Jésus-Christ et aux ministres du sanctuaire, une guerre acharnée ; et pourtant toutes ces douleurs ne peuvent faire oublier celle que nous causa la furieuse tempête que, par toutes sortes de calomnies, et par le machiavélisme le plus insidieux, les ennemis jurés de l'Église et de la société civile parvinrent naguère à soulever contre la Compagnie de Jésus. Nous pouvons néanmoins en quelque manière nous féliciter avec ses enfants, même de leur dispersion et de leur exil, qui lui épargna la douleur d'être les témoins du triomphe obtenu dans Rome, surtout dans l'État pontifical, par les plus scélérats des hommes (*uomini sceleratissimi*). Nous qui aimâmes toujours les membres de cette Compagnie, car ce sont des ouvriers laborieux et infatigables, nous les aimons aujourd'hui d'autant plus, et avec une effusion toute particulière de notre charité apostolique. Aussi, après avoir été contraint, l'âme navrée de douleur, de voir les angoisses et les malheurs de cette Compagnie, maintenant que la tempête est apaisée, rien ne peut nous être plus agréable que de voir, selon votre désir, celui des autres évêques et de tous les gens de bien, ces Pères revenir pour s'appliquer de nouveau à leurs belles œuvres (*belle opere*), et à cultiver le champ du Seigneur. Ce vœu nous l'avons déjà confirmé par des actes, en ordonnant que dans nos États pontificaux, toutes leurs maisons soient ouvertes, et nous ne doutons pas que par la grâce de Dieu ils ne puissent y retourner au plus tôt. »

CHAPITRE QUATRIÈME.

Principes généraux du crédit foncier et commercial.

Faire l'État banquier, commanditaire et distributeur du crédit en le rendant maître de toutes les institutions de caisses de garanties, d'escompte, de dépôts, d'épargnes, d'assurances, etc...., c'est ruiner de fond en comble la confiance de l'industrie. Par la même raison, en effet, que la richesse de l'État n'est qu'une émanation de celle des particuliers, son crédit ne peut résulter que de leur crédit. Il faut que la vie morale, circulante, industrielle de la famille et de la cité, soit réelle, indépendante, pleine de sève et de liberté, pour que la confiance publique donne l'essor aux finances et au crédit de l'État. Cela est d'une simplicité mathématique ; si l'État se fait banquier ou centre de circulation, il faut qu'une vaste émission de papier-monnaie supplée à l'absence du papier de crédit des particuliers, qui porte à plus de vingt milliards sa circulation, et rende ainsi suffisante une masse de numéraire de trois ou quatre milliards. — Mais sur quoi reposera cette émission de papier-monnaie? Manifestement sur le néant, à moins que l'État ne frappe monnaie sur les fortunes particulières. Ce serait donc la banqueroute ou le communisme, c'est-à-dire la ruine et la misère de tous! Une banque universelle ayant pour garantie la fortune de l'État, les biens des communes et les fonds des caisses d'épargnes et des compagnies d'assurances, telle que l'a proposée M. Pelletier à l'Assemblée Législative, ne serait qu'une spoliation universelle pour arriver à une ruine universelle!

Au contraire, le crédit et des banques libres fondés dans les diverses localités où le besoin et la facilité s'en feraient sentir, n'auraient d'autres limites que la richesse nationale et la ressource de l'industrie de tout un peuple. Ce serait la base inébranlable, inépuisable du crédit public.

Quand le papier de crédit est le résultat d'une convention, qu'on est libre de le recevoir ou de le refuser, son caractère de papier circulant ne nuit point à sa valeur; au contraire, il accroît la circulation des espèces. La confiance appelle naturellement sa réalisation en argent, et dès-lors il active le mouvement commercial. C'est l'inverse pour le papier-monnaie ayant cours forcé. Outre qu'il manque d'un gage certain, il effraye par cela seul qu'il y a contrainte. Si l'inscription de rente avait ce caractère, elle serait bientôt frappée de discrédit.

La richesse d'un peuple consistant dans la plus grande possession possible de valeurs mobilières, actions industrielles, billets, produits, lettres de change, etc., il est évident que cette possession suppose des échanges variés et lointains et une grande diversité de produits par le travail libre et diversifié des individus. La monnaie étant le signe fixe et invariable du rapport de ces choses entre elles chez les diverses nations, les fonds de terre, même dans les mains de l'État, ne peuvent faire fonction de monnaie. C'est une richesse spéciale qui appartient à chaque État en particulier ; ils peuvent être librement reçus en paiement de sommes d'argent dans l'intérieur de cet État, parce que leur valeur vénale, proportionnelle à leur rendement, se règle sur le taux du revenu. Mais mettre en circulation des fonds de terre ou des maisons comme valeurs mobilières, comme signes de la valeur des choses, c'est un contre-sens !

La terre ne conservera sa valeur et son poids dans le crédit qu'autant qu'elle se combinera dans des transactions volontaires avec ses produits et avec les autres éléments de la richesse publique, qu'autant, par conséquent, qu'elle aura de la fixité comme base essentielle en France de la richesse publique vers laquelle doivent couler tous les capitaux nécessaires à sa complète exploitation. La terre est la fin des travaux de l'homme dans un pays agricole dont le territoire répond à sa population, mais en ce sens qu'il s'efforce de se procurer par le commerce et l'industrie l'argent nécessaire pour l'acquérir. Le commerce et l'industrie sont donc subordonnés à l'agriculture, mère nourricière de la France. Le commerce, les arts et l'industrie n'y sont, relativement à l'État, que des moyens d'acquérir de l'argent et non la fin de l'argent lui-même ; d'où il suit que renverser cet ordre et faire de la terre mobilisée un moyen d'argent ou de monnaie pour le faire servir au commerce et à l'industrie, c'est, qu'on me permette cette expression, *éventrer la poule aux œufs d'or*, puisque le crédit ne peut résulter que de l'excédant des capitaux mêmes sur la masse des propriétés foncières en circulation qui sont la fin de l'argent gagné dans le commerce et l'industrie. Bien loin que la terre puisse être un capital circulant, elle doit prendre du capital circulant ce qui lui est nécessaire pour produire tout son fruit, et ce n'est que l'excédant qui peut être la matière du crédit public.

Or l'argent, en France, manque plutôt aux terres que les terres à l'argent, et vous voulez y mobiliser le sol ! Le travail agricole et industriel languit faute de capitaux, et vous voulez que la terre soit réputée capital ! Vous voulez ouvrir le crédit sur l'immensité des fonds de terre disponibles et obérés ! C'est vouloir réduire la valeur des terres à rien et imposer à la France, grand propriétaire de fonds de terre, une véritable banqueroute, sous prétexte de liquider sa dette hypothécaire.

Commencez donc par vivifier et féconder, par le capital, le sol cultivable et même le sol en friche ; et pour cela allégez les charges publiques, créées en grande partie pour subventionner une armée d'emplois inutiles et subvenir à des dépenses infructueuses, car là où tout est salaire dans l'Etat, tout est charge pour les peuples. Etendez le commerce et l'industrie par un régime économique mieux combiné, faites circuler l'argent par la confiance et la foi en l'avenir, par des institutions fortes et durables, car si les institutions ne manquent pas aux hommes, les hommes ne manqueront pas aux institutions. Donnez l'impulsion, l'élan vers le bien, vers le mieux politique et social à toutes les intelligences ; diminuez les impôts qui rongent et détruisent le sol, et vous le pourrez alors ; laissez ce sol desséché s'abreuver à la source d'une circulation puissante, et bientôt il vous rendra le centuple par ses fruits et par sa valeur rehaussée, objet de la noble ambition du commerçant, du manufacturier et du travailleur ; alors les capitaux excéderont les terres disponibles, et le crédit foncier et commercial prendra l'essor.

Il suit de ces vérités que le système d'impôt imaginé pour détourner les capitaux des fonds de terre, c'est-à-dire l'impôt sur le capital, serait tout ce qu'il y aurait de plus injuste, de plus contraire aux principes d'économie politique qui régissent la richesse publique et particulièrement celle de la France, et aboutirait, non point au progrès de l'industrie et du commerce, mais à la ruine complète du pays. Le tiers du revenu des terres, déjà réduit à trois pour cent par l'excès des charges qui pèsent sur elles, serait encore enlevé par cet impôt, tandis que les autres genres de revenus ne subiraient qu'une réduction du cinquième, du dixième et même moins.

On ne change pas impunément les conditions de la production chez une nation, lesquelles se lient essentiellement à sa constitution territoriale.

Il faut partir, au contraire, du principe de l'allégement de l'impôt foncier et des autres impôts directs, de ceux qui pèsent plus particulièrement sur le peuple, et imputer sur une consommation par là même agrandie, sous forme d'impôt de consommation, le complément nécessaire pour satisfaire aux besoins publics.

La centralisation du crédit hypothécaire dans les mains de l'État rendrait cette combinaison impossible ; elle détruirait la propriété foncière, le commerce, l'industrie, le travail et la circulation. Or un peuple qui est réduit à ses fonds de terre, dit fort bien Montesquieu, est le colon de l'étranger ; témoin la Pologne, et ce fut là la cause de sa ruine. L'ouvrier n'achète, ne consomme et ne peut être payé qu'avec de l'argent. Le commerce intérieur n'étant prospère que par le commerce extérieur, comment pourrait-on avec des billets hypothécaires émis par l'État, commercer avec les autres nations? Que serait-ce s'ils avaient un cours forcé?

La force des institutions sociales émanées du Christianisme est donc dans leur liberté, dans leur *localisation,* si je puis parler ainsi ; elle puise son principe et son énergie dans le foyer de la famille, de la commune, de la province et des associations.

CHAPITRE CINQUIÈME.

Des principes généraux du crédit de l'État et d'un bon système de finances.

Citons d'abord un passage remarquable d'une opinion de M. de Bonald sur le budget de 1816, qui jette une vive lumière sur le véritable et sur le faux crédit d'une nation :

« On vous dit que plus il y a de gens intéressés à la stabilité de l'État, plus l'État est stable ; que le grand nombre de créanciers qui partagent dans la fortune de l'État, le défendent contre ce qui pourrait le compromettre. C'est là de la politique de comptoir ou d'athénée ; mais la politique des hommes d'État raisonne autrement : elle dit que l'homme s'intéresse, avant tout, à sa stabilité personnelle ; et qu'avec nos systèmes d'administration, il y aura toujours dans nos États modernes mille fois plus de gens intéressés à les troubler qu'à les défendre. Lorsque l'État est menacé, ces grandes machines de finances sont un embarras, si elles ne sont pas un danger. Quand la maison est en feu, l'avare songe à sauver son coffre-fort plutôt qu'à préserver l'édifice. A la première alarme, les capitalistes s'empressent de retirer leur argent, et le mal s'accroît de leurs inquiétudes et de leurs précautions tumultueuses ; la Banque sera assiégée par les porteurs de billets, avant même que l'État soit attaqué par les ennemis. C'est ce que nous avons vu en France lors de la commotion qu'éprouva la Banque pendant la campagne d'Austerlitz ; c'est ce que nous avons vu en Angleterre ; et l'on pourrait supposer que le ministère habile, redoutant une invasion possible, ou une insurrection probable, ferma la Banque par prudence plutôt que par nécessité ; et qu'il suspendit ou cessa le change des billets pour ne pas tenter l'ennemi du dedans ou du dehors par un si grand dépôt présumé d'argent. »

Autant en est-il arrivé et en arriverait-il en France, si le socialisme menaçant ou la guerre étrangère par lui suscitée, mettaient le pays et l'Europe en feu. — « Le crédit public qui convient à la France, est, avant tout, la considération publique dont elle avait joui en Europe, et qui ne s'est affaiblie que depuis qu'elle a couru après le crédit et l'argent. »

Les dix-huit années de corruption du régime déchu l'ont trop prouvé. « C'est de l'estime des gens de bien, c'est de l'affection des peuples dont le gouvernement doit être jaloux plutôt que de la confiance des agioteurs. »

Il n'y a donc ni confiance, ni sécurité, ni circulation, hors du gouvernement stable et respecté, basé sur le droit et la conscience des peuples. M. de Bonald a parlé de la commotion de la Banque lors de la campagne d'Austerlitz ; que dirons-nous aujourd'hui de l'étrange phénomène qui se manifeste d'un encaisse métallique toujours croissant, et de la préférence donnée aux billets sur l'argent? Nous dirons que ce phénomène s'explique par les mêmes raisons du défaut de confiance et de stabilité. Cette surabondance de numéraire dans les caves de la Banque, ce pléthore métallique, et la rareté des billets prouvent qu'on ne fait ni opérations à terme, ni opérations au comptant. La question d'émission d'un plus grand nombre de billets, des limites à cette émission, des billets remboursables ou non, n'est qu'accidentelle, et ne prouve rien en faveur de la circulation et de la renaissance des affaires et du crédit. L'augmentation elle-même des billets par suite de l'accumulation du numéraire est un mal ; c'est le renversement de l'ordre naturel des choses. Une prime pour les billets prouve non pas le crédit, la confiance, mais l'embarras du numéraire qui, n'ayant point d'emploi, afflue dans la Banque, et qu'on ne veut pas garder chez soi. Or quoi de plus dangereux qu'une telle situation! La Banque pourrait être envahie par un coup de main, et les billets frappés d'une dépréciation subite. Donc la plaie, c'est l'absence de stabilité, de confiance et de circulation. Si elles étaient rétablies, on n'aurait point à examiner la question d'émission des billets, dans son rapport avec le capital métallique ; remboursables à volonté, cette émission se réglerait sur le crédit et ne le dépasserait jamais.

Tous les esprits éminents s'accordent sur les principes du crédit public, et nous ne pouvons résister, en terminant, au désir de transcrire ici un article remarquable du *Journal des Débats* du 29 novembre 1849, sur le budget de 1850, qui a fait une grande sensation dans le public, et qui confirme tout ce que nous venons de dire sur le crédit et les finances de l'Etat :

« Le budget de 1850 préoccupe justement l'Assemblée et le public. Le budget est une des plus grosses affaires sur lesquelles l'Assemblée nationale aura à se prononcer, et c'est de toutes la plus difficile. L'équilibre est rompu entre les recettes et les dépenses ; il faut le rétablir ; il le faut absolument, sous peine de banqueroute plus ou moins prochaine, c'est-à-dire sous peine de déshonneur, sous peine d'une décadence qui serait irrévocable.

« C'est la quatrième fois pourtant depuis le commencement du siècle, que la France se trouve en présence de la même difficulté extrême, de recettes qui cessent de couvrir les dépenses. Aucune autre nation n'a subi aussi souvent cette pénible épreuve. La première fois c'était après le 18 brumaire. La France avait été pendant plusieurs années en proie à l'anarchie. Tour à tour sanguinaire et corrompu, l'esprit de désordre avait exercé à outrance sa domination sur le pays. L'une des traces de son passage néfaste était la ruine du Trésor, lorsque le vainqueur de Rivoli et des Pyramides prit les rênes du gouvernement. Un peu plus tard, le même homme qui, comme premier consul, avait sauvé la France, et, comme empereur, l'avait entourée d'une gloire éblouissante, entraîné lui-même par son ambition, attirait sur le pays le désastre de deux invasions, épuisait nos ressources, et, en 1815, laissait la France, vaincue et obérée, aux mains d'un autre gouvernement. A quinze ans de là, quand la fortune publique avait été relevée, la révolution de juillet 1830 venait à l'improviste bouleverser les intérêts et mettre le Trésor en désarroi.

« Les procédés par lesquels les finances françaises ont été restaurées à la suite de chacune de ces crises rentrent tous dans trois ordres de mesures ayant pour objet ou de créer des impôts nouveaux et permanents, ou de susciter des ressources temporaires par l'emprunt ou par un impôt qui ne devait être perçu qu'une fois, ou enfin des réductions de dépenses.

« Ainsi, le Consulat et les premières années de l'Empire rétablirent à poste fixe, sous d'autres noms ou sous une autre forme, plusieurs impôts qui existaient sous l'ancien régime. C'est de cette époque que date, sauf quelques changements peu essentiels, le système actuel de nos contributions. Napoléon, comme consul, eut peu recours au crédit; il y avait à cela une bonne raison : le crédit avait été tué par la Convention et par le Directoire. Comme empereur, il pratiqua de même très-peu l'emprunt. Il se borna à peu près à se faire faire des avances temporaires par la Banque de France, qui était une des créations de ce puissant gouvernement. Il ne diminua pas les dépenses publiques, il les augmenta au contraire. Il apportait pourtant en toute chose une sévère économie.

« La Restauration, qui avait à solder l'énorme arriéré des deux dernières années de l'Empire et à compter aux étrangers les indemnités de guerre qu'un vainqueur irrité avait exigées, emprunta après 1815, et emprunta immensément. De 63 millions de rentes la dette publique fut portée à 191 millions. Elle fit un emprunt forcé de 100 millions ; elle aliéna des forêts de l'État ; elle aggrava quelques impôts, notamment celui du timbre ; elle fit des retranchements sur toutes les dépenses, sur les traitements en particulier ; elle évita scrupuleusement d'exagérer l'état militaire de la France, par terre et par mer, tout en le tenant sur un pied respectable. En finances, elle se montra presque toujours très-avisée. Si ce gouvernement eût déployé en toute chose la dixième partie de la discrétion dont il fit preuve dans la question des finances, il n'eût jamais été renversé.

« La révolution de Juillet, quinze ans plus tard, ébranla violemment l'édifice financier. Les dépenses durent être accrues pendant que les recettes diminuaient, l'équilibre fut rompu. Le commencement de 1831 s'annonça, financièrement comme politiquement, sous de lugubres auspices. Pour se dégager, on emprunta, on frappa la propriété de centimes additionnels extraordinaires au nombre de 30, on vendit des forêts de l'État, on fit une retenue sur les traitements, on profita du trésor que le Dey d'Alger avait laissé au vainqueur dans la Casaubah. On réunit ainsi 528 millions de ressources extraordinaires dans l'espace de deux années environ, et le défilé fut franchi. On aggrava aussi d'une manière permanente quelques impôts, tels que les droits sur les successions, mais on n'obtint ainsi qu'un secours extrêmement modique dont il eût été mieux de se passer. Un petit nombre de traitements, ceux des états-majors, furent diminués. La plus grosse de ces diminutions, celle qui à elle seule excédait infiniment la somme de toutes les autres, fut supportée par la liste civile.

« Mais à l'avénement du Consulat, de la branche aînée et de la monarchie de 1830, l'agent principal de la restauration des finances françaises, ce ne fut ni l'emprunt, ni l'impôt extraordinaire, ni la réduction des traitements. A chacune de ces trois crises, le gouvernement put être et fut dans la société le premier représentant du principe d'ordre. Il voulut fermement l'ordre autour de lui, dans la nation et dans son propre sein. Par là il rétablit la confiance et provoqua le travail, qui est le grand contribuable, le seul qui puisse renouveler tous les ans ses contributions ; car, il ne faut jamais le perdre de vue, l'impôt que la société acquitte n'est qu'un prélèvement sur les fruits du travail de la nation.

« Le succès financier de la politique d'ordre fut tel pour ces trois gouvernements, qu'en peu d'années le produit de l'impôt s'éleva pour tous les trois au niveau des dépenses, et permit de comprendre dans celles-ci diverses entreprises d'amélioration publique, et même de renoncer à quelques sources de revenus. Ainsi l'empereur Napoléon put se dispenser, pendant le cours de ses guerres interminables, d'émettre des rentes nouvelles, et cependant il améliora la viabilité du territoire et éleva des monuments, sans que les contribuables fussent obérés, si ce n'est à la fin. Ainsi, de 1816 au moment où, par un écart inouï, Charles X se précipita du trône, le produit des impôts indirects s'accrut spontanément de 212 millions, et les impositions directes purent être diminuées de 92 millions sans qu'aucun des services publics fût laissé en souffrance. Ainsi, de 1831 à 1848, on remarque, sous le règne de Louis-Philippe, un accroissement plus considérable encore. Les taxes indirectes montèrent naturellement, par l'extension libre des consommations et des transactions, de 304 millions. La suppression de la loterie et des jeux cependant enlevait aux recettes publiques la somme de 18 millions ; un petit nombre de dégrèvements avaient été accordés en matière de douanes sur les fontes, les houilles, les laines, l'huile d'olive ; et l'histoire dira par combien d'entreprises diverses, immenses, ce règne si calomnié fut signalé, sans accroître la dette publique de plus de 20 millions de rentes.

« La République actuelle a jusqu'ici frappé aux portes qui se sont ouvertes aux débuts du gouvernement impérial, du gouvernement de la branche aînée et du gouvernement de 1830 : elle a emprunté, elle a frappé des contributions extraordinaires ; les 45 centimes du gouvernement provisoire ont acquis assez de célébrité ; elle a exécuté des retranchements, soit provisoires par une retenue ordonnée pour l'exercice 1848, soit permanents, en diminuant ce qui restait de traitements élevés dans les fonctions civiles et en frappant quelques services dans leur organisation même et dans leurs attributions. Elle a ainsi dévoré déjà 507 millions de recettes extraordinaires pour les dépenses ordinaires de l'État. C'est un fait acquis à la discussion publique. M. Dumon, dans son excellent écrit sur l'*Équilibre du Budget*, l'a démontré en détail, et nous ne pensons pas qu'on le conteste.

« Sommes-nous du moins au terme des sacrifices extraordinaires? Non, il s'en faut : malgré ces 507 millions extraordinairement absorbés pour les usages ordinaires, les deux exercices 1848 et 1849 laisseront un gros découvert. Pour 1849 seul, d'après les paroles du précédent ministre des finances, il faut s'attendre à un déficit d'environ 200 millions. 1850 dont le budget a été présenté, s'annonce comme devant être infailliblement en déficit au moins de toute la somme nécessitée par les travaux extraordinaires de toute nature, c'est-à-dire de 103 millions, indépendamment de l'imprévu. Le déficit semble donc devoir être l'existence de notre nouveau régime : non ce déficit fictif de la monarchie de Juillet qui se balançait au moyen des réserves de l'amortissement, c'est-à-dire sans grever l'avenir non plus que le présent, mais un déficit bien positif, car tout y passe maintenant, tout doit être absorbé pour couvrir les dépenses, y compris la dotation fondamentale de l'amortissement.

« Il faut nous soustraire à cette habitude de déficit, autrement il n'y a d'issue devant nous que la banqueroute. Le changement ne sera accompli que par une politique d'ordre qui rétablisse pleinement la confiance, et dont une économie extrême, rigoureuse jusqu'à la parcimonie, doit pendant quelque temps faire partie intégrante. Il faut avant tout rassurer celui qui possède, celui qui, sous une forme quelconque, donne de l'impulsion au travail, l'agriculteur propriétaire d'un large domaine ou d'une parcelle, le manufacturier, petit ou grand, en chambre ou dans un vaste atelier; le commerçant, qu'il soit à la tête d'un grand magasin ou d'une échoppe; le capitaliste qui soutient l'agriculteur, le manufacturier, le commerçant. C'est à cette condition seulement que le travail renaîtra, et que les coffres de l'État se rempliront, puisque les impôts ne sont que des prélèvements divers sur la richesse produite par l'activité nationale.

« Il serait souverainement injuste de ne pas reconnaître que depuis le 10 décembre 1848, la situation, sous ce rapport, s'est sensiblement améliorée. Il y a plus de sécurité que dans les tristes mois qui suivirent le 24 février. La propriété est mieux garantie ; ceux qui la menacent sont mieux surveillés, plus contenus. Mais aussi quel chemin n'avions-nous pas à faire pour nous retrouver dans une situation normale et régulière, et combien ne nous en reste-t-il pas à parcourir encore ! La révolution de Juillet occasionna en 1831, dans les recettes indirectes, un abaissement de 59 millions, sur quoi encore la diminution consentie de l'impôt des boissons représentait la moitié. Pendant les dix derniers mois de 1848, la révolution de Février a fait perdre au Trésor, sur les revenus indirects, 158 millions. Quelle chute ! En 1849, le produit des impôts s'est relevé visiblement, et pourtant quel est l'homme aujourd'hui qui jette un regard confiant sur l'avenir à quelques années, à quelques mois même de distance ? La confiance publique n'est pas revenue. Si vous en doutez, demandez quels sont les capitalistes qui édifient des usines nouvelles. Parcourez les établissements de nos grands constructeurs de mécaniques, informez-vous des Cavé, des Derosne et Cail et de leurs émules, des commandes qui leur sont faites, en comparaison des temps ordinaires. Voulez-vous une autre preuve ? Parcourez les états de situation que la Banque de France publie toutes les semaines ; regardez-y quel est le montant du portefeuille, qui est la mesure fidèle des transactions faites à crédit moins encore par la Banque elle-même que par les détenteurs de capitaux quelconques. Il oscille perpétuellement entre 40 et 45 millions. Avant le 24 février, il était de 200 millions. La Banque elle-même, qui regorge d'écus, pour qui c'est presque un embarras, la Banque recule devant la reprise officielle des paiements en espèces. Elle s'abrite derrière le décret du gouvernement provisoire, qui donne un cours forcé à ses billets. C'est un bouclier qui la gêne, mais qu'elle tient encore à conserver pour se couvrir ; pourquoi, sinon qu'elle ne peut envisager l'avenir sans être inquiète ? Et pourquoi le gouvernement lui-même ne la contraint-il pas de reprendre sans plus de retard les paiements en espèces, non-seulement de fait, mais de droit ? C'est que le gouvernement, sans doute, ne voit pas encore six mois d'ordre assurés devant nous.

« Cette absence de sécurité et de stabilité est la plaie de nos finances. De là l'obstacle qui empêche nos budgets de s'équilibrer, de là la force qui nous pousse fatalement à la banqueroute. Voilà le mal auquel il faut porter remède. L'ordre, la sécurité, la stabilité, voilà ce que la République de 1848 doit chercher et trouver. Autrement, elle attirera sur nous toute sorte de malheurs, y compris de suprêmes désastres financiers. C'est de ce point de vue principalement qu'il convient d'examiner le projet de budget de 1850. »

CHAPITRE SIXIÈME.

Du capital et du prêt à intérêt.

SECTION I.
Du capital.

Le capital est le résultat de l'épargne faite sur les salaires du travail, soit que cette épargne ait la forme de valeurs en numéraire ou en portefeuille, soit qu'elle consiste dans les machines, matières premières, bâtiments, voies de communication, mise en valeur des terres, procédés et perfectionnements agricoles et industriels. Ce capital ou cette épargne représente, pour les individus comme pour les nations, le travail des générations successives, et sans ce capital, la trame de la civilisation et de la richesse des peuples serait à recommencer, les biens acquis seraient perdus, le progrès s'évanouirait, le travail deviendrait stérile, impossible.

Mais, de ce que cette épargne représente la richesse d'une nation, il ne faut pas en conclure qu'elle forme un fonds commun dans lequel chacun a le droit de puiser. Il est évident que cette richesse publique provient de l'épargne de chaque particulier; que la liberté et la propriété individuelles ont été le principe de l'épargne, et qu'elle n'aurait jamais eu lieu si la jouissance certaine des fruits de son travail n'eût été assurée au travailleur, non-seulement à lui personnellement, mais à ceux à qui sa volonté ou la loi de succession les a transmis.

Si le salaire est la source de l'épargne, si l'épargne forme le capital, si le capital est indispensable au travail, et réciproquement le travail au capital, il est manifeste qu'il existe entre le capital et le travail une union, une solidarité indissoluble, et nullement un principe d'antagonisme! qu'il faut que l'un, par sa sécurité, féconde l'autre, et que tous deux participent, dans la mesure de leur valeur, aux fruits de la mise en œuvre.

Plus l'ordre et la tranquillité régneront chez un peuple, plus les entreprises seront nombreuses, la demande du travail abondante, les salaires élevés et l'épargne considérable. Le capital se multipliera par les salaires, mais au profit des travailleurs. Le capital du travail se grossira du respect religieux du capital acquis, de sa liberté, de sa sûreté, de sa circulation. Le travail capitalisé dans le passé, et se capitalisant pour l'avenir, fera la splendeur d'une nation; c'est à lui, ou à l'épargne, ou au capital que la France doit son magnifique progrès depuis un demi-siècle, qu'elle doit de n'avoir pas succombé au faix horrible des charges que la révolution a fait peser sur elle. C'est au travail capitalisé qu'elle devra de sortir de l'épouvantable crise du moment.

Or, pour que le travail se capitalise, il faut encourager l'épargne; pour encourager l'épargne, il ne faut pas que le dissipateur, qui consomme tous ses salaires, ait des droits à l'épargne des autres, il faut que le capital, propriété inviolable, procure à chacun un bénéfice légitime.—On voit dès-lors où nous conduiraient les socialistes qui, par l'organe de leur principal chef, M. Proudhon, demandent à la fois *l'abolition du capital et de l'État.*

C'est le capital toujours croissant de l'Angleterre qui donne à toutes les branches de la production chez cette nation, une impulsion admirable et constante. C'est ce capital accumulé et grossissant sans cesse qui lui donne ses moyens d'obtenir, même sans le crédit, une plus grande masse d'objets à répartir entre les hommes, à un prix moyen réduit, et qui lui fait accomplir si rapidement la transition du système protecteur à la liberté du commerce des denrées de consommation. — C'est avec la puissance de ce capital que l'on voit des hommes d'État et de riches propriétaires comme sir Robert Peel, démontrer aux fermiers que la baisse du prix des blés n'est point le résultat de la liberté du commerce, mais de l'encombrement des provisions et de l'extension de ce genre de culture en raison de la disette de 1847, et faire des sacrifices en améliorations et des avances pour desséchement, qui rendent la production plus étendue et le prix de revient moins cher, seul secret de la prospérité agricole et industrielle.

SECTION II.
Du prêt à intérêt.

L'usure est défendue par la loi religieuse, qui en doute? Mais par *usure*, il faut entendre ce profit tiré du prêt de consommation dit *mutuum*, des choses fongibles qui se consomment par l'usage, contrat essentiellement gratuit, et non le dédommagement de la privation ou de la perte que cause au prêteur le dessaisissement de son capital. Tous ceux qui ont écrit sur cette matière sont d'accord sur ce point incontesté, à savoir : que l'on peut stipuler un dédommagement ou recevoir une récompense *librement* offerte par l'emprunteur.

Il n'y a donc pas de conflit entre la loi civile qui permet la stipulation de l'intérêt et qui en règle le taux, et la loi religieuse qui défend l'usure; il ne faut pas légèrement admettre de ces contradictions dans une législation basée sur les principes de la civilisation chrétienne. Une bonne loi civile doit être d'accord avec ces principes, et celles qui les ont choqués n'ont pas tardé, comme le divorce, à disparaître de nos codes.

Il est donc certain que l'intérêt permis par le code est considéré par lui comme dédommagement, c'est une présomption de droit. Mais ne peut-on pas abuser d'un contrat licite en soi et donner aux stipulations un effet coupable? De ce que la stipulation de l'intérêt du prêt d'une somme d'argent est permis par la loi civile, dans les bornes qu'elle a posées, s'ensuit-il que le prêt pourra, impunément, aux yeux de Dieu, être fait au dissipateur, au libertin, en spéculant, même dans les limites du cinq pour cent, sur ses criminelles passions? Ou qu'un prêt nécessaire au pauvre, mais qu'évidemment il ne pourra pas restituer avec intérêt sans retomber dans l'abîme dont la charité devait le tirer, qu'un tel prêt avec intérêt ne sera pas une action coupable ou entachée d'usure? — C'est là le véritable sens de ces paroles de l'Évangile de saint Luc, le seul passage du nouveau Testament où il soit question de l'intérêt, *Et mutuum date nihil indè sperantes : et prêtez sans en rien espérer.* L'intérêt est criminel toutes les fois qu'il blesse la charité et qu'il compromet l'existence de nos frères. Car selon la plupart des interprètes, ces mots : *nihil indè sperantes* se rapportent également aux trois actes de charité que Jésus-Christ vient de recommander : *Aimez vos ennemis ; faites du bien ; prêtez.* C'est donc de la pratique de la charité qu'il s'agit ici, et Jésus-Christ ne condamne que ce qui viole ce précepte de la charité.

Mais est-ce blesser la charité que de stipuler un dédommagement de l'homme à qui l'on prête une somme pour acheter une terre, pour acquitter des obligations légitimes, pour former une entreprise agricole, industrielle ou commerciale? Ne peut-on pas dire que si le prêteur n'avait point prêté son argent pour une telle destination, il eût pu l'y employer lui-même, et que les fruits et les profits que recueille l'emprunteur de cet argent, rendent équitable, nécessaire cette indemnité? L'intérêt, dans ce cas, a-t-il la signification du mot usure dont la racine signifie *lésion, morsure*? Non, car il consiste pour le prêteur, ou dans la perte que le prêt lui a causée, ou dans un profit dont il l'a privé (art. 1149 C. civ.).

Dans un état de civilisation peu avancée, et quand la terre est la seule richesse d'une nation, que les capitaux sont rares, et la circulation peu étendue, le prêt du capital est peu utile et il doit se limiter ordinairement à un office purement gratuit. — Mais, même dans cet état de société, si un homme avance à un autre la somme nécessaire pour acheter un domaine, sera-t-il juste que l'acquéreur perçoive les fruits et que le prêteur, qui est la cause de cette perception, ne reçoive rien? Bossuet, dans son *Traité de l'Usure;* Fleury, dans son *Institution au Droit ecclésiastique;* Pothier, dans son *Traité des Obligations*, établissent la justice et la légitimité des intérêts compensatoires, dans les deux cas du tort souffert par le prêteur, ou du profit certain que le prêt lui a fait manquer.

Disons donc que la prohibition du Deutéronome, ch. 23, v. 19 et 20, le passage de saint Luc et la tradition de l'Eglise ne peuvent s'appliquer qu'à ce qui blesse la charité et la justice, nullement au dédommagement dû au préjudice causé par le dessaisissement du capital. Cette définition caractéristique de l'usure par l'Exode, ch. 22, v. 25 : « Si tu prêtes l'argent au pupille, à l'orphelin, au pauvre qui demeure avec toi, *tu ne le suffoqueras pas* et tu ne lui imposeras pas l'usure, » et par cette réponse de Caton, *Quid est fœderare? occidere hominem;* qu'est-ce que prêter à usure? c'est tuer un homme, répond Caton, ne laisse aucun doute sur l'usure proscrite.

Et puisque ce principe de l'équité du dédommagement a été constamment admis par l'Église, la nécessité de son application fréquente ne ressort-elle pas de l'état d'une société où la circulation des capitaux est le seul véhicule de la production et de la richesse nationales! Que deviendrait cette société si les capitaux se cachaient ou se resserraient, si l'on cessait de les former par l'épargne, s'il fallait attendre la charité de ceux qui les possèdent? Ils s'en serviraient pour eux-mêmes, et ceux qui en sont privés languiraient dans l'inaction et dans la misère, et bientôt la vie de la société, le travail, serait paralysé. Montesquieu l'avait parfaitement compris quand il a dit, liv. 20, chap. 21, *comment le commerce se fit jour en Europe à travers la barbarie* : « La philosophie d'Aristote ayant été portée en Occident, elle plut beaucoup aux esprits subtils qui, dans les temps d'ignorance, sont les beaux esprits. Des scolastiques s'en infatuèrent et prirent de ce principe bien des explications sur le prêt à intérêt, *au lieu que la source en était si naturelle dans l'Évangile; ils le condamnèrent indistinctement et dans tous les cas.* Par là, le commerce, qui n'était que la profession des gens vils, devint encore celle des malhonnêtes gens; *car toutes les fois que l'on défend une chose naturellement permise ou nécessaire, on ne fait que rendre malhonnêtes gens ceux qui la font.* »

Cette dernière réflexion fait connaître quel est le véritable esprit de l'Église. Que les conciles, que les papes, que saint Ambroise, dans son livre sur Tobie, que saint Augustin et d'autres docteurs aient foudroyé l'usure, et l'indigne oppression que les prêteurs d'argent faisaient peser sur le pauvre, sur le nécessiteux, ou même sur le riche esclave de ses passions; qu'ils aient flétri les coupables manœuvres par lesquelles des usuriers habiles circonviennent un jeune et opulent héritier pour lui faire acquérir de riches domaines dont ils exagèrent les revenus et finissent par l'accabler sous le poids des usures; qu'ils aient sévi contre la lèpre qui ravageait alors la société publique, il ne s'ensuit nullement qu'ils aient entendu proscrire la nécessité légitime du capital pour la production, ni un état de civilisation où le travail et la richesse n'ont pas d'autre source. Alors le travail et l'industrie, tels qu'ils se sont développés par la civilisation, n'existaient point encore, et le capital résultant d'un travail accumulé et de l'épargne ne pouvait, comme le sol, réclamer son indemnité ou son fruit; c'est le propre de la religion vraie, en maintenant immuables les principes et en flétrissant invariablement les prévaricateurs, de régler les exceptions posées par elle selon l'importance et l'étendue des faits survenus; et quand le capital est la cheville ouvrière du travail et de tous les profits, de ne pas condamner le loyer raisonnable qu'en retire celui qui l'a formé ou qui en a hérité.

Le système des emprunts est aujourd'hui généralement adopté par les gouvernements, sans en excepter celui de l'Eglise; la certitude du service des intérêts de ces emprunts toujours remboursables, est le fondement de leur crédit. Ne serait-ce pas rendre leur marche impossible et les jeter dans d'inextricables embarras, que d'interdire aux prêteurs de percevoir l'intérêt de l'argent versé au Trésor?

Ceci répond aux déclamations des socialistes qui font de l'abolition de l'intérêt, et de la gratuité ou de la communauté du capital, comme de la terre, la base de leurs utopies (1), à ces sophistes qui défigurent l'histoire et notre constitution française, et calomnient les rois de France en prétendant qu'ils regardaient les capitaux et les biens des particuliers comme leur propriété, et que Louis XIV se considérait comme le grand propriétaire de France, lorsqu'il disait : *L'Etat, c'est moi !* Ils chercheraient vainement à s'autoriser d'un tel exemple. Ecoutons Bossuet : « C'est autre chose que le gouvernement soit absolu, autre chose qu'il soit arbitraire. Il est absolu quant à la contrainte, n'y ayant aucune puissance capable de forcer le souverain qui, en ce sens, est indépendant de toute autorité humaine. Mais il ne s'ensuit pas de là que le gouvernement soit arbitraire, parce que, outre que tout est soumis au jugement de Dieu, ce qui convient aussi au gouvernement qu'on vient de nommer arbitraire, *c'est qu'il y a des lois dans les empires contre lesquelles tout ce qu'on fait est nul de droit;* et il y a toujours ouverture à revenir, ou dans d'autres occasions ou dans d'autres temps, *de sorte que chacun demeure légitime possesseur de ses biens, personne ne pouvant croire qu'il puisse jamais rien posséder en sûreté au préjudice des lois, dont la vigilance et l'action contre les injustices et les violences est immortelle.* »

Concluons : la gratuité du capital ou du crédit, comme la communauté de la terre, paralyserait la production, arrêterait la circulation et les échanges, tuerait le travail et la richesse dont il est la source. La société aurait cessé de prospérer et de vivre.

---

(1) Voir les articles de MM. Eugène Pelletan, Proudhon, Pierre Leroux, abbé Chantôme, dont l'interdiction et la censure viennent d'être prononcées par un bref du pape du 30 novembre 1849.

LIVRE QUATRIÈME.

DE LA DÉMOCRATIE.

CHAPITRE PREMIER.

La démocratie proprement dite tend à ébranler la famille et la propriété, à détruire la commune ou la cité, et elle rend le pouvoir et l'exercice du pouvoir impossibles.

Ceux qui prétendent que le Christianisme est la démocratie même, n'ont point compris le sens du mot démocratie, ou, s'ils l'ont compris, ils commettent une erreur inexcusable (1).

Le gouvernement est démocratique quand le peuple en corps a la souveraine puissance (2); c'est la souveraineté de la multitude gouvernant elle-même et agissant directement et sans intermédiaire sur les affaires publiques.

Prise dans ce sens, et telle qu'elle a existé dans les républiques de la Grèce et de Rome, elle est contraire au bon sens et à la raison, car il n'existe pas même de peuple avant un pouvoir ; il est même impossible qu'il exerce en corps la souveraineté, puisqu'il faut parler et agir pour être souverain, et qu'un peuple en corps ne pourrait physiquement parler et se faire entendre. Il

---

(1) C'était le système de l'*Ère Nouvelle*, et c'est encore celui d'une secte de socialistes prétendus catholiques.
(2) Aristote, Cicéron, Montesquieu, etc.

ne pourrait agir que pour tout renverser ; il recevrait l'impulsion d'un orateur ou d'un tribun qui lui inspirerait ses desseins que le peuple prendrait pour ses propres volontés ; d'où dérivent tous les désordres des Etats populaires et les extravagances de leurs résolutions. Ainsi entendue, la démocratie est contraire à l'essence même du Christianisme qui, ayant fondé la famille par la liberté de l'homme, et la cité par la famille, n'a placé la puissance que dans ces éléments mêmes de la société. La centralisation, caractère de la démocratie, veut tout absorber, au contraire, elle ne tient aucun compte des individualités sociales, elle façonne à son type la famille et la cité, ou plutôt elle tend à les effacer et à les détruire. L'histoire de toutes les démocraties en fait foi ; elle subordonnent la famille, la commune et leur propriété à l'Etat ; elles affaiblissent, elles tendent, souvent, sans le vouloir, à abolir la propriété individuelle, domestique, collective et héréditaire, et toutes les institutions qui ont la propriété pour fondement. Elles font de l'État un maître absolu, un despote, au lieu de faire de la société publique le sanctuaire et la protection des familles, des communes et de leurs lois. C'est la pente irrésistible vers le communisme. Et toutefois, il faut reconnaître que les législateurs des démocraties antiques se sont efforcés de suppléer par les classifications des personnes et des choses, par la sévérité du dénombrement des citoyens, par une censure et un contrôle inexorables, à l'absence de la hiérarchie naturelle et légitime de la famille, de la propriété, de la commune. « Dans l'Etat populaire, dit Montesquieu, liv. 2, ch. 2, on divise le peuple en de certaines classes. C'est dans la manière de faire cette division que les grands législateurs se sont signalés ; et c'est de là qu'ont toujours dépendu la durée de la démocratie et sa prospérité. Servius Tullius suivit, dans la composition de ses classes, l'esprit de l'aristocratie. Nous voyons dans Tite-Live et dans Denis d'Halicarnasse, comment il mit le droit de suffrage entre les mains des principaux citoyens. Il avait divisé le peuple de Rome en 193 centuries qui formaient six classes. Et mettant les riches, mais en plus petit nombre, dans les premières centuries ; les moins riches, mais en plus grand nombre, dans les suivantes, il jeta toute la foule des indigents dans la dernière; et chaque centurie n'ayant qu'une voix, c'étaient les moyens et les richesses qui donnaient le suffrage, plutôt que la personne.

« Solon divisa le peuple d'Athènes en quatre classes. Conduit par l'esprit de la démocratie, il ne les fit pas pour fixer ceux qui devaient élire, mais ceux qui pouvaient être élus : et laissant à chaque citoyen le droit d'élection, il voulut que dans chacune de ces quatre classes on pût élire des juges; mais que ce ne fût que dans les trois premières, où étaient les citoyens aisés, qu'on pût prendre les magistrats.

.... « C'est encore une loi fondamentale de la démocratie *que le peuple seul fasse des lois.* Il y a pourtant mille occasions où il est nécessaire que le sénat puisse statuer; il est même souvent à propos d'essayer une loi avant de l'établir. La constitution de Rome et celle d'Athènes étaient très-sages; les arrêts du sénat avaient force de loi pendant un an; *ils ne devenaient perpétuels que par la volonté du peuple.* »

Ces remèdes cherchés par les anciens législateurs à l'infirmité humaine, ces obstacles opposés à l'impétuosité des passions, à l'erreur, à la brigue, inhérentes à la démocratie, prouvent assez que la démocratie n'est point une forme de gouvernement naturelle et praticable.

Le Christianisme a créé, au contraire, une société légitime et hiérarchique, fondée sur la nature et sur le respect de l'autorité, quelle que fût la forme du gouvernement. La famille, indissolublement constituée par lui, a été l'élément de la société publique, inséparable de la famille et nécessaire à sa conservation. L'Etat, sorti de la famille *comme un arbre du germe qui le recèle,* a eu pour mission, à son tour, de former par ses lois les mœurs et les lois de la famille. Car les peuples naissants sont disséminés en familles, et les peuples civilisés sont des familles réunies en corps de nations. Diviser ce tout, c'est retourner à la barbarie.

Or ce n'est point là de la démocratie, et l'on ne saurait, sans fausser le langage, et sans mentir à la nature des choses, appliquer le mot *démocratie* à nos institutions modernes qui doivent porter le caractère de *l'unité* de pouvoir, loi naturelle des sociétés chrétiennes.

Et pourtant on l'a essayé, mais toujours en ébranlant cette constitution naturelle et chrétienne. Vouloir que le peuple en corps ait la souveraine puissance, qu'il l'exerce directement, et qu'il fasse lui-même les lois, c'est exclure l'ordre hiérarchique des intérêts légitimes de la famille, de la commune, de la province et de leurs propriétés ; c'est substituer une volonté confuse et arbitraire à cet enchaînement légal, à cette voix infaillible de tous les intérêts sociaux, à la société publique constituée par les lois générales et immuables du Christianisme.

Ne le voyons-nous pas aujourd'hui? Le mal est même plus grave que dans les démocraties anciennes ; car, ici, le peuple n'agit point par lui-même avec une classification déterminée par les lois ; ce sont des factieux, des sophistes, des malfaiteurs qui empruntent son nom. Il ne s'agit pas des erreurs gouvernementales du peuple, mais d'usurpations faites sur le peuple. On parle au nom du peuple, on agit au nom du peuple, et la république démocratique n'est, à vrai dire, que le règne d'une minorité turbulente d'aventuriers, existant en dehors de la famille, de la cité, de la commune, de la province, et ne prenant son point d'appui que sur les passions et les troubles fomentés par une presse désordonnée. Pour elle la souveraineté du peuple est dans le but, l'idée ou le progrès ; et le moyen de succès dans la conspiration, la violence, la résistance aux lois et l'assassinat ; et une poignée de conspirateurs, si elle réussit dans un coup de main, prétendra avoir fait triompher la république démocratique et sociale. Ce principe d'anarchie et de violence révolutionnaires est celui de toutes les nuances de démocrates de nos jours, communistes, phalanstériens, socialistes de toutes les catégories, formalistes, éclectiques, etc. Car, en vertu d'une logique formidable, le point de départ des plus modérés, qui traitent les autres d'insensés, aboutit invinciblement aux mêmes bouleversements.

Or, le fond, la substance, la masse de la nation repousse avec horreur ces théories subversives de toute société. Que l'on consulte progressivement les communes, les départements, les provinces, et l'on obtiendra l'expression unanime d'un vœu réprobateur de cette prétendue démocratie. Car le faux, dit Mallebranche, est incompréhensible.

Où est la véritable souveraineté? Dans l'ensemble des familles, des communes, des départements et des provinces. Cette souveraineté n'est point la souveraineté du peuple pris abstractivement et par fractions ; c'est la souveraineté de la nation dans ses éléments constitutifs et divins ; c'est la nation à l'état de société publique avec ses lois générales, portant l'empreinte du caractère sacré de la Divinité.

Dieu et le peuple! Dans la démocratie, Dieu n'est rien puisqu'on viole les lois qu'il a tracées aux sociétés humaines et à la souveraineté nationale qui n'est autre que son autorité divine, en ne tenant aucun compte de cette volonté suprême qui est l'ordre des familles, des propriétés, des communes, des provinces et de tous les intérêts légitimes dans un vaste empire, l'ensemble des lois générales et particulières, des lois éternelles et fondamentales de toute législation politique, civile et criminelle, qui ont leur source dans la loi de Dieu et qui en découlent directement, qui se trouvent partout où l'on aperçoit des vestiges de société, et dont des traditions immémoriales, transmises de génération en génération, en ont conservé quelques traces là où un texte écrit n'en a pas préservé le souvenir d'altération (1).

Un certain nombre d'hommes politiques du jour, tout en ne niant point l'existence de la Divinité, n'admettent pas la nécessité de son intervention dans la société. Ils lui substituent la souveraineté de l'homme pris collectivement, ou la souveraineté du peuple qui n'a de conseils à prendre que de sa volonté et de sa raison ; et ils oublient qu'une nation n'est souveraine que par la souveraineté de Dieu, que par le droit et le devoir de faire prévaloir la loi divine et les lois générales et particulières qui lui sont conformes. Ce dogme de la souveraineté du peuple, entendu comme le veulent les révolutionnaires, conduirait à la promulgation des lois les plus détestables, à l'abolition de la propriété, à sa confiscation, à la destruction de la famille et de tous les êtres collectifs et moraux qui constituent l'ordre et la liberté dans un Etat. Il n'y aurait plus d'autorité, parce qu'il n'y aurait plus de règle certaine. La règle souveraine méconnue, on verrait

---

(1) M. de Bonald, *Discours préliminaire de la législation primitive.*

bientôt renaître l'infanticide, l'exposition et le meurtre du nouveau-né, la répudiation, le divorce, la polygamie ; tout serait livré aux caprices et aux passions : diversité et contradiction dans les lois, approbation chez un peuple d'un acte ou d'un principe qui ferait horreur chez un autre peuple ; point de droit préexistant, point de droit des gens ; abominable promiscuité de tous les penchants, de tous les appétits, de toutes les jouissances ; car on pourrait séparer la loi populaire de la raison générale. Le peuple souverain *serait la seule autorité qui n'aurait pas besoin d'avoir raison pour valider ses actes*, comme le disait Jurieu et tous les partisans de ce dogme insensé.

Le suffrage universel, au lieu d'être l'expression de la grande pensée d'une nation et de sa volonté de faire respecter l'éternelle volonté de Dieu, qui est la source et la règle des lois humaines, ne serait plus qu'un instrument d'égoïsme, de passions, de corruption et de bouleversement. Quand les ennemis de la société auraient une fois perverti les masses, quand ils auraient une fois inoculé au peuple la haine de toute inégalité sociale qui se trouve nécessairement dans la société comme dans la nature, et cette fureur toute prête à niveler les fortunes et les têtes, à tout détruire, à tout briser, à tout immoler pour assouvir ses frénétiques passions, il ne leur resterait plus qu'à invoquer le suffrage universel comme expression fidèle de la souveraineté populaire !!!

Or, est-ce là l'ordre, la liberté, la philosophie, qui doivent fonder, animer et conserver les sociétés humaines ? Est-ce là respecter les droits du peuple ? Vainement prétendrait-on arrêter la marche de cette logique révolutionnaire, elle dépasse les meilleures intentions et renverse les résolutions les plus modérées. Nous dirons, au contraire, que jamais les droits du peuple ne furent plus inévitablement sacrifiés, ni plus indignement méconnus, et la loi des sociétés civilisées plus scandaleusement violée, parce que Dieu a voulu un gouvernement possible, et que celui-ci, appliqué à nos mœurs, à nos lois, à nos intérêts, à notre territoire, est un mensonge perpétuel et une impossibilité absolue.

Un mensonge, parce que le peuple en corps n'exerce point la souveraine puissance.

Une impossibilité, parce que les pouvoirs, même délégués par l'élection, ne peuvent être ni définis, ni séparés, ni limités.

Ils ne peuvent être définis, car si le peuple retient, sans l'exercer lui-même, la puissance, s'il n'en investit point ses délégués qui restent des *agents responsables*, où est le pouvoir effectif ? L'Assemblée législative seule exerce un pouvoir irresponsable, souverain ; et elle a devant elle un agent du pouvoir exécutif, également élu, relevant d'elle pour ses actes, et dont elle peut, à son gré, paralyser l'action. — Elle-même sera dominée et tenue en échec par cette puissance occulte et conspiratrice qui prétend à son tour exercer la véritable souveraineté, et qui proclame que le pouvoir exécutif doit être dépendant et subordonné au corps législatif, que les pouvoirs politiques sont de simples fonctions ; afin de pouvoir, d'un seul coup, disposer de toute la constitution et de tout le gouvernement que ces conspirateurs changeront en dictature pour l'accomplissement de la confiscation et de la prétendue répartition universelle des avantages sociaux (voir le manifeste électoral des représentants montagnards).

J'ajoute que ces pouvoirs ne peuvent être séparés, chose pourtant essentielle, et sans laquelle il n'est point de gouvernement possible. En effet, ce pouvoir exécutif n'existant point comme pouvoir indépendant et distinct, puisque d'une part le peuple ne l'exerce pas par lui-même, et que, d'autre part, le président n'en est point intégralement investi, on ne peut pas dire que le pouvoir exécutif soit *séparé* du pouvoir législatif qui exerce, lui, véritablement et sans responsabilité, son action sur tout le gouvernement, qui peut mettre l'agent du pouvoir exécutif en accusation, paralyser son initiative, et qui est son supérieur, par cela même qu'il est investi du droit de lui faire grâce !

Cette séparation apparente ne produisant point l'indépendance du premier de ces pouvoirs, c'est comme s'il n'existait pas ; ou pour qu'il existât véritablement, il faudrait qu'il se saisît de prérogatives qui le rendissent parallèle au pouvoir législatif et que lui refuse la constitution. Ceci ressemblerait à une usurpation. Pour marcher, il est donc poussé vers la violence et les coups d'État !

C'est le plus prodigieux ressort que l'on puisse fournir à la conspiration socialiste qui s'efforcera de briser par ses attentats ce pouvoir si faible pour se substituer à l'Assemblée.

Enfin, ces pouvoirs ne peuvent être limités ; cela est évident d'après ce qui précède. L'impuissance ou la dépendance de l'agent du pouvoir exécutif est-elle une limitation ? Non. On ne limite qu'un pouvoir réel, effectif. Le pouvoir législatif est-il limité au droit de faire des lois ? Non encore, puisqu'il peut empêcher le gouvernement de marcher, et que le gouvernement ne peut le dissoudre pour en appeler au peuple.

Mais peut-être la constitution de 1848 aura-t-elle résolu le problème dans la distribution fondamentale des pouvoirs, et dans les principes qu'elle a donnés aux lois organiques ? Loin de là, elle n'a fait que mieux ressortir les impossibilités de la solution. Mais avant d'aborder l'examen de cette constitution, fortifions notre point de départ, la base de notre démonstration, et posons quelques principes incontestables sur la nature des pouvoirs en général, sur leur définition, leur séparation et leurs limites nécessaires dans tout gouvernement régulier.

CHAPITRE DEUXIÈME.

De la nature des pouvoirs ; leur définition, leur séparation et leurs limites dans tout gouvernement régulier, ayant pour objet le maintien de la famille, de la propriété, de la commune et de la société publique qu'elles constituent.

SECTION I.

La confusion ou concentration des pouvoirs dans la main du peuple ou d'une assemblée, est chose impossible, et leur serait fatale.

Il faut d'abord réfuter une erreur que les démocrates et les socialistes s'efforcent d'accréditer : c'est que les attributs du pouvoir n'ont pas besoin d'être séparés ; que le peuple souverain doit agir directement par lui-même ou par une seule assemblée. . Les pouvoirs dont les attributs se divisent, se balancent et se font équilibre, sont, disent-ils, des vieilleries qui n'ont plus cours. En d'autres termes, ils veulent *une démocratie pure*. Mais cette démocratie pure, ils ne l'auront pas d'abord, puisque cette assemblée unique, agissant souverainement par elle-même, le peuple sera mis de côté dans le gouvernement.

Et en deuxième lieu, cette démocratie pure est elle-même impossible, tellement impossible qu'il n'y a pas eu d'exemple d'une démocratie pure, c'est-à-dire d'un peuple gouvernant et exerçant en corps la souveraine puissance.

Ces deux modes d'action sont, au surplus, aussi impossibles l'un que l'autre. Car l'assemblée, renfermant en soi tous les pouvoirs, fera peser sur la société la plus effrayante tyrannie qui fût jamais, celle d'une action politique multiple, et par là même passionnée et confuse, légiférant, exécutant et jugeant, tenant dans sa main dictatoriale, ou plutôt despotique, la liberté, la fortune, les lois, les mœurs de tout un peuple!

Nous en avons un exemple dans la république centralisée de 93. Laissons parler Burke; le tableau qu'il en trace n'est autre, au surplus, que le programme de nos démocrates actuels, et les conséquences seraient absolument les mêmes :

« Le premier principe par lequel ces législateurs ont voulu cimenter les unes avec les autres toutes ces nouvelles républiques de la France (résultantes d'une distribution géométrique du territoire et de la population par la confusion et l'abolition de toutes les limites, de tous les droits des communes et des provinces), c'est la *confiscation* avec le papier-monnaie *forcé* qui y est *annexé*. » Les bons hypothécaires ayant cours forcé, les bons d'impôts, les assignats, le papier-monnaie destiné à racheter la dette publique et à entrer pour une forte part dans les transactions particulières, les banques universelles garanties par l'État et par les biens des communes et des compagnies d'assurances et d'épargnes, sont également les grands moyens proposés par nos républicains rouges et socialistes.

« Le deuxième c'est, continue Burke, le pouvoir suprême de la ville de Paris; ...... et ceci, je l'avoue, a une sorte de connexité avec celui de la confiscation et du papier-monnaie. C'est dans cette partie du projet que nous devons chercher la cause de la destruction de toutes les anciennes limites des provinces et des juridictions, tant civiles qu'ecclésiastiques; de la dissolution de toutes les anciennes combinaisons existantes, et enfin de la formation de cette multitude de républiques incohérentes. Le pouvoir de la ville de Paris est évidemment un grand ressort de toute leur politique : c'est par le moyen du pouvoir de cette ville, qui est devenue maintenant le centre et le foyer de l'agiotage, que les chefs de cette faction dirigent, ou plutôt commandent dans le gouvernement, soit législatif, soit exécutif. Donc, il faut tout faire pour confirmer la suprématie d'autorité de cette ville sur celle de toutes les autres républiques. Paris est compact ; il a une force énorme, une force tout-à-fait hors de proportion avec celle de toutes les autres républiques carrées ; et cette force est réunie et condensée dans un très-petit espace. Paris a une connexité naturelle et facile dans toutes ses parties, connexité qu'aucun plan de constitution géométrique ne pourra détruire ; et, au surplus, il importe peu que la proportion de sa représentation soit forte ou faible, puisque l'on peut, d'un seul coup de tramail, réunir à-la-fois tous les poissons. Toutes les autres divisions du royaume étant hachées et réduites en pièces, étant même séparées de tous leurs anciens moyens d'union, il est impossible, *pour quelque temps du moins*, qu'elles puissent se confédérer contre Paris. Il était clair que la nouvelle incorporation de cette ville ne pourrait jamais complétement et absolument dominer toute la France, si l'on ne prenait pas le parti de rompre dans toutes ses parties toutes les connexions qui auraient pu balancer son pouvoir. Il ne fallait donc laisser à tous les membres subordonnés, que faiblesse, désunion et confusion....

« On s'est vanté que par l'adoption de cette disposition géométrique, *toutes les idées locales seraient submergées;* que le peuple ne serait plus connu sous le nom de *Gascons*, de *Picards*, de *Bretons*, de *Normands*; qu'il n'y aurait qu'une seule dénomination, qu'un seul cœur, qu'une seule patrie et *qu'une seule assemblée*.

« Mais ce qui arrivera vraisemblablement, c'est qu'au lieu d'être tous *Français*, les habitants de ce pays ne tarderont pas à n'avoir plus de patrie du tout. Aucun homme n'a jamais mis d'amour-propre, de partialité ou d'affection réelle à appartenir à une mesure de terre carrée quelconque ; aucun ne se glorifiera jamais d'appartenir au n° 71 de l'échiquier....

« *C'est au sein de nos familles que commencent nos affections publiques* (un froid parent n'est jamais un zélé citoyen). Notre voisinage arrive en deuxième ordre ; *et enfin nous nous unissons à toutes les connexions habituelles d'une même province*. Ce sont comme autant de lieux de repos et d'hôtelleries.

« De telles divisions de notre pays, qui ont été formées par une longue habitude, et non pas par la secousse d'une violence subite, étaient comme autant de diminutifs du grand pays, dans lequel une grande âme trouve toujours de nouveaux sujets d'émotion. Cette partialité subordonnée n'éteignait pas l'amour de la totalité. Peut-être même était-ce une sorte d'apprentissage élémentaire pour arriver graduellement à des intérêts plus élevés et plus majeurs ; et sans cela, peut-être, les hommes ne pourraient pas, dans un pays aussi immense que la France, avoir, pour la prospérité de la patrie entière, un sentiment aussi fort que celui d'un intérêt privé. Et dans ce grand territoire lui-même, et dans les anciennes dénominations des provinces, voyez si ce n'est pas à de vieux préjugés et à des habitudes dont on ne sent pas la raison, que tous les citoyens doivent l'intérêt dont ils sont pénétrés ; et non pas aux propriétés géométriques de leur configuration. Il n'est pas douteux qu'autant que le pouvoir et la prééminence de Paris dureront, ils comprimeront dans une sorte d'union apparente toutes les autres républiques ; mais d'après toutes les raisons que j'ai déjà données, je pense que cela ne peut durer longtemps. »

« Si nous passons des principes cimentants de cette constitution à ce qui regarde l'Assemblée nationale qui paraît souveraine et qui agit en souveraine, nous voyons un corps qui a dans sa composition toute espèce de pouvoir possible et qui n'a hors de lui aucun contrôle possible. Nous voyons un corps sans lois fondamentales, dont la conduite n'est guidée par aucunes maximes établies ni soumise à aucune règle qu'elle soit forcée de respecter et que rien ne peut fixer dans un système quelconque. L'idée qu'elle a de son pouvoir est toujours prise dans les extrêmes de sa compétence législative..... Vos législateurs universels ont oublié dans leur empressement de tout faire à-la-fois *une chose qui paraît essentielle et qui, je crois, n'a jamais été omise, en théorie ou en pratique, par aucun faiseur de république ;* ils ont oublié de constituer un *sénat* ou quelque chose de ce caractère et de cette nature.

« *Jamais, jusqu'à ce jour, on n'avait entendu parler d'un corps politique composé d'une assemblée active et législative et ayant ses officiers exécutifs, qui n'eût pas aussi un semblable conseil, un conseil avec lequel les puissances étrangères puissent traiter, conseil qui puisse donner à la fois de la pente et de la stabilité et qui procure à l'État l'apparence de quelque idée de suite dans sa manière d'agir.....* Une monarchie peut s'en passer ; *mais il me semble que par essence un gouvernement républicain ne le peut.* Un tel conseil tient une sorte de milieu entre le pouvoir suprême exercé par le peuple ou dérivant immédiatement de lui, et le pouvoir exécutif. Vous n'avez aucune trace de cela dans votre constitution, et en négligeant de faire quelque chose de cette nature, *vos Solons et vos Numas, ont ainsi que dans le reste, fait preuve d'une incapacité souveraine.* »

Ainsi, la république démocratique, une et indivisible, démocratie pure ou assemblée unique et souveraine renfermant en soi tous les pouvoirs, n'est autre chose que la guerre organisée contre la propriété, le crédit, la circulation monétaire, contre la liberté du travail et la valeur des choses, contre les existences collectives et provinciales, et l'esprit public qui en dérive, contre la famille et la nationalité, la hiérarchie des pouvoirs et les traditions ; contre tout ce qui constitue l'ordre domestique, communal et national. C'est la confiscation, le papier-monnaie, la paralysie du commerce et du travail ; la centralisation, la suprématie d'une faction criminelle sur l'immense majorité de la France, le règne de l'égoïsme, de l'anarchie et de la barbarie.

SECTION II.

La délégation nécessaire par la nation de pouvoirs distincts et séparés est impossible dans une république démocratique, une et indivisible, ou dans une république oligarchique.

Le peuple doit donc déléguer des pouvoirs distincts et séparés puisqu'il ne peut les exercer lui-même ni par une assemblée unique. A Rome, comme nous l'avons vu, on avait affaibli le vice de cette centralisation démocratique par des classifications, des limites, des contre-poids, et cependant la confusion, le vague et l'antagonisme nécessaire des pouvoirs furent la cause de sa ruine. L'action de la démocratie engendra inévitablement l'oligarchie, la dictature, la guerre civile et finalement le despotisme des empereurs et des prétoriens.

En effet, le peuple y avait originairement toute la puissance exécutrice, les emplois étaient donnés à la brigue; il se distribuait les deniers publics, et comme il avait la gestion des affaires, on le corrompait pour s'en servir. Le peuple exerçait aussi la puissance législative; mais étant incapable de résolutions suivies, le sénat dut y mettre des limites et suppléer par sa fermeté et sa constance à cette incapacité naturelle du peuple. — A leur tour les patriciens envahirent presque tous les emplois sacrés, civils et militaires. Le consulat, qui leur était exclusivement dévolu, était un pouvoir exorbitant par cela même qu'il était une délégation forcée du pouvoir exécutif. Le peuple lutta pour ressaisir les emplois et finit par s'y rendre admissible. Il lutta pour décomposer le consulat en préteurs, questeurs, trésoriers, censeurs. Il obtint des tribuns et le droit de faire seul des lois sous le nom de *Plébiscites*.

L'équilibre fut rompu entre le peuple qui avait la plus grande partie de la puissance exécutrice et législative, et partie de celle de juger, et le sénat qui avait partie de l'exécutrice, et de la législative, quand le sénat perdit la puissance de juger. Cette puissance était exercée d'abord par les consuls, puis elle le fut par les préteurs. Les consuls s'étaient réservé les jugements criminels; mais comme ils avaient la puissance militaire, ce droit de juger au criminel pouvait devenir l'oppression des citoyens. Aussi la loi valérienne leur interdit-elle les condamnations capitales ; elles ne purent être prononcées que par la volonté du peuple. L'appel au peuple fut établi, et les plébéiens firent porter devant eux ces appels. La loi des Douze-Tables décida ensuite que les plébéiens ne pourraient plus prononcer que des peines pécuniaires ; la peine capitale fut réservée aux grands États du peuple. Le peuple en corps jugea les crimes publics et ceux qui intéressaient la sûreté de l'État. — A l'égard des privés, il nomma pour chaque crime, par une commission particulière, un questeur pour en faire la poursuite. Ces commissions furent ensuite rendues permanentes, et, divisant peu à peu toutes les matières criminelles en diverses parties que l'on appela *questions perpétuelles*, on créa divers préteurs et l'on attribua à chacun d'eux quelqu'une de ces questions.

Mais bientôt les Gracques firent ordonner que ces juges, qui jusque-là étaient pris dans l'ordre des sénateurs, seraient pris dans celui des chevaliers. Ce fut alors que le sénat, dépouillé de la puissance de juger, livrée aux chevaliers, c'est-à-dire à la corruption des traitants, n'eut plus de rempart contre les volontés arbitraires du peuple. Il n'y eut plus de vertu, plus de police, plus de lois, plus de magistrature, plus de magistrat (1). Le sénat fut déshérité de tout pouvoir réel, et la république succomba.

Ainsi les pouvoirs publics à Rome étaient une proie, ils n'étaient point des délégations définies et distinctes ; la dictature devint nécessaire, et elle tua la république.

A ce spectacle de la dissolution du plus grand des empires par le vice ou plutôt par l'impossibilité de la définition, de la distribution et de la limitation des pouvoirs, peut-on dire que la démocratie soit un gouvernement régulier?

Mais, du moins, cette définition, cette distribution et cette limitation des pouvoirs ont-elles été réalisées dans d'autres républiques ? Non, et elles périrent toutes par la confusion des pouvoirs : Sparte, Athènes, Carthage, et dans le moyen-âge

---

(1) *Esprit des lois*, liv. 2, ch. 8.

Venise, Gênes, Sienne, Florence, la Lombardie, plus tard la Pologne, les Provinces-Unies, etc.

Rome, dit M. de Bonald (1), changeait, pour dernier remède, la république en monarchie ; les républiques modernes n'ont fait, avec leurs *conventions,* qu'accroître le mal en outrant la démocratie.

SECTION III.

Conditions de l'indépendance et de l'accord des pouvoirs législatif, exécutif et judiciaire.

Il faut pourtant que les pouvoirs législatif, exécutif et judiciaire existent distinctement et réellement, avec leurs prérogatives essentielles, et qu'ils soient indépendants l'un de l'autre, tout en marchant d'accord et avec ensemble ; ou il n'y point de gouvernement.

Il faut que la puissance de juger soit séparée de la législative et de l'exécutrice : 1° de la législative, autrement le pouvoir sur la vie et sur la liberté des citoyens serait arbitraire, puisque le juge serait législateur, et qu'il ne trouverait plus de règle ni de frein dans la loi ; 2° de l'exécutrice, car le juge aurait la force d'un oppresseur.

Il faut enfin que la puissance législative soit séparée de l'exécutrice ; autrement, il n'y aurait plus de liberté, parce que le législateur pourrait faire des lois tyranniques et les exécuter tyranniquement.

A plus forte raison faut-il que ces trois pouvoirs ne soient point dans les mains des principaux comme à Venise, et du peuple comme à Rome, car ces principaux et ce peuple pourraient créer arbitrairement des crimes, et exécuter des jugements arbitraires.

« Tout serait perdu, dit Montesquieu, si le même homme ou le même corps des principaux, ou des nobles, ou du peuple, exerçaient ces trois pouvoirs : celui de faire des lois, celui d'exécuter les résolutions publiques, et celui de juger les crimes ou les différends des particuliers....

---

(1) *Pensées.*

« ..... Dans les républiques d'Italie, où ces trois pouvoirs sont réunis, la liberté se trouve moins que dans nos monarchies....

« Voyez quelle peut être la situation d'un citoyen dans ces républiques. Le même corps de magistrature a, comme exécuteur des lois, toute la puissance qu'il s'est donnée comme législateur. Il peut ravager l'État par ses volontés générales. Et comme il a encore la puissance de juger, il peut détruire chaque citoyen par ses volontés particulières. »

Si la puissance exécutrice était confiée à un certain nombre de personnes tirées du corps législatif, il n'y aurait plus de liberté, parce que ces deux puissances seraient unies et confondues dans ces personnes qui auraient part à l'une et à l'autre. Les influences parlementaires, corruptrices et la plus hideuse tyrannie en seraient les résultats inévitables : on se souvient du comité de salut public. Tout, dans l'Etat, serait en proie.

J.-J. Rousseau voulut, dans la constitution qu'il fut chargé de donner à la Pologne, que la force exécutive fût dans le corps législatif, ou dans une section de ce corps, dans des mains qui non-seulement devaient changer, mais qui devaient, dit-il, n'agir autant que possible que sous les yeux du législateur et être guidées par lui.

« Notre constitution de 93, dit M. de Bonald (1), fut faite sur ce modèle, mais *perfectionné;* et afin que la force exécutive n'agît que sous les yeux du législateur, et en fût continuellement guidée, on en fit un comité du pouvoir législatif, placé alors dans un corps permanent, sinon respectable, *du moins redoutable;* aussi l'*administration fut très-forte et marcha bien vers son but.* » — L'expérience a prouvé que si les corps revêtus de la force exécutive oppriment quelquefois, ils oppriment toujours quand ils sont dépositaires du pouvoir législatif.

Or, comment séparer, et cependant lier ensemble ces trois attributions de pouvoir dans la démocratie ou dans une république oligarchique ? Cela est absolument impossible.

Nous allons en voir une nouvelle preuve dans la constitution de 1848. La proportion entre le pouvoir, ses attributs ou moyens

---

(1) *De l'état actuel de l'Europe.*

d'action, et le peuple gouverné, étant la loi suprême de toute constitution, cherchons si cette proportion existe dans celle que la Constituante de 1848 nous a donnée.

CHAPITRE TROISIÈME.

De la Constitution de 1848 : Observations générales, et règles suprêmes de conduite politique et de salut pour la France et l'Europe.

La discussion à laquelle je vais me livrer n'est point une attaque ou un parti pris contre cette constitution. Si elle pouvait assurer l'ordre, la paix, la liberté, la prospérité et la gloire du pays, je m'inclinerais devant elle. Avant tout, le bonheur de la France ! On ne me verra jamais mettre des regrets et des affections particulières à la place des intérêts publics.

Je suis par conséquent bien éloigné de vouloir affaiblir la puissance et l'autorité de la loi fondamentale qui nous régit présentement. Comment le ferais-je, moi qui suis persuadé que l'on n'arrive jamais au bien par le décri des lois, et que l'obéissance est la première condition de l'ordre !

Observation fidèle, religieuse, de la constitution, jusqu'à ce qu'elle ait été révisée; nulle violence, nulle volonté particulière, nulle intrigue, nulle faction, à la place de cette constitution dont il faut tirer tout le bien possible, et neutraliser les dangers par la sagesse et l'habileté : telle est ma devise.

Mais c'est un devoir non moins sacré d'éclairer la nation sur les vices et les imperfections de cette œuvre, sur les périls et les orages qu'elle recèle ; car si une société se préserve de troubles intérieurs avec une administration sage, elle ne peut se tirer d'une révolution et résister à des crises violentes que par la force de sa constitution (1). Si je me trompe, mes critiques la fortifieront; si

---

(1) *Législation primitive.*

je dis vrai, j'aurai contribué à en préparer la correction par les voies pacifiques ; et ces arguments mêmes tourneront au profit de l'autorité régulière des pouvoirs existants, en attendant que la nation se soit prononcée.

Ne perdons pas de vue, en effet, que si une nation peut se relever des désordres de son administration par la force de sa constitution, elle ne peut corriger par l'administration les vices de cette constitution. Le mal est sans remède, et il faut, tôt ou tard, qu'elle y succombe (1).

Et que l'on ne dise pas que la perfection d'une constitution est une chimère. « La perfection, comme le dit un grand publiciste (2), est, si l'on veut, une chimère pour l'individu qui, dans le court espace de sa vie, ne peut apercevoir de progrès sensible vers le mieux, mais elle est réelle et sensible pour la société qui embrasse une longue durée de siècles et une longue suite d'événements. *La vérité consiste dans la connaissance de cette perfection, et le devoir de l'écrivain est de la* PRÉSENTER *à la société comme le terme auquel elle doit tendre sans cesse, même quand elle devrait n'y parvenir jamais.* Comment les gouvernements ne se proposeraient-ils pas les lois les plus parfaites de la constitution morale des hommes, lorsqu'ils sont perpétuellement occupés à favoriser l'invention ou l'exécution des lois les plus commodes de leur existence physique ?

« L'homme qui croit à la nécessité de l'ordre dans la société, doit, s'il est conséquent, croire à la nécessité des moyens de cet ordre.... Non-seulement il est conséquent à certaines opinions de croire au retour de l'ordre dans la société, mais il est extrêmement utile d'en indiquer les moyens, quelqu'éloignés qu'ils paraissent *des idées dominantes*, parce qu'il n'y a rien de plus faible et de plus variable que des idées dominantes, quand elles sont fausses. On ne doit pas même taxer ces moyens de sévérité et de dureté, car lorsque la société a été livrée depuis longtemps *à des précepteurs corrompus* qui lui ont prêché une doctrine lâche et faible, parvenue à l'extrémité du cercle des idées morales,

---

(1) *Législation primitive.*
(2) *Ibid.*

elle touche aux idées fortes et sévères; alors il naît infailliblement des hommes qui l'y ramènent, et l'*on peut remarquer que les institutions les plus sévères, à commencer par le Christianisme, sont nées dans les temps les plus corrompus.*

« ...... Il faut prendre garde que le jour de toutes les grandes époques, de toutes les époques *nécessaires* dans la société, en bien comme en mal (car le scandale, a dit la vérité, est quelquefois nécessaire), arrive toujours *comme un voleur* et sans être attendu..... Cependant, il y a même des indices certains d'une nécessité plus ou moins prochaine dans les événements. Par un effet des lois générales de l'ordre conservateur des sociétés, *les grands remèdes suivent les grands maux*, et de nouveaux besoins demandent de nouvelles ressources.... Or, il n'est que trop aisé d'apercevoir la raison nécessaire de l'établissement prochain d'un grand *moyen*, d'un moyen public d'ordre et de conservation, *lorsqu'on voit, d'un bout à l'autre de l'Europe, une conjuration tramée contre la société, dont le but et les moyens tendent visiblement et constamment à pervertir les esprits en y effaçant toute idée d'ordre présent et futur, d'existence de Dieu, d'immortalité de l'âme, de peines et de récompenses à venir, et ne donnant à l'homme ni une autre origine, ni une autre nature, ni une autre fin qu'aux plus vils animaux.* »

C'est le propre des esprits supérieurs que la lumière de la foi inspire, de tracer profondément, en bien comme en mal, les voies de l'avenir, et de donner encore, à cinquante années de l'époque où ils écrivent, et longtemps après leur mort, la description des symptômes du mal présent et les moyens de guérison. La vérité ou la perfection est donc la seule force morale qui puisse sauver la France et l'Europe ; Leibnitz lui-même prévoyait, dès le commencement du XVIIIe siècle, les malheurs dont la société était menacée, et il en indiquait le remède. Citons ce passage remarquable et prophétique :

« Ceux qui se croient déchargés de l'importune crainte d'une Providence surveillante et d'un avenir menaçant, lâchent la bride à leurs passions brutales, et tournent leur esprit à séduire et à corrompre les autres, et s'ils sont ambitieux et d'un caractère un peu dur, *ils seront capables, pour leur plaisir ou leur avancement, de mettre le feu aux quatre coins de la terre,* et j'en ai connu de cette trempe, je trouve même que des opinions approchantes, s'insinuant peu à peu dans l'esprit des hommes du grand monde qui règlent les autres, et d'où dépendent les affaires, et se glissant dans les livres à la mode, disposent toutes choses à *la révolution générale dont l'Europe est menacée....* Si l'on se corrige encore de cette maladie épidémique, dont les mauvais effets commencent à être visibles, les maux seront peut-être prévenus ; *mais si elle va croissant, la Providence corrigera les hommes par la révolution même qui en doit naître ;* car, quoi qu'il puisse arriver, *tout, au bout du compte, tournera toujours pour le mieux en général* (*Nouveaux essais sur l'entendement humain*). »

Le grand point, c'est donc de réveiller dans les peuples cette force d'âme, source des grandes choses, et qui, surtout en France, opère instantanément des merveilles.

« Tout ce qu'une merveilleuse vigueur de corps et d'esprit fait dans les sauvages entêtés d'un point d'honneur des plus singuliers, pourrait être acquis parmi nous par l'éducation et des privations bien réglées... Je ne m'attends pas, continue ce grand homme, qu'on fonde de sitôt un ordre dont le but soit d'élever l'homme à ce haut point de perfection... Comme il est rare qu'on soit exposé aux extrémités où l'on avait besoin d'une si grande force d'âme, on ne s'avisera guère d'en faire provision aux dépens de ses commodités ordinaires, quoiqu'on y gagnerait incomparablement plus qu'on n'y perdrait, et cela même est une preuve que le bien surpasse le mal, puisqu'on n'a pas besoin d'un si grand remède. (Théodicée.) »

Hélas ! au milieu des dangers effroyables qui menacent la société actuelle, et au point de dissolution où elle est arrivée, où le mal surpasse de si haut le bien, jamais ce remède d'une grande force d'âme dans ses défenseurs, ne fut plus nécessaire ni plus urgent.

Ne nous laissons point attarder ou assoupir par la perspective, hélas ! trompeuse, d'une prospérité matérielle apparente ou réelle ; elle n'est jamais un obstacle à la chute des empires ; et, à voir le genre d'ennemis que la France et l'Europe ont à combattre, Leibnitz signalerait les extrémités fatales où il faut vaincre ou périr pour leur salut.

La tendance à la perfection est la loi suprême de nos esprits, comme la pesanteur et la vitesse est celle des corps, d'autant plus accélérées que le corps approche davantage du terme de sa chute. La révolution française n'a été si rapide dans ses progrès, si terrible dans ses effets, que parce qu'on avait fasciné, enivré, égaré, par de fausses idées de perfection, le peuple le plus avancé ; les désastres du socialisme, s'il venait à triompher, auraient eu leur source dans un mieux idéal présenté à l'imagination pervertie des peuples, et non pas seulement dans les passions cupides et honteuses d'un grand nombre. Tout le remède consiste donc à présenter aux peuples dans toute leur vérité, dans tout leur jour, les véritables moyens de perfection sociale. S'ils en étaient convaincus, il n'est pas douteux qu'ils ne les embrassassent avec encore plus d'ardeur.

Quels devoirs sacrés, quelle immense et sublime mission sont dès-lors imposés aux écrivains, aux hommes d'État de tous les pays et particulièrement aux Français dignes de ce nom !

C'est sous l'égide et l'inspiration de ces grandes vérités que nous entrons en matière.

CHAPITRE QUATRIÈME.

La Constitution de 1848 choque les mœurs, les intérêts de la France, autant que les principes constitutifs d'un gouvernement régulier.

La vérité des faits, des mœurs, des intérêts doit, autant que celle des principes, servir de base à la constitution d'un peuple.

Or, je suis intimement convaincu que la constitution de 1848 est contraire à la vérité des faits, des mœurs, des intérêts et de la volonté de la France, non moins qu'à celle des principes.

Il importe peu que la république ait été proclamée par le gouvernement provisoire, avec ou sans réserve de la ratification du peuple, et qu'elle ait été acclamée par l'Assemblée Constituante le 4 mai 1848. Si elle était conforme aux mœurs, aux intérêts du peuple, si elle répondait à ses besoins, la force des choses la maintiendrait, car, avant tout, un peuple doit être gouverné selon sa nature et son tempérament.

Il faut donc étudier à fond l'état et les mœurs d'une nation avant de lui donner une constitution nouvelle et se garder surtout de prendre pour le caractère démocratique de cette nation, la jalousie et l'hostilité des classes entre elles, la haine des distinctions chez les autres quand on en est si avide soi-même, le mépris de l'autorité, l'impatience de toute discipline, le désir immodéré de s'enrichir et de jouir sans travail, l'envie contre ceux qui possèdent, cet orgueil indomptable toujours prêt à déclarer la guerre aux pouvoirs et à la forme du gouvernement établi, aux mérites et aux services rendus, et à faire table rase des droits acquis, des inégalités de condition, de capacité et de fortune, de la famille, de la propriété et des institutions sociales qui les protègent. Ce n'est point là la démocratie véritable, c'est la haine de toute société, le retour à quelque chose de pis que la barbarie primitive, qui n'est que l'absence de toute vérité, tandis que c'est ici la corruption des âmes et la perversion des intelligences ; c'est l'indice avant-coureur de la dissolution et de la chute irremédiable des empires.

Or, cette peste sévissait avec fureur dès les premiers jours qui suivirent la révolution de février ; son principe remontait plus haut ; ce mal avait éclaté dans la révolution de juillet 1830 ; car ce fut bien moins le coup d'État d'ordonnances inconstitutionnelles, que l'esprit d'insurrection et de révolution, le *socialisme*, en un mot, se traduisant d'abord dans la confusion et la lutte de coteries rivales et jalouses, puis ébranlant les fondements mêmes de la société, qui fut la cause réelle de cette révolution.

Dès 1789, la haine de l'autorité légitime et des supériorités sociales, qui renferme la soif de l'usurpation des pouvoirs, se manifestant toujours dans ses effets politiques par la confiscation, le meurtre, la spoliation, le papier-monnaie et les emprunts forcés pour aboutir à la banqueroute (c'est l'histoire invariable de toutes les révolutions démocratiques modernes); débutant par la prise de la Bastille, par les massacres des 5 et 6 octobre, arrivant rapidement au 10 août, au 2 septembre 1792, et au 21 janvier 1793, et de là, après des torrents d'un sang généreux répandus sur les échafauds, à la honteuse dissolution du Directoire, puis au plus dur despotisme, pour recommencer bientôt son cycle néfaste d'agitations et de bouleversements! La haine de l'autorité et des supériorités sociales, disons-nous, déchira le mandat des États-généraux et s'arrogea cette souveraineté menteuse dont on vit se dérouler les actes horribles que l'on peut appeler les travaux forcés des nations condamnées aux révolutions ; ce poids infernal qu'elles roulent sans cesse en essayant de remonter l'abîme et qui retombe sur elles pour les écraser !

« La victoire ne fut pas longtemps indécise. Le pouvoir avait douté, il fut vaincu. Les vainqueurs à leur tour se divisèrent. Le nouvel ordre de choses avait ses premiers et ses seconds comme l'ancien, comme tout ordre quelconque, car l'ordre, *entre les hommes*, n'est autre chose que l'art de faire passer les uns avant les autres, afin que tous puissent arriver à temps. Les plus diligents ou les plus heureux, comblés d'honneurs et de biens, ne manquaient pas de proclamer à haute voix, pour la conservation de leurs avantages, ou même d'écrire jusque sur les murs l'article dernier des *droits de l'homme : La propriété est un droit inviolable et sacré ;* mais les derniers venus à la distribution leur répondaient par l'article 1er : *Les hommes naissent et demeurent libres et égaux en droits*. Si la propriété était un *droit* selon le dernier article, l'égalité de droits, consacrée dans le premier, emportait l'égalité de propriété..... Cependant, l'affreux commentaire que les passions firent bientôt *de la déclaration des droits de l'homme*, ne tarda pas à en décrier le texte, et si cette déclaration fut compromise pour avoir été placée en tête de la constitution de 1789, mise pour préliminaire à la constitution de 1793, elle fut à jamais déshonorée. Enfin, après de longues et sanglantes erreurs, on comprit qu'il fallait parler à l'homme un peu moins de ses droits, un peu plus de ses devoirs. Les *droits de l'homme* tombèrent en désuétude et furent abandonnés aux démagogues de province ; ce ne fut que de loin en loin, et à la veille des crises révolutionnaires (nous l'avons vu en 1830 et en 1848), qu'on entendit retentir dans l'arène législative ces mots effrayants : *les droits de l'homme*, signal de désolation et de mort, tels que ces coups de canon qui partent à longs intervalles d'un vaisseau en *perdition* (1). »

« Cela ne veut pas dire qu'en 1789 il n'y eût rien à faire (comme le dit fort bien l'*Union* (2) aux apologistes de l'affranchissement de toute règle antérieure à 89), qu'à laisser marcher la société dans les errements détestables où la politique perverse de 1715 l'avait engagée. Ah ! sur ce point, nous serions peut-être plus sévères que les démocrates dogmatiseurs. Nous ne sommes pas accoutumés à faire grâce à aucune corruption, à aucune lâcheté, à aucune usurpation : il y avait en 89 à réagir contre un système de cour, faussé et déshonoré par un mélange de philosophes et de maîtresses. Mais cela même n'était réalisable qu'à la condition de rendre à la monarchie sa liberté. Dans tous les temps et dans tous les pays, l'histoire l'atteste, l'autorité est nécessaire à la réalisation des réformes. Là où la première réforme consiste à tuer l'autorité, comptez que la conséquence infaillible est d'arriver à l'extermination du peuple. » Tous les principes proclamés par Louis XVI dans son immortelle déclaration du 23 juin, avaient été adoptés par la volonté générale ; et quelles que fussent les résistances, la volonté générale était certaine de triompher. Pourquoi dès-lors la révolution a-t-elle abandonné ou faussé les principes? Pourquoi ne les a-t-elle pas pratiqués plus tard? Pourquoi ne les pratique-t-elle pas aujourd'hui? L'échafaud et l'exil lui avaient fait le champ libre : les révoltes, les insurrections, les barricades et les révolutions nouvelles lui ont donné toute latitude. Eh bien! les a-t-elle jamais pratiqués? les pratiquera-t-elle jamais? C'est nous, nous seuls, amis du droit et de l'ordre qui les avons fait sortir de l'oubli, qui les défendons et en demandons sans cesse l'application, et qui, par la volonté nationale, Dieu aidant, en assurerons le triomphe!

Que des sentiments généreux, que la détestation de l'arbitraire,

---

(1) *Discours préliminaire de la législation primitive*, par M. de Bonald.
(2) Le journal l'*Union* du 8 février 1850.

que le désir de la correction des abus et l'amour du pays aient fait illusion à plusieurs, alors comme en 1830 et comme aujourd'hui, nous ne le nions pas. Mais était-ce là cette union, ce concours universel des intérêts sociaux, cette aspiration de toutes les classes vers un perfectionnement politique ou une constitution nouvelle? Evidemment non, puisqu'on avait violemment interrompu et changé le cours de cette aspiration. C'était, au contraire, un obstacle fatal mis aux conquêtes légitimes de la civilisation, c'était la mort de cette civilisation et non son progrès; car ce mal funeste a vicié et neutralisé depuis toutes les tendances généreuses vers une situation meilleure. Et c'est ce qui distingue fondamentalement, ce qui sépare par une barrière insurmontable ces révolutions démocratiques et sociales de la république des États-Unis de l'Amérique du nord, qui fut l'œuvre de toutes les classes étroitement unies entre elles par le sentiment de leurs droits blessés, de leur dignité outragée, par le respect de tous les principes naturels et légaux qui constituent la famille, la propriété, l'égalité civile dans l'inégalité des fortunes, en un mot, l'ordre social.

Veut-on le secret de cette démocratie d'un nouveau genre? Il est tout entier révélé dans ces paroles prononcées par M. Ledru-Rollin devant la haute-cour de justice de Bourges : « Croyez-vous donc que les révolutions se fassent en disant le mot par lequel elles se font? Non, ON S'EMPARE DE TOUTES LES CIRCONSTANCES QUI PEUVENT ÉMOUVOIR L'OPINION PUBLIQUE, ET A L'AIDE D'UN TOUR DE MAIN ON RENVERSE LE GOUVERNEMENT. »

Or, que des législateurs constituants, en présence de cette fièvre, de ces fureurs anti-sociales qui avaient éclaté le 17 mars et le 16 avril, et qui tenaient à leur merci le gouvernement provisoire dénué d'une ombre d'autorité morale, partagé en deux fractions qui s'épiaient et se surveillaient elles-mêmes par des contre-polices, toujours prêtes à en appeler à la force brutale pour dénouer ses difficultés intestines, aient proclamé la république démocratique le 4 mai comme le vœu et le besoin de la France, c'est ce qui choque la vérité et le bon sens public; c'est ce que la postérité aura peine à comprendre.

Mais, qu'après l'explosion des journées de juin, paroxysme

jusque-là inconnu du mal profond qui dévore la société; qu'en présence de cette guerre sacrilége froidement calculée, combinée, soutenue avec une résolution et une impassibilité qui dénotaient chez les chefs le parti pris de renverser la société de fond en comble, et révélait ainsi le *seul sens* donné par ces masses perverties et par leurs meneurs au mot *démocratie;* qu'en face, au contraire, de la résistance unanime des provinces et de leurs énergiques protestations contre cette barbarie révolutionnaire, de leur esprit conservateur de la propriété, de la famille et des droits imprescriptibles des communes et des départements; de leurs vœux exprès pour une autorité forte et en même temps pour la décentralisation administrative et pour une organisation sociale qui plaçât dans les communes et dans les départements des pouvoirs préservateurs et des digues contre des invasions nouvelles; ces législateurs constituants aient pu songer à donner à la France la *république démocratique une et indivisible :* c'est ce qui déconcerte la réflexion et confond l'intelligence!!!

Quoi! la paix, l'union, ce premier besoin des peuples est bannie de la France; une guerre sourde entre les classes de la société éclate plus terrible, plus universelle, plus systématique, guerre dirigée non plus contre les priviléges de l'aristocratie, mais contre la propriété et le capital, contre les droits acquis et la justice naturelle, contre la pudeur, la famille et tous les sentiments honnêtes et légitimes, contre les fondements essentiels des sociétés humaines; son cri, son drapeau, c'est *Vive la république démocratique et sociale* (1)! ce mot *sociale* précise le caractère de cette démocratie, c'est-à-dire la guerre sociale, l'extermination de la société ou le changement radical des principes qui la font vivre; et l'Assemblée Nationale ne rend pas à la France indignée son mandat pour lui en demander un nouveau, à ce réveil si lamentable, à cette terreur si légitime du pays; et elle formule immédiatement après dans la constitution qu'elle est chargée de rédiger, cette *république démocratique* dont il vient de se faire et dont il se fera encore un commentaire si effroyable!

---

(1) Ce cri a terminé l'allocution de Barbès devant la Haute-Cour de Bourges, au moment suprême du jugement qui l'a frappé!

Ainsi, au lieu des réalités politiques réclamées par l'opinion soulevée d'un bout de la France à l'autre; au lieu de la décentralisation des provinces, de garanties puissantes, efficaces données à la famille, à la commune, et de ce droit de conservation, de défense, de gestion des intérêts nationaux à organiser sur tous les points du territoire, l'Assemblée Nationale se met à discuter gravement des théories métaphysiques et des utopies révolutionnaires !!!

CHAPITRE CINQUIÈME.

Effets désastreux et irrémédiables de ce faux principe, et tendance invincible de toutes les nuances démocratiques vers le socialisme ou le communisme, qui est la destruction indéfinie et non le progrès continu.

Mais, en politique, la logique est inexorable, elle est terrible ; ce qui est vicieux, ce qui est faux dans son principe, bien loin de devenir meilleur par la patience et par le temps ne peut qu'empirer. Et voilà pourquoi les mêmes erreurs, les mêmes sophismes, les mêmes extravagances, les mêmes fureurs se reproduisent, et l'on ne fait que renouveler des épreuves déjà démontrées désastreuses il y a soixante ans, et absolument identiques dans les idées, dans les termes et dans les moyens ; que dis-je, formulées avec une entente plus savante du mal et du génie destructeur de l'ordre ! Voilà pourquoi les institutions sociales et politiques sont livrées à la même instabilité, au même discrédit, à la même destruction. Voilà pourquoi, malgré tous les efforts pour retenir l'état sur la pente de l'abîme, on s'y enfonce chaque jour plus avant ; et malgré les biens précieux, les garanties sacrées et la fortune même du pays, jetés à la mer furieuse, le vaisseau menace à chaque instant de sombrer et de s'engloutir dans les flots !!

En effet, le temps n'a point calmé le mal ; il s'étend sur les provinces et sur l'Europe entière. Des doctrines plus criminellement sauvages, plus effrontément impies, un mépris plus cynique des vérités élémentaires de l'ordre social, un défi plus insolent chaque jour jeté à la société, un duel à mort dans la presse en attendant qu'il passe de nouveau dans les faits : voilà ce que nous avons vu. La haine est infiltrée par le sophisme à la misère crédule ou impatiente ; on adule le peuple, l'armée que l'on s'efforce, mais en vain, d'embaucher et de corrompre ; et l'on profère chaque jour des menaces furieuses contre les pouvoirs établis, contre les propriétaires et les capitalistes ; le poison circule, des écrits et des chansons infâmes se répandent dans les classes laborieuses et dans les campagnes pour leur ôter la paix et allumer dans leur cœur des passions honteuses ; les hommes se disant jusque-là républicains modérés, et les hommes anarchiques, communistes et socialistes, savent se rapprocher à l'occasion ; on se démasque à la tribune et dans la presse, on affiche hautement ses doctrines et ses projets. On ne veut plus de la souveraineté nationale, mais on appelle je ne sais quels arrêts mystérieux de sociétés secrètes des prétendus défenseurs des droits de la constitution, le meurtre, l'assassinat et la guerre civile, au secours d'une coalition de malfaiteurs. Ils substituent leur volonté, leur caprice à l'action de la majorité ; ils se font juges de cette majorité ; ils violent et déclarent tour-à-tour violée une constitution qu'ils mettent sous leurs pieds ; ils entravent systématiquement la marche du gouvernement ; ils multiplient les actes d'accusation, ils font à la tribune des appels directs aux armes, se forment, eux, fraction minime des élus de la nation, en comité conventionnel ; ils précipitent dans la rue des masses qu'ils corrompent et qu'ils égarent, ils ensanglantent de nouveau le pavé de la capitale et de la deuxième ville de France. Que veulent-ils ? Ce n'est ni la constitution ni la république, ils veulent la confiscation universelle du pouvoir et des fortunes, exploitée par la dictature de quelques conspirateurs. Le mal a dépassé toutes les prévisions, toutes les limites connues. C'est désormais une guerre d'extermination entre la société et une bande d'hommes sans aveu qui entendent la dépecer et se la partager comme une proie. Vérité, honneur, patrie, morale, respect des droits d'autrui, n'ont plus de sens pour eux. *Dieu est pour eux la nature ou la nature est Dieu ; notre âme est notre organisation, toute croyance une crédulité aveugle ; le pouvoir doit obéir ; nos devoirs sont nos intérêts, nos vertus sont nos passions; et ils ne s'accordent pas plus entre eux qu'avec les autres hommes ni dans leurs idées ni dans leur langage; ce sont des barbares qui viennent porter au milieu d'un peuple civilisé leur idiôme sauvage* (1). — Mais il ne s'agit pas seulement de rétrograder vers une barbarie brutale qui brise, du moins sans la corrompre, la société; il s'agit de livrer au moyen d'un langage imposteur, cette société constituée et civilisée par la loi de Dieu, aux vertiges et aux convulsions d'une fièvre pernicieuse et dissolvante qui se termine toujours par la mort d'un peuple.

CHAPITRE SIXIÈME.

Profession de foi officielle et socialiste des républicains démocrates.

Veut-on une preuve sans réplique de la solidarité qui lie tous les démocrates à ces doctrines subversives, lisez ce premier-Paris du *National*, du 1ᵉʳ janvier 1850, c'est le manifeste des républicains de toutes les nuances : « UNION DU SOCIALISME DANS LA DÉMOCRATIE. — C'est avec plaisir que nous constatons le mouvement de fusion qui s'accomplit dans les diverses nuances du parti démocratique. De toutes parts les anciennes délimitations tendent à s'effacer, les dissidences à se fondre en accord, les divergences en concours. — C'est déjà un grand résultat que ces deux termes : République et socialisme, — rigoureusement synonymes dans la sphère spéculative, — le soient devenus dans la conscience du peuple; et que passant du domaine de l'abstraction dans celui de la pratique (quelle pratique, grand Dieu!), *cette synonymie d'idées* ait pour corollaire et pour consécration *l'unité d'efforts.*

« Sans les tendances sociales, ou, pour parler plus net et plus bref, *sans le socialisme, la république n'a pas en réalité de raison d'être* (n'est-ce pas la confirmation de tout ce que nous

---

(1) Paroles prophétiques de M. de Bonald, *De l'origine du langage.*

venons de dire, que république et bouleversement de la société sont synonymes dans les pensées et les projets de ceux qui l'ont imposée à la France?). — Sans la république, le socialisme ne peut pas même exister. Tout lui manque à-la-fois. Son levier et son point d'appui, c'est la *souveraineté du peuple, le progrès et le suffrage universel.*

« La république *comme moyen*, le SOCIALISME COMME BUT.

« La république pour le socialisme, le socialisme par la république : VOILA DÉSORMAIS LA FORMULE DE LA DÉMOCRATIE. »

Et maintenant, vous qui connaissez les doctrines de Proudhon, de Louis Blanc, de Pierre Leroux, de Considérant, etc., et la guerre acharnée qu'ils se font entre eux, en attendant qu'ils s'arrachent et se disputent les lambeaux du cadavre sanglant de la société ; vous qui ne voyez d'ordre et de salut possible que dans l'unité des principes, écoutez le *National* : « Qu'on ne vienne pas nous dire qu'en parlant de l'union du parti républicain, nous exprimons plutôt un vœu que nous ne constatons la vérité ; qu'on ne vienne pas arguer contre notre opinion, *de la diversité des moyens proposés par les diverses écoles* SOCIALISTES. Cette diversité, nous la signalons *en nous en félicitant*. Elle prouve l'ardeur des recherches, *l'entraînement universel des esprits dans une même voie ;* elle atteste à la fois *la grandeur et la nécessité du résultat qu'il faut conquérir*. — Entre les diverses écoles démocratiques, *l'aspiration est la même, la foi est la même, le dévouement est le même, le but est le même; cela suffit à constituer l'unité nécessaire à des efforts communs.* »

Eh bien! qu'en dites-vous, républicains *modérés* qui avez cru possible la conservation d'un état régulier de société sous la forme républicaine, et qui avez admis, contre la vérité des faits, comme principe de la constitution : *Que la France est une démocratie, et que dès-lors son gouvernement est la République démocratique, une et indivisible ?* Vous qui avez pu croire que si la forme des pouvoirs changeait, les bases éternelles de la société, la religion, la famille, la propriété, pouvaient rester intactes, et qu'il n'y avait rien de commun entre le progrès social et l'altération de ces principes, écoutez encore le *National* : « La vérité sociale n'est jamais complète à aucun moment de la durée d'une nation, à plus forte raison chez de simples individus. »

Ainsi, il n'y a pas de vérités immuables dans la société, ni pour les individus ; il faut, sous le nom de progrès, sortir des limites dans lesquelles elle vit et se meut depuis six mille ans.— « La *science se fait éternellement* (c'est-à-dire qu'il n'y a point de science éternelle!).—L'IMMOBILITÉ SOCIALE, C'EST LA GUERRE. — Tout ce qu'il y a de vital dans les nations, le progrès social, c'est la paix. — Cette immobilité qui n'est autre, en somme, que la *compression du droit par la force*, C'EST UNE EXPLOSION TOUJOURS IMMINENTE ; C'EST LA RÉVOLUTION EN PERMANENCE (c'est-à-dire que l'immutabilité des principes éternels de la société doit appeler sans cesse la révolte et la guerre de la part de ceux qui veulent renverser ces principes!). — Le progrès, c'est, au contraire, *la révolution close ;* c'est l'organisation toujours perfectible, toujours perfectionnée, et *suivant le mouvement éternellement ascendant des idées et des solutions.* — En conséquence, nous les *anarchistes,* nous les *factieux* (voyez le vocabulaire de la réaction), nous sommes les représentants par excellence de l'ordre. Vous, les conservateurs, les défenseurs de la société (voyez le vocabulaire de la réaction), vous êtes vraiment les révolutionnaires. — S'IL SE FAIT EN FRANCE UNE QUATRIÈME RÉVOLUTION, C'EST VOUS, INSENSÉS, QUI L'AUREZ PROVOQUÉE... »

Donc il est bien entendu que les fondements actuels de la société ne sont point ses assises véritables, qu'il faut marcher, toujours marcher vers des idées et des solutions nouvelles, que ce que défendent les conservateurs, dits *réactionnaires*, n'est point la vérité sociale, et qu'une quatrième révolution éclatera contre cette *société immobile*, si on ne la livre pas à toutes les utopies, à toutes les expériences nouvelles qui passeront par la tête des républicains ou socialistes!!

Et vous avez cru, bonnes gens, poser dans la constitution démocratique des principes qui arrêteraient le développement de l'esprit d'orgueil et de révolte, de la soif insatiable de domination et des révolutions éternelles dont elle renferme le germe? Êtes-vous maintenant désillusionnés?...

La constitution n'a donc rien empêché, rien rectifié ; elle n'a fait que traduire, au moyen d'un langage, si l'on veut décent et honnête, mais non moins trompeur, un principe qui est le source intarissable de tous les maux, puisque, bien loin d'y porter remède, il en a redoublé l'intensité, car ces maux sortiront continuellement de la compétition et de l'instabilité du pouvoir qui n'est qu'une proie pour toutes les factions. Le pouvoir étant regardé comme la chose de tous, *tous* en veulent les profits et tendent à l'ébranler. L'autorité n'étant point hors de cause, comme dans la monarchie constitutionnelle et légitime, les forces défensives de la société s'affaiblissent à chaque lutte, et ce n'est que par une effroyable effusion de sang et par l'état de siége, ou par des mesures préventives et répressives qui rendent nécessaire la suspension du droit commun, qu'un ordre purement matériel est provisoirement acheté. Ce n'est plus l'émeute accidentelle et facilement réprimée sous la monarchie; c'est la guerre sociale sans cesse couvée, fomentée et renaissante. La misère, qui est l'effet du défaut de confiance et d'avenir, irrite continuellement les passions; elle étend la plaie du chômage et du paupérisme; et de nouvelles catastrophes surgiront jusqu'à ce que la société soit enfin et pour toujours ensevelie sous ses ruines.

Leur tactique peut changer : vaincus dans la rue, ils se replieront sur une propagande, recrutée par la misère et par les passions cupides et envieuses ; ils paraîtront revenir au suffrage universel avec l'espoir de s'en servir comme d'un point d'appui, d'un levier, pour épuiser et s'approprier les fortunes des citoyens. Mais si la forme change, les projets de bouleversement social restent les mêmes, parce que les barrières qui, seules peuvent les prévenir, n'existent point dans la constitution, que dis-je! sont renversées par la constitution.

Ainsi l'élection du 10 mars à Paris, de trois chefs socialistes, au choix desquels ont concouru la coterie du *National*, celles du *Siècle* et de la *Presse*, avec toutes les nuances de la démagogie, n'est point, qu'on le sache bien, le résultat fortuit de défections ou de faits extérieurs et accidentels, c'est la conséquence forcée du principe démocratique de la constitution, c'est-à-dire de la souveraineté des passions individuelles ; et si cette constitution ne change pas, cette logique révolutionnaire se précipitera vers son but avec la force d'un torrent, et elle fera surgir des hommes auprès desquels pâliront MM. Carnot, Vidal et De Flotte... Marche, marche, dit l'esprit de l'abîme ; un principe dissolvant doit dissoudre, un principe destructeur doit détruire, et l'omnipotence individuelle, sans frein de lois divines et de lois traditionnelles, doit nécessairement finir par couvrir de sang et de ruines la nation dont elle a remplacé le génie civilisateur et la loi naturelle d'expansion et de conservation, de liberté et d'unité.

Cette constitution est donc une méprise, une erreur grave, soit que nous en examinions le texte ou le fond, les paroles ou les faits.

CHAPITRE SEPTIÈME.

La Constitution de 1848 renferme des définitions inexactes et fausses sur la nature du gouvernement.

Et d'abord le préambule énonce des lois antérieures et supérieures à la loi écrite, mais il n'en indique pas l'origine ; et au lieu de se borner à proclamer cette vérité éternelle en la déclarant émanée du Christianisme qui a complété le droit naturel, le préambule fait un dénombrement de préceptes nécessairement incomplet, et par cela même dangereux, parce qu'il en affaiblit la nature et la sanction. Déclarer cette origine féconde, toute puissante, c'eût été se montrer homme d'Etat et publiciste. Bacon, Leibnitz, Montesquieu et tous les grands hommes qui ont écrit sur la société, n'ont pas hésité à faire de cette profession de foi le frontispice de leurs œuvres. C'eût été d'un seul coup raffermir l'autorité, la propriété, la famille et l'Etat, et montrer le néant des doctrines extravagantes qui s'efforcent de les ébranler. C'eût été marquer le vrai caractère de l'autorité politique et la route certaine du progrès.

Il y a des lois préexistantes, sans doute, mais ce sont celles qui sont fondées sur la révélation naturelle et divine. La souveraineté conditionnelle ou conventionnelle hors de ces lois, n'est qu'une chimère fatale aux nations. Il n'est pas vrai que le peuple peut tout ce qu'il veut, et qu'il est une autorité supérieure qui ne reçoit point la loi, mais qui la donne (1), et qui demeure maître des règles mêmes qu'il s'impose. *Le pouvoir le plus absolu est réglé par des lois fondamentales qui, dit Bossuet, réclament sans cesse, et contre lesquelles tout ce qu'on fait est nul de droit.* — « Moralistes, législateurs, s'écriait un homme de Dieu (le Père Elisée), ce ne sont pas des discours, ce sont DES LIENS QU'IL FAUT POUR ATTACHER LES HOMMES A LEUR PATRIE; et où en trouverez-vous, si vous brisez ceux que la religion et la nature ont formés ? »

Il en est de ce préambule, comme il en fut de la déclaration des droits de l'homme en 1789; il renferme une vérité incomplète. Sans doute le développement de la société et sa constitution politique sont le résultat d'un petit nombre d'axiomes ou de principes, et la législation qui est la première de toutes les sciences, a comme une autre, et même plus qu'une autre, dit M. de Bonald (2), ses principes qui précèdent, ses conséquences qui suivent, et sa partie générale ou simple d'où doit sortir la partie composée et particulière. Mais il ne suffit pas d'énoncer des maximes indéterminées qui laissent en problèmes, comme dans la déclaration des droits de l'homme, le pouvoir, la morale, l'obéissance aux lois, qui mettent en relief l'obéissance passive et la résistance active, et qui font que chacun est mécontent de soi ou des autres, que l'homme investi du pouvoir paraît avoir usurpé l'autorité, que la richesse est un tort et la pauvreté une injustice. — Il faut des principes immuables, féconds et précis comme ceux du décalogue ou des commandements de Dieu, qui mettent plus de vérités distinctes dans l'esprit de l'enfant qui sait et qui connaît ces dix préceptes, que toute la secte académique, et que toutes les philosophies résumées en éclectisme par M. Cousin, n'en mettent dans la tête de la jeunesse pensante. C'est pour s'être trompé d'une manière si fatale sur les conséquences de cette déclaration, que les législateurs subséquents renoncèrent à une déclaration de principes en tête de leurs codes; ils parlèrent

---

(1) *Contrat social* de Jean-Jacques Rousseau.
(2) *Discours préliminaire de la législation primitive.*

aussi *d'un droit immuable et universel*, ou de la raison naturelle, gouvernant d'elle-même tous les hommes, idée non moins fausse, puisqu'on n'en montrait ni l'origine, ni la sanction, et qu'elle laissait le champ libre aux passions ; qui n'empêchait point les Romains de former des hommes à s'entretuer entre eux, les Grecs de prostituer leurs filles dans les temples, et qui a fait que le Code civil n'est qu'un code de *facultés* et non un Code de *devoirs*, dit fort bien M. de Bonald ; ce code donne les règles du combat entre les hommes, et non les moyens de paix, et « le législateur qui le promulgua comme l'unique règle de l'homme, et sans parler d'aucune autre, ressemble à un médecin qui, consulté sur le régime propre à conserver la santé, au lieu de donner les grands préceptes de la tempérance, de la sobriété, du travail, prescrirait des remèdes propres à arrêter la fièvre ou à apaiser les douleurs (1). »

Aussi, ce Code civil, immuable dans les parties extraites de Domat et de Pothier, n'a-t-il ni régénéré les mœurs, ni fondé l'ordre moral et politique en France. Les révolutions qui se sont succédé depuis en offrent une triste preuve.

Or, ces principes éternels, naturels, nécessaires, de toute législation sociale, sont écrits dans l'Ancien et le Nouveau Testament ; les sociétés civilisées, et spécialement la France, n'ont été établies, n'ont vécu que sur leur fondement, et le célèbre Domat, l'ordonnateur des lois civiles, disait au frontispice de son ouvrage : « La Religion chrétienne nous découvre quels sont les premiers principes que Dieu a établis pour le fondement de l'ordre de la société des hommes, et *qui sont la source de toutes les règles de la justice et de l'équité....* Ainsi, la première loi de l'homme, qui lui commande l'amour et la recherche du souverain bien (de Dieu), est le fondement et le principe de toutes les autres lois. »

L'édifice social reposait sur ces bases éternelles ; « une secte insensée n'avait pas fait de la société, avec ses vains systèmes de pouvoirs qui se combattent, de forces qui se *pondèrent*, de devoirs qui se discutent, un ballon aérostatique balancé dans les

---

(1) *Discours préliminaire de la législation primitive.*

airs, porté sur le feu, poussé par le vent, où les peuples sont appendus et flottants dans la région des brouillards et des tempêtes ; et une horde, accourue des confins les plus reculés de l'espèce humaine, n'avait pas fait irruption dans le domaine de la justice, de la morale et de la raison (1). »

C'est le Christianisme seul qui nous apprend qu'il n'y a point de loi de la nature, de loi de la famille, de loi de la société publique, séparées l'une de l'autre ; *que nulle part les familles n'ont pu subsister sans se donner un gouvernement public,* la religion naturelle se conserver, sans s'appuyer sur la religion révélée, ni la loi naturelle se maintenir sans des lois subséquentes et positives, ni la philosophie s'avancer d'un pas ferme et sûr sans le flambeau de la foi catholique ; que, par conséquent, toutes les lois constitutives et réglementaires de la société sont des *lois naturelles* lorsqu'elles sont bonnes, et qu'ainsi « la loi qui institue des tribunaux pour punir les crimes, *et la loi qui dispose de la succession au pouvoir en faveur des mâles*, sont des lois naturelles, et tout aussi naturelles que celles qui ordonnent *d'honorer le père et la mère, et qui défendent de tuer et de voler* (2). »

Ecoutons le plus grand des publicistes et des philosophes, celui qui a porté à leurs dernières limites la connaissance des sciences morales et mathématiques, l'immortel Leibnitz :

« Il serait fort utile, dit-il, de faire entrer dans un système de droit naturel, les lois parallèles de droit civil des Romains et *même celles de droit divin*. Les théologiens et les jurisconsultes pourraient plus aisément faire usage du droit ; au lieu que de la manière dont ils enseignent cette science, elle consiste plus en théorie qu'en pratique, *et on ne l'applique guère aux affaires de la vie*. »

L'un des moyens les plus efficaces de régénérer les mœurs publiques et de tracer une route sûre aux générations futures, si cruellement dévoyées par une philosophie fausse et une législation stérile, ce serait donc de composer des traités de droit natu-

---

(1) *Discours préliminaire de la législation primitive.*
(2) *Ibid.*

rel, divin et positif à-la-fois, aux sources de la raison éclairée par la foi, du droit romain, du droit français et du droit catholique, d'en faire la base de l'enseignement des écoles de droit, et de suivre les ramifications de ces lois générales dans leur application à toutes les lois particulières. Car ces lois générales, axiomes de la science de la législation, ont besoin d'être développées dans les lois particulières qui en sont les conséquences. « Les sociétés juives et chrétiennes qui ont le mieux connu toutes les lois générales, sont les plus fortes des sociétés du monde (1). Mais parmi les sociétés chrétiennes, celles chez qui les lois particulières sont les conséquences les plus naturelles des lois générales, sont les plus fortes des sociétés, de cette force de conservation ou de restauration qui tire une société même des plus extrêmes malheurs. Là seulement est la raison de l'incontestable supériorité de certaines sociétés religieuses et politiques sur toutes les autres; en sorte que la société la plus éclairée, et conséquemment la plus forte, sera, toutes choses égales, celle dont la législation particulière sera le plus et le mieux en harmonie avec la législation générale; comme l'homme le plus vertueux est celui dont les actions individuelles sont les plus conformes aux principes de l'ordre général; comme le savant le plus instruit en géométrie est celui qui a porté le plus loin les conséquences des premiers principes de cette science. »

Si Dieu, en effet, a créé l'homme pour l'immortalité, il a dû donner aux lois de la société un principe immortel.

Mais la constitution de 1848 ne s'est pas bornée à laisser dans les nuages ce droit antérieur et préexistant. Passant à la définition des pouvoirs, le texte de la constitution a fait perpétuellement mentir les mots en dénaturant les choses; il a fait d'autres idées que les idées reçues, et par conséquent un autre langage. A ce point de vue, et sauf le patriotisme, la pureté des intentions, ces définitions sont un véritable escamotage de la vérité des principes et des faits. Or, les mots sont pleins de périls quand on leur donne un sens autre que celui que l'universalité des peuples et des siècles leur ont donné. Cette supposition, ou cette confec-

---

(1) T. II, *Législ. prim., Disc. prélim.*

tion d'idées et d'expressions, ce langage imposteur, est à-la-fois une source d'erreurs en philosophie, une cause prochaine de décadence pour la littérature, et un principe de mort pour la société (1).

La première définition qui frappe nos regards est celle-ci: *La république française est démocratique, une et indivisible* (2 du préambule). — M. de Larochejacquelein a demandé ce que l'on entendait par démocratique. M. Dupin a répondu que c'était la suppression des priviléges, et, à partir de 1789, le règne de l'égalité. Ce n'était pas répondre à la question.

L'égalité, la liberté politique, la suppression de toute aristocratie, de tout privilége, peuvent avoir lieu dans une monarchie comme dans une république. Tous les publicistes, les hommes d'Etat les plus célèbres ont professé que s'il était absurde de vouloir enter des institutions monarchiques sur le pouvoir démocratique, il était très-praticable et très-avantageux de rattacher au pouvoir monarchique des institutions républicaines ou populaires (2).

C'est ainsi que l'unité dans l'autorité, l'uniformité dans l'administration générale et dans l'administration du pays par le pays, et l'union entre toutes les parties d'une nation qui en résulte, forment le moyen le plus puissant de développement et de progrès dans une société qui n'est plus la chose de l'individu, *mais la chose du public, non res privata, sed res publica;* et alors, comme dit J.-J. Rousseau: « La monarchie elle-même est république. »

Or, cette république véritable n'existe pas dans la démocratie. Si la société la mieux constituée est celle où le pouvoir est le plus honoré en lui-même et dans ceux qui le représentent; si la société la mieux administrée est celle où la vie et les propriétés de l'homme sont le mieux défendues contre l'oppression, quelle idée doit-on se faire d'une société réglée par la démocratie?

Qu'est-ce, en effet, que la démocratie comme gouvernement? C'est la souveraine puissance exercée par le peuple en corps.

---

(1) M. de Bonald, *De l'Origine du langage.*
(2) Burke, Bolinbrocke, Montesquieu, etc.

Que l'on donne le nom de démocratiques à certaines institutions, pour signifier qu'elles sont populaires, pour signifier les droits et les libertés du peuple, sa participation aux affaires publiques, l'égalité civile et politique ; il ne s'ensuit pas que l'on puisse appeler *démocratie* un gouvernement où le peuple en corps n'exerce pas la souveraine puissance. Car, nous le répétons, ces institutions, dites *démocratiques*, conviennent également à la monarchie et à la république ; elles s'adaptent même mieux à la monarchie, où le vote universel, convenablement organisé, est mille fois plus sûr, plus libre, plus efficace que dans la république ; où, renfermé dans l'action féconde de la liberté, réglé sur la hiérarchie de la famille, de la commune et de la province, il affermit et épure le pouvoir en le préservant des illusions de l'orgueil, de l'égoïsme des coteries, du sommeil, de la paresse et des témérités de l'intrigue, et joint ainsi à la stabilité du gouvernement, le renouvellement salutaire des hommes dont l'émulation et le zèle sont constamment tendus vers le bien.

C'est à tort pareillement que l'on nomme *démocratie* ce chaos d'idées et de mœurs politiques, ce mélange confus de l'esprit d'égalité extrême et des passions subversives, cette irruption des masses hors de leur place naturelle, *ce mouvement immense qui pénètre et fermente partout au sein des nations, qui va provoquant sans cesse toutes les classes, tous les hommes à penser, à désirer, à prétendre, à agir, à se déployer en tous sens* (1). — Cet esprit révolutionnaire, d'une part, et cette sève de la civilisation, de l'autre, peuvent sévir ou se développer sous toutes les formes de gouvernement.

Ne serait-ce pas plutôt chez certains hommes séduits et trompés par les doctrines nouvelles, cette inquiétude, ce malaise d'une nature appelée à des destinées immortelles, qui s'efforce de rompre les barrières étroites dans lesquelles elle est renfermée, et qui, ayant soif de l'infini, ne trouvant que vide et mécompte dans les choses humaines, n'ayant ni air pour respirer, ni espace pour se mouvoir, se trompe d'objet, et imprime les

---

(1) M. Guizot, *De la Démocratie en France.*

marques de sa grandeur déchue jusque dans ses convulsions et ses égarements mêmes?

M. Balmès (1) a donné de cette démocratie une définition plus exacte lorsqu'il a dit : « Malheureusement, à côté de cet esprit d'indépendance légitime, de raisonnable liberté.... il s'est *toujours* trouvé une autre démocratie formant avec celle-là le plus vif contraste.... Erronée dans ses principes, perverse dans ses intentions, violente, injuste dans sa manière d'agir, celle-ci a partout marqué ses traces par un ruisseau de sang : au lieu de procurer aux peuples la vraie liberté, elle n'a servi qu'à leur enlever celle qu'ils avaient déjà ; ou si réellement elle les a trouvés gémissant sous un joug de servitude, elle n'a été propre qu'à faire river leurs chaînes ; s'alliant toujours aux passions les plus misérables, elle s'est montrée comme la bannière de tout ce que la société a de plus vil et de plus abject ; elle a groupé à ses côtés tous les hommes turbulents et malintentionnés ; en fascinant par de trompeuses paroles une tourbe de misérables, en alléchant ses satellites par le succulent appât de la dépouille des vaincus, elle a été une éternelle semence de troubles, de scandales, de haines acharnées qui ont enfin porté leur fruit naturel : la persécution, la proscription, les échafauds. Son dogme fondamental a été de nier l'autorité, de quelque genre qu'elle fût ; son but constant de la détruire : la récompense qu'elle prétendait de ses travaux, c'était de se faire un trône sur des monceaux de ruines, d'avoir pour s'assouvir le sang de milliers de victimes, et de se livrer, pendant le partage d'un sanglant butin, à la folle joie d'une grossière orgie. »

Il nous paraît non moins inexact de dire *qu'on ne supprimera pas plus la démocratie dans la société que la liberté dans le gouvernement, et que pour contenir et régler la démocratie, il faut qu'elle soit beaucoup dans l'Etat ou qu'elle n'y soit pas du tout ; qu'elle trouve partout des issues, et qu'elle rencontre partout des barrières* (2). Ce sont là des locutions qui ne répondent point à la vérité des choses. Les in-

---

(1) *Le protestantisme comparé au catholicisme*, ch. 63.
(2) M. Guizot, *De la démocratie en France*.

stitutions doivent diriger et féconder l'activité humaine et réprimer ses écarts. Ce qu'elle a d'hostile et d'anti-social appartient aux factions, et les factions ne peuvent être beaucoup dans l'Etat sans finir par le ruiner et par le détruire de fond en comble. —
« Principe assuré, dit fort bien M. de Bonald, de corruption et de désordre, qui allume toutes les passions et ne laisse dormir aucun talent, qui déplace tous les hommes et réalise toutes les chimères, et qui, dans l'homme comme dans la société, met une activité dévorante que suivent l'abattement et la langueur, à la place du mouvement régulier, principe de la vie de l'homme et de la force de la société.

« Qu'on ne nous parle plus, dit ailleurs ce publiciste (1), des vicissitudes des choses humaines et de la nécessité des révolutions, pour faire oublier l'inutilité de celles que l'on veut faire, où les crimes de celles que l'on a faites. Il n'y a de vicissitudes et de révolutions que dans le matériel de la société, comme il n'y a de changement de figures et de forme que dans la matière.

« *Le moral de la société ne doit pas changer.* Le Christianisme, religion des intelligences et des *réalités,* religion de l'âge viril, est le dernier état de la société, comme le judaïsme, religion de l'enfance, religion d'images et de figure, en a été le premier. *Si nul autre nom que celui de son divin fondateur n'a été donné aux hommes pour être sauvés,* nulle autre doctrine que la sienne n'a été donnée à la société pour être bonne et forte; et si le Christianisme pouvait périr, la société aurait vécu. Elle finirait comme nous avons failli finir nous-mêmes par l'excès de la licence et par l'excès de la tyrannie; et si le progrès de la licence dans un temps, de la tyrannie dans l'autre, n'eût été irrévocablement arrêté, il n'est pas douteux que notre France, cette fille aînée de la civilisation chrétienne, n'eût été réduite, en moins d'un demi-siècle, à la condition la plus sauvage, la plus malheureuse et la plus abjecte de l'existence humaine. »

Telles sont les extrémités qui la menacent encore en ce moment; et si la France n'est point abandonnée de Dieu, il faudra de nouveaux prodiges pour arrêter l'excès de la licence qui la dé-

---

(1) *Considérations générales,* T. ix.

vore, et l'excès de la tyrannie qui en sera l'inévitable conséquence.

Fixons donc bien le sens des mots dans la langue politique et constitutionnelle, car il y va du salut de la France. Il y a trois espèces de gouvernement, dit Montesquieu : « *Le gouvernement républicain, le gouvernement monarchique et le gouvernement despotique. Le gouvernement républicain est celui où le peuple en corps ou seulement une partie du peuple a la souveraine puissance. — Lorsque, dans la république, le peuple en corps a la souveraine puissance, c'est la démocratie. — Lorsque la souveraine puissance est entre les mains d'une partie du peuple, c'est l'aristocratie* (1). » — Le peuple, dans la démocratie, fait par lui-même tout ce qu'il peut bien faire, et le reste par ses ministres qu'il nomme (2). — Pour donner à son suffrage et à son action une direction sûre, on le divise en certaines classes, comme à Rome et à Athènes (3).

Lors donc qu'on dit que la république française est démocratique, cela ne peut signifier qu'une chose, savoir : Que le peuple français, en corps, a la souveraine puissance, et qu'il l'exerce en nommant lui-même ses ministres, en exerçant lui-même le pouvoir exécutif, législatif et judiciaire.

Or, cela existe-t-il en France? Cela n'existe ni ne peut exister. La définition du gouvernement est donc inexacte. Autre chose est la souveraineté nationale; autre chose, l'exercice des pouvoirs qui en émanent.

La nature même des choses, la multitude des intérêts qui tendent sans cesse à se particulariser dans un vaste territoire, rendent en France la *République démocratique* impossible. La république aristocratique, qui ne serait que l'oligarchie des factions, y est plus impossible encore. « Il est de la nature d'une république, dit Montesquieu, liv. 8, ch. 16, qu'elle n'ait qu'un petit territoire; *sans cela elle ne peut guère subsister*. Dans un grande république, il y a de grandes fortunes, et par conséquent peu de modération dans les esprits; il y a de trop grands

---

(1) *Esprit des Lois*, liv. 2, ch. 1.
(2) *Ibid.*, liv. 2, ch. 2.
(3) *Ibid.*

dépôts à mettre entre les mains d'un citoyen ; les intérêts se particularisent ; un homme sent d'abord qu'il peut être heureux, grand, glorieux, sans sa patrie ; et bientôt qu'il peut être seul grand sur les ruines de sa patrie. »

Il fallait donc que la constitution répondît à cet état de choses, à ce fait réellement existant, dans la définition et l'organisation des pouvoirs. — Or la *démocratie* n'y répond pas, c'est un non-sens, une idée fausse.

Le suffrage universel, en effet, produit de simples délégués qui n'ont pas le pouvoir en propre. C'est le gouvernement de la nation par la nation représentée par des mandataires. Elle est la source de tous les pouvoirs, mais elle ne les exerce pas. Elle ne prend pas de résolutions actives, ne délibère point sur la paix et la guerre, elle ne rend pas de jugements, elle n'administre ni ne gouverne elle-même.

Ceci est de la plus haute importance, car si la France n'est point une démocratie gouvernementale, la définition de l'art. 1ᵉʳ du ch. 1 : « La souveraineté réside dans l'universalité des citoyens français ; elle est inaliénable et imprescriptible ; aucun individu, aucune fraction du peuple, ne peut s'en attribuer l'exercice », n'est qu'une abstraction, une idée métaphysique sans application possible ; et la nation sera de toute nécessité précipitée vers une oligarchie égoïste, ambitieuse, qui doit fausser son génie, ses mœurs et tout ce qui constitue cette grande nation.

C'est donc un devoir sacré pour tout bon citoyen de dire et de reconnaître que le gouvernement de la France n'est point une démocratie.

Quand M. Marrast, rapporteur de la commission de la Constitution, a dit : La France est une démocratie, son gouvernement doit donc être une république ; il a dit deux choses inexactes, comme point de départ et comme conséquence.

Restait le gouvernement de quelques-uns, organisé par le suffrage universel. Or c'est là, si l'on veut, une république représentative ; ce n'est point une république démocratique. Car nous ne saurions trop le répéter, l'égalité, la liberté de tous, l'homogénéité des intérêts, la suppression des priviléges, ne constituent point exclusivement le gouvernement de la démocratie.

Il serait plus exact de dire que la constitution de la France, c'est le gouvernement des majorités, mais des majorités soumises à des lois préexistantes qui, en France, pas plus qu'ailleurs, ne peuvent être violées par elles; à ces lois générales et fondamentales, émanées de la loi divine d'où découlent toutes les lois particulières parfaites, et sans le respect desquelles ces majorités ne méritent aucune considération. Une majorité ne pourrait donc faire en France une république démocratique contrairement à l'invincible nature des choses. Elle pourrait moins encore fonder une aristocratie, car si la nature ne fait nulle part de démocratie, on peut dire aussi avec J.-J. Rousseau, que l'aristocratie est le plus inconséquent des gouvernements, forme d'État, dit M. de Bonald, *qui est toujours dans les extrêmes de la servitude ou de la licence* (1).

La conséquence nécessaire de cette vérité fondamentale de la souveraineté de la nation qui n'agit point elle-même dans l'exercice des pouvoirs, c'est qu'elle doit fonder directement le pouvoir exécutif, le pouvoir législatif et le pouvoir judiciaire, et par conséquent ratifier et confirmer, par son vote, le principe, la forme et la constitution du gouvernement, qui règlent le mode d'établissement de ces pouvoirs.

C'est une étrange aberration de prétendre, en effet, que le mandat donné par elle a été illimité, qu'il y a eu dévolution de sa souveraineté à ses représentants pour l'organisation de cette souveraineté, et qu'en conséquence elle n'a plus rien à y voir. Mais ce serait d'abord un démenti formel donné au principe de l'art. 1er, que la souveraineté de la nation est *inaliénable* et *imprescriptible;* ce serait un démenti à l'art. 8, portant: « Tous les pouvoirs publics, quels qu'ils soient, émanent du peuple »; à l'art. 19, portant : « La séparation des pouvoirs est la première condition d'un gouvernement libre », d'où il suit que la souveraineté qui a délégué les pouvoirs est restée intacte, et a le droit de veiller à cette séparation; à l'art. 20 : « Le peuple français délègue le pouvoir législatif à une assemblée unique; » d'où il suit que la souveraineté ne peut jamais être dans une assemblée,

---

(1) *De l'état actuel de l'Europe.*

même dite constituante ou de révision, qui n'est que la mandataire de la nation avec des prérogatives de prééminence tracées par la constitution ; enfin, à l'art. 43, portant : « Le peuple français délègue le pouvoir exécutif à un citoyen qui reçoit le titre de président de la république » ; car si le peuple français *seul* délègue les pouvoirs publics, à plus forte raison il peut seul régler définitivement la constitution et la distribution de ces pouvoirs.
— En deuxième lieu, ce serait méconnaître la nature même d'un tel mandat qui ne s'applique point ici à des lois organiques ou secondaires, mais au libre arbitre, à la nature sociale, au tempérament même de la nation. Ces choses-là sont toujours réservées par elle, quelque étendu qu'ait été son mandat, et il faut absolument qu'elle les reconnaisse et les déclare par son vote ; ou bien il n'y a point de lois fondamentales, de souveraineté nationale organisée.

Ce n'est point là la *souveraineté du peuple*, mais l'adhésion volontaire du peuple aux grands principes, aux grandes lois sociales qui le constituent. Quand les fondements des empires sont ébranlés, que tout est remis en question, cette confession populaire, si je puis parler ainsi, des vérités fondamentales, est le seul moyen de résurrection et de force pour la constitution véritable du pays ; *car les révolutions n'arrivent que pour développer des vérités et dissiper des erreurs.*

Or, jamais la démocratie n'a pu s'adapter ni convenir à une nation étendue (Burke). Les anciens et tous les auteurs (Aristote, Cicéron, etc.) ont reconnu *que la démocratie pure, pas plus que la monarchie absolue, ne doit être classée parmi les formes légitimes de gouvernement.* « Le gouvernement démocratique, examiné au fond, dit J.-J. Rousseau, est impossible ; je doute même que ce gouvernement ait jamais existé nulle part. » La démocratie est plutôt une dégradation de la république, et Aristote dit fort bien qu'elle a beaucoup de points de ressemblance frappante avec la tyrannie. Toute société où l'autorité et les lois n'existent que pour le salut de ses membres est la chose de tous, et alors, dit J.-J. Rousseau, *la monarchie elle-même est république.* Dans le siècle dernier, remarque un savant publiciste, les bons auteurs appelaient toute forme d'État républicain. Ce n'est que dans ce siècle qu'on a donné exclusivement ce nom au gouvernement démocratique, *celui de tous les États où chacun est le plus occupé de soi, et où tous sont le moins occupés du public* (1).

Voici un tableau saisissant des dangers de ce gouvernement ou de cette fausse égalité qui, dans la démocratie, ne tient aucun compte des précédents, du talent public, des capacités, et des droits acquis :

« Là où le choix, affranchi de toute condition, peut se porter indifféremment sur tous les citoyens, la société a à redouter les métamorphoses subites qui tirent un homme des derniers rangs, et le font passer, sans préparation et sans noviciat, aux premières fonctions du pouvoir. Il se trouve rarement des hommes capables de résister à cette intempérance de fortune, si l'on peut parler ainsi : au moral comme au physique, la tête tourne à une trop grande hauteur, à laquelle on n'a pas accoutumé son cœur ni ses yeux ; l'homme ébloui tombe dans une démence réelle, et c'était une véritable aliénation physique et morale, produite par l'ivresse du pouvoir, que les folies atroces ou ridicules de tant de misérables que la révolution avait surpris dans les conditions obscures, et qu'elle avait élevés au faîte du pouvoir (2) ».

L'expérience, en effet, a prouvé que dans la démocratie pure il n'y a ni dévouement, ni pitié, ni patriotisme véritable, ni miséricorde, ni principe de morale, ni vertu réelle, mais égoïsme, violence, force inexorable, coups-d'état.

Cela est si vrai, que jamais, après la chute de Charles Ier, l'Angleterre n'a pu être une démocratie. « Ce fut un assez beau spectacle, dit Montesquieu, de voir les efforts impuissants de l'Angleterre pour établir la démocratie. Comme ceux qui avaient part aux affaires n'avaient point de vertu, que leur ambition était irritée par le succès de celui qui avait le plus osé, que l'esprit d'une faction n'était réprimé que par l'esprit d'une autre faction, le gouvernement changeait sans cesse. *Le peuple cherchait la démocratie et ne la trouvait nulle part.* Enfin, après bien des mouvements, des chocs et des secousses, *il fallut se reposer sous le gouvernement qu'on avait proscrit.* »

---

(1) M. de Bonald.
(2) M. de Bonald, *Disc. prélim.*

CHAPITRE HUITIÈME.

Du pouvoir exécutif.

SECTION I.

Il n'y a point de pouvoir exécutif véritable dans la Constitution de 1848.
Le président n'est qu'un agent responsable.
Contradiction de cette responsabilité et de la responsabilité ministérielle.

Maintenant qu'est-ce que le pouvoir exécutif dans cette constitution? J'y lis (art. 77) que le chef du pouvoir exécutif est responsable, qu'il peut être mis en accusation par l'assemblée nationale (art. 89) et qu'elle seule peut lui faire grâce s'il est condamné par la haute-cour de justice (art. 54). Le président n'a donc pas le pouvoir exécutif même, car nulle part, ni à Rome, ni à Athènes, ni dans aucun État libre, ancien ou moderne, on n'a vu que le pouvoir exécutif fût responsable, et encore moins à Sparte et en Macédoine. — Le président n'est donc qu'un agent responsable du pouvoir exécutif. Et cependant il exerce des droits de souveraineté absolue, il peut faire grâce, après avoir pris, chose bizarre, l'avis du Conseil d'état (art. 54)... Il n'y a point de pouvoir exécutif proprement dit dans le gouvernement; le maître c'est le peuple, mais ce maître n'agit point; il est censé avoir délégué un pouvoir exécutif qui n'existe pas (art. 43)! Cela se conçoit-il? et jamais le bon sens et la logique furent-ils plus outragés? A Rome, à Carthage, à Athènes et à Sparte, le sénat exerçait tout ou partie du pouvoir exécutif, et il était irresponsable et à vie. Le peuple aussi exerçait la puissance exécutrice, et le peuple, apparemment, comme tout souverain, était irresponsable. Le pouvoir législatif l'était également dans le sénat et dans le peuple, ainsi que le pouvoir judiciaire. C'est l'attribut essentiel de tout pouvoir, ou il cesse d'être.

On comprend donc que la nation souveraine investisse le chef de son gouvernement du pouvoir exécutif dont elle est la source, avec les mêmes prérogatives d'irresponsabilité et d'inviolabilité qu'elle possède elle-même. Mais je ne concevrai jamais que le pouvoir exécutif soit dans les mains d'un agent responsable, ni plus ni moins qu'un ministre ou tout autre fonctionnaire (art. 67); que cet agent puisse être mis en accusation par le corps législatif et ne puisse être gracié que par lui; que la souveraine puissance, nulle pour lui, réside virtuellement dans le pouvoir rival de l'assemblée (art. 52, 53, 54, 56, 57, 58); qu'ainsi la souveraineté nationale, sans représentant, soit confisquée au profit d'un corps délibérant!! — C'est la dégradation complète du pouvoir exécutif. Ou il sera le plus fort, et s'il est ambitieux et vise à l'usurpation du pouvoir, il se moquera de la constitution et de l'assemblée, et l'on aura le despotisme. Ou il sera le plus faible, et l'on aura, non point un pouvoir exécutif, mais une oligarchie parlementaire, la pire de toutes les tyrannies, et, dans tous les cas, les impulsions inévitablement diverses et peut-être contraires de majorités changeantes et variables, surtout sous l'empire de l'imprévu et des brusques retours du suffrage universel, non organisé sur les éléments progressifs et constitutifs de la nation. De toutes parts, même avec les meilleures intentions du monde, on courra aux aventures, et les destinées du pays se joueront sur un coup de dé. La devise de la France sera désormais : Le sort en est jeté, *alea jacta est!*

Ce n'est pas tout encore; le président de la république, les ministres, les agens et dépositaires de l'autorité publique sont responsables, chacun en ce qui le concerne, de *tous les actes du gouvernement et de l'administration* (art. 67). — Mais si le président est responsable de tous les actes de gouvernement et d'administration, puisqu'il nomme et peut révoquer les ministres (art. 63), ainsi que les agents de l'autorité publique; puisqu'il doit surveiller et assurer l'exécution des lois (art. 48), qu'il dispose de la force armée, négocie et ratifie les traités, etc., il faut que les ministres obéissent à son impulsion, et alors que devient leur responsabilité? Car enfin elle est écrite dans la constitution et il n'est pas loisible au président de l'absorber et de faire de ses ministres de simples secrétaires d'Etat. — Si, au contraire, les ministres sont responsables, s'ils peuvent agir sans les ordres du président, que devient sa propre responsabilité ? On comprendrait la solidarité des agents responsables du pouvoir exécutif, mais leur responsabilité distincte et juxtà-posée, cela est contradictoire, inintelligible.

Voilà pourtant où en est réduit l'organe du pouvoir exécutif dans cette constitution !! — A Rome, ce qui fit la perte de la république, ce fut précisément que le pouvoir exécutif y était morcelé, partagé, ce qui nécessita la dictature. En Pologne, il était précaire et nul, et ce fut la cause de la chute et du partage de cette héroïque nation.

SECTION II.

Insuffisance d'un tel pouvoir, électif, décennal ou à vie, pour la mission intérieure ou extérieure du gouvernement de la France.

Or les intérêts compliqués, vastes et permanents d'une nation comme la France qui n'est pas seule comme l'Amérique du Nord, mais en contact brûlant avec la plus redoutable complication de passions et d'intérêts qui fût jamais ; appelée par la Providence à en être la régulatrice, et en quelque sorte le magistrat ou le chef du corps continental ; ces traditions nécessaires dès-lors à la fermeté et à la dignité de sa politique extérieure, ces entreprises qui doivent être persévéramment suivies pour assurer la grandeur et la prospérité de l'État, l'ordre et l'équilibre de l'Europe et du monde, cette action continue d'une paternité nationale ayant son origine dans les siècles et sa force dans une longue pratique d'ascendant sur l'Europe et d'abnégation personnelle ; ces unités communales et provinciales qui doivent former un faisceau territorial et progressif, et non l'action tumultuaire de volontés éparses ; ces familles, ces corps et ces intérêts qui tendent sans cesse à s'isoler exigent impérieusement l'unité dans le pouvoir exécutif et une force irrésistible de cohésion. En faire une agence responsable, c'est mentir à la constitution naturelle de la France, c'est frapper de stérilité sa politique intérieure et extérieure et en rendre l'action impossible. Si la France était comme les États de l'Amérique du Nord, une collection d'États indépendants les uns des autres, vivant isolés et sans rivaux sur un territoire séparé du reste du monde, inaccessible aux entreprises de la politique européenne, et où presque toutes les affaires sont décidées et réglées par les assemblées locales, on concevrait cette agence, elle y suffirait au réglement des intérêts communs et au petit nombre de questions générales. — Mais dans un pays qui porte l'empreinte de l'unité et dont toutes les provinces sont parties intégrantes et inséparables de l'empire; où chaque ébranlement extérieur réagit, où la vie de la nation se confond avec sa dignité, sa gloire et son ascendant sur les autres peuples, il faut une autorité véritable, un pouvoir un et irresponsable avec des ministres responsables, avec un droit de dissolution de l'assemblée pour réaliser par l'appel à la nation, cette immense responsabilité, et faire cesser un conflit que, dans l'état des choses, une révolution seule peut vider.

Insensé qui ne voit pas (1) que ce qui doit inspirer les plus justes alarmes est une ombre d'autorité publique qui laisse usurper à toutes les passions particulières une autorité réelle.

Il faut que le Christianisme règle les Etats; les Etats, les corps et les familles; les familles, l'individu (2) : Il n'y a point de vie sociale là où règne une licence d'opinions sceptiques et subversives, là où l'Etat a abandonné le droit de régler par les doctrines morales les générations, les corps et les familles. Or cette action est-elle possible quand l'Etat ne forme point un corps moral, permanent et identique; quand la fluctuation et le changement des majorités peut amener dans l'assemblée nationale et au pouvoir, des hommes sans principes arrêtés, sans traditions, sans respect du passé et des droits d'autrui? L'Etat peut-il avoir, sous la république démocratique, un corps de doctrines? Il l'avait, sous le sénat romain, avant que les passions anarchiques eussent fait irruption dans les fonctions publiques; ce fut alors seulement que parut tout ce qu'il y eut de grand, de noble, de digne d'admiration chez les Romains. Depuis, l'on ne vit que corruption dans les mœurs, vénalité dans les charges, instabilité dans les lois, dissolution dans la famille et désordre dans l'Etat. Mais avec une assemblée unique et un pouvoir variable, l'Etat ne peut avoir de

---

(1) M. de Bonald, *État de l'Europe.*
(2) *Ibid.*

tradition ni de suite dans les principes et dans les lois. Les bonnes institutions qu'aura, par hasard, procurées une majorité saine disparaîtront sous les coups d'une majorité pervertie. On aura la lutte et la guerre en permanence, l'agrégation et l'adhérence, jamais ! Car les empires ne tirent leur puissance et leur grandeur que « de ces anciens droits et de ces louables coutumes dont la conservation, dit Bossuet (1), concilie aux royaumes non-seulement une idée de fidélité et de sagesse, mais encore d'immortalité, qui fait regarder l'État comme gouverné, ainsi que l'univers, par des conseils d'une immortelle durée. »

Aujourd'hui surtout qu'un ébranlement profond est imprimé à la société, que les corps sont dissous et supprimés, que la famille, la propriété et tous les droits sont mis en question, que les pouvoirs sont conspués et attaqués par des barbares qui veulent la destruction de l'ordre social et politique, une autorité forte et qui ne puisse pas être contestée, ou, en d'autres termes, une autorité fondée sur le consentement traditionnel et séculaire de la nation, peut seule sauver la France et abréger le temps des épreuves qui l'oppressent et qui forcément aboutiront là si elle ne doit pas périr. A l'abri de cette autorité seulement, les droits et les intérêts divers pourront être efficacement protégés par des pouvoirs eux-mêmes respectés, capables de se contrôler et de se contenir réciproquement.

Or un pouvoir électif remet tout en question ; outre que les hommes capables de l'exercer sont fort rares, surtout en France, il est manifeste que c'est aux chefs des factions révolutionnaires que les seules chances de l'élection seront ouvertes, et que la promotion sera le résultat d'une lutte, d'une opposition déclarée aux principes de la précédente administration, une arène ouverte à la corruption, à l'ambition, aux discordes civiles, à la brigue, aux espérances coupables. Cette mutation quadriennale ébranlera toutes les parties de l'État : En un instant le bien produit par une sage administration sera dévoré ; et si, par hasard, l'homme nanti du pouvoir voulait s'y perpétuer en provoquant un changement dans la constitution, il faudrait qu'il fît appel à son tour aux intérêts

---

(1) Politique tirée de l'Écriture-Sainte

égoïstes et cupides, qu'il fît des emplois un trafic, qu'il rendît les consciences vénales, qu'il les dégradât en les attachant à sa personne au lieu de les dévouer au bien public ; et en supposant qu'il réussît, sa prorogation au pouvoir, quelque forme qu'elle prît, ouvrirait des prétentions contraires et une guerre acharnée de la part des partis dépossédés. L'ébranlement serait d'autant plus vaste que ce pouvoir aurait duré plus longtemps. Ni l'esprit public, ni les affections, ni les traditions, ni les affaires et les entreprises d'avenir ne pourront se former ; aucun établissement de finances et de crédit, aucune association importante, car le changement de pouvoir ou la perspective seule de ce changement, dans un pays fait pour l'unité et dont le gouvernement et l'administration sont centralisés, bouleverse tout, déconcerte tout, paralyse tout.

SECTION III.

Nécessité d'un pouvoir exécutif, un et indépendant.

« C'est une grande erreur, dit Bossuet, de croire avec M. Jurieu qu'on ne puisse donner des bornes à la puissance souveraine qu'en se réservant sur elle un droit souverain. Ce que vous voulez faire faible à vous faire du mal, par la condition des choses humaines, le devient autant à proportion à vous faire du bien, et sans borner la puissance par la force que vous pouviez réserver contre elle, le moyen le plus naturel de l'empêcher de vous opprimer, c'est de l'intéresser à votre salut. »

Le vice radical de nos constitutions modernes représentatives, de celles que des publicistes comme Mably et J.-J. Rousseau ont été appelés à donner à la Pologne ; et plus spécialement des constitutions révolutionnaires de 1791, 1793 et années suivantes, c'est l'idée fausse qu'un pouvoir exécutif un et indépendant est l'ennemi de la puissance législative et que dès-lors il doit lui être complétement subordonné. On est arrivé ainsi à la dissolution de l'État par la division et l'hostilité des pouvoirs. Telle fut la cause des déchirements de la Suède et du partage de la Pologne, de la chute de la monarchie française, de ses rechutes depuis 1815 et de l'impossibilité du rétablissement d'un ordre politique permanent en France ; telle est le cause des agitations révolutionnaires de l'Europe ; c'est le renversement des idées naturelles et raisonnables ; car un corps législatif qui domine ne peut les réprimer que par l'insurrection comme les confédérations polonaises contre la Diète ; et cette éruption d'une force aveugle énerve et tue une nation. Au contraire, l'unité du pouvoir gouvernemental, en sauvant un peuple de son délire, en donnant à sa constitution un ressort spontané et infaillible, utilise et féconde le pouvoir législatif et conserve l'indépendance territoriale et politique de ce peuple. Car « de même, dit Bacon, qu'il y a des hommes proscrits par les lois civiles de tous les peuples et que nous appelons *hors la loi* (ex leges), ainsi il peut y avoir des peuples qui occupent un territoire de fait et non de droit, à cause des vices de leur constitution et de leur gouvernement, *respectu necessitatis politiæ, aut regiminis sui.* »

L'orgueil humain, dit M. de Bonald, peut se révolter contre cette doctrine (que la décadence des peuples pervertis par le socialisme ne justifie que trop) ; « mais la nature l'établit ou la rétablit partout, jusque dans les États qui s'en sont le plus écartés ; elle paraît même dans les corps législatifs où un seul propose la loi et vide le partage ; dans les corps exécutifs ou les armées où un seul commande ; en sorte que le gouvernement populaire *n'est qu'un État où l'on cherche à qui restera le pouvoir;* et si je voulais faire entendre à un enfant ma pensée par une comparaison familière, je lui représenterais le pouvoir dans ces gouvernements, *comme ces royautés de festins que l'on tire au sort.* »

Tout ce qui se passe de nos jours ne confirme que trop la justesse de cette comparaison.

SECTION IV.

Le vice constitutionnel de l'organisation actuelle du pouvoir exécutif, ne cesserait pas par la concentration de la responsabilité dans le président, en ce sens qu'il aurait seul le gouvernement et l'administration. — Réfutation de l'argument tiré des États-Unis de l'Amérique du Nord.

La question est dès-lors réduite à ces termes : le mal produit par cette organisation du pouvoir exécutif étant irrémédiable dans l'état actuel de la Constitution de 1848, peut-on le faire cesser, lors de la révision de cette constitution, en déclarant que la responsabilité sera concentrée dans le président, qu'il aura seul le gouvernement et l'administration, et que les ministres seront de simples secrétaires d'État qu'il consultera, mais dont il ne sera point forcé de suivre les avis?

Les publicistes et hommes d'État américains, dont la constitution présente cette différence essentielle avec celle qui nous régit, prétendent que c'est la cause de sa supériorité. M. Story est opposé à la pluralité des ministres parce que 1° elle renverse les bases sur lesquelles se fonde l'opinion publique, 2° et qu'elle empêche de faire peser sur leur auteur la responsabilité des mauvaises mesures. Jefferson exprimait le même sentiment dans sa correspondance avec Washington; il écrivait : « Aidé des conseils des chefs de département, le président les consulte soit séparément, soit réunis, il profite ainsi de leur sagesse et de leurs lumières, *ramène leurs vues à un centre commun*, et imprime ainsi l'uniformité à l'action et à la direction de toutes les branches du gouvernement. » « Cependant, ajoute-t-il, quelles que fussent les capacités et les dispositions affectueuses de ces membres, je ne suis pas certain que le résultat eût été le même, si chacun d'eux eût été investi d'un pouvoir légal et indépendant. »

A l'objection qui s'élève naturellement contre l'action parallèle et indépendante des deux pouvoirs exécutif et législatif, un autre Américain, M. Nathan Arrington, répond : « Entre l'Assemblée législative égarée par l'esprit de réaction et le président de la république animé de bonnes intentions, le pays *jugerait*, et s'il y avait un péril à craindre, ce ne serait pas pour le président de la république, et ce ne serait pas le danger d'un conflit. Loin donc d'avoir à redouter que l'Assemblée législative prît ainsi le contre-pied de l'opinion publique, le président n'aurait qu'à y gagner, car l'intervention populaire ne manquerait pas de faire très-distinctement la part de la responsabilité entre les deux pouvoirs, la part qui reviendrait à l'Assemblée et la part qui reviendrait au président. »

De cette explication, un publiciste (1) conclut ainsi : « Grâces

---

(1) M. Émile de Girardin, *Presse du 8 novembre* 1849.

à cette séparation absolue des trois pouvoirs exécutif, législatif et judiciaire, les États-Unis ont résolu le double problème de la liberté la plus étendue avec la prospérité la plus rapide. Quel meilleur exemple la France peut-elle suivre ? »

Je réponds, au contraire, qu'un pouvoir exécutif temporaire, ayant seul le gouvernement et seul la responsabilité, et gouvernant par des agents qui n'ont rien de commun avec le pouvoir législatif, pourra prendre et exécuter des mesures contraires au vœu de la majorité parlementaire, comme cela s'est vu dans l'affaire du Texas et du Mexique, et qu'ainsi il n'y aura point d'unité, de convergence vers l'intérêt général dans l'action de ces deux pouvoirs, inconvénient fondamental que l'intervention populaire dans l'élection ne peut racheter, et que le renouvellement partiel des représentants et du sénat tous les deux ans, n'empêchera point. Ce nœud de nos monarchies constitutionnelles dont la force réside dans l'unité de pouvoir, et qui lie entre elles l'action de l'exécutif et celle du législatif, manque absolument à la constitution des États-Unis, et son absence finira par la dissoudre. Le mouvement continuel de l'élection populaire, cet arbitrage mobile pour départager les deux pouvoirs, bien loin d'être un remède à ces conflits, les alimente et les aigrit. En France, ce serait l'anarchie permanente. Or ce n'est point là gouverner; et sans cette puissance exorbitante des intérêts matériels sur les Américains, s'ils avaient un ensemble d'intérêts moraux et de mesures de politique générale à prendre pour l'équilibre et la conservation des sociétés humaines, il est certain qu'un tel tangage, que de tels cahots de gouvernement, si je puis parler ainsi, aboutiraient à la plus parfaite impuissance et à la plus complète anarchie. — La moindre collision politique, et, à plus forte raison, une guerre sérieuse ébranle et met en armes l'Europe entière. Depuis la fin du xviie siècle et le commencement du xviiie jusqu'à nos jours, les luttes ont embrassé l'action et la réaction morale, religieuse, politique et militaire de tous les cabinets; les territoires, les frontières, les institutions et l'existence même des peuples ont été mis en question, et c'est dans une pareille position qu'un président pourrait, à lui seul, décider par provision, en quelque sorte, de ces graves intérêts, et qu'il pourrait opposer sa volonté personnelle à celle de l'Assemblée législative ! L'intervention du peuple qui, en Amérique, est le fond d'un gouvernement fédératif et d'une administration décentralisée, puisque le gouvernement central n'a d'action que sur un petit nombre de questions qui sont toutes d'intérêt général, tandis que les autres questions sont décidées par les assemblées locales, cette intervention populaire, disons-nous, contraire à nos mœurs, à notre constitution unitaire, agiterait profondément la société, paralyserait l'administration, détruirait la confiance, et présenterait les plus effroyables dangers. D'ailleurs le sénat est, dans les Etats-Unis, un pouvoir modérateur de celui du président, qui doit lui soumettre les questions de guerre, de paix, d'alliances, de commerce ; et les nominations des ambassadeurs et agents diplomatiques sont sujettes à son *veto*. En France, d'après la constitution de 1848, l'Assemblée législative *souveraine* ne peut prononcer que sur des faits accomplis, car le président n'a point à la consulter préventivement sur ces actes importants de sa haute administration.

Le pouvoir exécutif temporaire, seul responsable, ou responsable avec des ministres, cesse d'ailleurs d'être le pouvoir exécutif ; il n'est, comme nous l'avons prouvé, qu'un agent impuissant à bien faire, ou du moins à embrasser et à suivre un système de perfection, puisqu'il relève continuellement de l'instabilité des opinions populaires. Il ne peut être irresponsable non plus, car avec un bail de quatre ou cinq années de puissance, il pourrait impunément tout bouleverser ; la société n'aurait plus de garanties, et la politique extérieure ni fermeté, ni suite. Il faut donc de toute nécessité, qu'il soit permanent pour être irresponsable, et que les ministres de ce pouvoir permanent soient responsables eux-mêmes.

La correction de la constitution de 1848, aboutissant au parallélisme d'un pouvoir présidentiel *un*, sans ministres responsables, mais aidé seulement de chefs de département, bien loin de faire cesser le mal, ne ferait donc que l'aggraver.

Des ministres responsables sont nécessaires, précisément parce qu'ils sont des agents d'exécution. Où en serait-on s'il fallait, d'une part, que le chef de l'Etat embrassât tout, les affaires intérieures et extérieures, et si, d'autre part, la chose étant moralement et physiquement impossible, les secrétaires d'État n'étaient point personnellement responsables?

SECTION V.

Unique solution du problème.

Le problème n'est donc véritablement résolu que par une forme de gouvernement où le chef de l'État irresponsable, gouverne avec des ministres responsables. La fameuse maxime, *Le roi règne et ne gouverne pas,* n'est qu'un non-sens, car le pouvoir exécutif, que nous avons démontré si nécessaire dans son action irresponsable, serait nul, et par cela même dangereux, s'il ne gouvernait pas. On n'aurait à sa place qu'une olygarchie parlementaire. Les ministres doivent avoir une pensée commune avec le pouvoir, avant d'accepter leur mission, ou se démettre de leurs fonctions s'ils ne peuvent marcher d'accord avec le chef de l'État. Le chef de l'État ne peut être neutre, parce que l'unité dans l'exercice du pouvoir gouvernemental est absolument nécessaire. Alors, au moyen de l'initiative qui appartient aussi au pouvoir exécutif en matière de législation, et de son droit de dissolution pour faire appel à la nation sur le conflit survenu entre le gouvernement et la législature, toutes les difficultés sont prévenues, et toutes les parties de la constitution marchent d'ensemble vers le bien général.

La constitution américaine, encore moins celle de 1848, ne résout donc pas, et ne peut résoudre le problème de la liberté la plus étendue avec la prospérité la plus rapide. La monarchie constitutionnelle *seule* peut donner à ce difficile problème une solution conforme à la perpétuité des intérêts moraux, au développement, au progrès et à la conservation des intérêts matériels des peuples.

Ces lignes étaient écrites, quand nous est arrivé le magnifique discours de M. Donoso Cortès, marquis de Valdegamas, devant le Congrès espagnol au mois de février 1850. Chargé de résumer une longue et violente discussion sur les autorisations de continuer à lever les impôts en attendant le vote du budget, cet orateur, cet homme d'État de premier ordre, digne disciple de Balmès, puisant dans l'inspiration de la vérité catholique cette incomparable éloquence, et ces illuminations profondes qui mettent à découvert les liens nécessaires du gouvernement et de la vie des nations, et l'avenir désastreux qui menace l'Europe, pour avoir relâché ou rompu ces liens nécessaires, a prononcé les paroles suivantes qui confirment tout ce que nous venons de dire :

« La civilisation a deux phases : une que j'appellerai affirmative, parce qu'en elle la civilisation repose sur des affirmations ; je l'appellerai aussi progressive, parce que ces affirmations, sur quoi la société repose, sont des vérités ; et enfin je l'appellerai catholique, parce que le catholicisme embrasse dans leur plénitude toutes ces vérités et toutes ces affirmations. L'autre phase de la civilisation, je l'appellerai négative, parce qu'elle repose exclusivement sur des négations ; je l'appellerai décadence, parce que ces négations sont des erreurs ; et je l'appellerai révolutionnaire, parce que ces erreurs se changent à la fin en révolutions qui bouleversent les États.

« Quelles sont, messieurs, les trois affirmations de cette civilisation que j'appelle affirmative, progressive et catholique ? Les voici. Première affirmation : Un Dieu personnel existe, et ce Dieu est présent partout. Seconde affirmation : Ce Dieu personnel, qui est présent partout, règne au ciel et sur la terre. Troisième affirmation : Ce Dieu qui règne au ciel et sur la terre, gouverne absolument les choses divines et humaines. Eh bien ! messieurs, partout où vous trouverez dans l'ordre religieux ces trois affirmations, vous trouverez aussi dans l'ordre politique trois autres affirmations.

« Il y a un roi qui est présent partout par le moyen de ses agents ; ce roi, qui est présent partout, règne sur ses sujets ; *et ce roi qui règne sur ses sujets gouverne ses sujets*. De sorte que l'affirmation politique n'est que la conséquence de l'affirmation religieuse. Les institutions politiques dans lesquelles ces trois affirmations sont symbolisées sont au nombre de deux : les monarchies absolues et les monarchies constitutionnelles, comme les entendent les modérés de tous les pays. Et je dis les modérés de tous les pays, parce qu'aucun parti modéré n'a *jamais nié au roi ni l'existence, ni le règne, ni le gouvernement*. Par conséquent, la monarchie constitutionnelle peut, avec les mêmes titres que la monarchie absolue, symboliser ces trois affirmations politiques qui sont l'écho, pour ainsi dire, des trois affirmations religieuses. La période de civilisation que j'ai appelée affirmative, progressive, catholique, se renferme dans ces trois affirmations. Entrons maintenant dans la période que j'ai appelée négative, révolutionnaire. Dans cette période, trois négations correspondent aux trois affirmations précédentes. Première négation, ou bien, comme je l'appellerai, négation du premier degré dans l'ordre religieux : Dieu existe, Dieu règne, mais il est trop élevé pour gouverner les choses humaines. Voilà la première négation, la négation du premier degré dans cette période négative de la civilisation. Et, dans l'ordre politique, quelle est la négation qui correspond à cette négation de la Providence? Dans l'ordre politique, le parti progressiste, qui répond au déisme niant la Providence, se présente et dit : *Le roi existe, le roi règne, mais le roi ne gouverne pas.* Ainsi, la monarchie constitutionnelle progressiste appartient à la civilisation négative du premier degré.

« Seconde négation : le déiste nie la Providence ; les partisans de la monarchie constitutionnelle, comme l'entendent les progressistes, nient le gouvernement ; alors, dans l'ordre religieux, le panthéiste s'avance et dit : Dieu existe, mais Dieu n'a pas d'existence personnelle ; Dieu n'est pas une personne, et n'étant pas une personne, il ne règne ni ne gouverne ; Dieu est tout ce que nous voyons, tout ce qui vit, tout ce qui se meut ; Dieu c'est l'humanité. Voilà ce que dit le panthéiste, de sorte que le panthéiste, bien qu'il ne nie pas l'existence absolue, ni l'existence personnelle, nie le règne de Dieu et de la Providence.

« Le républicain vient alors et dit : Le pouvoir existe, mais le pouvoir n'est pas une personne, et n'étant pas une personne, il ne règne ni ne gouverne ; le pouvoir est tout ce qui vit, tout ce qui existe, tout ce qui se meut ; dès-lors, c'est la multitude, dès-lors, il n'y a plus de moyen de gouvernement que le suffrage universel, ni de gouvernement que la république.

« Ainsi le panthéisme, dans l'ordre religieux, correspond au républicanisme dans l'ordre politique. Une autre négation se présente, qui est la dernière : en fait de négation, il n'y a plus rien au-delà. Après le déiste, après le panthéiste, l'athée s'avance et dit : Dieu ne règne ni ne gouverne ; Dieu n'est ni une personne ni la multitude. Dieu n'existe pas. Et Proudhon vient, messieurs, et il dit : il n'y a pas de gouvernement. Ainsi une négation appelle une négation, comme un abîme appelle un abîme. Au-delà de cette négation, qui est l'abîme, il n'y a rien, rien que des ténèbres, et ténèbres palpables. »

CHAPITRE NEUVIÈME.

Du pouvoir législatif.

Passons au pouvoir législatif. La constitution le fait résider exclusivement dans une assemblée unique (art. 20), et l'on a cru, en cela, assurer le triomphe de la démocratie ; j'ai montré qu'il n'y avait pas de démocratie ; ç'a donc été le moyen chimérique d'un but idéal. Mais le pouvoir législatif, étant délégué par la nation, qui empêche que la nation, pour mieux assurer la perfection de l'exécution de son mandat, établisse deux degrés de délibération et de jugement? Mais, dit-on, et c'est le principal argument des partisans d'une seule assemblée, puisque les deux chambres devraient se réunir quand elles ne seraient point d'accord, autant vaut une seule chambre. C'est comme si l'on disait que les cours d'appel et les tribunaux de première instance sont inutiles, et que l'on peut bien se dispenser de deux degrés de juridiction. Or, c'est précisément le double degré d'examen qui fait la force et l'autorité d'une résolution, parce qu'elle tempère l'ardeur des passions, prévient l'entraînement, déjoue l'intrigue et dévoile le mensonge et l'erreur.

Il ne s'agit nullement ici de contre-poids, d'équilibre, de priviléges, mais d'institutions qui régularisent, assurent et fécondent l'action de la liberté.

A Athènes, l'aréopage, à Rome, à Carthage, le sénat, à Sparte, le sénat des vieillards, étaient les plus puissants ressorts de la liberté et de la puissance de l'État. Ils imprimaient aux décrets un cachet irrésistible, irrévocable. Chez nous, l'unité de la Convention nous a valu 45,000 lois inutiles ou désastreuses... Aussi, la république fédérative des États-Unis, éclairée par l'expérience, a-t-elle placé un sénat à côté de la chambre des représentants, corps qui partage, sur les points les plus importants, le pouvoir exécutif et qui donne un caractère de maturité aux décisions législatives.

Dans l'ordre de la constitution présente, la division du corps législatif en deux chambres était bien plus impérieuse encore; car l'Assemblée législative a une véritable suprématie, ce n'est point un corps parallèle à un pouvoir exécutif existant dans sa plénitude. Le président de la république est sous sa juridiction, il peut être, ainsi que ses ministres, mis en accusation par elle (art. 54), et ne peut être grâcié que par elle (art. 54); il n'a aucun droit de faire des réglements d'administration publique, le conseil d'État seul les prépare pour être soumis à la sanction de l'Assemblée, et il ne fait seul que ceux de ces réglements à l'égard desquels l'Assemblée nationale lui a donné une délégation spéciale (art. 74). La haute-cour de justice ne peut être convoquée que par un décret de l'Assemblée nationale (art. 89). A défaut de promulgation des lois par le président de la république, il y est pourvu par le président de l'Assemblée nationale (art. 58); aucun traité n'est définitif qu'après avoir été approuvé par l'Assemblée nationale (art. 52); le président de la république ne peut entreprendre aucune guerre sans le consentement de cette Assemblée (53); Les amnisties ne peuvent être accordées que par une loi (54).

Ainsi, l'Assemblée nationale, juge de la responsabilité, a la haute juridiction sur les agents responsables du pouvoir exécutif et sur les affaires qui intéressent la dignité et la sûreté de l'État. Elle ne peut ni être dissoute ni être prorogée par le pouvoir exécutif, elle seule se proroge, et sa permanence indique assez sa suprématie.

En présence de ces attributs exorbitants, qui peuvent faire le salut ou la ruine d'une nation dans les temps de crise, il est manifeste que deux degrés, dans la législature, auraient amorti ces chances terribles, prévenu des rivalités funestes entre le président de la république et l'Assemblée nationale, et assuré, autant que le comporte une telle anomalie constitutionnelle, la marche du gouvernement et de l'administration.

CHAPITRE DIXIÈME.
Du Conseil d'État.

Que dirons-nous de cette institution d'un conseil d'Etat fondée par les articles 70, 71, 72, 73 et 74 de la constitution? Il semble qu'on ait voulu en faire un corps politique modérateur, une sorte de sénat au petit pied, en même temps qu'un auxiliaire de l'administration et un juge de ses actes; et, dépouillé de tout pouvoir précis et efficace, il ne peut servir que d'instrument à la politique de l'Assemblée nationale, et d'obstacle à la marche du pouvoir exécutif et de l'administration.

Elu par l'Assemblée pour six ans, et renouvelé par moitié dans les deux premiers mois de chaque législature, c'est un corps purement politique, et il ne peut dès-lors, d'après le principe de la séparation des pouvoirs, être un corps judiciaire. — Dominé par les passions de la majorité de l'Assemblée, quelle garantie peut-il offrir à l'indépendance de l'administration et du pouvoir exécutif? Changé par moitié tous les trois ans, il ne pourra se former de traditions ni de jurisprudence. — Placé sous le coup de la révocation de l'Assemblée, sur la proposition du président de la république, où sera l'indépendance de ses membres? — Appelé à juger le contentieux de l'administration et à composer pour moitié le tribunal des conflits (art. 87), où puisera-t-il son caractère de magistrat, et cette autorité du jugement qui ne peut s'attacher qu'au magistrat inamovible et indépendant?

Et cependant la constitution lui défère l'examen des actes de tout fonctionnaire (art. 97), autre que le président de la république, et par conséquent, des ministres eux-mêmes, et son rapport, dans ce cas, sera rendu public!

Etre juge et émaner d'un corps politique; être juge temporaire et n'avoir point d'indépendance; être à-la-fois investi des plus hautes attributions, même de celle d'apprécier publiquement la conduite des ministres, et par conséquent du pouvoir exécutif, et dépendre pour son institution et sa révocation du corps législatif et du pouvoir exécutif, c'est là une véritable oligarchie, c'est la confusion de tous les pouvoirs.

Nous ne parlerons point ici de la loi qui a organisé le conseil d'Etat d'après ces principes. Elle a détruit l'ancien conseil d'Etat qui avait rendu de si éminents services, elle a fractionné un corps dont les réunions générales et publiques offraient tant de garantie à l'administration et aux justiciables, et n'a point ressuscité ce conseil d'État impérial qui prit une si grande part à la confection de nos codes, à l'interprétation de nos lois et à l'administration du pays. — Cette loi organique n'est qu'un tissu de contradictions et d'impossibilités.

On a senti toutefois la nécessité de faire juger les conflits par un tribunal spécial, distinct de l'administration, de l'ordre judiciaire et du corps législatif. L'art. 87 l'a composé de membres de la cour de cassation et de conseillers d'Etat, désignés tous les trois ans par leurs corps respectifs. Mais ce tribunal n'a point l'indépendance nécessaire pour maintenir l'harmonie des pouvoirs; le jugement des conflits est un acte de la puissance souveraine, et doit naturellement appartenir au sénat.

CHAPITRE ONZIÈME.

Du pouvoir judiciaire.

Quant au pouvoir judiciaire, il doit être indépendant de tout autre pouvoir, et émaner directement de la souveraineté nationale. — La nation a pu donner mandat de faire la constitution, mais cette constitution doit établir la séparation des pouvoirs. Le pouvoir législatif ni le pouvoir exécutif ne peuvent déléguer le pouvoir judiciaire; la nation seule le peut au moyen de lois organiques.

Je dis *de lois organiques*, car « les désordres qui naissent du choix arbitraire du chef, comme moyen unique et régulier d'élévation, se retrouveraient dans le choix arbitraire de la part du peuple souverain ; et ils y seraient même plus graves, parce que ce souverain lui-même se compose d'une multitude de volontés souvent opposées, et qu'il exerce sa souveraineté élisante dans un grand nombre de lieux à-la-fois (1). Les élections populaires, comme moyen régulier et légal de promotion, sont le plus puissant véhicule de corruption publique et privée. Une nation, qui est une réunion de familles indépendantes les unes des autres, mais liées entre elles par les mêmes devoirs religieux et politiques, devient, grâce aux élections, un vaste marché où l'ambition achète ce que l'intrigue vend, où l'homme, tour-à-tour flatteur ou insolent, s'humilie et se fait rechercher ; où l'éloge effronté de soi, la détraction contre les autres, et souvent la calomnie, la vénalité et la captation, sont des voies ordinaires de fortune, toutes choses incompatibles avec l'honneur, la vertu, la religion, l'humanité, et subversives de tout ordre social. »

Il faut donc que la délégation, comme nous le dirons plus bas, soit soumise, par les lois organiques, à des règles spéciales.

Or, la constitution de 1848, en proclamant l'inamovibilité des magistrats pour l'avenir, semble avoir laissé au législateur le droit de ne point maintenir l'institution actuelle des tribunaux, et de violer ce principe sacré dans la personne des magistrats existants (art. 3). — Elle a voulu qu'un décret pût décider du nombre, du choix et des attributions des magistrats français, et qu'un magnifique établissement judiciaire qui fonctionne depuis cinquante ans, fût mutilé. Il est vrai que la question a été résolue par l'amendement de M. de Montalembert, et par la loi du 22 août 1849 ; mais elle devait l'être par la constitution elle-même, car ce qu'une assemblée législative a fait, une autre pourrait le défaire.

Ce n'est certes point pour une misérable économie qu'un ministre, agissant au nom de cette constitution, a voulu réduire le nombre des juges existants, et décimer la cour suprême elle-même. C'est

---

(1) *Législation primitive.*

par un tout autre motif que cette économie qui, du reste, serait la plus déplacée de toutes, que l'on a voulu violer cette maxime d'éternelle vérité : qu'une magistrature nombreuse est l'infaillible garantie de la bonne administration de la justice, et qu'une magistrature réduite à peu de membres, n'en offre plus contre les brigues, l'erreur ou la corruption (1).

Le mode de nomination n'est pas moins étrange. On comprend que le pouvoir exécutif, réel, héréditaire et permanent, nomme les juges ; il est de sa nature, du moins, de leur donner l'institution finale ; mais la constitution confère à l'agent temporaire et responsable du pouvoir exécutif le droit exclusif de nommer les juges de paix et leurs suppléants, les juges de première instance et d'appel, et même les conseillers à la cour de cassation !

Ainsi la volonté d'un agent responsable du pouvoir exécutif décidera de l'autorité judiciaire en France ! Il pourra, par des choix arbitraires, dictés par une secrète ambition, jeter la perturbation dans son personnel, et ruiner ce boulevard de l'ordre social !

Autrefois, de 1407 à 1420, les magistrats étaient élus en France par des électeurs compétents, et recevaient du roi une institution irrévocable. Ce mode a été jugé par M. Henrion de Pansey et par d'autres magistrats illustres, le plus digne d'une grande nation et le plus propre à fonder une magistrature savante et intègre.

Rien n'a pu depuis remplacer ce mode, le seul légitime, de pourvoir aux offices de magistrature. La vénalité, qui a suivi, de ces offices, accompagnée d'un examen dans le sein de la communauté, était moins périlleuse que la nomination arbitraire et directe par le gouvernement ; « que le choix prétendu du mérite et du talent, dit M. de Bonald, qui, dans une société formée, ne peut être que le voile sous lequel se cache la corruption, et ne fait que substituer une vénalité secrète, scandaleuse et sans bornes, à une taxe publique, et dès-lors légale et déterminée ; car lorsque les moyens d'intrigues sont perfectionnés au point qu'ils le sont en Europe, on peut dire que, même sous le gouvernement

---

(1) Machiavel et Montesquieu.

le plus honnête, la faveur *vend toujours ce qu'on croit qu'elle donne, et ce qu'elle croit elle-même donner* (1). »

Cela est d'autant plus funeste, qu'en France seulement, le magistrat a droit de commandement et de territoire, qu'il exerce, dans les limites de la loi, une puissance souveraine et sans appel, qu'il prononce des condamnations capitales, dont le souverain ne peut paralyser l'effet que par le droit de grâce ou de commutation, ce qui fait dire que partout il y a des juges, *mais qu'il n'y a de magistrats qu'en France, lesquels à la noble fonction de juger les actions de l'homme et de le ramener à l'ordre par le châtiment, joignaient la fonction auguste d'éclairer et non d'arrêter les volontés du pouvoir, et de les faire connaître aux peuples;* fonctions dont l'abus, dans les derniers temps, n'empêcha pas qu'elle ne fût *ce qu'il y avait de plus excellent dans la constitution française*, et le principe de tout ce qu'il y avait de grand et d'élevé dans le caractère français (2).

Ainsi, en cette matière, comme en d'autres, la première, la plus fondamentale de toutes les lois, que l'on ne peut ni décréter ni abroger, la séparation et l'indépendance des pouvoirs est méconnue par la constitution. Le caractère du magistrat, perdant de la sorte l'autorité de la souveraine puissance, devient, bien injustement sans doute, l'objet du dénigrement des factions.

Le peuple, s'il y avait une démocratie gouvernementale, pourrait défaire ce qu'il aurait fait, et corriger ses erreurs; ici, on le prétend assujéti aux décrets de ses délégués pour trois ans, et même irrévocablement, puisqu'on supprime son droit de ratification de la constitution même révisée.

Mais cette opinion est insoutenable; car nous dirons avec M. Dupin, président de l'Assemblée législative (3) : « Une assemblée pourrait-elle, au lieu de proposer quelques articles à la révision d'une autre assemblée, proposer directement cette révision à la sanction du peuple souverain (art. 1er de la constitu-

---

(1) *Législation primitive.*
(2) *Ibid.*
(3) Son *Commentaire de la constitution.*

tion); du peuple de qui tous les pouvoirs émanent (art. 18), et dont l'assemblée elle-même n'est qu'une délégation (art. 20)? Si cela arrivait, qui pourrait s'en plaindre, puisque le peuple entier serait appelé à prononcer dans les comices du suffrage universel? »

CHAPITRE DOUZIÈME.

De l'éligibilité.

Ce n'est pas tout encore. On étouffe, dans son droit imprescriptible de suffrage universel, sa prérogative essentielle de choisir dans tous les rangs de la société les hommes qu'il juge les plus dignes de le représenter; et, par un cercle jaloux d'incompatibilités qui embrassent toute la partie laborieuse et militaire du pays, on limite le droit de choisir ses représentants, ou parmi les propriétaires jouissant de leur fortune, et étrangers au maniement des affaires publiques, ou dans cette classe turbulente d'hommes qui, n'ayant point demandé au travail et à l'étude une position honorable, n'ont que des passions et de l'avidité pour tout mérite, et dont la médiocrité inquiète éprouve sans cesse le besoin de bouleverser l'État pour satisfaire une ambition sans motif et sans règle.

On a posé un principe vicieux dans la constitution, en décrétant l'incompatibilité du mandat législatif *et de toute fonction rétribuée* (art. 28), en déclarant suspect de vénalité tout citoyen sorti des rangs obscurs du peuple, qui a cherché dans son travail les moyens de servir utilement son pays, et en présupposant l'espèce humaine corrompue jusque dans les positions les plus éminentes, qui exigent le plus d'honneur et de dévouement à la patrie! L'égoïsme et l'esprit étroit des factions se sont chargés dès lors de tirer les conséquences de ce principe; et ils ont déshérité la législature des intelligences les plus élevées, des caractères les plus nobles, des hommes pratiques les plus versés dans la connaissance des lois et des mœurs du pays, et dans l'art de conduire les affaires les plus délicates et les plus compliquées.

On aurait dû se borner, au contraire, à poser en principe dans la constitution, l'éligibilité de tous les citoyens français, sauf les exceptions que la morale publique et les nécessités du service rendraient indispensables.

Et l'on appelle cela une république démocratique, une et indivisible! Les mots de la langue politique n'ont-ils donc été inventés que pour déguiser la vérité?

CHAPITRE TREIZIÈME.

De l'administration.

Un mot sur la forme de l'administration. On a admis avec raison, comme un bienfait, le suffrage universel; mais on peut affirmer qu'il n'y a point de suffrage universel sans la décentralisation; que la liberté politique elle-même ne serait qu'un vain mot avec un système qui ne laisserait point à la commune, au département son unité, sa liberté de gestion, sa volonté collective. Ce sont précisément ces unités nationales, forcées de se relier entre elles, qui rendent le fédéralisme impossible et le suffrage universel sans danger, parce qu'il est de leur essence de centupler les forces générales du pays par la combinaison naturelle et progressive des forces particulières. Cette vérité aurait dû être inscrite en lettres d'or dans la constitution, et elle en a été effacée!

Quant à l'administration centrale, on laisse au pouvoir la facilité de placer et de déplacer les hommes, sans règle et sans motifs. C'est un vice radical de la constitution qui ne peut se soutenir et se perfectionner que par une administration uniforme, sage, traditionnelle, et qui périt avec une administration vacillante On devrait pourvoir aux emplois de l'administration par un ordre de tableau d'ancienneté, d'âge et de grades, sauf la faculté laissée au pouvoir d'y déroger lorsque de grands intérêts et des services éminents en amèneraient la nécessité (1).

CHAPITRE QUATORZIÈME.

Conclusion.

La constitution, qui ne peut faire une nation à son image, mais qui doit se modeler sur ce qu'est réellement cette nation, est donc un perpétuel démenti donné au génie et aux intérêts de la France. Puisque la France n'est ni une démocratie, ni une aristocratie, mais le gouvernement égalitaire des majorités, il fallait, à l'instabilité de ces majorités, et aux attentats des minorités factieuses qui peuvent par leur abstention combinée, ou par leur refus de se soumettre aux décisions des majorités, frapper d'immobilité ou briser la machine gouvernementale, opposer l'initiative et la digue d'un pouvoir exécutif véritable, le faisceau de tous les pouvoirs hiérarchiques qui en relèvent, de tous les corps intermédiaires qui sauve-gardent la diversité des intérêts, et qui tous ont besoin d'être forts pour servir de rempart à la société ; et cette constitution n'en a rien fait. Il fallait, aux coups de vent de l'intrigue, aux crimes des factions anti-sociales, au débordement des passions anarchiques, opposer l'indépendance et l'harmonie des pouvoirs, et elle en a décrété la confusion et l'anarchie !

Terminons en disant avec le publiciste qui a pénétré le plus avant dans les conditions du pouvoir et de la liberté, et dont les principes généreux et vraiment libéraux n'ont point été assez appréciés :

« Telle est la condition de la société que si elle peut lutter quelque temps à force de sagesse dans l'administration, contre

---

(1) *Législation primitive*.

les vices de sa constitution, une constitution vicieuse pervertit à la longue l'administration la plus sage; tout s'y corrompt, les hommes et les choses; et il n'y a plus ni assez de raison dans les hommes, ni même assez de consistance dans les choses, pour pouvoir entreprendre, encore moins exécuter une réforme; *ces terres trop remuées devenues incapables de consistance, tombent de toutes parts,* dit Bossuet, *et ne font voir que d'effroyables précipices* (1).

---

(1) *Législation primitive.*

LIVRE CINQUIÈME.

DE LA MONARCHIE.

CHAPITRE PREMIER.

La véritable constitution de la France, ou la monarchie héréditaire, représentative, est clairement démontrée par les impossibilités précédentes.

La stabilité du pouvoir, les conditions indispensables de l'ordre, le développement assuré de toutes les libertés doivent donc être cherchés ailleurs que dans la République démocratique, une et indivisible.

Du moment que les pouvoirs publics ne peuvent être définis, séparés et limités dans cette République, elle n'est point, elle ne peut pas être un gouvernement régulier et stable.

Cependant on l'a imposée à la France sans la consulter, et l'on voudrait opposer à un grand peuple une fin de non-recevoir chicanière, tirée de la prétendue exécution volontaire de cette forme de gouvernement !

Mais comme une nation telle que la France ne doit pas périr, ni être étranglée par des muets entre deux portes, il est manifeste qu'elle reprendra possession de la vérité en vertu de son droit de révision, sans trouble, sans commotion, sans guerre civile, en maintenant l'obéissance aux lois et aux pouvoirs existants, en faisant respecter toutes les conditions de l'ordre et de la paix, et avec sa toute-puissance manifestée par le suffrage universel régulièrement organisé.

SECTION I.

Exposition de cette vérité, ou des axiomes politiques et constitutionnels qui composent cette constitution naturelle de la France.

Cette vérité ressort avec éclat de ce qui précède. La voici :

1° La souveraineté nationale ne peut résider que dans la volonté collective des familles, des communes, des départements et des provinces, consultées distinctement, et s'exprimant par le vote universel à la commune.

2° Cette souveraineté nationale ne saurait consister dans le choix d'une forme arbitraire de gouvernement, mais dans la nature, le tempérament, les mœurs, et le génie même de la nation, se perfectionnant, se développant et se transformant sous l'empire de pouvoirs distincts, définis, séparés et limités, qui lui laissent une action, à-la-fois libre et régulière; pouvoirs gradués sur les intérêts variés et progressifs du pays, au moyen de la décentralisation et du suffrage universel, inséparables l'un de l'autre.

3° Ces pouvoirs ne pourront être diversifiés, à-la-fois séparés et se prêtant un mutuel appui, se contrôlant et se contenant les uns les autres, qu'autant qu'il existera au sommet un pouvoir exécutif plein et entier, dont la nation se sera dessaisie entre les mains d'un chef, mis à l'abri de l'inconstance populaire, des violences des factions, des convoitises de l'ambition, ferme, stable et permanent comme les éléments même de cette grande société.

4° Le pouvoir exécutif doit être, dès-lors, irresponsable, inviolable et héréditaire, investi de l'initiative des lois, de leur exécution, du droit de sanction et de celui de dissoudre le corps législatif, pour faire appel au suffrage universel; soit que ce corps législatif ou sa minorité factieuse entrave systématiquement la marche du gouvernement par un refus de concours, soit qu'il se rende coupable d'empiétement de pouvoirs et d'usurpation, soit enfin qu'il surgisse un conflit entre le gouvernement et la législature, une opposition de vues et d'opinions, qui rende nécessaire l'intervention de la nation : seul moyen de rendre possible la responsabilité des ministres qui, autrement, devraient se retirer, ou n'être que les instruments passifs de la volonté du corps législatif.

5° On ne peut rendre à-la-fois responsable le pouvoir exécutif et ses ministres, parce que ces deux responsabilités, ainsi juxtaposées, en se combattant s'annuleraient.

6° L'Assemblée nationale a, comme le pouvoir exécutif, l'initiative des lois ; elle peut demander compte aux ministres de leur exécution ; elle peut les mettre en accusation, mais elle ne peut les juger.

« Le corps législatif, dit Montesquieu (*Esprit des lois*, liv. 11, ch. 6), ne doit pas avoir le pouvoir de juger la personne et par conséquent la conduite de celui qui exécute. Sa personne doit être sacrée parce qu'étant nécessaire à l'État pour que le corps législatif n'y devienne pas tyrannique dès le moment qu'il serait accusé ou jugé, il n'y aurait plus de liberté. — Dans ces cas, l'État ne serait point une monarchie, mais une RÉPUBLIQUE NON LIBRE. »

7° Il doit exister deux degrés dans la représentation nationale, non pour représenter l'un la grande propriété foncière et les grands capitalistes, l'autre les intérêts démocratiques, le travail et l'industrie ; mais en représentant, au contraire, l'universalité des intérêts sans distinction, pour lier et concilier entre eux les divers éléments de la société, les divers genres de propriété, pour prévenir le danger des mauvaises lois, des lois partiales ou imprudentes, pour arrêter, dans certains cas, les écarts du pouvoir exécutif, pour juger les ministres mis en accusation, et pour maintenir l'équilibre et l'harmonie des pouvoirs constitutionnels.

8° Le sénat doit avoir, comme l'Assemblée nationale, une origine populaire par l'élection, et ses membres doivent être nommés à vie.

9° La magistrature doit être inamovible, et élue par ses pairs, en ce sens qu'une liste de candidats élus par elle, sera présentée au choix et à l'institution du pouvoir exécutif.

10° Le conseil d'État doit être également inamovible, et avoir un caractère à-la-fois administratif et judiciaire.

11° Les communes doivent être réintégrées dans leurs propriétés, dans le droit d'élire leurs officiers, et d'administrer leurs biens. — Il doit en être de même des départements et des provinces.

12° La spécialité du mandat législatif. — Point de mandat illimité. — Cette spécialité doit consister, non dans la formule impérative de telle ou telle loi, de telle ou telle mesure, mais dans le résumé des vues, des opinions, des intérêts et des vœux de toute la nation, par la combinaison et la réduction à l'unité des cahiers dressés par les diverses provinces.

Sans cette spécialité, point de suffrage universel, point de décentralisation ; mais despotisme parlementaire et révolutions incessantes.

13° L'impôt consenti par la nation, ou par ses délégués en vertu de ce mandat.

Spécialité de l'impôt, du crédit, des voies et moyens et de la dépense ainsi que nous le verrons plus bas.

14° Le compte annuel et préalable de tout vote d'impôt, de l'emploi des deniers consentis, et de l'état des diverses branches du revenu public. — Le provisoire irrévocablement banni du vote de l'impôt.

SECTION II.

La souveraineté nationale, c'est la constitution d'un peuple, et cette constitution, c'est son tempérament, œuvre de la nature et du temps, et non de conventions ou de volontés changeantes.

S'il est une chose démontrée par la raison, par les faits et par l'expérience, c'est que la souveraineté nationale est identique à la constitution d'un peuple et se confond avec elle ; que cette constitution ne dépend point de la volonté arbitraire d'une génération ou d'une assemblée, mais de la complexion, du tempérament, des intérêts permanents de ce peuple, de son territoire, de la volonté de Dieu ou de la nature des choses. Cette vérité fondamentale se lit dans l'histoire de tous les peuples qui ont connu, apprécié et su conserver la véritable liberté, dans les écrits des plus grands publicistes et des plus ardents défenseurs des droits des nations (Montesquieu, Burke, de Maistre, etc.).

Dieu et le peuple ! Le peuple qui veut opérer en-dehors des lois de Dieu et de la nature, qui ont formé son caractère, sa langue, ses mœurs, ses intérêts et son territoire, est comme l'homme frappé d'aliénation mentale, ou qui n'est plus en possession de lui-même parce qu'il est le jouet et l'esclave de ses caprices et de ses passions. — On peut demander à l'homme un plan d'administration ; on ne doit demander une constitution de société qu'à la nature. C'est comme si un malade priait un médecin de lui faire un tempérament, au lieu de le consulter sur le régime qu'il doit suivre (1).

Mais le peuple qui opère avec Dieu, qui reconnaît que l'autorité et la liberté, prenant leur source dans une constitution indépendante des volontés humaines, sont, par là même, à l'abri de toute atteinte par l'effet de cette loi supérieure, préexistante et inviolable, un tel peuple est tout-puissant, et le plus libre de tous les peuples. Maître de ses passions, il ne fait servir son droit de suffrage qu'à maintenir l'œuvre des temps, à corriger les abus, à perfectionner ses institutions. La confiance et le crédit, nés de la stabilité, lui procurent dès-lors la richesse, comme la prudence et la maturité font progresser sa civilisation. C'est un fleuve dont le cours régulier porte partout l'abondance et la vie.

SECTION III.

Nécessité pour la France et pour l'Europe de la transmission héréditaire du pouvoir monarchique.

Or, sans la transmission héréditaire du pouvoir, de mâle en mâle, par ordre de primogéniture, loi primordiale et fondamentale de la France et de l'Europe depuis mille ans, conservatrice de la nationalité de la couronne et de l'intégrité du territoire, qu'arriverait-il ? Il n'y aurait point de fixité dans l'État. Car ce que l'élection aurait fait ou ce que l'insurrection ou un coup de main aurait établi, même en vue d'une hérédité nouvelle, pourrait être défait par

---

(1) *Législation primitive.*

une autre élection, ou renversé par une insurrection ou une surprise nouvelle. Les vents et les flots seraient moins inconstants que les destins d'un peuple qui serait périodiquement appelé à élire le chef de son gouvernement, à en disposer par une insurrection comme en 1830 et 1848, ou à subir celui que lui aurait imposé la violence ou l'intrigue. Le *droit* n'existant pas, la souveraineté nationale ne serait qu'une illusion puisqu'elle n'aurait rien fondé, et qu'il n'y aurait point de perpétuité possible dans le pouvoir fondamental et dans le pouvoir organique de la constitution.

Le pouvoir et la liberté n'étant plus un héritage, seraient désormais la proie des factions. Le peuple, qui ne peut vouloir se *suicider*, doit donc être appelé à reconnaître cette vérité de l'immutabilité de la délégation héréditaire qu'il a faite originairement de partie de sa souveraineté, ou de la puissance exécutive ou gouvernementale. Quelques hommes, et une assemblée de délégués temporaires et sans mandat spécial de sa part, n'ont pu prononcer, en son nom, l'abolition de cette loi suprême, inhérente à son tempérament et à son existence sociale et politique. Il devait être *directement* consulté, et sa voix unanime aurait confirmé une loi hors de laquelle il n'y a pour lui qu'agitation, qu'anxiété, qu'incertitude de l'avenir, qu'ébranlement de toutes les bases de la société, révolutions perpétuelles, et finalement l'abaissement, la dégradation, la ruine et l'anéantissement de la nation. « Par l'hérédité, dit Bossuet, on n'a pas à remonter le ressort à chaque génération, et les choses vont avec la nature. » Si quatorze siècles de monarchie ont confirmé la vérité de cette parole de Bossuet, soixante années de révolutions ont démontré le danger de remettre aux caprices d'une souveraineté populaire absolue, c'est-à-dire au maléfice des factions anarchiques, et aux usurpations qui en sont la suite inévitable, le sort de ce peuple dont la souveraineté réelle est dans les lois que la nature et l'expérience ont formées, et non dans le droit de briser arbitrairement ces lois pour faire *montre* de son pouvoir; pouvoir insensé qui n'est plus alors que de la violence et de la folie, puisqu'il n'est plus dirigé par la raison suprême de conservation de la société.

S'il est un axiôme éternellement vrai, c'est qu'une nation ne peut vivre sans autorité. Or, la fluctuation de l'autorité la décrie, la rend impossible. Si elle est subordonnée à une assemblée, ou, ce qui revient au même, si elle dépend d'elle, ou des factions, par son origine et même par son caractère d'hérédité d'emprunt, elle est sans force, car elle n'a pas ses racines et son énergie spontanée dans la conscience des peuples; le gouvernement n'existe réellement pas. Il faut à cette nation une autorité UNE et FORTE par son action politique, plus forte encore par une administration libre ou décentralisée ; et il ne peut y avoir d'administration libre et nationale que sous une autorité héréditaire et incontestée.

Cherchez donc ce *criterium* d'unité et de tradition ; et si vous ne pouvez le trouver que dans l'autorité héréditaire, que dans cette clef de voûte qui maintient dans leurs limites les autres pouvoirs, revenez à la monarchie représentative comme nécessaire, comme indispensable au salut et à la grandeur d'une nation telle que la France.

SECTION IV.

Réponse à l'objection que l'hérédité n'existe en France qu'à partir de la fin de la deuxième race.

Il ne sert de rien d'objecter que l'hérédité n'existe en France qu'à partir de la fin de la deuxième race, et que la légitimité n'est point un dogme national : le principe héréditaire est-il moins une vérité fondamentale parce qu'il n'a été que le fruit de l'expérience et des nécessités publiques qui l'ont fait successivement adopter par toutes les nations de l'Europe? « Il est vrai, dit M. de Bonald (1), que, généralement, le pouvoir n'a été définitivement héréditaire que depuis la fin de la deuxième race, quoiqu'avant cette époque il y eut des familles distinguées par leurs richesses et la considération dont elles jouissaient, et des princes qui avaient succédé à leurs pères. C'est ici le lieu d'appliquer ce passage remarquable du président Hénault : « On veut, dit-il,

---

(1) *Discours préliminaire.*

que l'on vous dise que telle année, à tel jour, il y eut un édit pour rendre, par exemple, vénales, les charges qui étaient électives. Or, il n'en est pas ainsi de tous les changements qui sont arrivés par rapport aux mœurs, aux usages, à la discipline. Des circonstances ont précédé, les faits particuliers se sont multipliés et ont donné, par succession de temps, naissance à la loi générale sous laquelle on a vécu. » Mais la nature et l'ensemble des lois générales de la reproduction et de la conservation des êtres tend nécessairement à les placer dans l'*État le plus fort*, c'est-à-dire *le plus fixe et le plus durable*, celui où les êtres font effort pour arriver ou pour revenir. L'état d'amovibilité ou d'instabilité est donc pour les êtres un état de passage. Il est, par conséquent, un état de faiblesse, d'inquiétude et de trouble : c'est, pour la société comme pour l'homme, l'enfance qui prépare et conduit à la virilité. Les sociétés où il n'y aura que peu ou point de fixité dans les personnes seront donc dans un état de faiblesse tant qu'elles ne seront pas encore parvenues à l'état fixe, ou dans un état de désordre si elles s'en sont écartées et qu'elles travaillent à y revenir. »

« Des chefs sous divers noms, et même du sexe le plus faible, précèdent l'hérédité du pouvoir dont les chances, quelquefois fâcheuses, conviennent moins à une société naissante et encore mal affermie. L'HÉRÉDITÉ VIENT A SON TOUR, DERNIER ÉTAT, ÉTAT LE PLUS FIXE DE TOUTE NATION. »

SECTION V.

Nécessité de la stabilité héréditaire du pouvoir pour assurer la stabilité héréditaire de la famille et de la propriété.

« Nous pensons que les deux lois les plus importantes de la haute civilisation politique, dit ailleurs M. de Bonald, sont la succession légitime au trône, de mâle en mâle, par ordre de primogéniture, et l'octroi libre de l'impôt par la nation propriétaire. Ces deux lois sont, en effet, les plus fondamentales de l'état social, puisqu'elles assurent les deux sociétés dont l'État se compose : la société politique ou l'État contre l'usurpation, et la société domestique ou la famille contre la tyrannie. La première de ces lois avait été constamment observée en France depuis dix siècles ; la deuxième n'avait jamais été révoquée en doute, mais par les malheurs des temps et les fautes des hommes, elle avait plus d'une fois reçu de graves atteintes. »

La stabilité des propriétés est essentiellement liée à la stabilité de la couronne, et ce lien, cette corrélation est la preuve la plus forte de la nécessité de respecter l'hérédité ou la transmission antérieure du pouvoir. Si l'on n'a aucun égard à l'antiquité de la possession ou de l'hérédité politique, on méprisera bientôt l'antiquité de la possession ou de l'hérédité domestique ; l'histoire entière fait foi que l'instabilité des pouvoirs a entraîné l'instabilité de la propriété et la dissolution de la famille.

Nous avons prouvé que la démocratie était une menace perpétuelle contre ces deux derniers éléments de toute société politique. Si donc on revient à la monarchie héréditaire, il ne faut pas, par un misérable jeu de mots, y mêler un principe de république bâtarde, ou d'élection qui tue la monarchie héréditaire. « Tout ce qui ne serait qu'une contrefaçon de l'hérédité, dit fort bien un publiciste habile, M. Alfred Nettement (1), violerait à-la-fois deux principes, celui de la république et celui de la monarchie, et soulèverait la plus vive répulsion dans un pays qui est las d'expériences et d'expédients, le tout pour aboutir à un nouvel et plus profond précipice. »

« C'est la société politique, dit un autre publiciste non moins éminent, M. Laurentie (2), qui, à son origine, s'impose à elle-même des modes publics de constitution, et s'engage à les perpétuer et à les défendre comme un droit permanent et de durée. Il ne faut donc pas qu'à un moment donné de cette durée, on vienne dire à la nation qu'elle a le droit de changer ce qu'elle a fait, car ce droit impliquerait sa perturbation en principe, c'est-à-dire la mort et non la vie de la nation. »

Nous trouvons dans l'*Echo de l'Aveyron* cette remarquable argumentation, en réponse à ceux qui prétendent que la délégation par le peuple du pouvoir héréditaire à une dynastie n'est

---

(1) *Opinion publique* du 30 décembre 1849.
(2) *L'Union* du 20 décembre 1849.

qu'une abdication de sa souveraineté, et implique le *droit divin*.

« Bossuet, sous le grand roi, a écrit sans être contredit par personne : « Les rois sont faits pour les peuples, et non point les peuples pour les rois. » — Qu'on nous montre depuis cette époque quelque chose qui aille contre cette manière d'envisager la question ; qu'on nous cite une page, une ligne suivie d'un nom revêtu de tant soit peu d'autorité, qui donne au principe d'hérédité une couleur de droit divin différente, et nous prendrons condamnation.

« Maintenant, s'il prenait plaisir à un géomètre de dire qu'en droit divin la ligne droite est le plus court chemin d'un point à un autre, faudrait-il que les personnes auxquelles l'intervention *du droit divin* dans cette affaire paraîtrait étrange, niassent, par réaction, la vérité de ce théorème géométrique ?

« Si l'on veut intéresser la souveraineté nationale dans la transmission héréditaire du pouvoir, et voir la négation de cette souveraineté dans l'hérédité, il faut d'abord dire que *jamais* la nation ne peut exprimer sa souveraineté dans le sens de l'hérédité, ce qui est borner sa souveraineté, sous prétexte de la sauvegarder ; et c'est ensuite proclamer le principe d'élection comme supérieur à tout, comme inaliénable ; et si ce principe est inaliénable, il pourra être indéfiniment exercé, aujourd'hui, demain, tous les jours, sans repos ni terme.

« Si un tel principe relatif est reconnu bon, utile, nécessaire à la société, qu'on le consacre, rien de mieux ; mais s'il fait craindre les plus grands malheurs, s'il trouble la paix publique, s'il alarme la famille, la propriété, la religion, s'il fait craindre l'invasion étrangère et la barbarie intérieure, force sera de laisser à la souveraineté nationale l'exercice de son droit, dans le sens du maintien de la transmission héréditaire.

« En un mot, si la nation est forclose de la faculté de remettre sa souveraineté héréditairement, parce que son droit est inaliénable, comme d'autre part elle ne peut exercer par elle-même cette souveraineté, nulle règle, nul délai, nul terme, ne peuvent prévaloir contre son bon plaisir.

« Il faut opter forcément entre ces deux systèmes, ou l'élection libre de toute condition, ou l'hérédité. Si vous prétendez qu'on ne peut lier la souveraineté populaire par l'hérédité, comment la restreindrez-vous dans un terme quelconque?

« Il s'agit, dans ce qui précède, de théories, de principes, et non d'application ; il n'y a pas de terme moyen possible, logiquement possible ; la délégation du pouvoir souverain sera variable comme les flots de la mer, comme les sables du désert; ou si vous admettez qu'un pouvoir peut être fixé, immobilisé pour un temps, si vous pouvez en disposer pour quatre ans, pour un an, pour un jour, vous détruisez le principe de la souveraineté, tel que vous l'avez compris ou expliqué, et ce que vous avez fait pour un temps pourra être fait pour toute la durée d'une dynastie. »

M. Benjamin Constant, dans son ouvrage intitulé : *de l'Esprit de Conquête et d'Usurpation*, s'exprime ainsi :

« Ce n'est pas tout de se déclarer monarque héréditaire. Ce qui constitue tel, ce n'est pas le trône qu'on veut transmettre, mais le trône qu'on a hérité. On n'est monarque héréditaire qu'après la deuxième génération. Jusqu'alors, l'usurpation peut bien s'intituler monarchie, mais elle conserve l'agitation des révolutions qui l'ont fondée ; ces prétendues dynasties nouvelles sont aussi orageuses que les factions, ou aussi oppressives que la tyrannie. C'est l'anarchie de Pologne ou le despotisme de Constantinople ; souvent c'est tous les deux.

« Un monarque, montant sur un trône que ses aïeux ont occupé, suit une route dans laquelle il n'est point lancé par sa volonté propre. Il n'a point sa réputation à faire ; il est le seul de son espèce ; on ne le compare à personne. Un usurpateur est exposé à toutes les comparaisons que suggèrent les regrets, les jalousies ou les espérances ; il est obligé de justifier son élévation ; il a contracté l'engagement tacite d'attacher de grands résultats à une si grande fortune ; il doit craindre de tromper l'attente du public, qu'il a si puissamment excitée.....

« Aux inconvénients de la position, joignez les vices du caractère, car il y en a que l'usurpation implique, et il y en a encore que l'usurpation produit.

« Que de ruses, que de violences, que de parjures elle nécessite ! Comme il faut invoquer des principes qu'on se prépare à fouler aux pieds, prendre des engagements que l'on veut enfreindre, se jouer de la bonne foi des uns, profiter de la faiblesse des autres, éveiller l'avidité là où elle sommeille, enhardir l'injustice là où elle se cache, la dépravation là où elle est timide, mettre, en un mot, toutes les passions coupables comme en serre chaude, pour que la maturité soit plus rapide et que la moisson soit plus abondante....

« Quand les âmes fières s'éloignent d'un usurpateur, que reste-t-il? Des hommes qui savent ramper, mais ne sauraient défendre, des hommes qui insulteraient les premiers, après sa chute, le maître qu'ils auraient flatté.

« Ceci fait que l'usurpation est plus dispendieuse que la monarchie. Il faut d'abord payer les agents pour qu'ils se laissent dégrader; il faut ensuite encore payer ces agents dégradés, pour qu'ils se rendent utiles. L'argent doit faire le service et de l'opinion et de l'honneur.....

« Il y a confusion d'idées dans ceux qui partent des avantages d'une hérédité déjà reconnue, pour en conclure la possibilité de créer l'hérédité. La noblesse engage envers un homme et ses descendants le respect des générations, non-seulement futures, mais contemporaines. Or, ce dernier point est le plus difficile; on peut bien admettre un traité pareil lorsqu'en naissant on le trouve sanctionné; mais assister au contrat et s'y résigner est impossible, si l'on n'est partie avantagée.... »

SECTION VI.

Cette fixité héréditaire du pouvoir, *seule*, rend la représentation nationale possible, utile et sans danger.

Mais cette fixité du pouvoir, bien loin d'exclure la représentation nationale, *seule* la rend nécessaire et sans danger. Car si l'exemple de la Turquie, de la Suède, de la Pologne, de Venise, de la Suisse, des Provinces-Unies, montre le danger de l'instabilité dans le pouvoir ou dans les fonctions du pouvoir, le péril ne sera pas moins grand s'il y avait lutte entre le pouvoir héréditaire et des fonctions héréditaires. Il faut donc un pouvoir fixe et héréditaire tempéré par des lois fondamentales et par une représentation nationale périodique. C'est là qu'est la vérité, la perfection des constitutions modernes. Accord dans l'action des pouvoirs constitutionnels, mais prééminence, unité et fixité dans l'autorité suprême, c'est-à-dire, dans le pouvoir exécutif héréditaire assez fort pour lier cette action, pour imprimer un mouvement uniforme et arrêter le désordre.

Les pouvoirs constitutionnels sont les ministres de cette autorité suprême, comme les organes de l'homme sont les ministres de son intelligence. On ne peut comprendre de division dans la volonté, ni dans l'action des organes, s'ils apportent la lumière et la connaissance des choses physiques et intellectuelles à l'âme par les sens et par la parole, parlée ou écrite ; ils ne sauraient se rendre les arbitres et les maîtres de la volonté ou de l'intelligence sans produire l'*aliénation*, ou l'absence, la cessation de l'être moral. Mais l'âme ou l'intelligence n'a pas pour cela cessé de vivre : *Le roi ne meurt pas.* La correspondance ou l'harmonie peut se rétablir entre l'âme et les organes. Ainsi en est-il de la société publique ; elle ne peut être gouvernée que par une volonté suprême, guidée par les lois fondamentales, et servie dans l'exécution, la confection, la correction des lois par les organes constitutionnels. Elle est donc immortelle et perpétuelle comme l'âme elle-même, malgré l'*aliénation accidentelle* de ses organes ; l'hérédité ou la perpétuité du pouvoir public est une vérité aussi nécessaire que l'immortalité de l'âme. Aussi la philosophie matérialiste a-t-elle en même temps nié la nécessité de l'hérédité du pouvoir.

SECTION VII.

L'hérédité du pouvoir repose sur une saine philosophie et sur la véritable nature de l'homme.

« Si, dans les sciences physiques, dit M. de Bonald (1), on cherche à simplifier l'étude de la nature par la découverte des lois de plus en plus générales qui puisse expliquer un plus grand nombre de faits particuliers ; si c'est avec raison que l'on croirait avoir atteint les derniers termes des progrès de ces sciences, en ramenant à une seule loi, à un seul principe tous les phénomènes

---

(1) *Définition de l'homme.*

qu'elles présentent, pourrait-on ne pas reconnaître un grand principe de la science morale ou sociale, et un progrès réel des connaissances philosophiques dans cette définition si simple : *Une intelligence servie par les organes*, qui, s'appliquant avec la même justesse à toutes les natures, explique à la fois l'homme, la société, l'univers !

Ainsi la philosophie, dans ce qu'elle a de plus de certitude morale, justifie ces belles paroles d'un illustre orateur, M. Berryer, prononcées à la tribune de l'Assemblée législative au sujet de la proposition d'amnistie offerte à la maison de Bourbon : « Messieurs, quand les héritiers des rois sont éloignés du trône, quand ils sont proscrits, quand ils sont exilés de leur propre patrie, il n'en existe pas moins que dans le reste du monde : ils sont autre chose que de simples particuliers. Les révolutions peuvent déshériter leur avenir, mais elles n'ont pas la puissance d'anéantir le passé. »

Ainsi l'unité, l'hérédité du pouvoir, est une vérité, une nécessité ou un axiôme de l'ordre moral et social.

« C'est donc une vérité fondamentale de la première de toutes les sciences (1), la science de l'être moral, que cet enchaînement nécessaire dans tous les systèmes entre toutes les vérités, même entre toutes les erreurs ; d'un côté, entre le spiritualisme de l'homme, le monarchisme de la société, le théisme de l'univers ; de l'autre, entre le matérialisme, la démocratie, l'athéisme. Le premier de ces deux systèmes a régné exclusivement en Europe depuis la naissance du Christianisme, défendu par la religion chrétienne. Le second, introduit dans la chrétienté, depuis près de trois siècles, a pris dans ces derniers temps une grande prépondérance, soutenue par la philosophie moderne. La postérité en recueillera les derniers fruits. Ainsi, à considérer ce dernier système, non dans les opinions indécises de quelques savants, pas même dans la marche, souvent contrainte, de telle ou telle société, mais dans l'ensemble des sociétés civilisées ou dans l'Europe chrétienne, on peut assurer qu'un système faux sur l'homme amènerait à la longue un système correspondant sur la société et

---

(1) *Définition de l'homme*, p. 337.

même sur l'ordre universel des êtres, si le Christianisme, qui seul peut conserver la croyance de la divinité et de la spiritualité de nos âmes, et la connaissance même du vrai pouvoir de la société venait jamais à s'affaiblir et à s'éteindre. C'est même un nouveau motif de croire à l'existence de Dieu et à celle de nos âmes, que cette disposition naturelle à nos esprits de réduire en systèmes les opinions même les plus fausses. L'esprit de l'homme, fait à l'image de la suprême intelligence et de la raison essentielle, ne saurait entièrement en effacer les traits, et il ne peut s'empêcher d'être conséquent, même lorsqu'il peut cesser d'être raisonnable. »

SECTION VIII.

Arguments tirés de l'Écriture Sainte et de la nature des choses en faveur de la monarchie héréditaire.

« Trois raisons, dit Bossuet, après avoir montré que la monarchie est la forme de gouvernement la plus commune, la plus ancienne et la plus naturelle, que conséquemment le gouvernement monarchique est le meilleur, trois raisons font voir que de toutes les monarchies, la successive ou héréditaire, surtout quand elle va de mâle en mâle, est la meilleure (1). La première raison, c'est que ce gouvernement est le plus naturel et se perpétue lui-même. Rien n'est plus durable qu'un État qui dure et qui se perpétue par les mêmes causes qui font durer l'univers, et qui perpétuent le genre humain.

« David tranche cette raison quand il parle ainsi : « Çà été peu pour vous, ô Seigneur ! de m'élever à la royauté, vous avez encore établi ma maison à l'avenir ; et c'est la loi d'Adam, ô Seigneur Dieu ! » (II *Reg.* 7, 19), c'est-à-dire que c'est l'ordre naturel que le fils succède à son père.

« Les peuples s'y accoutument d'eux-mêmes. J'ai vu tous les vivants suivre le deuxième, tout jeune qu'il est (c'est-à-dire le fils du roi), qui doit occuper sa place (*Eccl.* 4, 15). »

« Point de brigues, point de cabales dans un État pour se faire

---

(1) Politique tirée de l'Écriture.

un roi ; la nature en a fait un : la mort, disons-nous, saisit le vif, et le roi ne meurt jamais.

« Le gouvernement est le meilleur qui est le plus éloigné de l'anarchie. A une chose aussi nécessaire que le gouvernement parmi les hommes, il faut donner les principes les plus aisés, et l'ordre qui roule le mieux tout seul.

« La deuxième raison qui favorise ce gouvernement, c'est que c'est celui qui intéresse le plus à la conservation de l'Etat, les puissances qui le conduisent. Le prince qui travaille pour son Etat, travaille pour ses enfants ; et l'amour qu'il a pour son royaume, confondu avec celui qu'il a pour sa famille, lui devient naturel.

« Il est naturel et doux de ne montrer au prince d'autre successeur que ses fils, c'est-à-dire un autre lui-même, ou ce qu'il a de plus proche. Alors il voit sans envie passer son royaume en d'autres mains ; et David entend avec joie cette acclamation de son peuple : « Que le nom de Salomon soit au-dessus de votre nom, et son trône au-dessus de votre trône. » (III *Reg.* 1, 47.)

« La troisième raison est tirée de la dignité des maisons où les royaumes sont héréditaires.

« Çà a été peu pour vous, ô Seigneur ! de me faire roi ; vous avez établi ma maison à l'avenir ; et vous m'avez rendu illustre au-dessus de tous les hommes : que peut ajouter David à tant de choses, lui que vous avez glorifié si hautement, et envers qui vous vous êtes montré si magnifique ? » (I *Par.* XVII, 17, 18.)

« Cette dignité de la maison de David s'augmentait à mesure qu'on en voyait naître les rois ; le trône de David et les princes de la maison de David devinrent l'objet le plus naturel de la vénération publique. Les peuples s'attachaient à cette maison ; et un des moyens dont Dieu se servit pour faire respecter le Messie, fut de l'en faire naître. On le réclamait avec amour sous le nom de fils de David. » (*Matth.* XX, 30, 31.)

« C'est ainsi que les peuples s'attachaient aux maisons royales. La jalousie qu'on a naturellement contre ceux qu'on voit au-dessus de soi, se tourne ici en amour et en respect ; les grands même obéissent sans répugnance à une maison qu'on a toujours vue maîtresse, et à laquelle on sait que nulle autre maison ne peut jamais être égalée.

« Il n'y a rien de plus fort pour éteindre les partialités et tenir dans le devoir les égaux, que l'ambition et la jalousie rendent incompatibles entre eux. »

« Par les trois raisons alléguées, il est visible que les royaumes héréditaires sont les plus fermes. Au reste, le peuple de Dieu n'admettait pas à la succession le sexe qui est né pour obéir ; et la dignité des maisons régnantes ne paraissait pas assez soutenue en la personne d'une femme, qui, après tout, était obligée de se faire un maître en se mariant.

« Où les filles succèdent, les royaumes ne sortent pas seulement des maisons régnantes, mais de toute la nation : or, il est bien plus convenable que le chef d'un Etat ne lui soit pas étranger, et c'est pourquoi Moïse avait établi cette loi : « Vous ne pourrez pas établir sur vous un roi d'une autre nation ; mais il faut qu'il soit votre frère. (*Deutéronome* XVII, 15.) »

« Ainsi, la France, où la succession est réglée selon ces maximes, peut se glorifier d'avoir la meilleure constitution d'Etat qui soit possible, et la plus conforme à celle que Dieu même a établie. Ce qui montre tout ensemble, et la sagesse de ses ancêtres, et la protection particulière de Dieu sur ce royaume. »

CHAPITRE DEUXIÈME.

De l'autorité et de la liberté.

Une question grave et palpitante d'actualité préoccupe les esprits et donne lieu à des controverses ardentes entre les divers organes de la presse. Elle reçoit de la situation des sociétés politiques, en proie à de profondes convulsions et incertaines de leur avenir, une importance nouvelle.

Qu'est-ce que l'autorité? Est-elle un fait? Est-elle un droit? Existe-t-elle dans l'homme ou en dehors de l'homme? A-t-elle des principes invariables et éternels, ou dépend-elle du consentement donné à des lois positives? Sa force est-elle dans l'habileté et la fermeté de ceux qui gouvernent ou dans l'empire des principes sur la conscience du peuple?

La liberté est-elle de droit naturel et divin ou de droit positif? Est-elle illimitée de sa nature ou faut-il marquer par des lois répressives les bornes qui la séparent de la licence?

Questions brûlantes, mais étranges! Hallucinations d'esprits malades, en proie au délire, pour qui l'évidence est un doute et les lois de leur être un problème; pour qui leur raison et leur conscience sont lettres closes et mortes...

SECTION I.

De l'autorité.

L'autorité qui gouverne l'homme, comme celle qui gouverne les empires, ne saurait être le résultat d'une simple convention. Ce consentement est nécessaire, sans doute, mais il faut qu'il prenne sa source dans l'obligation de la conscience. On obéit alors, non par l'effet de la menace, mais par celui de la conviction, *non propter iram, sed propter conscientiam*, parce qu'on a foi à la parole de celui qui commande, parce qu'elle répond aux besoins de la nature humaine et qu'elle est dès-lors juste et paternelle.

Mais, pour être juste et paternelle, il faut qu'elle soit supérieure à la volonté actuelle de l'homme, préexistante, embrassant le passé, le présent et l'avenir, immuable, en un mot, et en possession de cette vérité, de cet amour, de ce dévouement désintéressé, qui font sa vie. Les lumières, le talent et l'habileté, la fermeté du caractère, ne suffisent point pour la créer. Autrement, comment s'expliquerait-on ce renversement rapide d'hommes éminents arrivés au pouvoir, leurs institutions sans durée et cette succession de gouvernements éphémères depuis soixante ans? Ni le génie, ni le courage ne leur manquaient, et il n'est resté de leur passage que ce qu'ils ont établi sur le roc du droit éternel, le code civil des Français dans ses dispositions puisées dans le droit immuable dont Domat et Pothier ont été les interprètes. Le plus prodigieux de tous, Napoléon, cherchant cette autorité dans sa volonté inflexible et dans la force, est tombé par la force.

Qu'est-ce donc que cette autorité? Est-elle seulement ce pouvoir qui préside à l'exécution des lois et qui en réprime les infractions? Non; elle domine les lois elles-mêmes, elle doit régner dans toutes les parties de sa constitution politique. Que serait la loi si elle ne renfermait pas en soi une autorité qui commande le respect, si elle ne commandait par sa justice l'obéissance? Que serait une assemblée législative sans l'autorité virtuelle qui imprime un caractère imposant à ses décrets? Que seraient les tribunaux eux-mêmes s'ils étaient réduits à appliquer des textes? Supposons que, par un abus des majorités, on voulût asservir les citoyens par des lois qui violeraient la constitution, les mœurs et le caractère de la nation, qui blesseraient l'honneur des classes exclues du droit commun; le pouvoir exécutif devrait-il en procurer l'exécution et les tribunaux l'ordonner? Non. La juridiction s'élevant à la hauteur de sa mission divine devrait en refuser l'application. Et c'est ce qui fait son caractère d'unité, d'universalité et de commandement. — Que serait la réunion de toutes les forces de la terre sans l'autorité? Un peu de poussière qu'emporterait le souffle des vents. L'autorité, c'est la foi des peuples, c'est leur croyance à ce qui préexiste, à ce qui dure, à ce qui conserve. — Or on ne croit pas à ce qui est d'un jour, à ce dont on connaît les relations transitoires, purement personnelles, et les intérêts viagers.

Ceux-là même qui ont le plus de vertu, de considération, et qui n'ont pas pour eux le passé, c'est-à-dire les précédents, les témoignages qui mettent hors de doute leur droit de commander, leur mission paternelle, ne peuvent avoir une autorité véritable. Cette autorité présuppose une sorte de création, de solidarité profonde et incontestée avec la société qu'elle dirige. On voit, sans doute, de ces hommes surgir dans une société nouvelle. Mais, dans une société ancienne, qui date de quatorze siècles, l'homme qui s'empare tout-à-coup du pouvoir voit bientôt, malgré son génie et toutes les faveurs de la fortune, cette autorité lui échapper. — Jésus-Christ a dû faire des miracles, lui, l'autorité par essence, et ses concitoyens, malgré ces prodiges, disaient: *N'est-ce pas là le fils de ce charpentier? Sa mère ne s'appelle-t-elle pas Marie ?* Il n'a fondé son autorité que sur Moïse, sur les prophètes, sur les traditions tenues pour constantes, et il a déclaré qu'il ne se rendait pas témoignage à lui-même, que sans cela son témoignage serait vain, mais que son père lui rendait ce témoignage et que dès-lors on ne pouvait se refuser d'y croire. Dieu a voulu que le passé, le présent et l'avenir concourussent à la formation de son Église, et c'est ce qui fait sa catholicité, son autorité universelle et infaillible. — Eh quoi ! Dieu n'a pas voulu d'une autorité sans précédents, sans témoignage, et l'on croirait à une autorité humaine qui n'en aurait pas? *Auctoritas et hujus patronus antiquitas*, a dit Bacon, *l'autorité et sa caution, sa patronne l'antiquité*. (APHORISME 62.)

L'autorité n'étant pas moins nécessaire à celui qui exécute la loi, qu'à la loi elle-même, et à ceux qui font la loi, qu'en conclure? Qu'elle est un droit et non un fait, et qu'elle ne réside que dans la conscience des peuples obéissant à la loi et à celui qui la fait exécuter parce qu'elle est juste et parce qu'il est reconnu pour l'appui tutélaire du peuple, pour la loi vivante, aussi intéressé que le peuple lui-même à en maintenir le règne et l'esprit.

SECTION II.

Cette autorité n'a point existé dans la république romaine ni dans la plupart des républiques anciennes et modernes

Et voilà pourquoi l'autorité n'a point existé dans la république romaine et dans la plupart des républiques, anciennes ou modernes, parce que les magistrats et le sénat n'avaient point la faculté d'empêcher les résolutions arbitraires du peuple, et que le peuple était à-la-fois pouvoir exécutif, juge et accusateur ; ou parce que tous les pouvoirs étaient concentrés dans un seul corps comme à Venise. La distribution des pouvoirs y était défectueuse sans doute, mais, de nos jours, avec des pouvoirs parfaitement définis, séparés et limités, sur le papier et dans le texte de la constitution, l'autorité pourrait manquer, et cette constitution périr. C'est la cause de nos perpétuelles révolutions. On croit pouvoir fonder l'autorité gouvernementale avec la force et les lois. A entendre ces hommes d'Etat, Bossuet aurait eu tort de dire *qu'il est des lois fondamentales qu'on ne peut changer, et qu'en les violant on ébranle tous les fondements de la terre, après quoi il ne reste plus que la chute des empires.* Il importerait peu, selon eux, qu'une révolution eût renversé le droit séculaire d'un empire et qu'elle eût rabaissé la politique intérieure et extérieure à la conservation d'une proie, qu'elle ouvrît toutes les écluses à un déluge de systèmes contradictoires et impossibles, à des doctrines anti-sociales, à des propositions aussi audacieusement criminelles qu'extravagantes, à une fièvre d'ambition qui, sans travail et sans mérite, fait de la société une curée. C'est un *fait accompli* qu'il faut accepter, et l'on doit s'applaudir de la liberté donnée à chacun de prendre part à cette souveraineté improvisée!!!

Mais l'expérience a ouvert les yeux des peuples. Ils voient où on les conduit avec de telles maximes. Et malgré l'incertitude qui règne encore dans les esprits, il n'est pas un homme de bonne foi qui ne rende volontairement hommage à cette suprématie du droit, à cette légitimité d'une antique possession de l'autorité, à cette garantie de la paternité royale, à cette immémorial héritage de dévouement et d'amour. On commence à reconnaître qu'on n'improvise pas plus une constitution politique que l'existence d'un peuple : que c'est un arbre aux racines vertes et profondes, qui s'étendent sous toute l'étendue du sol et du passé d'une nation, qui embrasse et couvre toutes les générations, que la nature seule a fait croître et développer, que la main de l'homme peut cultiver et émonder, mais au tronc duquel elle ne peut toucher sans tuer la société elle-même. Les transformations sociales peuvent modifier les conditions de l'exercice de l'autorité politique, et cette autorité ne trouvera désormais d'appui solide que dans l'opinion publique, dans la représentation progressive de tous les intérêts, dans une union plus étroite du pouvoir et de la liberté; mais l'autorité, comme la liberté, ne s'improvisent pas, elles sont un héritage national et divin.

SECTION III.

Les hommes d'État les plus honorables et les plus habiles de l'établissement du 9 août reconnaissent que l'autorité manquait au gouvernement de 1830. — Dès-lors, nécessité de l'union de tous les hommes qui veulent l'ordre monarchique dans les seuls principes qui puissent le fonder.

Ces vérités sont senties et commencent à être déclarées avec une loyauté qu'on ne saurait trop admirer par les hommes d'État généreux et habiles du parti qui les avait méconnues en 1830. M. de Salvandy entre autres avait, dès cette époque, reconnu l'impossibilité de rien fonder avec un parti, avec une classe isolée de la société et la nécessité de l'union de toutes les classes dans la conscience du droit national, pour résister à l'inévitable ruine déterminée par l'esprit de monopole ou de révolution. M. de Salvandy vient de rendre un nouvel et éclatant hommage à ce besoin suprême de fusion des partis pour le salut de la France et de l'Europe en publiant une nouvelle édition de ses *Vingt mois de révolution et le parti révolutionnaire*, livre auquel il n'a rien changé si ce n'est qu'il a pris la situation actuelle pour argument confirmatif de toutes ses prévisions :

« J'avais vu, dit-il, en 1830, les classes élevées impuissantes à soutenir seules la royauté légitime, je prévoyais pour les classes nouvelles et pour la royauté nouvelle la même fortune. En présence d'un ennemi funeste, infatigable, je demandais l'accord des principes et l'union des forces. Ce miracle a passé la puissance des institutions et de l'époque. L'époque et les institutions n'ont pu que le préparer ; il fallait la main de la révolution pour l'accomplir. Cette main terrible est intervenue, elle a donné, elle a imposé d'autorité la concorde. Malheur à qui ne travaillerait pas à conserver ce bienfait, à l'étendre, à lui faire porter tous ses fruits !..... »

Ces paroles sont nobles et loyales, puissent-elles ouvrir une ère de réconciliation, d'union et de force dans le triomphe des véritables principes, dans la victoire du droit et de l'autorité sur les passions ! — Puissent les illusions se dissiper, les grands caractères que recèlent tous les partis secouer la poussière des vanités humaines et s'élever à leur hauteur naturelle! « L'établissement du 9 août, dit M. de Salvandy, avait été institué dans un jour d'orage qui n'était pas le fait de la nation. C'est là sa gloire. Il avait été établi pour rendre le repos à la France en conciliant l'ordre avec la liberté. Il s'est employé sans repos à cette grande mission…. Il a prouvé que le génie des hommes, la libéralité des institutions et le bonheur des peuples ne suffisaient pas à fonder un gouvernement sur des bases solides. Il a prouvé encore que la société française, telle que l'ont faite la révolution et les temps, n'est pas constituée de manière à suppléer par elle-même aux éléments de force et de stabilité qui manquaient à son gouvernement. Il a prouvé enfin que l'esprit français, que le caractère, le génie national n'a pas en soi, avec tant de puissance pour créer et pour détruire, ce qu'il fallait pour résister par ses propres forces, aux entraînements de la liberté démocratique, et contenir à lui seul la double faiblesse des institutions et de la société. »

Si donc il existe une lignée royale qui, depuis huit siècles, ait gouverné un royaume avec sagesse, avec bonheur, qui ait formé son territoire, ses institutions libres; qui, malgré les passions et les changements produits par les circonstances, malgré les altérations et les abus inséparables du passage d'un empire par différents âges de civilisation, ait conservé intact le dépôt de l'honneur national et l'esprit de liberté, qui ait protégé les peuples contre la féodalité et leur ait assuré le bienfait de l'unité de la juridiction et de l'inamovibilité de la magistrature, qui se soit sans cesse appliquée à maintenir l'équilibre entre les passions des grands et les intérêts des masses; qui, la première, ait fondé la liberté politique, le régime constitutionnel, et élevé une tribune au patriotisme et au talent; si cette succession non interrompue de monarques, de mâle en mâle et par ordre de primogéniture, a seule développé et maintenu l'intégrité du territoire et la nationalité de la couronne, qu'importe si, désireuse d'accorder l'autorité avec la liberté, elle a fait erreur dans l'emploi de certains moyens au milieu des crises profondes auxquelles il fallait porter remède ; c'était à la liberté d'éclairer l'autorité et non de la détruire par l'échafaud et par l'exil? C'était à elle de conserver et de cultiver précieusement ce noble rejeton de tant de rois, assemblage incomparable des qualités du cœur et des dons de l'intelligence, de grandeur généreuse et de bonté affable, de jugement sûr et de grâce bienveillante, de courage et d'amour pour sa patrie : prince privilégié du ciel que l'on chérit comme homme, plus encore qu'on ne le vénère comme héritier de la populaire paternité des rois de France !

Nier le droit antique, c'est nier les titres de grandeur d'une nation, ses conquêtes sous l'action du temps, la noblesse de son origine, ses luttes et ses triomphes dans l'ordre de la civilisation, la succession morale de sa génération; c'est nier la progression du génie, la tradition de l'humanité, l'âme et la vie d'un peuple; c'est réduire ce peuple à la condition de la brute ou à celle d'un aventurier. En politique comme en philosophie, il faut une cause première, une autorité première, autrement tous les systèmes croulent les uns sur les autres, bâtis, comme dit Bossuet, sur des terres sans consistance qui tombent et s'ouvrent de toutes parts, et ne laissent voir que des précipices et des abîmes.

La Restauration, a dit un orateur de l'Assemblée législative (1), fut l'aurore du libéralisme en France. Déjà M. Benjamin Constant avait dit : « A tout prendre, jamais la France n'avait joui d'une liberté aussi étendue. »

SECTION IV.

De la liberté.

La question de la liberté est par là même résolue. La liberté n'est pas le pouvoir de tout dire et de tout faire, elle est le mouvement et l'action de l'homme dans la vérité. Elle n'est point une chose arbitraire ni absolue, puisqu'elle est soumise à des lois éternelles. Dieu règle la liberté des hommes et toutes leurs actions libres. Il faut donc, pour que cette liberté soit parfaite, qu'elle se conforme à la volonté de Dieu; qu'il y ait une correspondance intime entre l'Eglise, dépositaire de cette volonté,

---

(1) M. de Montigny.

l'État et ses lois. Doctrine et action pratique, application à l'État des maximes de l'Évangile, éducation de la jeunesse d'après ces principes, conformité des lois civiles à ce fondement des mœurs, intervention de la prière et de l'action de grâce dans les moments de calamités publiques, dans tous les événements politiques importants, dans les situations graves, solennelles, comme pour rappeler la sève divine dans le corps de l'État et, de la sorte, coordination et mise en œuvre de tous les éléments de la vie sociale comme de la vie individuelle, voilà ce qui constitue la liberté. Jésus-Christ lui-même l'a dit : « Si vous demeurez dans ma parole, vous serez véritablement mes disciples, *et vous connaîtrez la vérité*, ET LA VÉRITÉ VOUS RENDRA LIBRES (v. 31 et 32, ch. VIII, *saint Jean*.) » Il y a donc esclavage hors de la vérité; la liberté, c'est la vérité. Or, la vérité, c'est Dieu même; c'est donc Dieu seul qui peut rendre à l'homme sa liberté perdue par sa chute.

Nous sentons, en effet, un poids qui nous précipite sans cesse hors des voies de la vérité ; c'est l'abaissement continu, suite de notre dégradation primitive. L'égoïsme prend la place de la charité, la dureté, de la douceur; la passion, du charme inexprimable de la possession calme du vrai bien. L'envie, la jalousie, l'âpreté de l'humeur, l'orgueil, ne sont que des dégradations de notre âme devenue *esclave* de l'amour de soi, et ne pouvant plus souffrir le bon sens, la supériorité ou l'indépendance chez les autres. Ce venin, ce serpent que nous portons au fond de notre cœur, est la plus cruelle des servitudes, et il a fallu la mort et le sang d'un Dieu pour nous en affranchir.

Or, le même poids qui nous tire vers la terre, ou qui nous précipite vers la corruption de notre liberté, y pousse pareillement les corps politiques. Le pouvoir tend à la tyrannie ; la liberté à la licence ; le patriotisme à la fausse gloire; l'honneur à l'orgueil ; l'intérêt général dégénère en intérêt égoïste. Il faut donc aux sociétés la force de cette vérité qui affranchit l'individu, d'où il suit que l'unité morale est le droit fondamental des corps politiques. L'unité, procurée par le despotisme ou la force matérielle, n'est qu'un mensonge. L'unité déterminée par des systèmes philosophiques, ou par l'opinion, n'est qu'une illusion, une impossibilité.

SECTION V.

La liberté réglée par l'autorité divine n'est point la théocratie ni le droit divin du pouvoir; c'est tout le contraire.

Mais, dira-t-on, c'est là un gouvernement théocratique, c'est la confusion des deux puissances spirituelle et temporelle.

Non; c'est, au contraire, leur harmonie nécessaire. La puissance divine, ou l'éternelle vérité, n'a pas besoin du pouvoir des hommes pour triompher; elle manifeste sa force dans leur faiblesse et leur impuissance. Mais le gouvernement temporel a un besoin indispensable de la vérité divine pour l'adoucissement du bien et du mal, pour la distinction des vérités et des erreurs sociales, pour la lumière et la direction des intelligences, afin de pouvoir tracer des lois efficaces sur ces règles et sur ces distinctions, et pour leur donner mieux que la sanction de la force, la sanction divine toute puissante sur les consciences, sur les esprits et sur les cœurs.

Or, il n'est pas de vérité morale, sociale, politique, qui n'ait sa source dans la loi de l'Evangile. La société, l'autorité qui la gouverne, leurs obligations et leurs devoirs corrélatifs, la langue, les mœurs, la littérature, le génie des arts, émanent directement de la souveraine sagesse de Dieu et de son inépuisable fécondité. Le corps social, comme l'homme lui-même, trouve toutes les lois de son être dans la religion vraie.

Il y a plus : les barrières qui séparaient les nations et en faisaient des ennemies les unes des autres, ont été abaissées par le Christianisme. Il y a une communauté, une solidarité universelle fondée sur une morale, sur des devoirs et des droits communs, qui ne fait plus du genre humain qu'une seule famille; et cette solidarité résulte, non point de la confusion, mais de la distinction des facultés, des propriétés, des races et des peuples. La nature de chaque gouvernement est dès-lors conservatrice de tous les autres; et le respect de chaque société politique dérive des lois communes à toutes. La nationalité d'un peuple produit des droits, mais n'engendre point de haine internationale. Sa langue, son territoire, ses frontières, sa constitution politique, ses mœurs sont l'œuvre de Dieu, et à ce titre, marquent à-la-fois la distinction et les devoirs d'union des divers gouvernements, et tracent les véritables règles de la diplomatie et du droit des gens. « Dieu a fait naître d'un seul toute la race des hommes, dit saint Paul à l'Aréopage, et il leur a donné pour demeure toute l'étendue de la terre, ayant marqué l'ordre des saisons et les bornes de l'habitation de chaque peuple. » (*Actes des apôtres,* XVII, 26.)

« Jamais, on peut le dire (M. de Bonald, t. IX, *Considérations générales*), les gouvernements n'ont eu plus besoin de s'aider de toute la force de la religion, parce que, à aucune autre époque du monde, il n'y a eu dans la société publique, ni autant de lumières vagues ou fausses, ni autant d'hommes à gouverner, et si on peut parler de la sorte, ni autant d'esprit, ni autant de corps... La Religion chrétienne, qui a appelé tous les hommes *à la liberté des enfants de Dieu*, a rendu à l'homme, même le plus faible d'âge, de sexe ou de condition, sa dignité première et naturelle ; il a rendu à la nature humaine ses justes droits ; et sans affaiblir la subordination légitime des *personnes* de la famille envers le pouvoir domestique, il a fait passer dans l'Etat la famille elle-même avec toutes ses *personnes ;* et conformément à l'ordre, en conservant au pouvoir domestique toute sa dignité, même à côté du pouvoir public, il a soumis la société particulière de la famille à la société générale de l'Etat.

« Mais la Religion chrétienne, en affranchissant les corps par l'abolition de l'esclavage et de tout ce qu'il entraînait d'avilissant et de cruel, et par la protection accordée à toutes les faiblesses de l'humanité, a aussi affranchi les esprits de l'erreur et de l'ignorance par les connaissances morales qu'elle a répandues partout, et jusque dans les dernières classes de la société. Elle seule a évangélisé les pouvoirs, en leur annonçant *la bonne nouvelle* de leur affranchissement civil et religieux (et c'est la première preuve que son divin Fondateur donne de sa mission), et elle a initié l'enfant aux plus hautes vérités de la morale et de la philosophie. Le Christianisme a non-seulement affranchi les peuples du joug de l'esclavage, il a, si l'on peut dire, délivré les gouvernements mêmes du joug de leur propre despotisme, « souvent, comme le remarque Montesquieu, plus pesant aux gouvernements qu'aux peuples mêmes. » En même temps qu'il a défendu au sujet d'être esclave, il a affranchi les souverains de la triste nécessité d'être des tyrans, et *les rois, jusqu'alors, instruments de servitude,* comme les appelle Tacite, *ont pu être et ont été, en effet, des moyens puissants et même les* SEULS MOYENS DE LIBERTÉ. »

Donc l'autorité nécessaire pour régler les actions des hommes l'est également pour régler les corps politiques, c'est-à-dire l'autorité de Dieu. Non que les princes aient ce qu'on appelle *le droit divin,* ou l'inféodation céleste du pouvoir à une famille : ce serait un blasphème ; ils sont soumis à des lois créées dans les formes établies par l'usage des sociétés humaines. Mais c'est sous l'autorité de Dieu que cette liberté humaine a agi, et Dieu seul peut imprimer le sceau de la vérité et de la perpétuité à ses actes. Si c'est une monarchie, la royauté instituée par la nation, avec les lois fondamentales qui en fixent la nature et l'étendue, ne reçoit de sanction que de Dieu même. Et rien dès-lors n'est plus auguste ni plus nécessaire que la consécration du roi par la religion, puisque Dieu seul peut donner l'onction qui rend inviolables tout ensemble et la royauté établie par le consentement des peuples, et les droits que ces peuples se sont réservés.

Chose admirable! la liberté, comme nous l'avons vu de l'autorité, domine les lois elles-mêmes quand ces lois sont arbitraires et injustes, et elle en procure infailliblement la correction, tant il est vrai que la liberté ne se déploie que sous les ailes de l'autorité de Dieu! tant il est vrai que l'autorité est nécessaire à la liberté! « Ici, dit M. de Bonald, la plus saine philosophie est en accord parfait avec la Religion, qui a appelé les hommes à la liberté des enfants de Dieu, en leur apprenant que l'homme ne peut rien sur l'homme qu'en qualité de ministre de Dieu, pour la portion qu'il exerce du pouvoir général de la Divinité. » Nul ne peut nier la souveraine liberté de Dieu, et l'accord de cette liberté avec sa souveraine immutabilité. Le changement est le propre de la liberté imparfaite, la liberté vraie est celle qui se rapproche le plus de la fixité, et la fixité est le caractère du bien, comme l'immortalité est celui de la perfection infinie. Moins la volonté est suspendue, dit Mallebranche, plus elle est libre. Donc l'autorité de la règle est la condition de la liberté bien ordonnée.

« Liberté et autorité, dit l'*Observateur romain* qui a montré admirablement les erreurs de la jeune Italie et le mensonge atroce de la république mazzinienne, sont deux choses qui doivent marcher de front et qui sont également nécessaires pour le bien-être de l'homme. La vie morale des individus et des peuples dépend de leur parfait accord. La liberté est le principe dirigeant des actions humaines, l'autorité en est la règle. La liberté est l'aiguillon des passions, l'autorité en est le frein. Sans la liberté, l'homme serait un automate; sans l'autorité, il serait une brute. Sans la liberté, les États deviendraient la proie du despotisme ; sans l'autorité, ils se précipiteraient dans l'anarchie. »

La liberté consiste à être esclave de la loi, dit Cicéron. — « La liberté de l'intelligence consiste à être esclave de la vérité, dit M. Balmès, et la liberté de la volonté à être esclave de la vertu ; changez cet ordre et vous tuerez la liberté. Otez la loi, vous intronisez la force ; ôtez la vérité, vous intronisez l'erreur ; ôtez la vertu, vous intronisez le vice. Osez soustraire le monde à la loi éternelle, à cette loi qui embrasse l'homme et la société, qui s'étend à tous les ordres, qui est la raison divine appliquée aux créatures raisonnables ; osez chercher, en dehors de ce cercle immense, une imaginaire liberté, vous détruirez tout ; il ne reste plus dans la société que l'empire de la force brutale, et dans l'homme l'empire des passions ; chez l'un et chez l'autre la tyrannie, et par conséquent la servitude (1). »

SECTION VI.

Application de ces principes aux libertés morales, et manifeste évidence de limites positives entre la liberté et la licence.

En présence de ces vérités, comment peut-on dire qu'il n'y a pas de limite positive entre la liberté et la licence, et que cette limite est impossible à déterminer.

Le propre des libertés morales, c'est de porter, avec la sève qui vivifie et perfectionne les lois et les mœurs du peuple, l'indication précise du bien et du mal.

---

(1) *Le Protestantisme comparé au Catholicisme*, t. III, ch. 54.

C'est ainsi que la liberté d'enseignement, où la libre concurrence n'empêche point une institution publique modèle, elle en donne le moyen, au contraire, en maintenant la supériorité, l'élévation continuelle du niveau des méthodes et des connaissances humaines; elle donne du bon vouloir et de l'énergie aux principes, à la profession et aux pratiques de la religion chez tous; elle seconde puissamment cette diffusion de la vérité que la conscience du peuple préfère toujours, et qu'elle saisit partout où elle se présente. — Les lois de l'éducation ne doivent donc pas se lier à la décadence des empires, mais les relever par la liberté.

D'où il suit que, rejetant bien loin d'elle l'oreiller du fatalisme, et devant travailler à la reconstitution des vérités sociales, la liberté d'enseignement est essentiellement une liberté politique qui présuppose des conditions d'ordre et de capacité, non pas créées, mais définies par les lois. Imprescriptible, inaliénable de sa nature, elle ne peut être sujette à des conditions préventives, ni dépendre dans son exercice du vouloir du gouvernement; elle peut être exercée par plusieurs et emporte avec soi le droit d'association.

Mais c'est précisément parce que l'enseignement réside dans la vérité, et par conséquent dans la liberté par la vérité; c'est parce que la liberté est indispensable à la vérité et en fait la force, que des limites sévères doivent lui être posées dans l'obligation de respecter les principes éternels de la morale fondés sur l'Evangile, et que la loi doit sévir contre les maîtres qui enseigneraient à la jeunesse des doctrines immorales et anti-sociales contraires à ces prescriptions sacrées.

C'est un monstrueux sophisme, en effet, de prétendre que l'État est laïque, en ce sens qu'il doit rester étranger à tout culte. Une société politique qui n'a pas une morale arrêtée, est une société perdue. L'Etat doit garantir la liberté de tous les cultes, mais non pas être indifférent à la vérité religieuse.

Une opinion, une doctrine sociale qui ne se lie à aucune vérité préexistante, *est un monstre, n'est rien* (1). Or, à quelle vérité antérieure se lie l'opinion de l'athéisme, de l'indifférentisme ou

---

(1) M. de Bonald.

de la neutralité de l'État en matière de foi? Ou celle qu'il faut séparer avec soin, dans un État, le religieux du civil (1).

Ainsi la liberté de conscience n'ira point jusqu'à attaquer le principe de l'autorité divine, jusqu'à répandre l'athéisme et souffler dans la société la haine, la discorde, le mépris de Dieu, de la famille, de la pudeur, de la propriété... La loi indiquera ces limites infranchissables et punira les transgresseurs.

Ainsi, encore, la liberté d'association ne pourra dégénérer en clubs et en sociétés secrètes qui, se faisant une autorité et une liberté à eux-mêmes et à leur façon, attaquent les fondements de l'ordre; la loi aura le droit et le devoir de supprimer les clubs, comme de régler, par les principes, le droit de réunion et d'association.

Les limites qui séparent la liberté de la presse de la licence, ne sont ni moins certaines, ni moins sacrées. En laissant le champ libre à la controverse des opinions religieuses, philosophiques et politiques, la loi lui interdira l'attaque aux fondements de l'ordre moral et social, en le forçant de respecter l'autorité divine, les principes de morale révélés et sanctionnés par la loi de Dieu et par l'Évangile, la famille, la sainteté du mariage, la propriété.

Disons-le hautement, si l'autorité véritable, celle des principes, eût régné en France, la licence de la presse eût été arrêtée par elle. Mais les passions politiques, les préoccupations jalouses, la défiance, même du clergé, les luttes de partis, plus que la fermeté et la foi dans les principes, ont absorbé le gouvernement et ont présidé aux changements contradictoires qui se sont succédé depuis 1814 jusqu'à ce jour dans la législation de la presse. — Ces lois établissent tour-à-tour la prévention, la suspicion, la censure; celles de 1835, surtout, faussant les principes par l'arbitraire des délits et par l'exagération des peines, ont enlevé toute force à l'autorité et ont précipité, bien loin de la réprimer, cette licence effroyable, cause de tous nos maux présents et de ceux qui menacent l'avenir... Si l'éducation eût été libre, religieuse et morale, si, au lieu de s'appuyer sur le monopole, sur les coteries et

---

(1) M. de Bonald

les intrigues qui l'ont énervée et trahie, l'autorité eût puisé sa force dans la décentralisation, dans la manifestation de la conscience nationale par le suffrage universel et dans l'éclatante adhésion de la nation aux vérités sociales et politiques, la licence eût été détruite dans sa source.

Mais, disent les partisans de la liberté illimitée, ce n'est pas elle qui a produit la décadence et la chute de la monarchie; car avant et depuis 1789, la liberté de la presse n'existait pas; la liberté de réunion et d'association, la liberté d'enseignement, la liberté individuelle, la liberté politique, et jusqu'à la liberté du silence avaient disparu dans tout le cours de la révolution. Ce n'est donc pas à la liberté illimitée qu'il faut imputer les crimes de cette révolution!

Nous répondons qu'il faut remonter à la cause première de ces désordres et de ces crimes; et cette cause est antérieure à 89. Or, n'est-ce pas l'effroyable débordement d'écrits séditieux et impies, le criminel abus du droit d'écrire, qui ont ébranlé durant le dix-huitième siècle l'autorité dans son principe, et qui, ruinant la foi des peuples et la règle des mœurs, ont miné si profondément la société française, qu'il ne fallait plus qu'un souffle pour la réduire en poudre? — Les lois avaient-elles posé des limites à cette liberté? Non, l'autorité avait déserté le droit de répression pour s'abandonner à la censure qui, nous le reconnaissons, fut substituée à la licence.

Vainement s'efforça-t-on dans les cahiers de 89 de rappeler les esprits aux principes, à l'autorité et à la liberté en posant ses limites et en substituant la répression aux mesures arbitraires. Hélas! c'est précisément à l'excès du mal consommé par une liberté sans frein qu'il faut attribuer l'inutilité de ce magnifique élan national, la lacération du mandat électoral, le renversement de l'autorité royale et la perte de toutes nos libertés durant ces longues convulsions d'un peuple chez qui la licence avait produit le mépris de l'autorité, le mépris de l'autorité le crime, le crime le despotisme, le despotisme le dégoût de la liberté et la lassitude des âmes, la lassitude des âmes l'indifférence, et l'indifférence l'oubli du droit, le scepticisme et la facilité à subir de nouvelles révolutions.

Quel argument contre la liberté illimitée en faveur d'une liberté sagement réglée par les lois !

« Les amis de l'ordre ont appris à leurs dépens, dit éloquemment M. de Montalembert, dans la circulaire électorale du comité de la liberté religieuse, que l'ordre matériel n'a pas de pire ennemi que le désordre moral. Ils doivent comprendre maintenant que l'on ne crée pas impunément au sein de la raison humaine une autorité rivale de la foi ; et ils ont lu sur le pavé sanglant la traduction logique de ces doctrines qui enseignent aux jeunes générations à substituer les passions de l'homme à la loi de Dieu. »

Oui, chacune de nos libertés morales trouve ses limites dans l'autorité même qui respecte fidèlement la vérité divine et qui commandant à ce titre aux consciences, centuple la force des lois et en rend l'application facile.

CHAPITRE TROISIÈME.

De l'urgente nécessité de l'organisation du suffrage universel sur la base de l'organisation des communes et des départements.

La commune n'est point une simple aggrégation conventionnelle de familles ayant des intérêts matériels communs, et liées par des relations locales. — La commune, c'est la cité, c'est un ensemble de relations morales, de droits et de devoirs qui l'assimilent à la famille, et en font l'élément essentiel, primitif de toute organisation, de toute constitution politique régulière et antérieure à tout autre droit politique. La loi positive règle, assure le droit municipal, mais ne le confère pas ; c'est lui dont on peut dire *jus ante omnia jura natum*, le droit antérieur à tous les droits. — La commune, c'est l'unité politique ; elle est donc l'élément, la base de la représentation nationale.

« La commune, dit M. de Bonald (1), qu'on me permette cette comparaison, est dans le système politique ce que le *franc* est dans le système monétaire, l'unité première et génératrice, unité indivisible, parce qu'on ne peut la diviser sans tomber dans des fractions sans valeur, et des monnaies sans poids et sans titre. — La commune est un corps plus réel, plus solide, plus visible que le département ou le royaume, qui sont plutôt des corps moraux. L'homme, la maison qu'il habite, la terre qu'il cultive, sont de la commune avant d'être du département ou du royaume; et comme ces trois corps, commune, département, royaume, forment le corps politique, l'État tout entier, il est tout-à-fait naturel que, dans la manière de composer la représentation universelle de la nation, les mêmes corps participent dans le même ordre à la députation. Ainsi la commune députe au département, le département députe au royaume; système d'élection analogue et complet, motif profond et naturel des deux degrés d'élection que la raison approuve, que la politique conseille, que la charte permet. »

Si les rapports de la commune, comme individualité politique, peuvent être modifiés selon qu'elle est une cité libre et indépendante, ou une cité sujette à une autorité politique centrale, sa nature n'est pas moins la même; c'est-à-dire qu'en relevant de cette autorité, comme membre de la société publique, elle garde son droit d'être, de s'administrer et de choisir son mandataire, administrateur comme tout propriétaire libre.

La commune est libre et propriétaire au même titre que la famille, qu'un citoyen : sa propriété et sa participation aux garanties sociales sont inviolables comme celle du citoyen et de la famille. Seule, elle peut nommer ses administrateurs. Elle ne peut être restreinte, disloquée, agrandie, fondue dans une autre, ou supprimée sans son consentement.

« Les communes, ces petits états domestiques, dit M. de Bonald (2), éléments de l'état public, celtiques avant d'être gaulois, gaulois avant d'être romains, romains avant d'être francs,

---

(1) *Opinion sur la loi des élections.*
(2) *Opinion sur le budget de* 1816.

et qui conservent encore dans leurs noms des vestiges de leur antique origine ou de leurs changements successifs de domination ; les communes avaient préexisté à la monarchie, elles avaient existé sans l'Etat, et l'État n'avait pu exister sans elles. Depuis l'origine de l'Etat, elles avaient acquitté leur contingent en hommes pour la guerre ou le service public, et leur contingent en argent pour l'impôt, et acheté ainsi au prix du sang et des sueurs de leurs enfants, le droit d'être protégées par la puissance publique. Aussi, elles avaient reçu de nos rois le bienfait de l'affranchissement, et c'est l'usurpation qui les a replongées dans la servitude en les dépouillant de la propriété commune, ce qui constitue proprement la communauté, et sans laquelle il n'y a de commun entre les habitants d'un même lieu, que ce qui est commun à tous les habitants du globe : l'air qu'ils respirent. Le pouvoir en France, dans aucun temps et sous aucune forme de gouvernement, n'a pas plus le droit de disposer des biens des communes que la commune de disposer des biens des particuliers, que la province de vendre une commune ou l'État une province. »

Si ce sont là des principes incontestables, reconnus par les plus savants publicistes, par les plus grands jurisconsultes(1), la conséquence nécessaire, invincible, est que la commune est le premier organe du suffrage universel, parce qu'elle est l'élément antérieur, essentiel et indivisible de l'État ; qu'il faut donc que le vote soit communal, c'est-à-dire exprimé dans la commune ; s'il était purement individuel, c'est-à-dire par canton, par arrondissement et par scrutin de liste, il n'y aurait point de participation, ou, ce qui revient au même, de certitude de la participation réelle de la commune au vote universel ; elle cesserait d'être, contrairement à la nature des choses et à la constitution même de l'État.

La représentation nationale est-elle la représentation des vo-

---

(1) Notamment M. Henrion de Pansey, qui s'exprime ainsi : « De toutes les manières d'organiser la commune, la plus vicieuse, la plus désastreuse, serait de confier à un seul homme la régie des biens communaux et le droit de régir la police intérieure des communes. »

lontés individuelles, ou celle des intérêts moraux et matériels du pays? Evidemment, elle ne peut être que cette dernière représentation, qui suppose un mandat ou des affaires spéciales et certaines à traiter. La nomination d'un représentant n'ayant jamais lieu à l'unanimité, n'est-il pas absurde de prétendre qu'il représente la minorité des électeurs qui n'ont pas voulu le nommer, et l'unanimité eût-elle lieu, est-il moins insensé de dire que sa volonté, dont il ne connaît pas à l'avance les déterminations, représentera d'autres volontés sur des objets futurs et inconnus?

Donc, il ne représente que des intérêts moraux et matériels collectifs. « La commune, comme l'Etat, consiste (1) en hommes et en propriétés; et lorsque l'Etat a besoin des hommes ou des propriétés de la commune pour en faire ses hommes et ses propriétés, le gouvernement vous propose, par exemple, une loi sur le recrutement et une autre loi sur l'impôt; toutes les lois, absolument toutes, que vous serez appelés à discuter, statuant directement ou indirectement sur les hommes et sur les propriétés morales et matérielles de la commune; je dis morales, car la justice, la religion, l'éducation, les mœurs sont aussi les propriétés de la commune, et même les plus précieuses de ses propriétés, et malheureusement les plus négligées (2). »

Et comme ces intérêts moraux et matériels ont leur racine, leur siége dans la commune, il faut que la commune marque expressément et en première ligne, comme unité matérielle et morale, dans la représentation et dans le vote. Alors, en effet, la voix des communes étant l'expression des intérêts sociaux, cette voix universelle des communes fait véritablement la délibération nationale, la loi et l'autorité générale. L'union fait la vie sociale et la force. L'individu qui unit son vote à celui de ses concitoyens d'une même commune, fait acte de vie et de force sociale; il agit distinctement et sciemment dans un intérêt collectif de conservation et de progrès. Au contraire, son vote isolé dans un can-

---

(1) M. Henrion de Pansey.
(2) *Ibid.*

ton ou dans un arrondissement, n'a plus qu'un caractère décousu, et par conséquent de faiblesse.

« Ce système des communes (1), mais défiguré par des idées dominantes d'individualité personnelle, entra pour quelque chose dans l'établissement des assemblées primaires de canton et d'arrondissement ; il eût suffi de le régulariser, de revenir au principe pour avoir un premier degré d'élection véritablement politique... on a préféré dans la loi qui vous est soumise (2), de le rejeter tout-à-fait. On s'est enfoncé, plus qu'à aucune autre époque, dans le faux et dangereux principe de l'individualité ; et les communes, affranchies par la royauté absolue, ont été déshéritées par la royauté constitutionnelle. »

Or, elles l'ont été bien plus cruellement encore par la république avec le vote dans le canton, par scrutin de liste ; l'arbitraire et la propagande socialiste ont décidé de presque tous les choix. — Il en est résulté que les hommes envoyés pour représenter un département, arbitrairement inscrits sur une liste préparée hors des localités par un comité nécessairement investi de pouvoirs discrétionnaires, et arbitre, avec les meilleures intentions du monde, des volontés de chaque arrondissement, ne répondaient point aux besoins, aux votes de ce département, et qu'ils étaient bien moins encore l'expression du choix libre et éclairé des électeurs qui, d'un arrondissement à l'autre, votaient aveuglément pour des hommes qu'ils ne connaissaient pas, et cela dans l'intérêt de l'ordre et pour ne pas diviser les voix en présence de redoutables ennemis de la société qui votaient comme un seul homme. — Et, chose fatale, en même temps on a vu que partout où cette union des hommes modérés et cette sorte de dictature forcée par un intérêt de salut suprême n'avaient point eu lieu, les doctrines pestilentielles, l'ascendant des passions mauvaises, des intérêts pervers, ont décidé de l'élection.

L'élection est de *droit commun* et non pas de *droit individuel ;* elle a pour objet de représenter et de défendre la famille,

---

(1) M. Henrion de Pansey.
(2) La loi de l'élection directe par les censitaires de 100 écus.

la commune, la société publique, et non les intérêts et les passions de l'individu, toujours désordonnées et ennemies de l'intérêt social. Tant qu'on marchera dans cette voie, le mal, qui fait de jour en jour d'effroyables progrès, l'emportera sur le bien, et la société finira par être livrée, aux premières élections, à une majorité socialiste qui la mènera rapidement aux abîmes...

La fiction de la loi censitaire s'est prolongée sous l'empire du suffrage universel qui devait la faire disparaître pour toujours. Car le privilége et la victoire des passions les plus ardentes, les plus sauvages, les plus perverses; le privilége et la victoire des sociétés secrètes et des complots les plus habilement ourdis contre les bases antiques de l'ordre social, ne sont-ils pas un privilége mille fois plus odieux et une victoire mille fois plus funeste que le privilége du cens et la victoire du monopole électoral? Quelle société, quelle représentation, sont possibles en présence de cette action infernale qui, au moyen d'une liste inconnue des électeurs, peut recruter partout par le mensonge et la calomnie, par le dol et la fraude, les forces des mauvais penchants, des vices honteux, de l'envie, de la cupidité, de la haine, prendre à sa solde tous les hommes flétris et sans aveu, le crime, la scélératesse, la misère, le désespoir, et s'en faire une armée de démolisseurs hors de la commune, dans le canton et l'arrondissement où cette action s'exerce sans obstacle et où ne se transporte jamais, en raison de la perte du temps et de la difficulté des lieux, la majorité des électeurs? N'est-il pas reconnu que si avec des principes réguliers la société ne se maintient contre les méchants qu'à force de vigilance et de répression légale, il lui est absolument impossible de se défendre contre l'invasion toujours croissante de barbares qui trouvent le point d'appui de leur développement, de leur progrès et de leur audace criminelle dans la loi même de l'élection, c'est-à-dire dans l'anarchie, dans la simulation frauduleuse d'un suffrage universel illusoire?

Comment s'étonner que l'impôt progressif, que la commandite universelle, que la confiscation des biens communaux, des caisses d'épargnes et des compagnies d'assurances et autres, que la gratuité du prêt et du crédit, que les attaques au capital et à la propriété territoriale par le prélèvement arbitraire d'une forte portion de cette propriété à chaque mutation par décès, que la loi agraire elle-même et les systèmes les plus coupables et les plus extravagants à-la-fois osent se produire effrontément, et menacent la société d'une complète subversion, quand la *maison est déserte* et la commune sans défenseur au moment suprême de l'élection? Oui, le socialisme et ses effroyables progrès n'ont pas d'autre cause que le mode présent d'organisation du suffrage universel!

On croit porter remède à ce vice d'organisation par le principe d'égalité entre les sections électorales dont on augmenterait le nombre. Mais ce n'est pas le principe d'égalité entre les sections électorales seulement qu'il faut invoquer, c'est avant tout le droit des communes. Le corps moralise; les individualités groupées en quelque nombre que ce soit tendent à se corrompre. « Réunissez, disait Franklin, beaucoup d'hommes et vous réunirez inévitablement ce qu'ils peuvent avoir d'ignorance, de passions, de vices, de travers d'esprit de toute espèce. »

Il faut donc se hâter de réviser la loi électorale, de la rétablir sur la véritable base de la constitution sociale; et de faire du suffrage universel l'organe soit direct, soit gradué des communes, des départements et de la nation, car le gouvernement représentatif tout entier est dans une bonne loi d'élection; la loi la plus fondamentale est celle qui en détermine le mode.

Or, le mode le plus convenable serait à coup sûr l'élection à deux degrés, car le scrutin de liste devant être abandonné et la représentation modelée sur les intérêts progressifs des communes, des départements et de l'État, quoi de plus naturel qu'un premier degré d'élection, celui par communes, nommant des candidats ou des électeurs qui, réunis à leur tour dans l'arrondissement ou le département, nommeront les représentants de la nation? Quoi de plus logique pour avoir la véritable expression de la volonté nationale, que d'exiger la majorité absolue pour l'élection soit des électeurs, soit des représentants?

« Il ne faut pas croire qu'une majorité numérique (M. de Bonald veut dire *directe*) soit quelque chose en France. S'il eût été donné à la puissance du nombre de disposer de son sort, il ne resterait plus aujourd'hui pierre sur pierre de l'édifice; et ceux qui en sapent les fondements, et ceux qui en défendent les approches, et ceux qui en occupent le faîte, seraient tous depuis longtemps ensevelis sous ses débris. C'est la raison, c'est la vérité, c'est l'ordre et ses principes et ses lois qui seront éternellement en France la majorité, la majorité qui fait des lois durables et qui jusqu'à présent a renversé tout ce qu'elle n'avait pas établi..... »

Ces paroles sont prophétiques. Les malheurs de la France et de l'Europe les ont pleinement justifiées. Pour que le suffrage universel soit vrai, il faut qu'il fasse concourir les intérêts sociaux *toujours bons* à la place des individus souvent mauvais; il faut qu'il fasse parler la famille, la commune, la nation, dans l'ordre naturel de leur constitution. Il faut qu'il se coordonne avec le système de société et de civilisation établi en Europe par la grande loi chrétienne. S'il est le porte-voix des barbares, s'il éclaire leur marche et assure leur triomphe, c'en est assez pour que son mode d'exercice soit légitimement modifié; car avant tout, le salut de la société doit être assuré contre ses éternels ennemis. *Salus populi suprema lex esto.*

Alors seulement, hommes du parti modéré, amis de l'ordre, vous pourrez espérer de rasseoir la société européenne sur ses antiques fondements, *sur ces fondements indestructibles comme la nature, qui survivent même aux révolutions, prêts à recevoir des constructions régulières, ou comme ceux d'un temple célèbre, à engloutir les imprudents constructeurs qui tenteraient d'y élever un édifice que la nature repousse comme la société* (1). « Pensez-y, vous dirai-je avec ce grand publiciste, et pour la France, et pour l'Europe, et pour vous-mêmes. L'Europe va vous juger, et vous passerez à ses yeux pour des sages qui ont su profiter des grandes leçons que notre révolution a données au monde, ou pour des imprudents que la plus terrible expérience n'a pu corriger. »

J'ajoute que la France étant solidaire des destinées de l'Europe, et, en quelque sorte, du monde civilisé, qui ne saurait avoir de repos ni de règle sans elle, elle n'a pas seulement à veiller à sa propre sûreté, mais à celle de l'Europe et du monde entier.

---

(1) M. de Bonald.

Car son système social, en supposant qu'il pût être isolé, serait sans force, sans crédit, sans influence au-dehors, et un perpétuel sujet de haines et de jalousies de la part des nations étrangères.

Du reste, on ne peut contester à l'Assemblée législative le droit de procéder à cette modification de la loi électorale... Elle possède le droit souverain de faire les lois, soit organiques, soit particulières ; et nonobstant le décret du 11 décembre 1848, elle a été appelée à faire les lois d'enseignement, d'organisation municipale et départementale, sur la force publique, sur l'assistance, sur l'état de siége. Ce droit renferme celui de les modifier quand elles sont faites et que l'expérience en a démontré les vices. Elles ne font point un tout indivisible avec la constitution, et ne sont pas, comme elle, soumises aux formes de la révision. Il n'est donc pas nécessaire d'attendre cette révision pour réformer une loi électorale vicieuse.

CHAPITRE QUATRIÈME.

De l'administration générale, communale et provinciale ; de la décentralisation des impôts et des dépenses ; de la spécialisation des crédits et des voies et moyens.

SECTION I.

Limites entre le pouvoir municipal et le pouvoir administratif, telles que les indique la nature des choses, et qu'elles existaient dans l'ancienne monarchie française, et dans presque toutes les monarchies de l'Europe.

Dieu et le peuple !

Quand la famille aura une pleine sécurité, qu'elle n'aura plus à redouter d'attaques contre l'indissolubilité du mariage, contre le pouvoir domestique, la propriété et le capital, quand sa foi et ses mœurs seront respectées avec la liberté d'éducation des enfants, que l'autorité paternelle et maritale seront en vénération, on verra ses membres prendre l'essor et servir la société par leur travail, par leurs spéculations, par l'exercice de professions utiles et libérales. Un esprit d'ordre, de paix et d'émulation les animera pour le plus grand bien du pays, comme pour l'honneur et la prospérité des familles.

Quand les limites naturelles qui séparent le pouvoir administratif du pouvoir municipal auront été reconnues, c'est-à-dire, quand les communes auront recouvré leur droit imprescriptible d'être administrées par le conseil municipal élu par le vote universel, et que les prérogatives du pouvoir central, pour ce qui touche l'administration générale seulement, seront exercées distinctement par un fonctionnaire du gouvernement, nommé pour une ou plusieurs communes ; quand la province et la commune (car la province n'est qu'une collection de communes) auront ressaisi le droit d'administrer leurs biens et de participer à la délibération des dépenses publiques pour tout ce qui concerne le vote et l'application de ces dépenses à l'utilité d'un ou plusieurs départements ; quand elles auront été admises à faire, par l'organe de leurs assemblées ou de leurs conseils, des remontrances sur la quotité à elles afférente dans les dépenses générales et centrales de l'État, et que leurs délibérations, à cet égard, auront servi, sinon de mandat impératif, du moins d'instructions à leurs représentants, et d'éléments aux résolutions de l'Assemblée nationale : alors la face de la France sera changée, l'administration générale sera simplifiée, l'impôt deviendra productif, et son poids sera léger pour les provinces, parce qu'elles l'auront voté, réparti, appliqué et employé, et qu'avec ce pouvoir d'emploi des deniers consentis, elles auront mille moyens de réduire ces charges à peu de choses par l'action combinée du crédit, de l'amortissement et des associations.

Cette loi est la pierre de l'angle ; elle doit être la première que fera l'Assemblée législative ; elle doit précéder la révision de la constitution et l'appel au peuple sur cette constitution, parce qu'elle fera connaître quels doivent en être les principes, l'esprit, quelles doivent être les distributions des pouvoirs et les conditions de leur indépendance et de leur stabilité.

Toutes les capacités, toutes les forces physiques et intellectuelles, toutes les passions généreuses trouveront une occupation utile et une direction sage et patriotique dans ces administrations locales qui deviendront une pépinière d'hommes d'État.

Ce n'est point là une chimère. Cela se pratiquait ainsi aux époques de la monarchie où la nation tout entière coopérait à l'exercice de la puissance législative par ses députés aux États-Généraux. Plusieurs provinces formaient une nation, chaque nation un bureau (le nombre des bureaux était porté à six), et ces bureaux délibéraient séparément sur les désastres et les maux qui affligeaient chaque province et l'État en général, sur les remèdes spéciaux et généraux à y apporter, sur les abus à corriger et les réformes à introduire dans les lois, dans l'administration et le gouvernement, sur la politique générale, et enfin sur les charges que pouvait supporter et consentir chaque province. Ces délibérations avaient pour bases les instructions renfermées dans le mandat des électeurs des bailliages et sénéchaussées. Chaque nation ou bureau dressait le cahier de ses griefs, de ses vœux, de ses instructions pour l'administration générale, et précisait ensuite la nature et la quotité des impôts qui devaient y subvenir. Un seul cahier résumait enfin ces délibérations des bureaux, et ce cahier devenait l'expression de la volonté nationale. L'assiette et la répartition de l'impôt étaient faites par des députés nommés par l'Assemblée, qui, de concert avec les directeurs des finances, réglaient la formation la plus convenable des commissions destinées à la levée des deniers, et prescrivaient le mode de perception le plus économique et le moins préjudiciable au peuple (ordonnance du roi Jean, qui adopte les résolutions des États-Généraux de 1355) (1). Voyez aussi le procès-verbal des États-Généraux de 1484, le monument le plus curieux du xv° siècle, déposé à la bibliothèque des manuscrits, et rédigé en latin par Jean Masselin, official de l'archevêché de Rouen, député normand, présent à ces États.

---

(1) Cette ordonnance est tirée d'un registre de la Cour des comptes. Elle est encore au trésor des Chartes, dans un grand registre de toutes les Chartes délivrées sous le roi Jean. Elle fut encore enregistrée au Châtelet de Paris.

Il résulte de ces documents authentiques que les impôts, par suite de la répartition, devenaient spéciaux et particuliers à chaque province pour la quotité qui lui était assignée ; que chaque province pouvait, en outre, voter des fonds particuliers, en cas de refus des Etats-Généraux, et corriger les abus que ces États n'avaient point redressés ; que la nation ne cessait pas de veiller, par ses députés, à la suite des fonds votés, à leur perception, à leur emploi ; que le compte en était reçu par les États-Généraux ; et que, sortis des mains de la nation, répartis par elle, levés par elle, employés par elle, ils retournaient à la province qui les avait consentis, pour l'excédant des recettes sur les dépenses spéciales auxquelles ils étaient affectés.

Aussi, tous les besoins étaient-ils satisfaits, et toutes les souffrances secourues par les localités. L'assistance envers le travailleur et le pauvre, rendue sacrée par le Christianisme, était organisée librement ; et les ordonnances de nos rois font foi de la pratique de ces devoirs envers l'indigent et le faible. Les ressources existaient, et leur répartition, coïncidant naturellement avec la connaissance parfaite que l'on avait des exigences locales, répondait à toutes les nécessités. L'esprit de famille guérissait tous les maux et pansait toutes les blessures.

SECTION II.

Il n'y a point de suffrage universel sans spécialité de mandat et sans décentralisation ; — d'où nécessité de la spécialité de l'allocation des impôts et de leur emploi.

Or, pourquoi cette spécialité de l'allocation et de l'emploi serait-elle impossible aujourd'hui ? Il n'y a pas d'autre moyen de solution des problèmes financiers et sociaux qui pèsent sur la France et qui doivent décider de son salut ou de sa ruine, de l'équilibre de son budget ou de sa banqueroute. A quoi servirait le suffrage universel s'il n'était appliqué à ces objets spéciaux d'où dépend le bien-être du pays ? Quel serait l'effet de la décentralisation si elle était inactive et muette, si une assemblée nationale continuait à voter les impôts sans mandat et sans contrôle, le gouvernement à les employer comme il l'entendrait, ou dans des limites tracées par des députés seulement, soi-disant investis d'un mandat illimité?

S'il est incontestable, au contraire, que la spécialité du mandat est inhérente au suffrage universel et à la décentralisation, si les besoins généraux de l'État et les besoins spéciaux des provinces ne peuvent être connus que par ce mandat exprès, ainsi que les moyens d'y pourvoir, avec quelle force ce principe de toute représentation ne doit-il pas s'appliquer à l'allocation des impôts et des dépenses, à la recette et à l'emploi !

Or, deux sortes de dépenses sont la matière des délibérations de l'Assemblée nationale : les dépenses générales et centrales et les dépenses particulières à une ou plusieurs provinces, ayant pour objet des travaux utiles et la satisfaction de besoins plus particuliers à ces provinces. — Pour les premières, les conseils généraux des départements et des provinces, organes des conseils municipaux, exprimeraient les vœux des populations sur la quotité de leur contribution à ces dépenses, sur la nature et l'assiette des impôts destinés à y pourvoir, et ces délibérations seraient résumées dans un document général qui présenterait l'expression vraie des besoins généraux et des ressources pour y faire face. Ce serait le mandat donné aux représentants pour le vote définitif des dépenses et des recettes. — Ces recettes et ces dépenses, ces impôts et leur emploi, seraient ensuite répartis, d'après ces instructions, entre les diverses provinces, et il en résulterait que certaines dépenses générales, même improductives, seraient appliquées immédiatement au travail et au bénéfice des ouvriers des localités, et que les capitaux et la circulation n'étant plus centralisés à Paris, les départements auraient vie et richesse ; que chacun d'eux aurait même l'espoir, si les prévisions financières avaient dépassé les besoins et les dépenses, de recouvrer la quotité spéciale de l'excédant de sa part contributive sur ces dépenses.

Quoi de plus conforme aux principes ! Les provinces, en effet, consentent-elles, en connaissance de cause, à l'impôt et à sa dépense même générale, quand leurs députés seuls apportent leurs voix au budget de l'État? Ne faut-il pas un consentement plus direct, plus explicite pour qu'il soit efficace? Ne faut-il pas que le consentement porte spécialement sur la nature, la nécessité ou l'utilité de ces dépenses générales? Une simple répartition, telle qu'elle se fait aujourd'hui par les conseils généraux, n'est qu'arithmétique et non point un consentement direct.

En ce qui concerne les dépenses utiles et productives, le principe de la spécialité de l'impôt, de la dépense et de l'emploi, est bien plus nécessaire encore. Est-il rien de plus équitable que les provinces indiquent les travaux qui leur sont indispensables ou utiles, et qu'elles votent les fonds qui doivent y pourvoir? Qu'il ne puisse plus dépendre de la volonté d'une seule assemblée de réduire ou de supprimer des allocations nécessaires, et sous le vain prétexte d'une fausse économie, de porter un coup mortel aux classes laborieuses, et de changer en une *perte sèche* des travaux commencés? Est-il rien de plus sacré que leur droit de faire elles-mêmes l'emploi de ces fonds spéciaux pour les travaux publics, de telle sorte que les travaux les plus coûteux de tous soient dirigés par les conseils provinciaux, et que l'excédant des fonds votés sur la dépense leur fasse retour?

SECTION III.

C'est le seul moyen d'opérer des économies réelles, d'arrêter le déficit, de réduire la dette flottante, et d'équilibrer nos budgets. — Exemples tirés des États-Unis et de la ville de Paris.

De grandes économies seraient ainsi réalisées, et les travaux seraient d'autant mieux exécutés qu'elles tiendraient à ne pas les recommencer. De plus, elles en jouiraient et n'en laisseraient pas le profit à l'État, aux régies intéressées de l'Etat, aux adjudicataires de l'Etat, ou à des concessionnaires qui en font un objet de spéculation et d'agiotage. La morale publique et le bien-être des particuliers, y gagneraient immensément. L'exécution en serait surveillée et dirigée sous l'autorité des conseils provinciaux par des membres du corps des ponts-et-chaussées, dont le service serait d'autant plus précieux qu'il serait limité aux travaux d'art, et qu'ils n'apporteraient plus à la conception et à l'exécution des travaux publics l'arbitraire et la prodigalité excessive d'une administration centralisée, arbitre souveraine de l'utilité et de l'ordonnancement des dépenses.

Le défaut de proportion entre les ressources disponibles et le style des travaux est la principale cause de leur interruption, et de la privation que souffre la France de nombreuses voies de communication ferrées et autres, indispensables au développement de sa prospérité. Très-certainement, elle en serait largement dotée si ses provinces étaient appelées à délibérer sur les travaux qui les intéressent, à en fixer la nature, le mode et la dépense. C'est ainsi qu'aux Etats-Unis, les agrégations territoriales de l'Union, travaillant elles-mêmes à ces voies de communication, ont réduit le prix du kilomètre de chemin de fer à 75,000, 110,000, 150,000 fr., et sont parvenues à le faire descendre quelquefois à 50,000 et à 18,000 fr., tandis que l'exécution de ces chemins centralisée, en France, porte à 400,000, 500,000, 750,000 fr. le prix de ce kilomètre, parce que les ingénieurs, quand ils tracent les plans, et l'administration quand elle les examine et les approuve, ne connaissent point ou n'observent pas la proportion qui doit exister entre le capital disponible et le style de ces travaux.

Prenons pour exemple l'état de New-York procédant à l'exécution du canal Érié et du canal Champlain en 1817. C'était un ensemble de six cent quatre-vingt-neuf kilomètres auquel devait pourvoir une population d'un million deux cent cinquante mille habitants, qui excède de peu celle de notre département du Nord. Il fallut recourir à un emprunt, et cet emprunt fut arrêté sur un devis qui ne devait point dépasser 43 millions; il en eût fallu 103 ou 138 en France avec les devis des ponts-et-chaussées. Commencés en 1817, les deux canaux furent terminés en 1825. Le 4 juillet, les ponts, les bureaux de receveurs, les maisons des éclusiers, les murs de soutènement furent faits dans le goût le plus modeste. Mais le revenu du canal Érié fut tellement considérable que non-seulement il éteignit l'emprunt, mais qu'il fournit les moyens de le refaire, en 1836, dans de plus grandes proportions, sans suspendre la navigation, sur un devis de 125 millions, dont le revenu de ce canal a suffi à desservir les intérêts. En France, avec l'administration centrale telle qu'elle existe, on eût débuté par un devis de 125 millions et on se serait arrêté à moitié chemin.

Il résulte de ceci que les provinces seules, directement intéressées à la création de ces travaux et à leur parachèvement, limiteraient aux ressources réelles le style et les dimensions de ces travaux, qu'elles en régleraient les dépenses sur le revenu qui amortirait bientôt le capital de l'emprunt, et permettrait ensuite de leur donner plus d'étendue. L'exemple des Etats-Unis est un enseignement sans réplique en faveur de la décentralisation des travaux publics et des dépenses.

Ces administrations communales et provinciales ayant la direction et l'emploi de ces fonds, ou de la portion des allocations destinées aux travaux publics, en feraient la base solide d'opérations de crédit, d'emprunts d'adjudications et de marchés économiques, et la garantie d'association ou compagnie, qui, moyennant certains avantages, certaines concessions, se chargeraient de l'exécution ne prenant sur elles toute ou la plus forte partie des dépenses.

Prenons pour autre exemple la ville de Paris et le département de la Seine. Les immenses travaux qui s'y sont exécutés depuis 1807 ont été, en très-grande partie, soldés sur les fonds de la caisse municipale, et ces fonds se composaient de crédits ouverts par l'Etat, d'aliénations de rentes, d'emprunts remboursables par annuités et avec primes, sur tirage au sort, de centimes additionnels, de revenus de l'octroi, et l'on peut dire avec vérité que ces travaux étaient des dépenses intéressant le pays tout aussi bien que les chemins de fer, ports, canaux, routes, etc., ouverts et créés dans les départements. Mais ces dépenses étaient spécialisées, ainsi que leurs voies et moyens, parce qu'elles étaient spécialement utiles à Paris. Le canal de l'Ourcq, le canal Saint-Martin, le canal Saint-Denis, les marchés avec leurs abris, les rues nouvelles, l'assainissement des vieux quartiers, les quais, entrepôts, ports et gares, ces vastes monuments du commerce et de l'industrie, de la religion et des arts, ont été exécutés, partie avec les avances de l'Etat et de l'administration des hospices, partie avec les ressources propres à la ville et partie avec les ressources particulières des compagnies. En administrant elle-même ces dépenses, la ville de Paris a géré sa propre chose, elle a amorti successivement, depuis 1808, pour 125,307,000 francs sur 149,938,884 fr. d'emprunts avec ses revenus et la bonne entente de son amortissement. Ses finances sont à jour, et elle a pu, avec sécurité, contracter un nouvel emprunt de 25,000,000. Elle peut participer à de nouveaux travaux, au prolongement de la rue de Rivoli pour un tiers de la dépense, et entreprendre de nouvelles halles qui, en faisant disparaître un amas d'habitations et de rues malsaines, favoriseront tout ensemble les communications des deux rives, la consommation et la salubrité. Et pourquoi ce crédit, ces facilités, cet amortissement? Parce que, dirigeant ces travaux avec économie, elle jouit elle-même de leurs produits ou en concède, pour un certain nombre d'années, l'usufruit aux compagnies qui les ont exécutés à leurs frais, parce que l'association vient prêter son secours à la libre disposition qu'elle a de ses travaux, et qu'elle joint ainsi à ses revenus et à son crédit les ressources et le crédit des particuliers et des compagnies.

S'il en est ainsi d'une administration qui n'est point une organisation municipale véritable, car le conseil général et municipal n'est point issu du suffrage universel; à partir de l'an VIII il n'a été qu'un ressort de l'administration centrale, puisque les deux magistrats principaux de la cité, le préfet de la Seine et le préfet de police, ne sont que des agents administratifs et non point des officiers municipaux, et qu'ils n'ont que voix consultative dans le conseil général et municipal sur les affaires de la ville et du département; si malgré cette inconstitutionalité de l'organisation de la capitale, ces magistrats, bien loin de retenir les travaux et les dépenses dans les mains de l'administration centrale ont veillé à ce que la comptabilité et la direction de ces travaux fussent distinguées des dépenses et des travaux de l'État : quels avantages immenses la ville de Paris ne retirerait-elle point du rétablissement de son régime municipal, déshéritée qu'elle est depuis plus de soixante années de sa propre administration devenue entièrement étrangère à la gestion de son patrimoine et à la disposition de ses revenus.

Or, ce qui se passe à Paris depuis 1807 ne peut-il pas servir de modèle aux provinces?

N'est-il pas évident que si, aux allocations spéciales résultantes de la répartition de l'impôt et des travaux, elles joignaient le même système d'emprunt, d'amortissement et de crédit; si jouissant du revenu de ces travaux, elles pouvaient les faire exécuter par des compagnies à qui elles en céderaient la jouissance pour un temps déterminé, il est presque certain que les provinces n'auraient pas besoin de toucher aux fonds votés qui leur feraient ultérieurement retour? L'emprunt, le crédit, les associations y suppléeraient, et en tout cas, ces allocations serviraient de base à des marchés avantageux, à des adjudications utiles, et à toute la partie des travaux à laquelle le crédit et l'amortissement n'auraient pu subvenir.

On objecterait vainement qu'il n'y aurait plus d'unité dans l'administration, d'ensemble dans les travaux ni de concours unanime pour de certaines dépenses dont les unes seraient approuvées ou réclamées par certains départements, et les autres rejetées par les départements qui devraient y subvenir comme y étant également intéressés. — Il est difficile de croire que des départements représentés par leurs conseils généraux, et des provinces par leurs conseils provinciaux, ne s'entendraient point sur leurs intérêts communs, les conseils de départements relevant des conseils provinciaux. Il serait impossible, du moins, que des lumières très-vives ne jaillissent pas de leurs délibérations, et que ces délibérations ne servissent point de base au règlement en dernier ressort par le pouvoir législatif, des travaux à exécuter et de la quotité d'impôts à payer pour y pourvoir.

SECTION IV.
Réponse aux objections tirées de l'inégalité des charges, et d'un prétendu fédéralisme.

Et que l'on ne dise pas que ces dépenses seraient trop lourdes pour les provinces directement intéressées, puisqu'elles percevraient les produits de ces travaux utiles, que leurs populations en vivraient et s'en enrichiraient, et qu'elles auraient d'ailleurs, en vertu de leur droit sur les fonds alloués et sur les travaux, les moyens de réduire considérablement les dépenses par le crédit, l'emprunt et l'association. Serait-il juste d'ailleurs que l'on mît à la charge des provinces étrangères aux travaux, et ne devant en tirer aucun parti, ou qu'un bien faible avantage, de telles dépenses, les plus onéreuses de toutes? — Outre l'économie des frais de perception, qui coûtent aujourd'hui, terme moyen, 13 pour cent, l'on pourrait dégrever certaines provinces d'impôts qui tournent au profit exclusif de telle ou telle autre, et diminuer considérablement par les votes des localités, le poids des dépenses générales.

Si les départements pauvres ne pouvaient point subvenir à ces dépenses, ce serait le cas d'appliquer à ces dépenses le principe de solidarité et d'unité de toutes les parties d'un empire, et de les répartir comme dépenses générales.

Tout se réduirait, en d'autres termes, à faire une autre répartition des charges soit générales et centrales, soit spéciales, et à ne pas les faire peser sans distinction sur tous les départements et sur toutes les provinces. L'impôt est proportionnel sans doute dans son assiette, mais il n'est pas proportionnellement réparti. Il ne s'agit pas seulement d'une répartition réglée sur le revenu de chaque province, mais d'une répartition équitable et proportionnelle à l'intérêt qu'elle a aux dépenses. Celles-là doivent porter un plus lourd fardeau, réparti ensuite au marc le franc de leur revenu, qui tirent un plus grand avantage des dépenses, soit par la nature des travaux, soit par la circulation et le travail qu'ils produisent chez elles. Les départements ou les provinces les plus pauvres auront du moins cet immense bénéfice d'employer à l'amélioration de leur agriculture et de leurs industries la part qui pèserait sur eux des impôts destinés aux travaux utiles, et d'en recueillir les fruits ; tandis que les charges qu'ils payent par les travaux des autres provinces les épuisent sans tourner au profit de leurs populations.

Les conseils généraux des départements et des provinces dresseraient l'état des besoins, des travaux, des dépenses à supporter, des ressources locales, de la faculté et de la quotité contributives de ces localités dans ces dépenses générales ou spéciales, et ces états seraient transmis à l'Assemblée nationale qui réglerait sur ces éléments le budget des recettes et des dépenses. Et ainsi la fonction suprême serait donnée aux budgets départementaux et provinciaux ; l'intérêt de l'unité, de l'autorité centrale serait concilié avec les intérêts spéciaux et la juste indépendance des communes et des départements. Les provinces ne relèveraient plus pour les dépenses faites chez elles et pour l'administration de ces dépenses, du pouvoir central seul. Le pouvoir législatif, fruit du suffrage universel, planerait sur elles. Il mettrait en présence leurs instructions et réclamations diverses, et en suivrait l'esprit. Ce ne serait point là de la centralisation, mais de la conciliation.

Si les conseils des départements et des provinces sont le résultat du suffrage universel, ils doivent nécessairement avoir, comme l'Assemblée nationale, une portion d'initiative en matière de charges publiques, et n'être pas réduits au vote de quelques centimes additionnels ou départementaux; ils doivent manifester leur volonté collective, qui sera l'élément essentiel des délibérations de l'assemblée générale.

Cette proposition aura le caractère de l'évidence si l'on réfléchit que non-seulement les conseillers généraux ont la même origine que les députés ou représentants, mais qu'il est de l'essence du suffrage universel et de la loi qui doit l'organiser, en retouchant la législation existante sur les élections, que le nombre des conseillers municipaux, généraux et des représentants à élire soit réparti entre diverses sections, arrondissements et colléges, et que chaque collége ou arrondissement délègue ses mandataires municipaux et généraux ou ses représentants. Or, si ces mandats divers partent de la même source, si les représentants de la province et ceux du pays sont désignés par les mêmes élections, et par le même nombre d'électeurs, comment serait-il possible de refuser aux conseils généraux la portion d'initiative dont nous parlons?

Nous avons prouvé que les familles, les communes et les provinces, collection de communes, étaient des éléments préexistants, antérieurs et essentiels de l'État, qui ont existé et pu exister sans l'État, *tandis que l'État n'a pu et ne peut exister sans elles* (1); que c'est en elles que réside le droit de propriété, l'État n'ayant droit qu'à leur tribut, pour qu'elles soient plus efficacement protégées par la puissance publique; que leur religion, leurs mœurs, leurs droits sont le principe et la foi de la société politique. — De là suit la conséquence invincible qu'elles doivent

---

(1) Paroles de M. de Bonald.

participer à l'administration générale en tout ce qui ne détruit point la puissance publique, comme cela a eu lieu de tout temps en France, avant la révolution. — Nommer cela *fédéralisme*, c'est-à-dire l'action des communes et des provinces en-dehors d'une autorité centrale, exerçant à part une sorte de souveraineté individuelle, c'est un non sens ; car le droit d'administrer n'est pas celui de gouverner ; et la participation des conseils généraux des départements ou des provinces à l'administration publique par la spécialité ou la répartition des travaux et des charges publics, bien loin d'énerver l'administration centrale, la fortifie, la soulage du poids d'affaires locales absorbantes, et en ne lui laissant à traiter que les grandes questions générales qui font la vie et l'unité nationales, et qui impriment le mouvement à tout le reste de l'État ; elle féconde ainsi et centuple la puissance du gouvernement.

« On n'attaque point, par la décentralisation, dit un savant publiciste du journal l'*Union* (1), le pouvoir lui-même, mais la distribution du pouvoir ; on veut avoir le gouvernement local, au lieu du gouvernement central ; parce que l'un est infiniment plus approprié aux besoins des différentes parties d'un grand peuple. Aussi, quand M. Proudhon cite l'Angleterre à l'appui de sa thèse, il se trompe complétement. Il prend la décentralisation pour l'absence de toute autorité, tandis qu'au contraire cette décentralisation n'est possible que chez un peuple où l'autorité a une grande force. »

Nous sommes heureux de voir ces vérités reconnues par les souverains de l'Europe, spécialement par l'empereur d'Autriche, dans une proclamation à la Transylvanie : « Concilier, a-t-il dit, l'unité avec l'indépendance et le libre développement de ses parties, ainsi qu'un pouvoir fort qui protège le droit et l'ordre dans toute la monarchie avec la liberté des individus, des communes, des pays de notre couronne et des différentes nationalités ; créer un gouvernement fort, qui, également éloigné d'une centralisation trop étroite et d'une décomposition qui éparpille les forces du pays, laisse une sphère d'activité suffisante aux grandes res-

---

(1) Voir le numéro du 29 novembre 1849.

sources de l'empire, et sache protéger la paix intérieure et extérieure ; obtenir une administration financière qui allége autant que possible les charges des citoyens et qui soit garantie par la publicité, affranchir la propriété foncière, assurer la véritable liberté par la loi, voilà les principes qui nous ont guidé dans l'octroi de la présente constitution. »

La centralisation nous tue, a dit un membre de l'Assemblée législative, et cependant chaque jour on l'aggrave par un système d'expédients financiers, législatifs, administratifs, qui ajournent, en les énervant, les immenses facultés morales et matérielles du pays.

SECTION V.

Cette décentralisation est l'unique remède au socialisme, et le seul moyen de simplifier l'administration générale ou centrale.

Cette vérité triomphe partout ; elle a prévalu dans l'esprit des hommes d'État les plus éminents, qui naguère furent partisans de la centralisation, parce qu'ils ont dû consciencieusement céder à ce que réclame impérieusement l'état de la société, au seul moyen de résurrection de ses facultés, de son crédit, de ses finances et de sa vie. Voici les paroles belles et dignes d'attention de M. Guizot, dans son livre : *de la Démocratie en France ;* elles ruinent complétement la fausse idée que le choix des maires, enlevé aux préfets pour les communes de moins de cinq mille âmes, et au président de la république pour les communes d'une population supérieure, puisse être un remède, même momentané, aux maux de la société ; et il en résulte, au contraire, et de tout ce que nous avons dit, que cette mesure est directement opposée à l'esprit de véritable liberté et de sage indépendance, qui seul peut sauver le pays.

« On parle beaucoup, dit M. Guizot, de la centralisation, de l'unité administrative. Elle a rendu d'immenses services à la France, et nous garderons beaucoup de ses formes, de ses œuvres ; mais le temps de sa souveraineté est passé. Elle ne suffit plus aujourd'hui aux besoins dominants, aux périls pressants de notre société. Ce n'est pas au centre seul, c'est partout qu'est aujourd'hui la lutte. Partout attaquée, il faut que la propriété, la famille, toutes les bases de la société soient partout fortement défendues. Et c'est trop peu pour les défendre que des fonctionnaires et des ordres venus du centre, mêmes soutenus par des soldats. »

La non-spécialité des dépenses et des voies et moyens destinés à pourvoir aux crédits, et cette formule fatale : « *Il sera pourvu à la dépense au moyen des ressources du budget,* » produisirent naguère l'accumulation des dépenses sans addition aux recettes, épuisèrent ainsi les ressources ordinaires, celles empruntées à l'amortissement, et grossirent la dette publique de consolidations successives, au point de creuser l'abîme du déficit où nos finances menacent de s'engloutir. — Il en serait de même d'impôts, d'emprunts et de crédits votés en masse, sans une application spéciale désignée, sans un décompte des dépenses générales et centrales, et des dépenses spéciales et locales. Les provinces doivent donc voter *à priori* la proposition des dépenses et des impôts, pour qu'en vertu de leurs mandats, les députés les votent eux-mêmes en pleine connaissance de cause. En revenant à ces principes, la politique sera nationale et ferme, les intrigues et la corruption impossibles ; les institutions, les lois et les besoins des peuples auront un levier et une sanction. Le socialisme ou communisme (car l'un aboutit nécessairement à l'autre) seront extirpés, car ce qui fait leur force, c'est l'énormité de l'impôt, l'injustice de sa répartition, le gaspillage des deniers publics, l'oppression et la ruine des particuliers ; c'est ce qui favorise le charlatanisme de ces hommes qui annoncent pompeusement aux peuples, dans leurs manifestes, qu'ils ont trouvé le secret de la fin de leurs misères dans l'impôt progressif, et dans l'établissement d'une banque nationale avec des myriades de satellites dans les localités qui seraient alimentées par le produit de cet impôt progressif.

Avons-nous besoin de dire que la progression géométrique, appliquée à l'impôt sur le revenu foncier, détruirait les capitaux de réserve et l'agriculture, et ne laisserait pas à la terre le moyen d'être cultivée ; qu'en détruisant toute émulation, elle frapperait le sol de stérilité? Qu'il en serait de même de l'impôt mobilier?

Que ce n'est pas la richesse du fisc qui fait la richesse des particuliers, mais la richesse des particuliers qui fait celle du trésor ? Que rien n'est plus faux et plus subversif, par conséquent, que le système qui, remuant d'en haut les éléments de la richesse nationale, frapperait sur la propriété et sur le capital, en en prenant une forte part, ou même la totalité, sous la forme de droit de succession ?

D'abord, ce serait la violation scandaleuse du pacte social, car la société n'existe que pour la famille et sa propriété, et la famille ne peut subsister que par la conservation de ce droit de propriété intact, sauf un tribut fixe et proportionnel payé à l'État pour frais de protection et de défense ; elle ne peut subsister que par la transmission de cette propriété en ligne directe et collatérale.

Ensuite, ce serait méconnaître les premiers éléments de l'économie politique. Si l'État accroissait l'impôt dans une proportion géométrique, il ne laisserait au riche ni l'utile, ni le superflu, et il porterait, par cela même, un coup mortel à la circulation, aux professions du luxe, à l'industrie et au travail. S'il appliquait aux successions ce mode d'impôt, il se ferait, comme dans le premier cas, co-propriétaire de la terre ou du capital, co-partageant ou co-héritier. D'une part, il enlèverait une grande partie des capitaux productifs, et de l'autre, en forçant la vente et la licitation d'une grande partie des terres, il en anéantirait la valeur ou la livrerait à la discrétion de l'agiotage. Le rapport entre la valeur vénale des terres et le mouvement du revenu de la nation serait rompu. Quel ressort aurait le travail des hommes qui sauraient d'avance qu'une forte partie de leur patrimoine serait enlevée à leur famille, ou qu'il ne leur serait pas loisible d'en faire la distribution par testament ? Paralyser la liberté du cœur, c'est tuer la civilisation, c'est anéantir la famille, la propriété, c'est établir le règne du communisme !

Il faut donc élever un rempart invincible à la propriété et à la famille dans cette loi, loi d'administration communale et provinciale, dont elles sont les éléments.

On parle chaque jour avec talent de la nécessité de réorganiser l'administration centrale, d'en simplifier le mécanisme, de réduire à trois le nombre des ministres, et de multiplier les directeurs généraux, de fortifier l'autorité centrale et de diviser le travail (1).

Mais avec la centralisation, la multiplicité nécessaire des sous-ordres, ou des directeurs, ou ce qu'on appelle la division du travail, ne pourra produire d'économies, ni activer les affaires. La machine sera seulement plus compliquée, et une nuée de directeurs, de chefs de division, sous une autre forme, arrêtera et paralysera la marche de l'administration publique.

La décentralisation, au contraire, réduira l'administration centrale à une surveillance efficace; en fortifiant son action, elle diminuera considérablement le personnel et laissera aux ministres le temps de méditer sur les grands intérêts de l'État. C'est la multitude des détails qui les absorbent qu'il faut supprimer.

---

(1) *La Presse.*

LIVRE SIXIÈME.

DE LA RICHESSE ET DE LA PUISSANCE DES NATIONS.

CHAPITRE PREMIER.

Des conditions de la richesse et de la puissance des nations, et particulièrement de la France.

L'organisation du suffrage universel et de l'administration générale, communale et départementale d'après les bases que nous venons de poser, nous donnera seule la clef, le moyen de solution de ce vaste problème : *Des conditions de la richesse et de la puissance nationales;* car par la voie de ces magnifiques institutions, prise dans la nature même de la constitution sociale et du gouvernement du pays, on arrivera à la découverte, à la constatation, à la classification, à la liaison et au concours actif et infaillible de ces éléments de richesse et de puissance, capables de subvenir à toutes les grandes entreprises et au soulagement des maux publics.

Toutes les sources de la richesse et de la puissance d'une nation sont solidaires les unes des autres. Mais il y a entre elles un lien hiérarchique de corrélation auquel est subordonné le développement du travail national.

Le *laisser faire* ou la liberté illimitée des échanges sans égard à ces rapports de dépendance et d'ordre, c'est l'anarchie, c'est le mépris du droit de propriété et du travail, c'est le *communisme*.

En partant du sommet de l'État social chez une nation comme la France à-la-fois continentale et maritime, agricole et manufacturière, reposant entre deux mers qui lui donnent un accès direct dans tous les territoires et dans toutes les affaires de l'univers, la puissance continentale et la richesse publique dépendent essentiellement de la puissance et du commerce maritimes. L'histoire des deux derniers siècles et l'expérience contemporaine le démontrent jusqu'à l'évidence. Il faut donc avant tout développer la marine marchande et puiser dans ce développement une marine militaire formidable. Il le faut, à tout prix ; car sans ces deux marines, point de prépondérance pour la France dans les conseils de l'Europe, point de succès pour son agriculture et son industrie.

Portant nos regards sur l'intérieur du pays, ses éléments de production sont le sol, le capital industriel et la population des travailleurs. Ces trois éléments sont étroitement liés entre eux ; mais, par la nature même des choses, l'industrie et le travail périraient si l'agriculture était frappée de mort.

Il importe donc de rendre d'abord à la propriété foncière de la France son caractère propre, qui est la stabilité et la fécondité. On ne doit point en faire l'enjeu de spéculations téméraires et folles, ni la faire dépendre d'un crédit factice et transitoire. L'augmentation toujours croissante de son rendement et de son revenu doit réunir toutes les pensées des hommes d'État. Cette solidité progressive du revenu territorial sera la sauve-garde d'une politique désemparée ou livrée aux chances terribles de la guerre. D'où il suit que la richesse publique n'est véritablement que dans la chaîne indissoluble du sol, de l'industrie et du travail, chaîne dont le premier anneau est l'agriculture.

Le principe et le lien de cette union et de cette harmonie, c'est le *travail national*, le vrai capital, la vraie richesse, la mesure fondamentale et commune, l'étalon, si je puis parler ainsi, de toutes les autres mesures. C'est le fluide, c'est le sang qui anime et fait vivre les deux autres éléments.

Pour le mettre en œuvre, il faut une circulation puissante et régulière. On parlerait vainement d'association, d'un règlement de répartition entre les capitaux et le travail, de concurrence à régulariser, si la circulation est entravée, si elle est embarrassée à l'entrée et à la sortie, si elle est contrariée à l'intérieur. L'active et libre circulation des capitaux peut seule corriger le morcellement de la propriété foncière, et remédier aux crises intermittentes de l'industrie et des classes laborieuses.

Mais la première condition pour cette circulation puissante, c'est l'affranchissement du sol. Nous posons donc les principes suivants :

1° La propriété foncière doit être dégrevée de l'impôt qui la détruit, sans quoi il ne peut être question ni de capitaux productifs, ni de crédit, ni de développement industriel, ni de liberté commerciale progressive, ni de véhicules maritimes ou ferrés.

2° Les remèdes contre la disette ou la famine et contre les crises financières ne sont que dans le rendement de la propriété foncière.

C'est sur cette base que reposent, avant tout, le crédit, le commerce intérieur et extérieur, et l'organisation du travail.

3° Le libre-échange, ou le radicalisme appliqué au commerce et à l'industrie, séparément du progrès combiné et assuré des trois éléments ci-dessus, est une utopie désastreuse qui engendre la misère publique et le communisme.

4° Il ne peut y avoir liberté progressive des échanges sans le développement corrélatif de la puissance navale. Or, la liberté illimitée des échanges, bien loin de contribuer à l'accroissement de notre marine, la détruirait. Le remaniement de la législation maritime comme condition de la liberté du pavillon et de l'accroissement des transports, peut seul nous relever de l'infériorité déplorable de notre tonnage, pour lequel nous sommes au-dessous de toutes les nations maritimes ; car dans l'état actuel des choses, l'Angleterre et les États-Unis nous écraseraient par leurs moyens de transport et le bas prix de leurs frets et de leurs produits.

Examinons donc : 1° les moyens de rendre au sol sa richesse et son crédit, de réformer notre système d'impôts, subsécutivement ceux de rendre au travail sa place et ses droits dans une nation telle que la France ; 2° les moyens de relever notre marine marchande, notre marine militaire et nos colonies ; 3° la question du libre-échange. — Nous verrons que les lois organiques que nous venons de traiter, sont la condition nécessaire de la solution de ces hautes questions.

CHAPITRE DEUXIÈME.

De l'agriculture, de l'industrie, de leur alliance et du crédit agricole et commercial.

Il faut avant tout porter notre attention sur la crise que la pénurie et la cherté des subsistances ont fait éclater en France, et sur la crise révolutionnaire qui l'a suivie.

Ces crises sont une grande leçon, un terrible avertissement que Dieu donne à la terre, car elles font évanouir le prestige que l'opinion attache à la richesse mobilière en elle-même, et au crédit factice que l'on fait reposer sur elle.

Il est aujourd'hui démontré que si le sol ne produit pas tout ce qu'il doit produire, non-seulement l'existence des populations est compromise, mais encore que l'industrie manufacturière est frappée de mort, que l'intérêt de l'argent augmente, que les ressources du travail diminuent, que le numéraire, s'écoulant à l'étranger pour les achats de céréales, les institutions de crédit sont énervées, paralysées, et qu'elles ne peuvent désormais fonctionner qu'en aggravant la situation des classes laborieuses.

Vainement chercherait-on dans le libre-échange un remède à cet état de choses. Supposons, en effet, qu'un immense mouvement d'échanges libres apportât en France la richesse de tous les pays, que la balance du commerce fût pour nous et que nous eussions en main le sceptre du change ; qu'arriverait-il si la terre ne donnait pas les fruits nécessaires à une population de trente-cinq millions d'habitants ? Si une année de disette succédait à une année de disette? Il arriverait que l'industrie manufacturière ne vendrait rien ou presque rien au pays, que les capitaux manqueraient bientôt à l'industrie en même temps que les bras par l'excessive cherté des subsistances, et qu'elle aurait le tort de ce roi qui fit le vœu que tout ce qu'il toucherait se changeât en or, et qui fût bientôt obligé de recourir aux dieux pour les prier de finir sa misère.

Que serait-ce donc si ce libre-échange absolu n'était qu'une illusion désastreuse, et si la balance du commerce, comme cela est évident dans un pareil système, et en présence de l'infériorité de notre industrie et de nos capitaux au point de vue du prix de la main d'œuvre, du prix de revient, des frais de transport et du fret, devait nécessairement se déclarer contre nous? On ne saurait dire alors quelle serait l'étendue des calamités dont la disette frapperait le pays !

Il suit de ces vérités d'observation et d'expérience, que l'attention la plus sérieuse doit se porter sur les moyens de réaliser l'alliance nécessaire de l'agriculture et de l'industrie, et qu'elles doivent se liguer pour assurer leur salut commun.

Nous adhérons pleinement aux résolutions si sages du Congrès agricole, en ce qui touche les mesures à prendre pour le perfectionnement des procédés agricoles et les travaux à exécuter pour changer et améliorer le système d'exploitation des terres. Mais il est de notre devoir d'envisager la question au point de vue politique et financier, sans lequel de telles mesures seraient irréalisables.

Or, il est évident que la première chose à faire, c'est de rendre à la terre et au travail agricole le revenu qui leur est propre, par la diminution de l'impôt qui, réduisant ce revenu à deux pour cent, rend toute réserve de capitaux impossible pour le propriétaire foncier. L'énormité de la dette hypothécaire, qui a atteint le chiffre de douze milliards et qui croît chaque année de cinq cents millions, en est une conséquence directe, nécessaire; et le mouvement fébrile de circulation et de transmission des immeubles, qui dépassait annuellement avant la révolution de février un milliard trois cents millions, et où le gouvernement voyant un signe de prospérité, est précisément la preuve la plus manifeste que les capitaux ne sont point répartis entre les diverses sources de la richesse publique et qu'il n'existait aucun rapport entre le haut prix des terres et leur rendement, puisque l'intérêt de l'argent restait pour l'agriculture à cinq pour cent et montait à treize et même à vingt pour cent, tous frais de l'acte d'emprunt et de recouvrement compris, tandis qu'il n'est dans le commerce que de trois ou quatre pour cent. La chute subite de la valeur vénale des terres depuis la révolution de février, la rareté et le prix excessifs des capitaux, auxiliaire de l'abondance du numéraire inactif, confirme cette vérité que la hausse et la baisse des terres viennent du défaut de répartition et de circulation des capitaux.

L'industrie est intéressée au plus haut degré à ce dégrèvement de la propriété foncière. En effet, c'est une illusion funeste de croire que le mal serait diminué en mobilisant le sol et en faisant dépendre la transmission de la propriété territoriale d'une publicité apparente, c'est-à-dire de la formalité extrinsèque de la transcription le plus promptement opérée, sans égard à l'ordre et à la priorité des contrats consensuels d'acquisition. Mobiliser la terre, dresser un grand livre du crédit foncier par l'association des grands propriétaires pour le service des intérêts de la dette hypothécaire et son amortissement progressif, serait une mesure complétement inefficace et de plus périlleuse. Il faut bien se garder de généraliser et de centraliser la valeur territoriale de notre sol ; ce serait la livrer à son tour à la spéculation et à l'agiotage, et abandonner aux vents capricieux de l'opinion la plus immuable de nos richesses, la seule ancre de salut du vaisseau de l'État dans la tempête. Faire ensuite de l'acquisition des terres le prix de la course par la transcription le plus promptement effectuée au bureau du conservateur des hypothèques, ce serait anéantir la stabilité, la sûreté des propriétés foncières et la foi due aux conventions sincères. Un tel crédit ne serait donc qu'un crédit imposteur, puisqu'il ne reposerait que sur une prime donnée à l'agiotage et à la friponnerie.

Donc le crédit agricole doit exclusivement avoir pour base l'amélioration et l'augmentation du revenu de la terre, dont le dégrèvement de l'impôt est le premier élément. L'augmentation du revenu du capital industriel en étant une conséquence naturelle, il en résulte cette grande vérité économique : Qu'en France, plus particulièrement, il faut que l'agriculture et l'industrie s'unissent indissolublement pour fonder un crédit réel. Car plus la terre produira de matières premières à mettre en œuvre par l'industrie nationale, moins la main-d'œuvre sera chère, plus la concurrence avec l'étranger sera fructueuse, plus les exportations s'accroîtront, et plus la consommation intérieure sera considérable.

CHAPITRE TROISIÈME.

Des véritables caractères de l'association, élément de civilisation, de crédit, de prospérité, et antidote du socialisme.

Dieu a voulu que les ressources du sol et du travail fussent unies entre elles. Le crédit fondé sur la terre seule ne serait qu'incomplet, et périrait inévitablement. « Jamais, dit Burke, une banque territoriale n'a pu être la base d'une grande circulation, et elle a communément abouti à la banqueroute. » Il faut que tous les intérêts agricoles, industriels, commerciaux s'unissent ensemble, qu'ils se fusionnent sous la loi commune de la confiance et de la civilisation universelle.

Cette association naturelle, légitime, commandée par la loi divine, porterait-elle la moindre atteinte à la liberté du travail et à la concurrence, ainsi que le prétendent quelques économistes de nos jours, parmi lesquels est un orateur parlementaire célèbre, M. Thiers? Au contraire, elle deviendrait un levier tout-puissant pour la mise en œuvre des ressources et des facultés personnelles; elle suppléerait le capital chez le pauvre, et en procurerait le bienfait à ceux qui en seraient privés; elle formerait des institutions de secours mutuels et de prévoyance, et, au moyen de réserves, elle apporterait facilement remède aux souffrances, aux misères des pauvres; elle rétablirait la circulation et les rapports naturels entre les hommes de toutes les conditions; elle féconderait le travail et en ferait la principale richesse des particuliers et de l'Etat. — Cette association est essentiellement volontaire et libre, elle ne vient pas d'en haut, elle sort du sol, de la famille, de la cité, de la province, et du lien de charité et d'amour qui rapproche et unit les hommes. Le despotisme révolutionnaire, le papier-monnaie, l'obligation ou cédule hypothécaire ayant cours forcé, sont dès-lors supprimés, car ils détruiraient cette liberté, cette circulation qui font la richesse d'un peuple ; ils changeraient arbitrairement les rapports des valeurs, faciliteraient la spoliation en grand des fortunes au profit des metteurs en œuvre de ce papier et ruineraient à-la-fois les particuliers et le gouvernement.

Cette association des intérêts, divers en apparence, mais au fond identiques, du sol, de l'industrie, du capital et du travail, en maintenant l'égalité civile devant la loi, l'égalité, la fixité et la proportionnalité des charges, amènera tous les genres de propriété immobilière ou mobilière, et de travail intellectuel ou manuel, à se concerter sur les institutions libres qui doivent les protéger respectivement, et à demander au législateur les moyens de donner à ces institutions de l'efficacité et de la permanence, lesquels consistent à ériger en corporation capable d'administrer, de posséder, d'acquérir, de vendre, de recevoir, celles de ces associations qui sont sérieuses et dont les statuts seront approuvés par l'Etat, à autoriser le syndicat des professions diverses et à leur fournir ainsi les moyens d'éteindre le paupérisme dans chaque catégorie de travailleurs. Ces institutions se lieront naturellement à l'administration communale et provinciale ; elles en seront des branches, et conspireront avec elles pour l'unité, la solidarité des intérêts. Nous ne saurions comprendre autrement la diversité du pouvoir qu'un homme d'Etat célèbre, dans un ouvrage récent, juge devoir répondre à la diversité des intérêts (1).

Au sommet de l'Etat, nous ne pouvons admettre qu'un pouvoir exécutif, tel que nous l'avons défini, avec deux chambres représentatives ayant toutes deux une origine populaire, c'est-à-dire émanant, sauf la durée des fonctions, du suffrage universel. Comme la France n'est point un Etat confédéré, ni une confédération

---

(1) M. Guizot, *De la Démocratie en France*.

d'États, on ne peut, ainsi que le désire M. Guizot, donner aux pouvoirs constitutionnels des origines diverses comme aux États-Unis ; ils découlent naturellement du suffrage universel par la hiérarchie des familles, des communes et des provinces dont il est l'organe progressif par le vote à la commune et les deux degrés d'élections. Le pouvoir a des conditions de force intrinsèques inhérentes à sa nature, à sa défection, à sa division et à sa limitation dans un gouvernement régulier ; s'il les cherchait dans des oppositions ou des diversités d'intérêts, il perdrait ce caractère d'unité, d'universalité qui fait son autorité et son prestige.

Dans l'échelle administrative et judiciaire, la force du pouvoir est également dans l'unité de leur principe et de leur juridiction. Plus on s'appliquera à maintenir les limites qui séparent le pouvoir municipal du pouvoir administratif central, et celui-ci du pouvoir judiciaire, et à conserver l'unité et l'indépendance des uns et des autres, plus le rapprochement des intérêts sociaux, leur cohésion et leur puissance seront assurés, plus l'esprit public sera invincible. C'est là que doit tendre le génie des hommes d'État.

Les intérêts spéciaux concourant par l'association communale, provinciale, à la constitution des intérêts généraux, et les pouvoirs dérivant du mandat et de la représentation, depuis la commune où doit avoir lieu le vote, jusqu'à l'Assemblée nationale conspirant avec les pouvoirs exécutif et judiciaire à l'unité du gouvernement de la nation, voilà ce qui constitue la liberté, l'union et la paix sociale.

Nous n'admettons pas plus de castes parmi les travailleurs que dans la société civile et publique. L'union, l'union solidaire de tous les citoyens, propriétaires, ouvriers, fabricants, commerçants! La centralisation paralyserait cette union que la liberté rendra si puissante et si féconde! Oui, le salut de la France et de l'Europe est dans cette conciliation universelle de tous les partis, de tous les intérêts, de toutes les fonctions, de toutes les professions, de toutes les classes. C'est le fondement du crédit et de la richesse ; c'est l'élévation des salaires ; c'est l'équilibre, l'harmonie des droits et des devoirs ; c'est la prospérité de tous les genres de travail et d'industrie. Un bon, un vrai gouvernement doit imprimer le mouvement à cette solidarité fondée sur l'amour, et non pas la réglementer et s'en emparer comme d'un moyen d'influence et de domination. Il doit rendre au cœur humain son ressort par la centralisation, par la liberté, et trouver l'état régulier de la société dans un milieu qui est aussi éloigné du *communisme* ou de la *dictature centralisatrice* qui absorbe tout, que du socialisme qui brise les liens du devoir et du droit, de la liberté morale, de la famille et de la société, pour y substituer l'égoïsme brutal, la licence et l'anarchie !

CHAPITRE QUATRIÈME.

Conditions organiques du crédit résultant de l'association des divers éléments de la propriété, du capital et du travail.

Mais comment organiser ce crédit qui doit pourvoir à-la-fois aux besoins du sol et à ceux de l'industrie? On ne croit pas que la centralisation de ce crédit dans les mains de l'État soit une chose salutaire. Le crédit n'est compatible ni avec l'individualisme, ni avec la centralisation. L'agglomération et l'union des intérêts, leur classification et leur réglement par des lois générales qui ne sont que le résultat de l'expérience et du respect profond des droits de tous, de la pondération des intérêts spéciaux des diverses provinces de l'empire, l'association des propriétaires et des capitalistes, de sages réglements sur la quotité et le mode des crédits à accorder, de manière qu'ils soient l'appoint et le complément du capital roulant, et non le fonds primitif: tels sont les éléments du crédit et sa plus solide garantie. C'est ce qui a fait l'élasticité et la solidité des banques locales des États-Unis de l'Amérique du Nord, lesquelles ont reçu la vie et un puissant essor de leur affranchissement même de la banque centrale de l'Union.

Le crédit doit donc être décentralisé comme l'impôt et la dépense, ou bien les provinces ne pourraient se créer de ces institutions de crédit que leurs richesses propres et collectives peuvent seules faire prospérer et multiplier.

C'est tout le secret de l'organisation du crédit foncier et des réformes hypothécaires, qui peuvent se résumer dans les principes suivants :

1° La mobilisation du sol par les particuliers qui auraient la faculté de lancer, par l'endos, dans la circulation, des obligations et coupures d'obligations hypothécaires qui ne seraient au fond qu'un appât à l'agiotage sur le sol fractionné, volatilisé, ou par l'État qui délivrerait des lettres de gages ; cette mobilisation du sol, disons-nous, conduirait rapidement à la ruine du crédit, à l'ébranlement de toutes les fortunes, et à une liquidation désastreuse. — L'expérience de messidor an III l'a surabondamment prouvé.

2° L'émission de bons hypothécaires publics, ayant cours forcé, serait une atteinte directe au droit de propriété, l'État ne pouvant hypothéquer des biens qui ne lui appartiennent pas, et au droit des tiers créanciers qui ne peuvent être contraints à recevoir en paiement une valeur qu'ils n'ont pas discutée et acceptée des mains de leur débiteur.

3° Le crédit foncier, pris isolément, n'est susceptible que d'une circulation peu étendue, et une banque territoriale conduit communément à la banqueroute.

4° Mais l'hypothèque, s'unissant au capital mobilier et au travail, peut devenir la garantie solide des banques territoriales industrielles, ayant un papier circulant d'un cours libre et volontaire, facilement conversible en espèces.

5° Les fonds de terre ne peuvent faire fonction de monnaie, parce qu'ils doivent être la base permanente de la production, parce qu'ils n'ont dès-lors qu'une valeur de stabilité et de dégrèvement, à laquelle sont subordonnés leurs revenus et leur valeur vénale, et qu'ils ne peuvent servir de moyen d'échange avec l'étranger ; d'où il suit que le système d'un grand-livre de dette foncière et de lettres de gages qui mettraient en circulation une masse d'immeubles, n'est qu'une utopie dangereuse.

6° Le crédit foncier, se liant au mouvement général de la circulation des valeurs mobilières et de la richesse publique, s'il peut être aidé dans cette relation par certaines réformes dans notre régime hypothécaire, ne dépend qu'accessoirement de ces réformes ; et ce serait méconnaître tous les principes sur lesquels reposent la morale publique, l'inviolabilité des contrats, les intérêts sacrés des femmes et des mineurs et leurs garanties, que de les sacrifier au crédit foncier ; ce ne serait qu'un holocauste funeste au crédit lui-même et à la société publique.

Nous sommes heureux d'être, sur cette grave question du crédit foncier et de la stabilité du patrimoine des femmes et des mineurs, complétement d'accord avec l'honorable M. Thiers, dans son rapport sur l'assistance, chapitre : *crédit foncier*. Les principes qu'il émet sur ces matières sont essentiellement conservateurs de la propriété, de la famille et du véritable crédit.

Nous estimons donc qu'il doit se former en France des banques locales libres, où le sol et le capital unis au travail confondront leurs ressources et leurs espérances. Les fonds de ces banques pourraient être divers, selon la nature des localités et leurs intérêts agricoles et industriels. Que ces banques indépendantes, se reliant entre elles par l'intérêt commun, aient, comme la banque de France, un papier de crédit d'un cours libre et volontaire, toujours conversible en espèces ; qu'elles s'unissent librement aussi à la banque centrale et qu'elles rendent ainsi la vie à ses capitaux dormants et stériles, rien de mieux ; mais qu'elles lui soient subordonnées et qu'elles suivent invariablement son sort comme l'a voulu le gouvernement provisoire, c'est un mécanisme dont l'uniformité peut séduire et produire momentanément d'heureux effets, mais qui ne rentre point dans les conditions véritables du crédit, et lui ferait perdre, dans les temps difficiles, une grande partie de son élasticité en le plaçant sous le coup d'une seule fortune, de celle de la Banque centrale.

Notre opinion sur ce point est confirmée par celle d'économistes célèbres. M. Dunoyer, à l'Académie des sciences morales et politiques, sur le rapport de M. Blanqui, d'un ouvrage sur le

Crédit et la Banque, dont M. Coquelin avait fait hommage à l'Académie, répond à M. Blanqui et réclame contre les conclusions de son rapport dans les termes suivants : « Il ne faut jamais se presser de donner son approbation à la suppression d'une liberté naturellement inoffensive et qui ne pourrait devenir dommageable que par l'usage abusif qu'on en ferait. Il n'y a rien à conclure contre la liberté des banques du décret du gouvernement provisoire qui a supprimé ce que nous possédions de banques locales et permis à la Banque de France de les remplacer ou de les absorber. Il n'y a surtout rien à inférer de cette mesure contre les banques particulières qui ont été supprimées, banques qui avaient été régulièrement établies et contre lesquelles ne s'étaient point élevées de plaintes. Je sais que la Banque de France a su faire taire, en les désintéressant, les actionnaires des banques abolies ; mais les libertés d'un pays ne s'achètent point ainsi à beaux deniers comptants, et il n'y a non plus rien à inférer, en faveur de la suppression des banques locales, du silence plus ou moins chèrement acquis des anciens actionnaires. Si, ce que je ne conteste point, il y a de l'avantage à voir les billets de la Banque de France circuler dans toute l'étendue du pays, il n'en faut pas induire que, pour se procurer cet avantage, on fût autorisé à abolir un de nos droits publics les mieux établis, droit naturellement inaliénable ; et rien ne prouve d'ailleurs que l'avantage en question ne pût être obtenu qu'à ce prix. En Angleterre, où les billets de la banque centrale ont cours, si je ne me trompe, dans toute l'étendue des Trois-Royaumes, on n'a nullement jugé nécessaire pour obtenir ce résultat, de supprimer les banques locales, et l'on n'y croit point que l'existence d'une grande banque, dont les titres sont reçus partout, offre quelque chose de naturellement incompatible avec celle des banques particulières multipliées. Il n'est donc nullement démontré que, pour obtenir en France le même résultat, il fût nécessaire de recourir au moyen violent qu'on a pris, et je regrette encore une fois que M. Blanqui se soit autant hâté de donner son approbation à cette mesure dont les suites ne peuvent être encore bien appréciées. »

M. Blanqui ayant opposé que l'expérience de l'unité des banques faite dans les temps les plus désastreux pour le pays, était décisive; M. Léon Faucher et M. Cousin ayant ajouté qu'il y avait contradiction à prétendre que l'unité de la circulation fiduciaire pouvait se concilier avec la faculté d'établir partout des banques particulières, qu'avec un tel système on exposerait la circulation fiduciaire aux mêmes dangers et aux mêmes altérations qui signalèrent, au moyen-âge, le régime de la concurrence; que dans l'Angleterre proprement dite, les banquiers traitent avec la banque centrale pour émettre, moyennant les garanties qu'ils lui donnent, ses billets à la place des leurs; qu'en Écosse, le solde des échanges entre les banques particulières est fourni en traites sur Londres, payables en billets de la banque d'Angleterre; qu'en Irlande, un *stock*, une réserve en billets de banque d'Angleterre, forme la principale garantie que les banques particulières donnent au public pour l'émission de leurs propres billets, et qu'en résultat, les billets de la banque centrale forment le solde de toutes les transactions et sont le signe, l'étalon des valeurs, comme l'or qu'ils représentent; que le droit d'émettre des billets de banques est un *droit régulier;* M. Dunoyer a répondu :

« J'en demande bien pardon à M. Faucher, mais je ne crois point me tromper en disant que les billets de la banque de Londres circulent partout en Angleterre et dans les Trois-Royaumes sans que le parlement s'y soit permis de supprimer les banques particulières. Il est vrai que le privilége de la banque centrale ne s'étend pas au-delà d'un certain rayon; mais, bien que son privilége soit circonscrit en droit, il n'en est pas moins vrai, en fait, que ses billets sont reçus partout, et que ce résultat, fruit de la ferme et juste confiance qu'on a dans sa solvabilité, a été obtenu sans que la législature anglaise, encore une fois, se soit crue autorisée à abolir les banques locales et particulières. Je ne saisis pas bien ce que veulent dire MM. Faucher et Cousin, quand ils avancent que l'existence simultanée d'un certain nombre de banques émettant des billets nous ramènerait, sous un certain rapport, à l'anarchie féodale. M. Faucher sait aussi bien que moi que les billets de banque n'ont point de cours forcé, qu'ils ne sont point une monnaie, qu'ils ne sont point, par conséquent, susceptibles du genre d'altération qu'ont subi autrefois les monnaies, et que diverses banques peuvent en émettre sans qu'il résulte de cette émission plus d'anarchie que n'en produisent des émissions de lettres de change et de billets à ordre par les maisons de commerce. Comme les effets de commerce, les billets de banque sont un papier qui a un cours plus ou moins facile ou assuré, suivant le degré de confiance que mérite la banque qui les a émis ; et il est parfaitement possible que des banques plus ou moins nombreuses, en mettent dans la circulation sans qu'il en résulte le moindre désordre. Non-seulement cela est possible, mais cela avait lieu dernièrement chez nous, et cela continue d'avoir lieu en Angleterre et aux Etats-Unis sans inconvénient appréciable. Je ne puis donc consentir à voir, comme M. Cousin, un signe de décadence et de rétrogradation dans la coexistence de plusieurs banques, ni un progrès dans l'acte de la puissance publique qui, l'an passé, chez nous, les a accaparées toutes au profit d'une seule. Le progrès en France, consisterait, suivant M. Cousin, depuis 1789, dans la suppression progressive des libertés partielles au profit de la liberté générale et de celle des individus. Que depuis soixante ans, beaucoup de libertés partielles très-légitimes et très-utiles aient été confisquées chez nous par l'autorité centrale, cela n'est pas contestable ; mais ce qui peut être justement contesté, c'est qu'elles l'aient toujours été au profit des individus qui, à une foule d'égards, n'ont pas été moins spoliés de leurs droits que les localités. Ce qui peut être fort justement contesté encore, c'est que les Anglais songent à imiter en ce point les procédés de nos pouvoirs publics. Il ne m'est pas possible d'admettre ce qu'affirme à ce sujet M. Cousin, et je suppose que nos judicieux voisins se riraient quelque peu de nous s'ils savaient qu'on leur attribue, de ce côté du détroit, le projet de pousser le gouvernement à imiter, à l'égard des localités, les procédés de notre administration générale. Ils ne songent pas plus à réduire leurs franchises municipales ou paroissiales, qu'à usurper celles des individus, et à substituer à tout propos et hors de tout propos, comme c'est la mode parmi nous, l'action publique à l'activité individuelle. C'est là un travers qui nous est particulier et qui a peu de chances, je crois, d'être imité en Angleterre. Mais, pour en revenir à la question des banques, ce qui s'est passé en Angleterre prouve clairement, encore une fois, que la liberté d'en établir n'a rien d'incompatible avec l'existence d'une banque particulièrement puissante et accréditée dont le papier est universellement reçu. Il est par conséquent démontré que, pour qu'un tel fait se produise, il n'y a nulle nécessité de faire du droit d'émettre des billets de banque un privilége. Ce droit, quoi qu'en dise M. Faucher, n'est point, ou du moins n'a pas été jusqu'ici un droit régulier, et pour mon compte, je n'admettrai qu'à bonnes enseignes qu'il doive être admis à le devenir. »

A cette pressante argumentation, M. de la Farelle a joint l'expression de ses regrets de voir la discussion changer de terrain, et a demandé la permission de l'y ramener. Il vient d'entendre dire que l'État avait seul le droit de battre monnaie et en conclure que lui seul avait aussi le droit d'émettre des billets de banque ou de conférer à une compagnie financière celui d'émettre de semblables billets ; il a entendu qualifier ces billets du nom de *monnaie* et proclamer le droit d'en *créer un droit régulier* : un pareil langage, tenu dans le sein de l'Académie des sciences morales et politiques par des hommes dont la moindre parole a tant d'autorité, lui paraît, s'il ose dire toute sa pensée, extrêmement dangereux. — M. de la Farelle définit le billet de banque, un simple billet au porteur et à vue. Il le considère non point comme de la monnaie, qui est une marchandise choisie et appropriée par l'État pour servir de moyen général d'échange, mais comme un simple signe représentatif de cette monnaie absente. « Au point de vue économique, dit-il plus loin, l'unité ou monopole des banques peut avoir des avantages que je ne conteste ni n'admets ici ; c'est une question grave, délicate et qui aurait encore besoin d'être étudiée ; mais ce que j'ose affirmer dès à présent, c'est *qu'au point de vue politique,* j'aimais mieux vingt banques distribuées sur toute la surface du territoire qu'une banque unique siégeant au centre du gouvernement, offrant à la population turbulente d'une grande et tumultueuse cité l'appât perpétuel d'un énorme dépôt de numéraire, et au gouvernement lui-même la facilité comme la tentation constante de se substituer à elle dans son œuvre d'émission de papier-monnaie. » Il termine en insistant sur la gravité de la question et en suppliant l'Académie de ne pas précipiter son jugement, dont le poids ne peut manquer d'être immense.

CHAPITRE CINQUIÈME.

Entreprises, travaux et grandes associations, qui, tour à tour, seront alimentés par ce crédit, et alimenteront ces banques territoriales industrielles.

Le défrichement de plus de sept millions d'hectares incultes de landes, bruyères et autres terrains susceptibles d'être mis en valeur; un million cinq cent mille hectares de marais à dessécher sur la surface du royaume; deux cent mille lieues de ruisseaux négligés à rendre à leurs richesses, à leur fécondité primitives; trois cent mille lieues de lisières, de prés à planter en arbres utiles; des canaux à creuser, un vaste système d'irrigations à créer, qui féconderaient la partie la plus aride du sol et centupleraient sa valeur; des routes à établir, des tronçons de chemins de fer à faire exécuter, pour lier le nord-ouest au sud-est de la France, et maintenir les communications de l'ouest avec Lyon et l'est, sans passer par Paris, chose entièrement négligée au détriment et à la ruine de ces provinces du centre et de l'ouest de la France, et par faire de l'ensemble des voies ferrées un réseau vivifiant et non l'instrument d'un monopole injuste et d'une centralisation odieuse, tous ces énormes et nécessaires travaux, sources fécondes de richesse, seraient l'objet solide et infaillible du crédit local. Mais les associations territoriales et industrielles relatives à ces défrichements et à ces irrigations, devraient avoir pour principe, non point le simple amendement, la seule subsistance des colonies agricoles, mais l'attrait tout-puissant et moralisateur d'une part de propriété à donner au travail dans les terrains à défricher et à irriger, dans les marais à dessécher, dans les dunes à mettre en valeur. Si cela eût été fait en Irlande, ce malheureux pays eût échappé au mal chronique qui le dévore. Le travail devrait entrer pour un tiers ou un quart au moins dans ces créations agricoles. Et comme les créations industrielles se multiplient et prospèrent au fur et à mesure de la quantité de terres défrichées et d'établissements agricoles fondés, une part d'intérêt dans ces créations industrielles devrait être également accordée à l'ouvrier. C'est le principe appliqué par la plupart des nations maritimes à la marine marchande; il faudrait l'étendre au défrichement et à la mise en valeur des terres de notre colonie d'Afrique.

Là où il n'y aura pas de défrichements, de desséchements, de reboisements à exécuter, se présenteraient inévitablement de grandes améliorations à faire, car notre sol ne produit pas le tiers de ce qu'il devrait produire, s'il était bien aménagé. Il est plus étendu que celui de la Grande-Bretagne, et il rapporte cinq cents millions de revenu de moins, c'est-à-dire deux milliards bruts seulement. De nombreuses irrigations, qui seront plus facilement créées par les associations que par la force de la loi, l'accroissement des richesses fourragères, qui sont en France dans une si faible proportion avec les terres arables, le système des engrais et l'élève du bétail, qui dépendent de l'extension des prairies, les efforts combinés de l'agriculture et de l'industrie pour la création de produits nouveaux, pour celle de voies de transport par terre et par eau et de débouchés extérieurs; dans les pays maritimes, les expéditions lointaines, les contrées à explorer dans les différentes parties du globe, l'industrie des constructions navales et des transports maritimes, les travaux à exécuter pour la création de bassins, d'écluses nouvelles, de docks et d'entrepôts, se joindraient aux intérêts agricoles et manufacturiers pour former un fonds de crédit et de circulation actif et inépuisable.

« A-t-on oublié, dirai-je avec le *Journal des Débats* (du 19 novembre 1849), que c'est à une association de quelques marchands de Londres, que fut dû, au XVIIe siècle, le premier germe de la plus puissante société commerciale du monde, la vaste compagnie des Indes, cette source de la puissance britannique dans l'Asie orientale? » — N'est-il pas déplorable que la France, avec ses grandes et belles manufactures, avec le nombre considérable de ses vastes usines, et par-dessus tout, avec son génie spécial d'invention et de perfectionnement dans les arts industriels, ne fasse pas avec l'ancien monde, avec l'immense continent de l'Asie et de l'Inde, plus de cent millions de commerce, c'est-à-dire plus des deux tiers de ce qu'elle fait avec la Russie?

Une vaste carrière est ouverte aux entreprises industrielles et commerciales dans l'Amérique du Sud, que d'anciennes traditions et l'union du pacte de famille avaient dès 1761 ouverte aux exportations de la France. Les rives de La Plata, la République de l'Uragay, le Paragay, la Bolivie, le Brésil, arrosés par les deux grands fleuves du Parana et des Amazones, si favorables à la production, offrent d'immenses débouchés au trop plein de nos populations européennes, et un champ illimité au commerce, à la civilisation et aux entreprises fondées par l'esprit d'association.

Nous ne faisons qu'indiquer à grands traits les veines de prospérité et de puissance qui feraient de la richesse particulière la richesse publique. L'exemple de la Banque de Lyon, qui a maintenu le taux de l'escompte à 3 pour cent, au milieu de la crise des subsistances, et sa prospérité croissante par l'effet même de son dévouement désintéressé à procurer des ressources au travail et à l'industrie, en 1846 et 1847, démontre que ces institutions locales sont de véritables bienfaits, et qu'elles seules peuvent corriger l'égoïsme et la cupidité, ou remédier à la panique de la Banque centrale et de ses succursales. En effet, depuis que par le décret de 1848 elle a été, avec les autres banques locales, transformée en succursale de la Banque de France, elle n'a pas fait ses frais. Il est évident qu'elle les eût faits, et qu'elle se serait victorieusement soutenue, si elle n'eût point été changée en simple comptoir de cette Banque.

CHAPITRE SIXIÈME.

Mécanisme de ces institutions de crédit.

Quant au mécanisme de ces institutions de crédit, fondées sur le sol, l'industrie, le capital et le travail réunis, voici comment on pourrait l'organiser. Dans toutes les parties du territoire où le besoin s'en ferait sentir, pourraient se former des associations de propriétaires fonciers qui mettraient en commun, pour subvenir à l'impuissance et à la stérilité des propriétés trop morcelées en France, des terres ou domaines susceptibles de présenter, par de vastes exploitations d'ensemble et par un immense système d'irrigations et de créations de prairies, de grands et de solides résultats; et ces associés offriraient l'hypothèque collective de ces fonds de terre et de leurs améliorations futures à l'ouverture d'un crédit. Des capitalistes, commerçants ou industriels pourraient joindre à ce crédit foncier leurs capitaux, soit en numéraire, soit en actions ou autres valeurs jugées acceptables. Les ouvriers seraient admis à y verser leurs épargnes, et ces associations, bien assises et généralisées, offriraient un placement aussi avantageux que solide aux fonds des caisses d'épargne, qu'on centralise aujourd'hui à Paris, où le trésor est également embarrassé à en tirer parti quand la confiance règne et à les rendre quand elle se retire. Les ouvriers seraient pareillement reçus à y verser un fonds de promesse de travail personnel applicable à telle ou telle industrie, à telle ou telle entreprise continentale ou maritime. Ce fonds de promesse de travail serait évalué suivant l'âge, la force, l'habileté, la profession. Des actions seraient échangées contre ces versements ou engagements et produiraient un intérêt de 4 pour cent, indépendamment des dividendes. Un papier circulant ou bien des billets payables à un jour de vue, seraient créés à l'instar de la Banque de France, et ils feraient fonction de numéraire.

Ainsi que nous l'avons dit, de vastes exploitations agricoles et industrielles, de défrichements, de desséchements de marais, d'irrigations, de reboisements, d'expéditions maritimes lointaines, de travaux de canalisation, de routes vicinales de grande communication, ou de chemins de fer dont les embranchements multipliés seront si nécessaires pour compléter le réseau à peine ébauché en France, qui ne dessert que quarante-huit villes principales, seraient l'objet de ces associations. Elles feraient aussi jusqu'à concurrence d'une somme et sous des conditions déterminées, l'escompte du papier de crédit, des avances soit aux cultivateurs, soit aux industriels, négociants, marchands, ouvriers. Les fonds de terre, l'industrie et le travail y feraient donc l'office de créditants, comme l'État met en adjudication un emprunt dont il offre la garantie ; et tous ensemble ils y feraient l'office de prêteurs ou de crédités, ou d'exploitants des diverses branches du crédit agricole, manufacturier et de commerce. Un fonds d'amortissement serait facilement créé, et il éteindrait en peu de temps la dette hypothécaire et chirographaire de ces associations.

Quelquefois ces associations pourraient se borner à n'avoir qu'un caractère purement rural, quel que fût le désintéressement des prêteurs qui n'en feraient point un objet de spéculation ; les facilités données au crédit se réaliseraient par des billets susceptibles d'entrer dans la circulation commerciale, avec la garantie de l'association qui en aurait prêté le montant.

Mais pour donner à ce système de crédit un développement pratique répondant aux besoins du pays, il faut, comme condition indispensable, l'accomplissement de l'association naturelle et sociale des communes et des provinces, et non pas seulement l'association de quelques propriétaires et de quelques capitalistes pris individuellement. On comprend l'énergie et l'efficacité de banques *territoriales-industrielles* qui seraient des établissements d'utilité publique dans les diverses circonscriptions provinciales, fondés sur leur richesse spéciale; et la facilité de la mise en rapport de ces banques entre elles et avec la banque centrale, ainsi que le surcroît de puissance que recevrait le crédit public de ces communications et de cet ensemble.

Ce système de crédit se relie donc essentiellement, comme on voit, à l'organisation communale et à la décentralisation du pays et à cet ensemble plein de vie, d'agrégations territoriales ayant une existence propre et formant des individualités sociales qui, loin de nuire au pouvoir et au crédit central, les fortifieraient, au contraire, comme les membres concourent à l'harmonie et à la force du corps.

Quel développement, quelle puissance ne leur donneraient pas l'administration libre des provinces et leur crédit étendu, fortifié par leur union et par des institutions communes avec la garantie de fonds spéciaux que la décentralisation des dépenses laisserait disponibles dans leurs mains, à l'aide de l'emprunt, de l'adjudication, de l'association et de l'amortissement?

La haute nécessité de la décentralisation et de ce point de vue spécial de notre organisation politique ressort avec éclat de cette vérité fondamentale : que la vie, la richesse et la puissance de la France résident dans la multiplication des produits de son sol, unie au développement subsécutif de l'industrie manufacturière et maritime, et que ce n'est que dans cette union que l'on peut trouver les ressources du crédit, les moyens de mise en œuvre ou en valeur, et un abri certain contre la disette, la famine et les bouleversements révolutionnaires ; qu'alors la richesse et le crédit de la société elle-même, qui font la richesse et le crédit de l'État, non-seulement sont inépuisables, indestructibles comme le sol et le peuple français, mais qu'ils ont encore la force de surmonter et d'arrêter les révolutions. Qu'on y prenne garde, il n'y a pas d'autres moyens de rester maître de l'avenir.

C'est à cette chaîne souple, élastique des libertés locales qu'il faut confier le soin d'adoucir, de calmer les maux de l'humanité souffrante et d'étouffer l'usure dans son principe. Par exemple, l'institution locale des banques de prêts d'honneur due au vénérable baron de Damas, répondait à cette grande pensée, à cette loi du monde social. La centraliser dans les chefs-lieux de départements, et vouloir lui faire embrasser des circonscriptions étrangères les unes aux autres, c'est en détruire l'effet. Un réglement administratif ne fera jamais bien ce que la liberté du cœur et la conscience des localités doivent faire.

Du reste on pourrait séparer les banques locales des associations ou entreprises agricoles et industrielles, et lier au développement de ces entreprises le développement parallèle d'institutions de crédit et de factoreries, qui, tour à tour, commanditeraient et seraient commanditées ou garanties par les centres de production, de travail et de richesses réelles. Ces banques et factoreries feraient un appel à tous les genres de capitaux, elles s'appliqueraient à les lier, à les unir, à leur donner une valeur toujours croissante dans la circulation. Ce qu'on a fait pour les chemins de fer, simples véhicules et auxiliaires du commerce et de l'industrie, doit se faire à plus forte raison pour le complément nécessaire de ces chemins, pour ce qui seul peut en assurer l'efficacité 'utilité pour le pays.

CHAPITRE SEPTIÈME.

Moyens de réaliser par la législation cette solidarité de l'agriculture et de l'industrie.

Nous croyons aussi devoir appeler l'attention sur les moyens de réaliser par la législation ces rapports nécessaires, cette solidarité de l'agriculture et de l'industrie, et la corrélation intime de leur prospérité avec celle de notre marine marchande.

Les intérêts de l'agriculture, en effet (1), sont étroitement liés à ceux du commerce national et de la marine marchande. Le système prohibitif ou la protection exagérée ne sont pas moins funestes aux intérêts bien entendus des cultivateurs, que ne le serait la liberté inintelligente et absolue des échanges. Maintenir les tarifs actuels sur les matières premières, c'est enlever aux autres peuples le moyen de payer nos produits et par conséquent de les acheter; c'est concentrer à l'intérieur notre activité commerciale et nos débouchés, et faire à nos producteurs en général et aux cultivateurs en particulier, le sort qui est résulté pour les propriétaires de vignobles, des prohibitions portées contre les

---

(1) Ces réflexions appartiennent à M. Abel, directeur de la *Gazette du Midi*.

fers de Suède, les bestiaux de Suisse et d'Allemagne, et autres articles dont les retours se faisaient si avantageusement pour notre pays.

Le commerce extérieur est le fondement du commerce intérieur. On ne doit pas oublier, d'ailleurs, que certaines marchandises étrangères sont indispensables à la fabrication des produits, dans lesquels cependant les matières françaises entrent dans une proportion plus considérable. Telles sont les soies d'Italie, du Levant et de la Chine, les laines de Saxe, du Maroc, d'Espagne ; prohiber ou renchérir ces matières, c'est nous interdire la fabrication d'une foule de tissus destinés à l'étranger, ou bien augmenter leur prix de revient, et nous mettre hors d'état de soutenir la concurrence sur les marchés du dehors ; c'est enfin diminuer d'autant la consommation des matières nationales, et par conséquent nuire à l'agriculture. Le monopole augmente transitoirement les recettes des producteurs, mais il resserre le débouché de leurs produits, arrête la multiplication de ceux-ci, et rend l'agriculture d'abord stationnaire et bientôt rétrograde.

L'intérêt de l'agriculture n'est pas moins lié avec celui de la marine. En effet, un peuple qui ne fait pas lui-même le transport des objets qu'il vend ou achète, s'expose, d'une part, à voir une grande partie de ses produits délaissés, et à ne recevoir que ce qu'il convient au navigateur étranger de venir déposer dans ses ports. On fait, en un mot, ses affaires pour lui. La nation maîtresse d'une marine florissante peut, au contraire, offrir au dehors ses divers produits dans la proportion la plus convenable, faire naître peu à peu chez les consommateurs du dehors les goûts et les habitudes favorables à ses intérêts. Elle peut également choisir entre les marchandises étrangères, s'assurer, l'argent à la main, des qualités supérieures, n'acheter que ce qu'elle veut et dans la proportion qui lui convient. Évidemment des avantages pareils ne peuvent être que favorables à l'agriculture, comme la domination de l'étranger lui est nécessairement funeste.

Or, la marine française ne se relèvera jamais si l'on ne réduit les droits énormes sur les bois, le fer et le chanvre qui rendent ses navires trois fois plus chers que ceux de certains peuples, les sujets italiens de l'Autriche, par exemple. Elle ne se relèvera jamais si nos tarifs de douanes lui interdisent de fait le transport des marchandises qui, seules, ont assez de poids et de volume pour faire la base d'un chargement, et l'obligent ainsi à ne gagner qu'un fret pour le double voyage d'aller et retour, quand les Anglais et les Américains en reçoivent toujours deux.

Enfin, la marine française ne se relèvera jamais si l'on maintient dans nos ports l'égalité entre ses navires et ceux des nations qui nous sont bien supérieures sous ce rapport. Mais l'avantage légal dont la marine française a besoin, doit lui être accordé par dégrèvement pour ses navires et non par nouvelle charge sur ceux des étrangers, car ceux-ci ne manqueraient pas d'user de représailles.

En résumé nous estimons :

Que les bons citoyens doivent pousser de tous leurs efforts à l'association libre, générale, hiérarchique des agriculteurs, propriétaires fonciers et capitalistes, depuis les communes jusqu'au département, et même jusqu'à la capitale, à l'organisation de Sociétés de crédit agricole, unies, autant que possible, à celles de l'industrie et du commerce, et à l'application des caisses d'épargne à cette œuvre utile.

Ils doivent également appeler la révision du tarif de douanes, de manière à conserver seulement la protection véritablement nécessaire, à favoriser l'emploi et le débouché des matières premières françaises et des produits dont elles font partie, à supprimer les droits purement fiscaux établis sur des articles dont la France ne possède pas les similaires, ou les taxes qui, donnant des revenus insignifiants, ne sont qu'une gêne sans compensation. Enfin ils doivent s'attacher à faire comprendre les suites déplorables qu'entraînerait l'anéantissement graduel de notre marine, et par conséquent la nécessité de la soutenir à l'aide de tous les moyens indiqués par les hommes spéciaux.

CHAPITRE HUITIÈME.

Conclusion générale. De la production et de la circulation.

La circulation étant la loi fondamentale de la richesse des nations, il faut que toutes les lois tendent à l'activer. Il faut sans doute protéger le travail national et les industries naissantes, particulièrement celles qui se lient au territoire et à la production du sol; mais il y aurait erreur de croire que le talent de l'homme d'Etat et de l'économiste se bornât à prohiber ou à tarifer les produits similaires de l'étranger. On doit, toutes affaires cessantes, embrasser en grand un système d'échanges internationaux, et prendre des mesures telles que les besoins divers des nations et leurs produits puissent se combiner. Un système partiel de traités de commerce, de traitement comme la nation la plus favorisée, ou de ligue de quelques Etats (1), ne répondrait point à la grandeur de cette mission divine. Un congrès général des producteurs et des hommes d'Etat de tous les pays devrait déterminer les institutions et les mesures utiles à tous. Le monopole, même colonial, doit être proscrit. Le zollverein ou les ligues douanières, en tant qu'elles concentreraient dans un territoire la circulation commerciale, véritable expédient de prépondérance et d'absorption politique, seraient funestes à ceux-là même qui croient en profiter exclusivement. La confraternité des nations, la juste distribution de la richesse et le droit de chaque peuple de vivre des produits de sa terre et de son travail, voilà le grand principe de la circulation, de la propriété, du commerce et de la puissance politique des nations. Après cela, les sacrifices imposés à quelques industries nationales paraîtront légers, parce que les industries inutiles ou ruineuses seront abandonnées, et que celles qui ont de la sève en recevront une plus abondante d'une circulation plus étendue.

---

(1) Comme le zollverein de la Prusse, le zollverein d'Italie et austro-allemand que médite le cabinet de Vienne.

L'or et l'argent circuleront partout, et afflueront avec les marchandises et les valeurs mobilières de tous les pays. Le prix équitable des choses s'établira sur la liberté et la vérité. L'abondance de l'or et de l'argent, par la découverte des mines nouvelles, comme celles de la haute Californie, n'ajouterait rien à la richesse des peuples. Cette richesse est dans la facilité des échanges et des ventes. La valeur intrinsèque, la fixité du poids et du titre du métal précieux qui fait fonction de monnaie, en est sans doute le moyen nécessaire, car sans cela la liberté des échanges, source de la valeur des choses, n'existerait plus. Mais cette valeur réelle ne sera point subordonnée à la quantité d'or et d'argent; elle haussera avec l'abondance des signes monétaires, comme elle diminuera avec leur rareté.

« La quantité des marchandises et des denrées, dit Montesquieu (1), croît par une augmentation de commerce, l'augmentation de commerce par une augmentation d'argent qui arrive successivement et par de nouvelles communications avec de nouvelles terres et de nouvelles mers, qui nous donnent de nouvelles denrées et de nouvelles marchandises. »

Il suit de là que la richesse publique dépend de la quantité croissante des marchandises. Produisez donc, et activez par la rapidité des communications les échanges et la circulation.

L'établissement du prix des choses dépendant toujours fondamentalement de la raison du total des choses à la totalité des signes monétaires chez les peuples civilisés, la solution du problème de la répartition de la richesse ne saurait être, ainsi que le proposent certains socialistes, dans le troc ou la valeur fixe des produits, et dans la subordination du capital au travail. Cette solution n'est que dans une circulation libre; car on ne peut pas plus taxer la valeur des marchandises, dit fort bien Montesquieu, qu'établir par une ordonnance que le rapport de un à dix est égal au rapport de un à vingt.

C'est donc dans la combinaison de la production et du crédit, par lequel le numéraire des banques, tant nationales qu'étrangères, vient spontanément se mesurer à la masse des marchandises

---

(1) *Esprit des lois*, liv. 22, ch. 8.

existantes, qu'il faut chercher les éléments de la richesse par le travail.

Alors le rapport des choses avec la monnaie sera tellement certain que la marchandise représentera l'argent, et l'argent la marchandise. Les choses et les monnaies devenant ainsi les signes les unes des autres, on pourra avoir l'une sitôt que l'on aura l'autre; et rien ne sera plus facile que de créer un papier circulant, librement acceptable, immédiatement réalisable en argent puisqu'il reposera sur une garantie certaine.

Changez ces principes pour y substituer un papier-monnaie, une taxe conventionnelle ou légale, la gratuité du crédit et du capital, et aussitôt l'argent disparaît, la valeur des choses augmente; ce papier est frappé d'une dépréciation continue; le commerce s'enfuit avec la confiance; le pays reste exposé à une affreuse misère, à la disette, à la famine, à la banqueroute. *Julien*, ayant baissé les denrées à Antioche, y causa une famine horrible.

LIVRE SEPTIÈME.

DES LOIS FONDAMENTALES DE L'EUROPE.

CHAPITRE PREMIER.

Des principes, des institutions et des mesures nécessaires pour sauver la société et la civilisation en France et en Europe.

SECTION I.
Crise morale de l'univers.

La France et l'Europe ne doivent pas se faire d'illusion; le temps des compétitions et des calculs égoïstes est passé; le feu est aux quatre coins du monde; la société craque et se dissout de toutes parts; il n'est d'autre salut, pour la France et l'Europe, que de marcher d'ensemble sur le terrain des mêmes principes, conformément à des intérêts identiques et communs, si elles veulent sauver la civilisation et éviter les abîmes. Les efforts d'une diplomatie matérielle, quelque habile qu'elle fût, ressembleraient à ces joies d'enfants qui croient pousser ou arrêter un char lancé dans la carrière. L'Europe est atteinte d'un mal bien autrement grave que celui qui l'a tourmentée dans les trois derniers siècles; ou plutôt, hélas! les guerres territoriales, de successions, de commerce des colonies, de prépondérances,

ces attaques, sourdes ou ouvertes, dirigées contre la foi, les institutions, les mœurs des peuples, contre leur existence en corps de nations, contre le pouvoir et la liberté, par lesquelles les ministères et les puissances crurent se grandir et se perpétuer, ont amené l'état effroyable de dissolution dont nous sommes en ce moment les témoins. C'est une fatalité inhérente à l'humanité, que les sociétés se corrompent également par les difficultés de leur croissance matérielle et de leur établissement définitif, et par l'abus de leur force et de leur civilisation. Ah! c'est que les principes de l'ordre moral et de l'ordre éternel n'ont point présidé à leurs développements ; tantôt ceux qui les dirigeaient ont cru prévaloir par la ruse et la violence ; tantôt ils se sont applaudis des erreurs et des fautes de leurs voisins, et souvent ils en ont été les criminels instigateurs, spéculant, par un affreux calcul, sur la vie même et sur l'indépendance des peuples. L'homme, égaré par ses passions, ne s'aperçoit d'ordinaire qu'au terme de sa carrière, de ce qui fut la cause de sa dégradation et de sa ruine, et il couvre le passé d'un remords douloureux, mais stérile. En serait-il de même des nations? Ne leur serait-il donné de mesurer l'étendue et la profondeur de l'abîme qu'au moment d'y être précipitées, c'est-à-dire lorsque leurs organes dissous et les sources de leur existence taries, ne leur laissent plus d'espoir de se relever et de recouvrer leur vitalité?

« Comment, dit un éloquent prélat (1), comment ne tremblerions-nous pas en contemplant le spectacle étrange des temps où nous vivons?.... C'est bien de ces tristes temps que saint Paul disait autrefois : *Instabunt tempora periculosa.* Oui, temps pleins de douleur et d'alarmes, pour la société temporelle et aussi pour la société spirituelle! On y souffre étrangement ; mais selon l'énergique et profonde expression de Bossuet : *Ce qu'on y craint est plus redoutable que ce qu'on y souffre.* Chose singulière! il n'y a pas d'esprit si faible qui ne prévoie aujourd'hui et ne dénonce à la société les plus grands malheurs, et il n'y a pas d'esprit si fort qui puisse offrir un remède, indiquer une issue! O Dieu! sortirez-vous bientôt de cette nuit impéné-

---

(1) Mgr Dupanloup, évêque d'Orléans, dans sa lettre pastorale.

trable? Quelle fin donnerez-vous à tant d'agitations et à tant de tourmentes?

« Saint Augustin disait autrefois : « Quand je jette mes regards d'un bout de la terre à l'autre, je ne découvre pas un homme, pas une assemblée qui puisse sauver l'Empire ! »

« Où en sommes-nous aujourd'hui nous-mêmes, et pouvons-nous avoir de meilleures espérances?

« Ce n'est plus seulement le désordre politique, c'est une désorganisation morale d'une profondeur inouïe qui se révèle à tous les degrés de la société humaine d'un bout de l'Europe à l'autre. L'autorité et le respect, ces deux grandes et saintes choses, ces deux liens providentiels de l'harmonie sociale, ne sont plus aujourd'hui que des liens brisés. Qui sait, qui peut aujourd'hui commander? Qui veut obéir? Que voit-on de toutes parts? Faiblesse ou violence, orgueil ou bassesse. Dieu manquant dans les âmes, on ne sait être le plus souvent vis-à-vis du pouvoir qu'insolent ou servile ; et trop souvent aussi le pouvoir lui-même ne sait être que faible ou emporté.

« L'autorité digne, l'autorité grande, l'autorité forte, l'autorité bienfaisante, l'autorité qui vient d'en haut, l'autorité qui protège et qui sauve, où est-elle?

« Et le respect, le respect de soi et des autres ! le respect de Dieu ! le respect de son père et de sa mère ! le respect des magistrats et des représentants de la puissance publique ! le respect même de ses enfants ! le respect profond, religieux, immuable, divin ! le respect qui élève, qui ennoblit encore plus celui qui le rend que celui qui le reçoit, où est-il?

« Et cependant au milieu de cet immense désordre des esprits et des mœurs publiques, les plus hautes, les plus terribles controverses sociales et religieuses sont violemment agitées ; mais les intelligences troublées, la raison publique affaiblie, n'y suffisent pas ; aussi c'est la confusion des langues. Comme autrefois à Babel, les hommes ne s'entendent plus entre eux ; les uns appelant le bien mal, et les autres le mal le bien.

« Comme on voit, après les grands orages qui ébranlent le monde, apparaître sur la face de la terre des reptiles inconnus et des bêtes malfaisantes jusque-là cachées dans les entrailles du globe, nous avons vu tout-à-coup, après la tempête sociale, éclore et surgir parmi nous une génération singulière d'hommes nouveaux qui couvre aujourd'hui le sol. Il n'y a rien de sacré pour eux ; tout ce qui est souvenir, grandeur du passé, histoire, monuments, coutumes des ancêtres, noble antiquité, tout cela leur est odieux et blesse leur vue. Hommes du moment, nés d'un orage, tout ce qui est de la veille, tout ce qui rappelle la sérénité, leur déplaît.

« Nous le voyons chaque jour : Dieu, la religion, la famille, les droits paternels, la propriété, le foyer domestique, la sainteté du lien conjugal, la dignité naturelle elle-même, l'innocence du premier âge, tout ce qu'il y eut jamais de plus pur, de plus vénérable et de plus saint au cœur de l'homme, est audacieusement attaqué par cette génération nouvelle, faiblement défendu d'ailleurs, ou lâchement abandonné. Un prophète les a dépeints à l'avance : génération ingrate qui maudit son père, et ne bénit plus sa mère ! génération impure qui se proclame meilleure que les autres, et se plonge dans l'ignominie des passions ! génération arrogante dont l'œil est orgueilleux, et le regard insultant ! génération cruelle dont les dents sont aiguës comme un glaive, et dévorent les pauvres peuples ! Un apôtre les a caractérisés plus nettement encore en ces trois décisives paroles : ILS MÉPRISENT TOUTE PUISSANCE. *Dominationem spernunt.* ILS BLASPHÈMENT TOUTE MAJESTÉ. *Majestatem blasphemant.* Et enfin ils se livrent aux plus honteux désordres : *Carnem maculant.*

« Ils blasphèment tout ce qu'ils ignorent, ajoute saint Jude. Nuées sans eau, agitées par tous les vents contraires des passions humaines ; astres errants, qui ne peuvent qu'égarer les peuples ; arbres sans fruits, deux fois morts, deux fois déracinés ; flots tumultueux, dont la colère écume comme la mer, et vomit sa confusion sur la terre.

« Le premier des apôtres nous a dit de ces hommes une parole d'une vérité profonde : « La liberté n'est pour eux que le voile de leur malice », et ils ne se servent de ce grand nom que pour opprimer ou corrompre.

« Et ce qu'il y a de plus déplorable, c'est qu'on leur résiste mal. Contre eux les gens de bien sont faibles ; on les voit indécis, incertains, divisés entre eux et comme paralysés; tous les efforts sont isolés, interrompus, impuissants. Inutilement les sages font entendre leur voix, leur voix se perd comme un vain bruit dans l'air; tout homme, toute chose, toute force, toute institution fait successivement chute et mécompte. »

Mais Dieu a donné aux nations comme aux individus la puissance et l'efficacité du repentir; il n'a pas voulu qu'elles désespérassent d'elles-mêmes; il a attaché leur salut à une période, à un temps de miséricorde où, jetant un regard sérieux sur leur situation, faisant un aveu sincère de leur faute, elles embrassent avec résolution le parti généreux du retour vers la vérité, vers l'unité politique et religieuse, seules conditions de la vie matérielle et de la vie morale des peuples.

SECTION II.

Remède à cette crise dans une action commune sur des intérêts et des principes arrêtés en commun.

Que les cabinets de l'Europe se persuadent donc bien que nul d'entre eux ne peut profiter de ce désordre universel, ni se sauver seul dans cet effroyable cataclysme. L'arche sainte des principes religieux et sociaux doit recevoir tous ceux qui ne veulent pas périr.

Nous ne perdrons pas le temps à prouver cette vérité. L'état d'observation, l'attitude préventive des différentes puissances de l'Europe montre assez qu'elles en sont enfin convaincues. Mais hâtons-nous de leur dire que cette attitude est insuffisante, qu'elle serait impuissante contre le mal. Il faut un accord, une action commune, concertés et arrêtés entre elles; elles doivent fonder cet accord et cette action sur une communauté de principes et d'intérêts. Ces principes et ces intérêts sont de trois ordres : principes et intérêts moraux; principes et intérêts de puissances; principes et intérêts matériels.

CHAPITRE DEUXIÈME.

Premier ordre de principes et d'intérêts communs ; défense de la liberté religieuse, et par conséquent, protection de la liberté catholique, du rétablissement des ordres religieux, et des propriétés des pauvres et de l'Église.

Au premier ordre de principes et d'intérêts se rattachent la Religion chrétienne, la défense du catholicisme sans lequel les cultes mêmes qui se sont séparés de lui, périssent parce qu'ils perdent dès-lors l'espoir de la lumière, de la conversion et de la vie ; l'autorité et l'indépendance temporelle du Saint-Siége ; la liberté des corporations religieuses ; et spécialement en Hollande et en Suisse, la liberté catholique des prélats, du clergé et des fidèles, qui y sont devenus un objet de persécutions systématiques contraires au droit naturel et au droit des gens ; l'inviolabilité des établissements religieux et de charité, qui sont victimes de mesures illégales et vexatoires dans les cantons de Porentruy et de Lausanne ; l'éducation chrétienne de la jeunesse en Europe et le rétablissement de ces grandes institutions religieuses et militaires des chevaliers de Malte et de Saint-Jean de Jérusalem, où s'entretenait le feu sacré de l'amour divin, du devoir et de la fidélité ; les libertés morales et par conséquent le réglement, par des lois sages et fortes, de la liberté de la presse, de la liberté d'enseignement ; les principes fondamentaux des constitutions sociales, sans lesquels il n'est ni pouvoir ni liberté possibles ; l'extirpation du radicalisme et des sociétés secrètes qui ravagent l'Allemagne, la France, la Suisse et l'Italie, où elles vont jusqu'à se couvrir du nom de *Société chrétienne* (*Società cristiana*) *de la croix et du poignard*, pour mieux tromper les peuples qui gardent un reste de foi : ruse infernale par laquelle Satan prend le masque de Jésus-Christ lui-même pour séduire et corrompre les hommes ; qui, sous prétexte de constitution fédérale et unitaire, font la guerre à l'indépendance cantonale en Suisse, aux propriétés individuelles et collectives, laïques et religieuses, en Allemagne et en Italie, à l'indépendance des Etats et aux fondements mêmes de la société européenne; en France, à toute autorité, à toute liberté, à toute société régulière, à la religion, à la propriété, à la famille.

« Les armées de l'Europe, dit un publiciste distingué, M. Laurentie, dans le journal l'*Union* du 6 mars 1850, grossies par l'imagination des politiques, fussent-elles dix fois plus considérables, ne sont rien devant une idée bonne ou mauvaise. Que l'Europe prenne parti pour une idée politique dogmatique, établie sur le droit et sur la vérité, et qu'elle appelle les peuples à se grouper avec elle autour de certains principes de liberté et d'autorité, et ce sera un exemple plus menaçant pour la démagogie que l'appareil de toutes les armées. L'Europe meurt parce qu'elle n'a pas de doctrine, parce qu'elle ne croit à rien de vrai, parce qu'elle est sceptique ou indifférente, parce qu'elle salue tous les faits qui triomphent, parce qu'elle autorise de la sorte tous les faits qui aspirent à triompher. Voilà le mal de l'Europe. Ce qui lui manque, ce ne sont pas des flots de soldats, c'est le sentiment du droit et du devoir. Elle a perdu la foi religieuse, elle n'a pas gardé même la foi politique. Le jour où elle croira à un dogme, elle n'aura qu'à licencier ses armées; ce jour la société se défendra seule contre les démolisseurs et les Vandales. »

CHAPITRE TROISIÈME.

Deuxième ordre de principes et d'intérêts communs; l'intégrité des États européens et des États secondaires de la Confédération germanique; plan d'une confédération européenne.

Au second ordre de principes et d'intérêts se rattachent à l'intégrité des Etats européens, leur confédération, leur union fraternelle, la nécessité de la conservation de l'existence libre de la vie sociale commune; dès-lors, l'équilibre de l'Europe dont les fondements essentiels sont :

1° L'observation inviolable par chaque puissance de ses limites territoriales, et le soin religieux qu'elle mettra à éviter toute domination, toute prépondérance exclusive et injuste.

2° L'antique union des États allemands et leur indépendance respective, de telle sorte qu'au nord comme au midi de l'Allemagne, les États secondaires ne soient point forcés d'enchaîner leur fortune à un État plus puissant, et que cette égalité devant la loi publique de conservation générale qui fait que le plus petit est aussi fort de son droit que le plus grand, soit l'âme de la Confédération germanique.

L'Autriche et la Prusse sont trop intéressées à l'ordre européen et à la paix intérieure, pleine de force, de l'Allemagne, pour ne pas abjurer la prétention de médiatiser les petits États et d'absorber les États secondaires. A l'illusion de l'Allemagne unitaire par la démagogie, il ne faut pas faire succéder l'illusion de l'Allemagne unitaire par l'ambition, la ruse ou la force. Il faut partir d'une vérité fondée sur la nature et la justice, c'est que les États secondaires ont une volonté très-prononcée et un droit très-énergique d'une existence indépendante et propre. « C'est le mouvement naturel, dit fort bien un publiciste (1) de populations distinctes qui ont leurs souches, leur histoire, leur sympathies à part, qui, voulant bien mettre en commun tout ce qu'elles doivent à leur communauté de race et de langage, ne sauraient, sans déchirement, abdiquer leur existence propre et leur antique renommée. C'est un mouvement bien autrement fondé que ne le serait parmi nous l'esprit fédéraliste, parce qu'il est en conformité avec toutes les nécessités et les traditions du pays. L'Allemagne, en tant qu'Allemagne, n'a jamais été qu'une patrie flottante et idéale; la patrie positive de l'Allemand, c'est l'Autriche, ou la Prusse, ou la Souabe, ou la Saxe; on ne peut faire que cela ne soit pas, comme l'on ne peut faire non plus que la patrie réelle, palpable du Picard, ou du Gascon,

---

(1) *Journal des Débats* du 24 décembre 1849.

ne soit la France. *Les siècles ne s'improvisent ni ne se suppriment.* »

Or, en présence de cette vérité, que voyons-nous ? La Prusse, dont la nationalité propre est fondée sur les titres les plus glorieux, tenter d'attirer dans son orbite les autres États, la Bavière, le Hanovre, le Wurtemberg, la Saxe. Ces États, qui ont aussi leur nationalité propre, leur *particularisme*, mot inventé par la langue allemande pour peindre cette existence distincte, n'ont pas la moindre tendance à suivre ce mouvement ; le roi de Wurtemberg, notamment, après avoir lutté contre cette tentative d'usurpation, a rendu hommage à ce principe d'indépendance ; et déjà l'on voit la Bavière, la Saxe, le Hanovre, le Wurtemberg, non-seulement se retirer complétement de la convention du 26 mai, qui n'était autre chose, de la part de la Prusse, qu'un essai de retour à l'Allemagne unitaire, mais encore conclure tout récemment à Munich un traité, un Sonderbund national auquel adhérera l'Autriche, à opposer au Sonderbund prussien et à la diète d'Erfurth, que le cabinet de Prusse persiste à vouloir réunir le 20 mars, malgré les protestations formelles du cabinet de Vienne. Cette idée, cette arrière-pensée du cabinet de Berlin, de jour en jour perdra de son crédit, et le traité du 30 septembre, qui tend à reconstituer, d'une manière factice, l'ancienne diète, en est une preuve. Le roi de Prusse a voulu abriter derrière le conseil d'administration formé avec la convention du 26 mai, le projet de révision de la constitution nouvelle qu'il y avait annexée pour l'Allemagne ; l'Autriche a déjoué cette manœuvre par une contre-mine, et elle a jugé avec raison que la résolution de la Prusse n'était pas sérieuse puisqu'elle consentait à un replâtrage de l'ancienne diète, à sa commission centrale intérimaire de Francfort. — De là les notes respectives des 12, 20 novembre, 12 décembre, qui laissent voir clairement qu'au fond de ces démarches est un conflit d'ambition et de prépondérance. La forme ancienne invoquée par l'Autriche, la forme nouvelle et unitaire projetée par la Prusse, ne couvrent pas autre chose. Or, ceci est de la plus haute gravité, et peut compromettre le repos de l'Allemagne et de l'Europe. La propagande socialiste peut profiter de cette lutte d'influences, et de l'apathie publique de l'Allemagne, indifférente à des essais qui n'ont rien de sérieux, pour souffler l'esprit de la tempête sur cette masse inerte du corps germanique; il ne faut qu'une minute pour soulever le chaos, et pour jeter les sinistres lueurs et les emportements des passions couvées par une orgueilleuse philosophie sur ces obscurités profondes.

Il faut donc que dans une discussion à ciel ouvert, et en présence de tous les plénipotentiaires de l'Europe et des Etats allemands, cette question pleine de périls soit résolue dans l'intérêt de l'existence distincte des Etats secondaires, et la puissance bien entendue de la Prusse, de l'Autriche, de l'union réelle de l'Allemagne, et de la paix de l'Europe.

3° Le dévouement religieux de la Russie à développer, dans les limites de ses frontières, ses vastes éléments de puissance, pour former au nord un foyer de civilisation qui s'éteindrait aussitôt qu'elle s'abandonnerait à la conquête par la propagande panslaviste, mais qui, renfermé dans ses États, peut, avec le flambeau de la foi catholique, devenir l'un des boulevards de la société européenne.

La Russie doit se défier de cette tendance au panslavisme qui lui ferait croire qu'en réunissant sous un même sceptre, au moyen de la religion gréco-russe dont elle se fait un instrument politique, cent millions de Slaves qui couvrent la Russie, l'Autriche et la Turquie, elle arriverait à protéger l'Europe occidentale par une autorité inébranlable; et que la rupture entre Constantinople et Rome ferait fleurir la civilisation avec une religion basée sur le culte de Photius! Si ce triste rêve pouvait se réaliser, ce serait l'avènement définitif du socialisme et par conséquent de l'état sauvage dans ces vastes contrées, et l'Europe entière serait bientôt enveloppée de cette nuit profonde dont le catholicisme seul peut la préserver. M. le comte Joseph de Maistre, il y a plus d'un demi-siècle, écrivait à un homme d'État russe qui, plein de confiance dans son attachement pour la Russie et la haute portée de ses vues, l'avait consulté sur l'éducation publique dans cet empire:

« Cette espèce de végétation morale qui conduit graduellement les nations de la barbarie à la civilisation, a été suspendue chez vous, et, pour ainsi dire, coupée par deux grands événements, le schisme du x° siècle et l'invasion des Tartares.—Toute la civilisation moderne est partie de Rome. Jetez les yeux sur la mappemonde. Partout où s'arrête l'influence romaine, là s'arrête la civilisation. C'EST UNE LOI DU MONDE. »

M. de Maistre déclarait alors à la Russie que son salut n'était que dans les voies de la Religion catholique. Quelle confirmation terrible les événements n'ont-ils pas donnée à ces paroles prophétiques? Aujourd'hui que la Russie persévère dans sa chimère d'une Constantinople grecque opposée à la Rome catholique, et d'un schisme qui fait d'un empereur le pape de son Eglise, séparée de l'Église-mère ; le danger est bien autrement formidable. La question se pose, pour elle, entre le catholicisme et le socialisme. En effet, la Russie est profondément travaillée, dans ses générations, par la fausse philosophie de Hegel et Strauss, dont les principes se traduisent si promptement en une sanglante et odieuse anarchie (1); ses professeurs salariés par l'État qui voudrait imposer et improviser l'éducation et la science, sont imbus de ces doctrines pestilentielles ; son clergé, ignorant et servile, n'a aucune vertu chrétienne ; elle n'a point de magistrature, mais, à la place, une bureaucratie inquiète et une multitude innombrable de fonctionnaires besogneux, sans conscience et sans pudeur, qui trafiquent de la justice et des lois ; de sorte que les établissements d'instruction publique monopolisés par l'État, l'éducation privée dont il se mêle, et l'administration publique y répandent partout des éléments de corruption et de socialisme, qui, au moindre contact des passions révolutionnaires, y allumeraient un vaste et rapide incendie. Les hommes d'État russes et l'empereur lui-même en sont inquiets.

Mais, au lieu de leur indiquer loyalement la nécessité de régénérer enfin les familles par une éducation véritablement chrétienne, basée sur la foi catholique, et de régler sûrement les rapports des propriétaires territoriaux avec les cultivateurs par cet esprit de famille, d'égalité civile et de respect des droits individuels, qui sont le fondement des sociétés humaines ; au lieu de prendre un parti décisif, et de renoncer enfin à cette Église

---

(1) Le journal l'*Univers* du 22 janvier 1850.

artificielle qui est sans vie, et de faire marcher de pair la société domestique, la société chrétienne et la société publique, lien et ciment indestructible des empires, on souffle au czar, sous prétexte de régler la propriété territoriale, la pensée de se rendre l'arbitre de toutes ces propriétés, le grand propriétaire de l'empire. Or, cette omnipotence de l'État sur les individus, sur les consciences, sur la famille, sur les propriétés, que serait-elle, sinon le socialisme le plus effréné? La société n'aurait plus de bases, le pouvoir plus de paternité, plus de moralité ni de garanties, les vertus privées et publiques plus de motifs, les familles plus de liens; à la première attaque audacieuse inévitablement inspirée par le matérialisme socialiste, l'empire vermoulu tomberait en lambeaux. On apprendrait alors, par une terrible et finale expérience, que si la société survit aux gouvernements, jamais les gouvernements n'ont survécu à la société.

4° L'organisation intérieure de la Prusse et son application à tirer sa force de ses principes constitutifs et administratifs, et nullement d'une vaine et fausse imitation de puissance impériale;

5° L'esprit de conservation et de modération de l'Autriche dans la conciliation qui sera faite des nationalités des peuples soumis à son sceptre et de son droit gouvernemental et protecteur;

6° La confédération des États d'Italie, y compris ceux qu'y possède l'Autriche, sous la direction morale, politique et désintéressée du Saint-Siége, ce qui n'exclut nullement le lien de suzeraineté ou d'agrégation de ces États à l'Autriche;

7° L'union intime de l'Angleterre et de la France entre elles et avec l'Égypte et le Portugal, l'Italie, la Suisse, la Belgique, la Hollande, comme foyers et remparts de la civilisation méridionale, comme poids naturel à opposer aux peuples du Nord, et comme moyen puissant de régularisation des rapports politiques et commerciaux des nations européennes.

CHAPITRE QUATRIÈME.

De la propagande protestante de l'Angleterre et des progrès du socialisme qu'elle favorise en haine de la Religion catholique, seul frein du socialisme, malgré son aversion pour les révolutionnaires.

Mais l'Angleterre pour sa propre sécurité doit renoncer à cette propagande révolutionnaire ou plutôt à ces perfides encouragements qu'elle donne aux révolutions qu'au fond elle déteste. Elle doit abjurer sa haine pour la religion catholique à laquelle reviennent en foule ses enfants. L'idée fixe de ses hommes d'État actuels a été de ruiner le catholicisme, surtout en Italie et dans les États-Romains; les révolutionnaires italiens l'ont compris; l'exemple du Mexique, du Texas, de Nicaragua, des îles Ioniennes, de la Grèce, leur a montré quelle foi les chefs du mouvement peuvent avoir dans la sincérité de ses principes. Aussi qu'arrive-t-il? L'Angleterre attaquant la vérité par essence, le principe de vie des nationalités, la base de toute société régulière et la source de toutes les consolations populaires, outrageant, par des moyens dignes de la barbarie, l'indépendance des nations faibles, mais généreuses et fières, comme la Grèce, et semant partout des ferments d'insurrection et de révolte, traitant les principes du droit, de la propriété et de l'ordre politique comme n'étant qu'une chimère hors de chez elle, les peuples, dévorés par les contradictions et les attentats, s'en irritent, et les sectateurs de révolutions organisent des sociétés secrètes où ils mêlent le nom du Christianisme avec l'esprit de révolte et d'anarchie, faisant jurer leurs adeptes sur la croix et sur le poignard de vivre en chrétiens et de défendre la Religion au prix de leur sang, de se consacrer au bien public, de suivre aveuglément les ordres des chefs à eux inconnus et de ne révéler jamais les noms de ceux qui s'engagent ainsi à vivre en chrétiens. Levier puissant qui met le fanatisme et l'ignorance au service du crime; ramification nouvelle en Italie, de la vaste association qui, sous des noms divers, s'étend sur toute l'Europe.

Cette nouvelle secte poussera des racines profondes en Irlande, et s'attachera aux flancs de l'Angleterre, comme l'Italie aux flancs de l'Europe. — Ouverte aux ignorants et aux fanatiques, comme aux pervers et aux impies, elle a pour but d'appeler les catholiques à conjurer dévotement contre le catholicisme, d'ériger l'indifférence pour les lois éternelles du bien, et pour le mal, en système, l'athéisme en dogme, l'impiété en vogue, sous la forme d'un christianisme accommodé au goût du siècle. « Les gentils, dit l'*Observateur romain*, voulaient une religion sans Dieu ; les nouveaux sectaires, les modernes réformateurs, veulent un Dieu sans religion, et pour parler plus nettement, ni Dieu, ni religion. »

C'est à l'Angleterre de voir si elle veut, avec des apostats érigés en pasteurs protestants et avec ses sociétés bibliques, favoriser en Irlande, comme elle le fait en Italie, le développement de ce nouveau genre de propagande révolutionnaire qui, sous le nom du Christ, et du bien public, entretiendra dans les profondeurs des ténèbres une corruption pestilentielle s'infiltrant dans les couches inférieures de la société comme un poison actif et mortel, et bientôt fera éclore de ces horribles semences, le crime sans scrupule et sans frein armant le bras des assassins d'un poignard homicide contre les cœurs les plus dévoués à la patrie, à la religion, à l'humanité. Or, que l'Angleterre ne s'y trompe pas ; tous les coups qu'elle dirigera contre la Religion catholique centupleront les forces de ces sociétés secrètes en les recrutant d'innombrables sectaires. Et elle aura ainsi puissamment contribué à miner les fondements mêmes de sa puissance et de sa fortune dont elle est si fière ; l'Angleterre périra sous les ruines morales qu'elle aura préparées et amoncelées.

Mais Dieu soutient son Église, et les portes de l'enfer ne prévaudront point contre elle. Les hommes intelligents de tous les pays finiront par comprendre qu'il n'y a de liberté, de puissance, de prospérité que dans le règne de la vérité catholique ; que bien loin de faire obstacle à la régénération de l'Italie, l'indépendance temporelle du Saint-Siége et sa pacifique domination sur les États-Romains sont le seul moyen de régénérer la race italienne et de maintenir l'équilibre de l'Europe ; qu'en s'épanchant sur les masses, les lumières de l'Évangile et de la religion vraie les disposeront par la concorde et par la paix à l'unité nationale et politique, et aux seuls perfectionnements pratiques qui puissent assurer leur bonheur. L'esprit public se confondra en Italie avec l'esprit religieux, les sociétés secrètes seront désertées et désormais sans aliment. L'histoire est là pour prouver aux plus incrédules que c'est la papauté qui, dans tous les temps, a sauvé et conservé la nationalité italienne, que cette nationalité s'est morcelée, qu'elle a disparu, avec la puissante neutralité du Saint-Siége.

CHAPITRE CINQUIÈME.

Troisième ordre de principes et d'intérêts communs : industrie, commerce, navigation.

Au troisième ordre de principes et d'intérêts se rattachent les questions de territoire, de limites, de commerce, d'unions douanières, de navigations fluviale et maritime, de pavillons, de tarifs, etc. Il est manifeste aujourd'hui que l'état de crise des classes laborieuses, en France et en Europe, que les souffrances du commerce, et la paralysie de la production, sont dus en grande partie au défaut d'entente des cabinets sur les vrais intérêts de leurs peuples qui sont l'abaissement des barrières de douane, et la libre circulation, sous des droits protecteurs modérés, de leurs produits ; que c'est dans ces difficultés que le socialisme et l'anarchie puisent une grande partie de leurs forces ; et que, dès-lors, il est d'une importance capitale que les États européens se mettent d'accord sur un certain nombre de principes et de résolutions qui formeront le droit commun de l'Europe commerçante.

CHAPITRE SIXIÈME.

Nécessité d'un congrès européen.

Un congrès européen est donc une chose d'urgence, de salut ; jamais il ne fut plus nécessaire d'y avoir recours pour arrêter sur les trois ordres de principes et d'intérêts dont nous avons parlé, les résolutions communes, pour lier, unir, et si je puis parler ainsi, pour vivifier l'Europe, pour éteindre dans ces mesures régénératrices, le mal qui la dévore, et prévenir les effroyables catastrophes qui la menacent.

Une confédération générale de tous les États sera l'objet de ce congrès et l'organisation de cette confédération générale résultera à-la-fois des groupes d'États confédérés au nord et au midi, des principes de ces confédérations partielles, et de l'ensemble des intérêts fondamentaux des puissances européennes ! Les liens des confédérations particulières seront combinés avec le lien commun de la confédération générale, de telle sorte que l'harmonie générale européenne résulte du balancement, de la conservation et de la fusion des intérêts particuliers.

Cette confédération est d'une bien autre importance qu'elle ne le fut du temps de Henri IV et d'Élisabeth. Alors ce n'était qu'une question purement politique, il s'agissait de mettre un terme aux envahissements de la maison d'Autriche ; aujourd'hui c'est une question de salut social, de vie ou de mort pour toutes et pour chacune des nations de l'Europe, dont les questions de limites et de puissance territoriales ne sont qu'un élément secondaire, ou plutôt doivent être réglées sur cette question de salut suprême des sociétés humaines.

Le *Times* du 31 décembre 1849 et 1ᵉʳ janvier 1850, avait la conscience de cette situation de l'Europe, lorsqu'il disait : « L'objet immédiat de la plupart des États de l'Europe aujourd'hui, c'est de profiter de l'intervalle de repos que leur succès militaire leur a donné, pour découvrir, s'il est possible, des institutions de nature à amener la paix et la sécurité de toutes les classes de la société. Ce résultat dépendra en grande partie de la conduite des peuples. Il semblerait que, de même que 1848 a été une année de révolte et 1849 une année de répression, de même 1850 est destiné à reconstruire des institutions capables de répondre aux vœux des peuples sans sacrifier les droits de personne, et en offrant des garanties à toutes les classes de la société. Le bien-être général, secondé par l'activité et la concorde de tous les membres de l'État, voilà le but auquel on doit tendre. Il est du devoir de tout honnête homme de ne laisser échapper aucune chance d'améliorer la condition politique et sociale de sa patrie. Le succès est au prix d'une subordination constante des intérêts individuels et des prétentions particulières au bien-être commun. »

Or, pour arriver à ce résultat, il faut le concours de tous les hommes d'État de toutes les nations, et une confédération basée sur la solidarité qui les lie.

FIN.

TABLE.

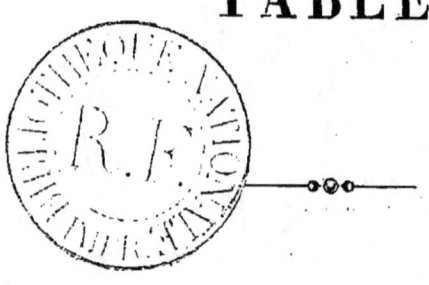

INTRODUCTION. v

LIVRE I. — Des vérités nécessaires et des lois générales qui assurent le bonheur des peuples. 1

CHAPITRE I. — Dieu et le peuple. 1
CHAPITRE II. — De la véritable nature de Dieu et de l'homme, ou des vrais fondements de la philosophie et de la religion, de la société et de la législation. 4
CHAPITRE III. — Preuve intérieure de la spiritualité de la nature de Dieu et de l'homme, de l'immortalité de l'âme, et de la nécessité de l'union de l'homme avec Dieu par un médiateur. 6
  SECTION 1. — L'homme livré à ses sens et à ses passions est l'être le plus misérable de la création. 7
  SECTION 2. — Les malheurs des peuples viennent de la fausse idée qu'on leur a donnée de Dieu. 10
  SECTION 3. — L'homme, en descendant en lui-même, y trouve les traces de sa grandeur perdue, et de là nécessité de son union avec Dieu pour la recouvrer. 13
CHAPITRE IV. — Preuve extérieure et historique de la vérité de la Religion catholique. 17

Section 1. — Conséquences de cette vérité. 18
Section 2. — Nécessité de l'enseignement de la Religion et des éléments des sciences morales au peuple. 19
Section 3. — La Religion catholique grandit l'homme et le rend heureux pour les luttes de l'abnégation et de la vertu contre l'injustice et l'adversité. 22
Section 4. — Les novateurs socialistes divisent et dénaturent la vérité chrétienne. — Intégrité de la doctrine catholique. 23
Section 5. — De l'encyclique de N. S. P. le Pape Pie IX, adressée aux archevêques et évêques d'Italie sur la conjuration protestante et socialiste formée contre l'Église catholique. 27

CHAPITRE V. — Preuve rationnelle et philosophique de la connaissance nécessaire de Dieu parmi les hommes, et de la nécessité du médiateur ou de l'Homme-Dieu comme source et sanction de toutes les lois générales et particulières, indispensables à la formation et à la conservation des sociétés humaines. 40
Section 1. — De la création de l'univers. 41
Section 2. — De la création de l'homme. 42
Section 3. — Comment la connaissance de Dieu s'est répandue parmi les hommes. 45
Section 4. — Réfutation de l'éclectisme moderne, touchant la raison individuelle et la tradition universelle du genre humain. 49
Section 5. — Distinction à établir entre les vérités générales qui constituent le monde moral, et les faits généraux et particuliers qui constituent le monde physique. 52
Section 6. — Confirmation de cette distinction par la lettre synodale des Pères du concile provincial de Paris dans leur lettre synodale adressée au clergé et aux fidèles de leurs diocèses. 55
Section 7. — Nécessité d'un Dieu-Homme pour éclairer l'humanité sur la nature de ses rapports nécessaires avec Dieu, et d'un Homme-Dieu pour élever l'humanité jusqu'à Dieu. 56

CHAPITRE VI. — La liberté de conscience et la liberté politique ont été et sont détruites par le protestantisme. 62
Section 1. — Effets politiques de la rupture de l'unité catholique. 63
Section 2. — Le protestantisme, bien loin de fixer la constitution britannique, en a arrêté le développement. 65
Section 3. — La vraie philosophie a disparu devant le protestantisme. 72
Section 4. — Les peuples ne peuvent vivre sans la vérité rendue certaine par une autorité spirituelle, irréfragable. 74

Section 5. — Le pouvoir temporel ne peut être consolidé que par la liberté catholique. 78

Section 6. — La liberté civile et politique des peuples n'existe que par le catholicisme et par l'indépendance temporelle du Saint-Siége. 81

Section 7. — Les institutions représentatives sont dues au catholicisme. 85

CHAPITRE VII. — Nécessité logique d'imiter dans les constitutions humaines l'unité et la stabilité de la constitution de l'Église. 91

CHAPITRE VIII. — Du gouvernement temporel de la Providence. 100

CHAPITRE IX. — A l'inverse du socialisme et du communisme, la Religion catholique indique et apporte un remède à tous les genres de maux et de misères qui affligent l'humanité. 104

CHAPITRE X. — Les établissements et les ordres religieux sont les fondements du bonheur des peuples. 110

CHAPITRE XI. — Réponse aux objections d'hommes d'État et d'économistes modernes touchant les ordres religieux. 113

LIVRE II. — De la famille et de la propriété. 120

CHAPITRE I. — La famille et la propriété sont des institutions divines. 120

Section 1. — Preuves tirées de l'Ancien-Testament. 120

Section 2. — Mort ordonnée par Dieu même, du roi Achab et de la reine Jésabel, pour avoir violé la propriété de Naboth. 124

Section 3. — Nouveaux arguments tirés des livres saints et de leur authenticité et particulièrement des prophètes. 128

Section 4. — Preuves tirées du Nouveau-Testament ou de l'Évangile. 131

CHAPITRE II. — Réponse aux objections des novateurs socialistes; la véritable civilisation basée sur la famille et la propriété individuelle est sortie du Christianisme. 134

CHAPITRE III. — La famille et la propriété ont précédé la société politique, et leur perfection a suivi les progrès de la véritable liberté parmi les peuples. 138

CHAPITRE IV. — La propriété individuelle est le fondement de la propriété collective de l'État, de l'Église, et des corporations communales, laïques ou religieuses. 139

CHAPITRE V. — La propriété collective est inséparable de la liberté collective. 144

CHAPITRE VI. — Différence de l'association véritable et du socialisme ou communisme. 149

CHAPITRE VII. — De l'indissolubilité du mariage, et de l'indivisibilité de la famille; de la puissance paternelle et maritale; du divorce. 154

CHAPITRE VIII. — La société publique et ses lois, d'institution divine, reposent sur l'inviolabilité de la famille et de la propriété. 168

CHAPITRE IX. — Des principes constitutifs et conservateurs des gouvernements et des lois. 179

LIVRE III. — Des institutions sociales nées du Christianisme. 187

CHAPITRE I. — Les préceptes du Christianisme relatifs à la famille, à la propriété, à la cité, à la société, doivent être réalisés par des institutions sociales. 187

SECTION 1. — Des rapports nécessaires de l'Église et de l'État. 188

SECTION 2. — Des effets salutaires de l'indépendance des deux puissances temporelle et spirituelle, et des effets désastreux de leur confusion. 192

SECTION 3. — L'onction de la charité chrétienne ferait éclore, comme par enchantement, une circulation active, le développement rapide du travail; elle déterminerait la cessation du chômage et de la misère générale, et des associations efficaces, par la fusion de tous les intérêts, sous l'empire de l'égalité chrétienne, qui est l'égalité devant la loi, et non pas la confusion et l'anarchie du socialisme et du communisme. 194

CHAPITRE II. — Ces institutions doivent être libres et locales. 203

SECTION 1. — De l'assistance. 203

SECTION 2. — Des travaux publics. 207

SECTION 3. — De l'enseignement. 208

CHAPITRE III. — Les congrégations religieuses, et particulièrement celles des Jésuites, sont un moyen légal et sûr de réaliser la pratique de l'enseignement libre, et de rectifier par la concurrence l'enseignement officiel. 223

SECTION 1. — L'unité religieuse et l'association. 224

SECTION 2. — Les lois positives et les constitutions politiques n'ont point abrogé l'existence libre en France des congrégations religieuses et de la Compagnie de Jésus. 236

SECTION 3. — La persécution contre les ordres religieux et contre les Jésuites n'est plus possible, d'après l'expérience faite et les principes éternels des constitutions politiques. 252

CHAPITRE IV. — Principes généraux du crédit foncier et commercial. 265

CHAPITRE V. — Des principes généraux du crédit de l'État et d'un bon système de finances. 269

CHAPITRE VI. Du capital et du prêt à intérêt. 277

SECTION 1. — Du capital. 277

SECTION 2. — Du prêt à intérêt 279

LIVRE IV. — De la démocratie. 284

CHAPITRE I. — La démocratie proprement dite tend à ébranler la famille et la propriété, à détruire la commune ou la cité, et elle rend le pouvoir et l'exercice du pouvoir impossibles. 284

CHAPITRE II. — De la nature des pouvoirs ; leur définition, leur séparation et leurs limites dans tout gouvernement régulier, ayant pour objet le maintien de la famille, de la propriété, de la commune et de la société publique qu'elles constituent. 291

SECTION 1. — La confusion ou concentration des pouvoirs dans la main du peuple ou d'une assemblée, est chose impossible, et leur serait fatale. 291

SECTION 2. — La délégation nécessaire par la nation de pouvoirs distincts et séparés est impossible dans une république démocratique, une et indivisible, ou dans une république oligarchique. 296

SECTION 3. — Conditions de l'indépendance et de l'accord des pouvoirs législatif, exécutif et judiciaire. 298

CHAPITRE III. — De la Constitution de 1848 : Observations générales, et règles suprêmes de conduite politique et de salut pour la France et l'Europe. 300

CHAPITRE IV. — La Constitution de 1848 choque les mœurs, les intérêts de la France autant que les principes constitutifs d'un gouvernement régulier. 304

CHAPITRE V. — Effets désastreux et irrémédiables de ce faux principe, et tendance invincible de toutes les nuances démocratiques vers le socialisme ou le communisme, qui est la destruction indéfinie et non le progrès continu. 310

CHAPITRE VI. — Profession de foi officielle et socialiste des républicains démocrates. 312

CHAPITRE VII. — La Constitution de 1848 renferme des définitions inexactes et fausses sur la nature du gouvernement. 316

CHAPITRE VIII. — Du pouvoir exécutif. 330

SECTION 1. — Il n'y a point de pouvoir exécutif véritable dans la Constitution de 1848. — Le président n'est qu'un agent responsable. — Contradiction de cette responsabilité et de la responsabilité ministérielle. 330

SECTION 2. — Insuffisance d'un tel pouvoir, électif, décennal ou à vie, pour la mission intérieure ou extérieure du gouvernement de la France. 332

SECTION 3. — Nécessité d'un pouvoir exécutif, un et indépendant. 335

SECTION 4. — Le vice constitutionnel de l'organisation actuelle du pouvoir exécutif ne cesserait pas par la concentration de la responsabilité dans le président, en ce sens qu'il aurait seul le gouvernement et l'administration. — Réfutation de l'argument tiré des Etats-Unis, de l'Amérique du Nord. 336

Section 5. — Unique solution du problème. 340

CHAPITRE IX. — Du pouvoir législatif. 343

CHAPITRE X. — Du Conseil d'État. 345

CHAPITRE XI. — Du pouvoir judiciaire. 346

CHAPITRE XII. — De l'éligibilité. 350

CHAPITRE XIII. — De l'administration. 351

CHAPITRE XIV. — Conclusion. 352

LIVRE V. — De la monarchie. 354

CHAPITRE I. — La véritable constitution de la France, ou la monarchie héréditaire, représentative, est clairement démontrée par les impossibilités précédentes. 354

Section 1. — Exposition de cette vérité, ou des axiomes politiques et constitutionnels qui composent cette constitution naturelle de la France. 355

Section 2. — La souveraineté nationale, c'est la constitution d'un peuple, et cette constitution, c'est son tempérament, œuvre de la nature et du temps, et non de conventions ou de volontés changeantes. 357

Section 3. — Nécessité pour la France et pour l'Europe de la transmission héréditaire du pouvoir monarchique. 358

Section 4. — Réponse à l'objection que l'hérédité n'existe en France qu'à partir de la fin de la deuxième race. 360

Section 5. — Nécessité de la stabilité héréditaire du pouvoir pour assurer la stabilité héréditaire de la famille et de la propriété. 361

Section 6. — Cette fixité héréditaire du pouvoir, *seule*, rend la représentation nationale possible, utile et sans danger. 365

Section 7. — L'hérédité du pouvoir repose sur une saine philosophie et sur la véritable nature de l'homme. 366

Section 8. — Arguments tirés de l'Écriture Sainte et de la nature des choses en faveur de la monarchie héréditaire. 368

CHAPITRE II. — De l'autorité et de la liberté. 370

Section 1. — De l'autorité. 371

Section 2. — Cette autorité n'a point existé dans la république romaine ni dans la plupart des républiques anciennes et modernes. 373

Section 3. — Les hommes d'État les plus honorables de l'établissement du 9 août reconnaissent que l'autorité manquait au gouvernement de 1830. — Dès-lors, nécessité de l'union de tous les hommes qui veulent l'ordre monarchique dans les seuls principes qui puissent le fonder. 375

Section 4. — De la liberté. 377

SECTION 5. — La liberté réglée par l'autorité divine n'est point la théocratie ni le droit divin du pouvoir : c'est tout le contraire. 379

SECTION 6. — Application de ces principes aux libertés morales, et manifeste évidence de limites positives entre la liberté et la licence. 382

CHAPITRE III. — De l'urgente nécessité de l'organisation du suffrage universel sur la base de l'organisation des communes et des départements. 386

CHAPITRE IV. — De l'administration générale, communale et provinciale ; de la décentralisation des impôts et des dépenses ; de la spécialisation des crédits et des voies et moyens. 394

SECTION 1. — Limites entre le pouvoir municipal et le pouvoir administratif, telles que les indique la nature des choses, et qu'elles existaient dans l'ancienne monarchie française, et dans presque toutes les monarchies de l'Europe. 394

SECTION 2. — Il n'y a point de suffrage universel sans spécialité de mandat et sans décentralisation ; — d'où nécessité de la spécialité de l'allocation des impôts et de leur emploi. 397

SECTION 3. — C'est le seul moyen d'opérer des économies réelles, d'arrêter le déficit, de réduire la dette flottante, et d'équilibrer nos budgets. — Exemples tirés des États-Unis et de la ville de Paris. 399

SECTION 4. — Réponse aux objections tirées de l'inégalité des charges et d'un prétendu fédéralisme. 403

SECTION 5. — Cette décentralisation est l'unique remède au socialisme, et le seul moyen de simplifier et de fortifier l'administration générale ou centrale. 407

LIVRE VI. — De la richesse et de la puissance des nations. 411

CHAPITRE I. — Des conditions de la richesse et de la puissance des nations et particulièrement de la France. 411

CHAPITRE II. — De l'agriculture, de l'industrie, de leur alliance et du crédit agricole et commercial. 414

CHAPITRE III. — Des véritables caractères de l'association, élément de civilisation, de crédit, de prospérité, et antidote du socialisme. 417

CHAPITRE IV. — Conditions organiques du crédit résultant de l'association des divers éléments de la propriété, du capital et du travail. 420

CHAPITRE V. — Entreprises, travaux et grandes associations, qui, tour à tour, seront alimentés par ce crédit, et alimenteront ces banques territoriales industrielles. 427

CHAPITRE VI. — Mécanisme de ces institutions de crédit. 430

CHAPITRE VII. — Moyens de réaliser par la législation cette solidarité de l'agriculture et de l'industrie. 433

CHAPITRE VIII. — Conclusion générale. De la production et de la circulation. 436

LIVRE VII. — Des lois fondamentales de l'Europe. 439

CHAPITRE I. — Des principes, des institutions et des mesures nécessaires pour sauver la société et la civilisation en France et en Europe. 439
  SECTION 1. — Crise morale de l'univers. 439
  SECTION 2. — Remède à cette crise dans une action commune sur des intérêts et des principes arrêtés en commun. 443
CHAPITRE II. — Premier ordre de principes et d'intérêts communs ; défense de la liberté religieuse, et par conséquent, protection de la liberté catholique, du rétablissement des ordres religieux, et des propriétés des pauvres et de l'Église. 444
CHAPITRE III. — Deuxième ordre de principes et d'intérêts communs ; l'intégrité des États européens et des États secondaires de la Confédération germanique ; plan d'une Confédération européenne. 445
CHAPITRE IV. — De la propagande protestante de l'Angleterre et des progrès du socialisme qu'elle favorise en haine de la Religion catholique, seul frein du socialisme, malgré son aversion pour les révolutionnaires. 451
CHAPITRE V. — Troisième ordre de principes et d'intérêts communs : industrie, commerce, navigation. 453
CHAPITRE VI. — Nécessité d'un congrès européen. 454

FIN DE LA TABLE.

www.ingramcontent.com/pod-product-compliance
Lightning Source LLC
Chambersburg PA
CBHW050251230426
43664CB00012B/1907